労働契約法論

有田 謙司
石田 信平
長谷川 聡
［編著］

成 文 堂

はしがき

　2007（平成19）年12月5日に労働契約法が制定されてから、15年余が経過した。労働契約法は、制定後これまでの間に2度、改正された。労働契約法の制定と改正を契機として、学説において労働契約法に関する理論的な検討が活発に行われてきた。労働契約法に係る判例・裁判例も、蓄積されてきた。また、この間に、社会経済状況の変化に伴って、雇用・就労形態の多様化が急速に進み、それによりもたらされた諸問題等に対応すべく、多くの労働関係法制においても法改正がなされてきた。

　現在のこうした状況は、労働契約法を改めて総合的に検討する時期に来ていることを示していよう。本書は、このような認識と問題意識の下に、企画されたものである。本書の企画を進めるに当たっては、編者らのほかに唐津博先生にご参加いただき、編者3名と唐津先生とで幾度も検討・議論を重ね、本書の構成を確定した（なお、諸般の事情から、重要な項目が抜けていることを、ここでお断りしておきたい）。

　上述の問題意識に基づいて企画された本書は、次の2つのことを目的としている。第1は、労働契約をキー概念として、労働契約法の規制事項と規制内容を整理し、検討することである。その際、労働契約法の各条文の解釈・注釈ではなく、労働契約の法理論、解釈論の観点から、労働契約法の射程範囲を探り、その意義と課題を明らかにすることを検討の方針とした。第2は、労働契約法と労働関係諸法令との相互関係を考察し、労働契約法の労働立法上の意義・位置づけを探り、労働契約法の果たすべき役割、課題を明らかにすることである。この第2の目的は、これまでこうした視角から労働契約法を検討したものはないことから、本書の特徴であり、独自性を示すものといえる。こうした目的の下に刊行される本書が契機となって、労働契約法に関する議論がより一層進展することが、執筆者一同の願うところである。

　上記のような目的で企画された本書であるが、本書にはもうひとつ企画の意図がある。それは、唐津博先生と古川陽二先生の古稀をお祝いすることである。唐津博先生は、2022年10月にめでたく70歳をむかえられ、2023年3月

末に中央大学法学部をご定年となられた。古川陽二先生は、2022年8月にめでたく70歳をむかえられ、2023年3月末に大東文化大学法学部をご定年となられた。

両先生は、イギリス労働法研究会の中心的メンバーとして、これまで研究会をリードされてきた。イギリス労働法研究会訳・ヒュー・コリンズ『イギリス雇用法』(成文堂、2008年) や、イギリス労働法研究会編『イギリス労働法の新展開』(成文堂、2009年) を刊行できたのは、両先生のご貢献によるところが大きい。そのため、本書の執筆者については、イギリス労働法研究会において両先生の議論から刺激を受けてきた同研究会のメンバーを中心とし、それに両先生と縁の深い方々を加える形で構成することとした。

このように、本書は、唐津博先生と古川陽二先生の古稀をお祝いする書籍として企画されたにもかかわらず、諸般の事情から、両先生が70歳でご定年になるまでに刊行することができなかった。このことについては、編者らの不手際によるものとして、深くお詫びしたい。

両先生が、これからもご健康であられ、イギリス労働法研究会やその他の研究会等において、これまでと変わらずその議論を通じて大いに刺激を与え続けてくださることを、執筆者一同が願っていることをここに記して、改めて両先生への感謝の気持ちを表したい。

最後に、出版事情が厳しい中、本書の出版を引き受けていただいた成文堂と編集を担当していただいた篠崎雄彦氏には、深く感謝申し上げる。

2024年7月　　　　　　　　　　　　執筆者を代表して

　　　　　　　　　　　　　　　　　　有　田　謙　司
　　　　　　　　　　　　　　　　　　石　田　信　平
　　　　　　　　　　　　　　　　　　長　谷　川　　聡

目　次

はしがき（i）

労働契約法の規制対象・内容と意義・課題

労契法と労働契約の原則
　　——労働者は業務に関連する費用を負担する義務を負うか——
　　　　　　　　　　　　　　　　　　　　　　　　　藤　木　貴　史（3）

労働契約の権利・義務
　　——いわゆる付随義務論を中心として——　　　　滝　原　啓　允（35）

労働契約上の使用者をめぐる理論課題　　　　　　國　武　英　生（63）

二つの労働契約の成立と内容決定
　　——成立局面における合意と契約解釈の意義——　新屋敷恵美子（85）

労働契約と人事・雇用管理
　　——一方的決定から労使対話へシフトすべき人事規制法理——
　　　　　　　　　　　　　　　　　　　　　　　　　龔　　　　敏（113）

労働契約と労働条件の変更
　　——労契法と労働条件変更法理——　　　　　　　神　吉　知郁子（135）

懲戒権の法源論に関する一考察
　　——信頼関係的合意論からのアプローチ——　　　米　津　孝　司（153）

労働契約の終了
　　——期間の満了（雇止め法理、無期転換制度）、辞職・合意解約
　　　　　　　　　　　　　　　　　　　　　　　　　阿　部　未　央（183）

労働契約と解雇
　　——労契法と解雇法理——　　　　　　　　　　　長谷川　　　聡（209）

労働契約法と労働関係法制

労契法と労災保険法
　　——労働契約と災害補償——………………………… 水　島　郁　子（231）

労働契約法と労働安全衛生法
　　——労働契約と健康・安全——………………………… 小　畑　史　子（255）

労契法と性差別禁止立法（雇用機会均等法・労基法4条）
　　——憲法上の性差別禁止規範を基底に——…………… 井　川　志　郎（275）

労契法と育児介護休業法
　　——労働契約とワーク・ライフ・バランス——……… 長谷川　　　聡（299）

労働契約とパート・有期雇用労働法制
　　——良質な働き方への課題——………………………… 緒　方　桂　子（325）

労働契約法と労働者派遣法
　　——派遣労働契約の法規制——………………………… 有　田　謙　司（353）

労働施策総合推進法と労働契約法 ………………………… 石　田　信　平（383）

労契法と高年法
　　——継続雇用制度と労働契約——……………………… 山　下　　　昇（417）

労働契約法と障害者雇用促進法
　　——労働契約と障害者雇用——………………………… 小　西　啓　文（439）

労契法と労組法
　　——労働契約と集団的労働条件規制——……………… 榊　原　嘉　明（463）

労働契約法と労働関係調整法
　　——労働契約の法と集団紛争解決制度の法の意義と交錯——
　　………………………………………………………………… 唐　津　　　博（493）

労働契約法の規制対象・内容と意義・課題

労契法と労働契約の原則
―― 労働者は業務に関連する費用を負担する義務を負うか ――

藤 木 貴 史

一　はじめに
二　問題の所在――労基法による規律の限界と契約法的規律の必要性――
三　労働契約の基本原則の位置づけ
四　信義則による補充の具体的な試み――業務関連費用負担義務論――
五　結びに

一　はじめに

　本稿に与えられた任務は、憲法や民法等の一般法との関係に留意しつつ、労働契約法（以下労契法）3条の定める労働契約の基本原則の意義を検討することである。労契法3条各項はいずれも、抽象度の高い一般条項であるから、以下の検討にあたっては、具体的な労働紛争の場面を設定することが有用であると思われる。そこで本稿は、労働者は業務に関連する費用を負担する義務を負うか、という問題を取り上げる。具体的には、ニュース記事に見られる、次のような例である。

　生命保険商品の販売を担当する外交員が、①宣伝のため、営業先において自社のロゴが入ったお菓子やカレンダーを配布し、また②携帯電話を通じて顧客とのやりとりを行う。このとき、①お菓子やカレンダーの代金及び②携帯電話の機種代金や通信費を、いずれも外交員自身が負担する[1]。

　コロナ禍によってテレワークが導入され、労働者が自宅で就労している。このとき、テレワークに伴い増加した電気代や通信費を労働者が負担する[2]。

　自動車やバイク、自転車等で食品や荷物の配達・運送に従事する就労者が、スマートフォン等に示された指示に従って仕事をしている。このとき、

スマートフォンの通信費や車輌の維持費、ガソリン代等を就労者自身が負担する[3]。

この問題は、日本のみならず、諸外国でも焦眉の急となっている。例えばドイツにおいては[4]、フードデリバリーに従事する配達ワーカーが、高額のスマートフォン機種代金や通信料を負担しており、その是正等を求める労働運動（Liefern am Limit）が展開されている。アメリカにおいても、同様の争いがみられる[5]。

しかし、労働者による業務関連費用の負担というこの現代的問題に対し、日本法は必ずしも十分な規律を及ぼしているようには思われない。そこで以下ではまず、この問題に対する法的規律の現状を示し、契約法的規律が必要であることを説明する（一）。次いで、労働契約の基本原則に対する従来の学説の理解を検討する（二）。以上の検討をふまえ、労働契約の特質を反映した、労契法の基本原則規定の解釈論を試みる（三）。

なお本稿の検討対象は、あくまで労契法2条1項所定の労働者である。ただし、労契法は私法規範であり、労契法上の労働者でない就労者に対しても類推適用の余地があろう。この点の検討は他日を期したい。

二 問題の所在
―― 労基法による規律の限界と契約法的規律の必要性 ――

1 現在の法状況

現在の日本において、業務に関連する費用を労働者が負担することは、いかなる法的文脈で問題となるか。また、法的判断はどのような傾向を示すか。筆者は別稿において、下級審裁判例29件を分析した[6]。詳細はそちらに譲るが、労働者による業務関連費用の負担が問題となるのは、主として次のような法的紛争である。

第1に、労働者性（労働契約該当性）が争われる場合である。経費負担の有無が判断指標の1つとして登場する。第2に、労基法違反が争われる場合である。①当該経費負担が労基法16条違反として争われた例もあるが、主に②労基法24条違反が争われた例が多い。第3に、契約上の効力が争われる場合

である。労基法24条違反と併せて争われる例が目立つが、労働者の経費負担が——賃金控除の形をとらない等の理由により——強行法規たる労基法に違反しない場合にも問題となる。

　これらの紛争における判断の傾向は、次の通りである。労働者性（あるいは労働契約該当性）の判断においては、決定的ではないものの、労働者による経費負担がなければ労働者を肯定し、なければ否定する方向に働いている。労基法16条違反の判断においても、企業の業務との関連性がある費用は、本来使用者が負担すべきことが判断の前提となっている。ここでは、使用者の費用負担が原則とされているように思われる。

　ところが、経費負担それ自体の法的評価においては、むしろ、「私的自治の原則」のもとで、労使が自由に負担を分配できることが強調される。労基法24条違反の判断においては、過半数代表者や労使協定等の形式的要件を満たすか否かに力点が置かれる。また、強行法規違反が否定された場合、契約法理に基づく審査は緩やかになされる傾向が強い。すなわち、労働者による業務関連費用の負担を定める契約上の根拠（個別同意、就業規則、労働協約等）が存在するかを検討し——この検討においても、同意の有無は緩やかに審査されている——、根拠が存在すれば、労働者による経費負担は適法なものと判断される傾向が強い。ごく一部の例外的裁判例のなかには、負担される費用の性質に着目し、使用者が本来これを負担すべき、と考えるものもみられる。しかし主流となっているのは、労使が合意に基づいて、自由に経費の負担を配分しうるとの考え方だといえる。

2　労基法は労働者の経費負担を積極的に容認しているのか

　労使間において経費負担を自由に配分しうる、とする考え方の背景には、労基法の規律構造があるように思われる。労基法が経費負担について言及しているのは、①労働条件明示義務（労基法15条1項、労基則5条6号）及び②就業規則の相対的必要記載事項（労基法89条5号）のみである。

　確かに、①労基法15条1項の委任を受けた労基則5条6号は「労働者に負担させるべき食費、作業用品その他に関する事項」の明示を、また労基法89条5号は、「労働者に食費、作業用品その他の負担をさせる定めをする場合

においては、これに関する事項」の就業規則への明記を求めている。この文言はいずれも、労働者が経費を負担する場合があることを、当然の前提としているように読める[7]。

　しかしそもそも、労基法がこれらの規定を設けた趣旨は何なのだろうか。その趣旨は、本当に、労働者による経費負担を許容することにあったのだろうか。

　労基法の制定に携わった寺本廣作氏は、労基法15条及び労基則5条について、「尚明示すべき労働条件について施行規則第5条は法第15条に例示したものの外、就業の場及び業務、就業規則の記載事項並びに寄宿舎規則の所定事項を例示した[8]」と述べている。したがって、労働者による経費負担の明示は、就業規則に対する規律を反映したものであることがわかる[9]。では、労働者による経費負担を、就業規則の相対的必要記載事項とした理由は何か。

　残念ながら寺本氏自身は、解説書のなかで、労働者による費用負担について言及していない。ただし、労基法89条全体の解説において、次のように記述している。すなわち、「事業場内の社会的規範を明確にするため就業規則の作成を義務付けるのは十九世紀末葉以来各国労働立法の通例である[10]」と述べ、日本における例として、工場法施行令第27条の4、鉱業法第75条を挙げている[11]。現行の労基法による規律も、工場法における規律を単に引き継いだにすぎないかのごとくである。

　ところが、先鞭とされる工場法施行令第27条の4の規定は、次の通りである。

　　常時五十人以上ノ職工ヲ使用スル工場ノ工業主ハ、遅滞ナク就業規則ヲ作成シ、之ヲ地方長官ニ届出ツヘシ。就業規則ヲ変更シタルトキ亦同シ。就業規則ニ定ムヘキ事項左ノ如シ。（中略）
　　　三　職工ニ食費其ノ他ノ負担ヲ為サシムルトキハ之ニ関スル事項
　　（中略）地方長官必要ト認ムルトキハ就業規則ノ変更ヲ命スルコトヲ得[12]

　一読して明らかな通り、工場法が認めていたのは「食費その他の負担」に過ぎない。食費が、業務遂行とは無関係に、労働者自身のために必要となる

負担であるのに対し、作業用品は、業務遂行のために必要となる負担である。工場法が、果たして「作業用品」という性質の異なる費用についてまで、労働者による負担を容認する趣旨であったのか、判然としない。内務省社会局の一員として立法調査に携わった北岡寿逸教授の解説も、施行令第27条の4が「法律上規定するを要する事項を列挙した」と述べるのみで、内容の解説はしていない[13]。

　他方で、立法資料を見ると、労基法における「作業用品」への言及は、最初期から登場していたことが分かる。労働基準法の立法過程は、大きく準備期、展開期、調整期、完成期に分かれるとされているが[14]、準備期のもっとも早い段階で起草された第一次案〔労働保護法草案（昭和21年4月12日）〕の第26条4号には、早くも、「労働者ニ食費、作業用品其ノ他ノ負担ヲ為サシムルトキハ之ニ関スル事項[15]」との表現がみられる。その後、旧仮名遣いの修正など若干の変化こそあるものの、「食費、作業（用）品その他」という構成は立法時まで一貫しているのである。このことから、少なくとも文言上の変化を見る限り、労基法が作業用品に関する経費の労働者負担を容認した理由を、工場法に求めることはできない。

　では、なぜ工場法とは異なる文言を労基法は採用したのか。残念ながら、現時点では立法資料からその理由を見出すことはできなかった。ただし、労基法89条に関する次の国会答弁は、この問題を考えるヒントになるかもしれない。

　第一に、昭和22年3月23日の貴族院における寺本氏の答弁である[16]。労基法89条の趣旨につき、①就業規則は各国の労働立法が規定しており、その内容はほぼ同一であること、②「行政的に必要な記載事項」として労働の開始・終了時刻、休憩、休日、賃金の決定方法等があることに触れたうえで、寺本氏はこう付言する。「以上のこと以外でありましても、企業全般に亙って……物品を給与して賃金を差し引くものであるとか……云ふやうなことを規定して居るのが普通の事例であります」。ここでは、労基法89条の規定内容が、就業規則に関する当時の諸外国のルールを反映したものである可能性が示唆されている。

　第二に、同日の貴族院における河合良成国務大臣の答弁である[17]。中小工

場などを考えると相対的必要記載事項による規律が煩瑣にすぎる、との質問に対し、河合大臣は次のように述べる。「此の労働基準法の適用に付きまして、大体矢張り建前として二つの建前がありまするので、［①］結局実情を主として、さうしてそれにぴつたり嵌る法制を編むと云ふことと、［②］それから稍々煩瑣になりましても、労働者の保護の為にはどうしても斯う云ふものを作つて、それで日本の労働者保護、民主主義の線に沿うて労働者保護と云ふことをどうしても達成させなくちゃなならぬ……と云う建前と、二つの建前が実はある訳です、それで政府としましても、この二つの建前に付きまして余程深甚なる考慮を払ひ、又関係各方面とも十分折衝を遂げまして、さうして第二の方法を採ることになつた次第であります」。ここでは、労基法89条の規定内容が、当時における日本の実態を反映した可能性が示唆されている。

してみると結局、労働者による経費負担を労基法が認めた根拠は、かなり薄弱と言わざるを得ない。労基法制定当時における、諸外国の立法や、日本の慣行を反映したものにすぎないからである。

現代においては、明文で労働者による経費負担を禁じる国もみられる。例えばアメリカにおいては、カリフォルニア州法のように「使用者は、被用者による義務の履行、又は、たとえ違法であるとしても（ただし指揮に服する時点で違法であることを被用者が認識した場合を除く）使用者の諸指示（the directions）への服従の直接の結果として、被用者が負った全ての必要な経費若しくは損失を、補填（indemnify）しなければならない[18]」と定める州がある。ドイツにおいても、雇用契約の本質に照らしクラウドワーカーに業務費用を負担させることを違法とした判決が下されている[19]。フランスでも、職業活動に必要な支出を使用者のために労働者が負担した場合、払い戻しが原則であると判断した判例がみられる[20]。してみると、立法当時の外国法の事情を現代においても尊重すべきか、疑問である[21]。

また、立法当時の日本の慣行についても、どの程度尊重する必要があるか疑問である。現代の下級審判例のなかには、労働者性や労基法16条違反の判断において、業務との関連性がある費用は、本来使用者が負担すべきことを前提とするものもみられる[22]。法秩序内部の統一性という見地からみれば、

業務に関連する経費を労働者に負担させる慣行を、肯定的に評価すべきとは思われない。

したがって、労基法が積極的に労働者の費用負担を許容している、と解するのは相当ではない。労働者による経費負担を認める実質的な根拠が、さらに問われねばならない[23]。労基法24条違反の判断も、こうした実質的根拠に基づいた審査が要請されよう[24]。また仮に、形式的な理由で強行法規（労基法24条）に違反しない場合も、労働契約法理に基づく審査の可能性を探求することが要請されているといえる。

三　労働契約の基本原則の位置づけ

残念ながら労契法も、労働者による業務関連経費の負担を許容すべきかという問題に対し、明文の規定を用意していない。そこで必要となるのは、労働契約の基本原則の内実を検討し、労契法3条所定の一般条項による規律の可能性を吟味することであろう。以下、憲法・民法当の一般法との関係を踏まえ（1）、労契法1条所定の「合意」原則との関係にも留意しつつ（2）、労契法3条の定める基本原則規定の位置づけを検討する（3）。

1　一般法との関係——契約自由の原則と意思自治の原理・私的自治の原則
（1）民法学の議論

労働者による費用負担を契約法理により規律することに消極的な理由として、しばしば「私的自治の原則」が挙げられる。しかし、民法学における有力な潮流は、その内実について、①契約が当事者に拘束力を及ぼす規範原理と、②当事者は契約を原則として自由に結びうるという実定法上の制度とを分けて考えているように思われる。

例えば、民法学の代表的な教科書は、近代的契約法の基礎にある思想・契約観として、①の層を指す「意思自治の原理」と、②の層を指す「契約自由の原則」とを峻別する[25]。すなわち、①は、「契約の拘束力の根拠」を「当事者の意思によって説明する考え方」を指すとされる。「私的自治の原則」も、「私人が自由な意思決定により法律関係を形成しうるという理念」の点

が重要であるとされ、「意思自治の原理と重なることになる」と位置づけられている[26]。これに対し②は、民法521条及び同522条のもとで承認されるところの、相手方選択の自由、締結の自由、内容決定の自由、方式の自由を指す。前提とされているのは、「自らの意思で契約の成否・内容を決定し、それに対する責任をとる自由で平等な人々であり、具体的には市民階級である[27]」。

では、①の層を支える法規範は何か。民法学説においては、日本国憲法13条に基づく自由であることを強調する見解がある[28]。この見解は、私的自治を「自分の生活空間を主体的に形成する自由」であることと捉え、かかる自由は、憲法13条が立脚するリベラリズムの思想——「自律（autonomy）の尊重を基礎[29]」とし、「個人個人が自己のアイデンティティーを求めつつ、みずから『善い』と信ずる生き方を等しく追求できることが何よりもまず保障されねばならないという考え方[30]」——のもとで保障されるべきことを主張する。自律した個人の「意思」の尊重が、①の眼目である。

つまり全体としてみれば、②の制度を設計する根拠が①にある、ということになろう。すなわち、個人の尊厳に対する憲法的保障から「意思」の尊重が求められ、そのための実定的な「制度」として、「契約自由の原則」の保障が求められる、という構造となる[31]。

（2）憲法学の議論

憲法学においても、こうした二層構造——契約をめぐる、いわば「法制度保障[32]」的構造——に対する理解は共通している。例えば石川健治教授は、「契約自由の原則」の中心的部分は、人格の承認にあること、「契約の自由についても、人権の部分と公序の部分がある」ことを指摘する[33]。すなわち、「契約するというのは、きわめて親密な、人間と人間の結合も含めた、非常に広いスペクトルをもって」おり、契約締結の自由の前提には、「契約当事者がお互いに対等の人格であるということの承認が、先行している」。それゆえ、契約締結の自由については、「人権」としての保障が及ぶ一方で、「契約『内容』の形成などについては、『公序』が利いてくる」、すなわち、「契約の内容の形成については、公序が働いて、当然には企業の自由にはならな

い[34]」ことになる。

さらに、近代憲法史において日本国憲法の占める地位を探求した法制史の研究も、「日本国憲法は、広い意味での経済活動の自由を、人格権の一つとしての『職業選択の自由』と、基本的人権のカタログに加えることがもはや適当とは言えないと判断された『経済的自由』とに二分した」ことを指摘している[35]。

（3）労働法学の議論

近年の労働法学においても、①自由な「人格」の「意思」を尊重する層と、②その実現のために公序の統制のもとで展開される制度の層を峻別する思考が示されている。例えば西谷敏教授が、「個人の尊重」を説く憲法13条に基づいた労働者の「自己決定権」を、労働法の基礎理念の一つとして掲げながら、その実現のための国家介入を強調するのは、こうした思考に基づくものと理解できよう[36]。

また例えば、三菱樹脂事件を再検討した石田信平教授は、憲法29条の保障する財産権について、一方では国家による高度の統制を前提とした権利としつつ、国家からの防御権として機能する以上、「財産権保障から導かれる契約制度の利用は、企業者を含めたあらゆる人・法人に保障される[37]」と位置付けている。この研究の力点は、かかる企業者による採用の自由が「基本権保障にもとづくものであることに変わりはな」い点にある[38]。しかし、国家統制の一環として、「憲法14条1項や同19条の直接適用または間接適用を通じて労働者の利益を考慮することも同時に必要とされる[39]」こと、「労働市場から排除されない権利……は憲法27条1項の直接適用の帰結として……企業者にも向けられるべきであり、したがって、そうした労働権保障と財産権保障との調和的解釈が求められる」こと[40]、要するにこの限りにおいて制度としての契約の修正が要請されることが指摘されており——基本権保障の内実をめぐる争いはありえようが——民法学・憲法学の理解と共通しているものといえる。

（4）小　括

　以上要するに、労働者に対する経費負担の正当化根拠として用いられる「私的自治の原則」（類似の用語に「契約自由の原則」・「意思自治の原理」）も、大きく2つの層に分かれる。①「個人の尊重」をうたう憲法13条のもとで、人格的自律の価値を尊重すべしとの規範原理を示した層（「意思自治」の原理と呼ばれることが多い）と、②人格的自律の価値を保障するための法制度として定められた層（「契約自由」の原則と呼ばれることが多い）の、二層構造である[41]。

2　労契法における「合意」原則の意義

　では、この二層構造に照らすとき、労契法1条及び3条1項の定める「合意」原則は、いずれを体現するものと理解されるべきであろうか。先行研究を見る限り、労契法を第2の層を実現するものと理解すること——すなわち、労契法所定の「合意」原則を、「契約自由」の原則の一環として理解すること——はできないように思われる。

　そもそも労契法は、「憲法27条2項を受けて制定された法律であり、『労働者の保護』を主たる目的としている」という意味で、「広義の『労働者保護法』(Arbeitsshutzrecht) を構成している[42]」。その意味で、「契約自由の原則」とは、最初から「制度化」の趣旨が異なっている。

　さらにこのことは、労契法の文言にも示されている。同法第1条は、「労働者の保護を図」ることに明確に言及しつつ、労働契約が合意により成立することを宣言する。しかしかかる合意は、「労働者及び使用者の自主的な交渉の下で」行われるものとされている。同法3条1項も、労働契約の締結が単なる合意ではなく、労使の「対等の立場における合意」によることを要求している。土田道夫教授は、「合意原則は、民法の古典的・伝統的な契約自由の原則とはもとより異なる」として、合意原則を、「労働者・使用者が『自主的な交渉の下』で行う（労契1条）、『対等の立場における合意』（同3条1項）を促進する理念であり、労使が実質的に対等の立場に立って労働契約を運営することを促進する理念」と捉える[43]。すなわち土田教授によれば、完全な契約の自由を「修正して、労使間の実質的交渉を促進するための規制を行う必要がある（交渉促進規範）」ことを示したものが、労契法上の「合意

原則なのである[44]。また緒方桂子教授も、かかる文言の付加を、労使対等決定原則の要件化ととらえている。すなわち、「労使対等合意原則」は、単なる指導原理ではなく、労契法において用いられる合意はすべて、3条1項の意味における「対等の立場における合意」を意味しており、「労使対等合意」のみが、「労働契約の成立ないし締結及び変更される労働契約の効力発生要件となる」というのである[45]。さらに、緒方教授は、就業規則が要件を充足しない等のために労働条件の空白が生じた際には、「個別具体的な特約がないならば、本項〔労契法3条1項〕を根拠に当事者意思を探求するという法的構成をとること」をも示唆しており、注目される[46]。

これらに照らすと、労契法の定める「合意」原則は、「契約自由の原則」（第2の層）ではなく、むしろ「意思自治の原理」（第1の層）を実現するためのものと見るべきではなかろうか。すなわち、契約自由の原則は、意思自治の原理を具体化するための制度であるが、労使関係のように特殊な契約関係においては、かえって労働者の意思を制約する場合がある。それゆえにこそ、「自主的な交渉の下で」「対等の立場における合意」を要求することにより、この「契約自由の原則」を修正した新たな制度として、労契法上の「合意」原則を把握することが可能となるように思われる[47]。

3 労契法3条の基本原則規定が果たす機能
（1）基本原則規定の位置づけ

このような理解に立った場合、労契法3条の諸原則も、同1項の定める「合意」原則と矛盾・衝突するものではなく、むしろこれを支える調和的な規定として把握できる。

従来、労契法3条の諸原則を「合意制限規定」と位置づけ、第1項の定める「合意」原則との対立関係において理解する立場が中心であったように思われる[48]。その背景にあるのは、「労働契約関係が有している特殊性、つまり経済的に契約関係に依存する程度の違い、情報へのアクセスやリテラシー力の違い、労務遂行過程における指揮命令とそれへの服従という関係を考えた場合には、この〔合意〕原則を強調しすぎるべきではない」との懸念であった[49]。

しかし、「合意」との調和的関係を示唆している見解に立っても、こうした懸念は払拭しうるように思われる。というのも、労契法が「合意原則を対等決定原則と結び付けて規定している」ことに照らせば、「労使が対等の立場で合意してはじめて、拘束力が認められるという考え方」を導き出すことができるからである[50]。つまり、「労使が対等の立場にない場合には、決定侵害型規制[51]をおこなうことが基礎づけられる」ことになる[52]。この立場をとる論者は実際、民法上では信義則による規制が存在することを指摘し、労契法7条の合理性審査の厳格化や、同5条の安全配慮義務の明確化・具体化を説いている[53]。

それゆえ、労契法3条の定める基本原則が衝突するのは、「契約自由の原則」であって、同1項の「合意」原則ではない、と解することができよう[54]。では、基本原則規定は、「合意」原則の実質化のために、具体的にどのような機能を果たすだろうか。筆者のみるところ、これら諸規定は、意思自治の実現のため、大きく2つの機能を果たすように思われる。

（2）基本原則規定の機能（1）：情報提供義務の強化

第1の機能は、使用者による情報提供を義務づける機能である。民法学においては、情報提供義務を、信義則を通じて実現される、自己決定の前提となるべき契約環境を整える義務と捉える考え方があるとされる[55]。労働法学においても、合意原則は、「労働条件の決定・変更に関する使用者の説明・情報提供義務（手続的規制）を基礎づける機能[56]」をもつこと、「労契法4条で定められた労働契約内容の理解を受けて、労契法の信義則から使用者の情報提供義務・説明義務が導出される可能性がある[57]」ことが指摘されている。最高裁が、いわゆる「自由な意思」論において、同意の有無を認定する際の考慮要素として「労働者への情報提供又は説明の内容等」を挙げていることも[58]、こうした情報提供義務の観点から説明できよう。

さらに、かかる原則は、労契法全体を貫く理念としても理解されるべきである。例えば、労契法の7条及び10条における「周知」要件は、情報提供義務の観点から実質的に判断される必要がある。「労働条件内容の詳細についての情報を開示し（対象事項の明確化）、契約締結時に、労働者が知ろうと思

わなくても（何らかの行動を起こさなくても）、全労働者の誰にでも（契約締結当事者本人だけでなく）、その内容が明らかになる状態で開示されていたこと[59]」、「個々の労働者が就業規則内容を知っている、もしくは使用者が知らせる具体的努力をしたこと[60]」を要求する立場が妥当であろう。

（3）基本原則規定の機能（2）：労働契約の特徴の反映

　もっとも、情報が提供されて形式上の同意が取り付けられれば、「合意」を認めてよいというわけにはいかない。「自主的な交渉の下で」なされる「対等の立場における合意」こそが求められる以上、そうした合意を実現するための構造的規制が必要になるからである。そこで基本原則規定の第2の機能として、労働契約の特徴を踏まえて、妥当な解釈を導く機能が重要となる。とりわけ、学説の指摘する通り、「労働契約について、労使間の構造的な交渉力・情報格差を内在する契約という前提に立てば、一定の範囲で、信義則（労契3条4項）に基づく内容規制（構造的格差是正型規制）を構想することは可能[61]」であろう。信義則は、「労働契約上の付随義務を豊富化する際の法文上の根拠」となるのみならず[62]、労働契約の特性を踏まえた、契約解釈の準則としても機能する[63]。それゆえ、労契法が明文規定を設けていない問題に対しては、①労働契約の特性を反映した信義則上の付随義務法理を探求するとともに、②これを契約解釈の準則とすることを通じて、規制の欠缺を補充することが求められよう。

四　信義則による補充の具体的な試み
────業務関連費用負担義務論────

　では、労契法3条所定の基本原則（特に信義則）により、労働者による業務関連経費の負担の問題を、どのように処理することができるだろうか。まず、労働契約の特徴として、労働結果の他人帰属性があることを指摘し（1）、これに則した解釈論を提示する（2）。

1 労働結果の他人帰属性の考慮
(1) 使用者の業務関連費用負担義務の導出

　従来、学説は労働契約に固有の特徴として、労働を履行する主体が生身の個人であること（人的性格）に加え、企業の生産活動が一定の継続性を持つことに対応して、労働も継続的に長期間なされること（継続的性格）、企業の生産活動が組織的な協業を通じて運営されることに対応して、労働に際して一定の服務規律に服する必要があること（組織的性格）などを指摘してきた[64]。これらはいずれも重要な特徴であるが、さらにさかのぼれば、労働結果の他人帰属性、すなわち、労働の成果や、そこから生まれる収益が、自身にではなく使用者に帰属することも、重要な特徴として指摘されていた[65]。民法学における古典的見解によれば、雇用契約の場合、労働の結果生じた果実について、「使用者の所有に帰属する趣旨が雇用（労働）契約の中に含まれているとみるべきであり、その契約の有効なことは疑いない」とされる[66]。また我妻教授は、使用者の指揮命令権の力点を、「給付する労務の内容についてではな」く、「労務をいかなる目的に向かつていかに役立てるか[67]」、すなわち、収益のために使用者が自由に労働の成果を組織化できる点に求めている。労働契約の組織的・継続的性格も、労働結果の他人帰属性と密接な関係を有しているといえる。

　要するに、労働契約が前提とするのは、生産主体たる企業が、労働の成果をどのように組織化するのか、自由に決定することができ、その結果得られた収益を総どりしたうえで、その一部を労働の対価として労働者に給付する、という関係である。かかる関係のもとで使用者は、他人労働の成果を自ら効率的と信ずる方法によって組織し、収益をあげる・損失を被る機会を保障されているのである。これに対して労働者は、そうした損益引受けの機会を、原則として全面的に否定されることになる。

　労働契約のこうした特徴（労働結果の他人帰属性）は、労働者の費用負担の問題に対して信義則を適用する際にも、斟酌されるべきである。土田教授は新聞の取材に対し、「雇用関係では、労働の成果物はすべて会社のものになり、その代わりに労働者は賃金を受け取る。会社が労働の成果によって利益を得るのであれば、仕事に必要な経費は会社が負担することが雇用の一般原

則だと考えるべき[68]」ことを指摘されているが、筆者もこれに賛成する。労働結果の他人帰属性のもとで損益引受けの機会を否定されている以上、収益のために必要となる費用を労働者に負担させることは原則として許されず、特段の事情がある場合であっても公平な限度に制限されることを、信義則に読み込むべきである。

すなわち、労契法３条４項所定の信義則上の付随義務として、使用者は、収益のために必要となる費用（事業活動に内在するリスクや、事業活動に伴い発生する費用）を、原則として自ら負担する義務を負うというべきである（以下、業務関連費用負担義務）。また、かかる義務は、労働契約の解釈準則としても位置付けられるべきである。労働契約のベースラインは労働者に業務関連費用を負担させないことであり、これに反する契約上の条項については、原則としてその効力を否定する方向で解釈されるべきである。例外的に効力を肯定するためには、特段の事情を要求すべきであり、また仮に特段の事情が認められる場合であっても、労働者の負担額は公平な限度に制限されるべきである。

使用者の業務関連費用負担義務の導出は、信義則その他の基本原則規定の解釈として、決して突飛なものではない。現に、下級審裁判例の一部は、負担される費用の性質を問い、業務に関連する費用については使用者が原則として負担すべきとの判断を示していた[69]。加えて、以下の３つの点からも、この解釈を根拠づけることが可能と思われる。

（２）根拠１：労働者の責任制限法理における報償責任の読み込み

第１に、不法行為法の文脈においてではあるが、最高裁は、信義則に報償責任・危険責任の原理を読み込んでいる。労働者が過失により労務遂行中に起こした事故の損害を負担した使用者が、当該労働者に損害額の全額を求償した茨城石炭商事事件では、原審を認容し、「損害の公平な分担という見地から信義則上相当と認められる限度において」求償額を制限した[70]。では、損害の公平な分担を考える基準はなにか。原審は、次のように述べる。

「営利のため危険な事業活動を行う者、例えば自動車を使用し収益を目的とする事業活動を行う者は、右事業活動の際、必然的に事故発生の危険性が

随伴するものであることは当然に予想されるところであるから、右事故によつて生じた損害を自ら負担するか又は予め分散する措置をとることなしに、窮極においてすべてこれを従業員の負担に帰する（即ち、従業員に填補させる）ことは、……たやすくこれを是認するを得ないことは、現在の法秩序（特に不法行為制度の目的及び精神）、経済体制及び企業者の社会的責任並びに健全なる社会通念に照し、多言を要しない[71]」。

　ここでは、使用者が、損益引受けの機会を保障され、労働の成果から得られる収益を独占するという構造が判断の前提となっており、かかる前提の存在ゆえにこそ、事業活動に必然的に随伴する負担も使用者に帰するべしと判断されている、と読むことができる。なるほど、同判決は「不法行為制度の」目的及び精神を根拠の一つとしており、あくまで、自動車「事故発生の危険」についての判断である。しかし、①形式面からすれば、最高裁は明示的に「信義則」に言及しており、労働契約の特質を反映したものと見ることができる。また②実質面からしても、使用者が、「事故発生の危険」をはらむ事業活動の遂行を命じるのは、収益を獲得するためである。その意味で、使用者による「事故発生の危険」の負担とは、収益のための潜在的費用負担なのであり、収益のための顕在的費用負担たる業務関連費用の負担と、同列の性質を有すると考えることができる。したがって、収益を得るための事業活動について、使用者がその費用（潜在的に生じるかもしれない事故のリスクや、確定的に必ず生じる機材の購入代金や手数料等の費用）を負担すべきということは、労働契約全般に妥当するはずである。

　さらに最高裁は、業務上の交通事故における損害を賠償したトラック運転手が使用者に求償を求めた、いわゆる逆求償の事案において、「使用者が被用者の活動によって利益を上げる関係にあること」等から使用者責任（民法715条）の趣旨として「損害の公平な分担という見地」を導き、使用者が「被用者との関係においても、損害の全部又は一部について負担すべき場合がある」と判断している[72]。同判決をめぐっては、逆求償の法的根拠や使用者責任に関して様々な理解が示されている[73]。しかし本稿の観点からすれば、調査官解説が指摘する通り、同判決が「報償責任ないし危険責任の考え方を使用者・被用者の内部関係にまで及ぶことを明らかにした[74]」点が重要であ

る。確かに同判決は、直接には不法行為法を題材として、損害の公平な分配を論じている。しかし、その判断の実質的根拠は、労働成果の他人帰属性という労働契約の特徴と考えられるのである[75]。

（3）根拠2：均衡配慮原則の趣旨

　また第2の根拠として、労契法3条2項の規定を考えよう。通説的見解は、これらの規定を、政策目的を実現するための規定ととらえる[76]。しかし他方で、これを「平等取扱義務」——あるいはその賃金処遇制度における具体化としての「均等・均衡処遇義務」——と理解する見解もある[77]。この見解は、特段の合理的理由がない限り、同一賃金処遇制度をとること（同一賃金原則）や、処遇制度を異にする場合でも、乗換可能にすること（制度間調整原則）、すべての労働者の処遇に際して、職務均衡性および時間均衡性を配慮すること（均衡処遇原則）を要求する。かかる要求の基礎に据えられているのは、使用者が、労働者集団の組織的に就労する場（企業）という同一の生活空間を支配している、すなわち、労働の成果から得られる収益を、自らのもとに全面的に帰属させるからこそ、処遇（＝労働の結果から生じた収益の分配）には一定の制約が生まれる、という認識である[78]。この見解も、契約内容の調整という形で「コストの公平な分担なりを導く手がかりを与えるものである必要[79]」性を指摘する立場であり、労働結果の他人帰属性という労働契約の特徴に整合的な見解と理解できよう。

（4）根拠3：他分野における法解釈との調和

　さらに第3の根拠として、労働法の他分野における法解釈や、他の法分野との法解釈の統一性の必要性を挙げることができる。労働者性判断の指標においては「機械・器具の所有関係」が労働者性を否定する要素として挙げられており、間接的に、労働者はこれらの費用を負担しないことが前提とされている。留学費用の自己負担をめぐる労基法16条の解釈においても、業務関連性が判断指標とされていた[80]。収益を上げるために労働者に投資したのであれば、その費用は使用者が負担すべき、との規範論理から生じる判断といえよう。

加えて、所得税法における給与所得該当性の判断においても、①使用者の指揮命令に服し、時間的場所的拘束を受けていること（労務提供の態様における従属性）に加え、②自己の計算と危険において独立して営まれていないこと（報酬受給の態様における非独立性）が考慮されている[81]。しかも最近の下級審裁判例においては、①が希薄であっても②を重視して給与所得該当性を判断する傾向が見られ[82]、租税法学説においても、「給与所得の本質は、非独立的、すなわち、収入が一定程度あらかじめ定められており、それに対応する必要な支出や損失を負担する可能性がない、という点に求められる」ことが指摘されている[83]。確かに、税法上の事業所得を得ていたとしても、労働法上の保護を享受する労働者も存在しているから、税法学の議論が労働法学に直接影響を与えるわけではない[84]。しかし少なくとも、他分野においてすら、労働結果の他人帰属性という労働契約の構造が考慮されていることに照らせば、労働法学の解釈においても、かかる労働契約の構造的特徴は十分に斟酌される必要がある。

2 労働者による業務関連費用の負担をめぐる解釈試論

以上の検討より、労働成果の他人帰属性という労働契約の特質を踏まえ、労契法3条の基本原則の解釈において、信義則上の付随義務としての使用者の業務関連費用負担義務——収益のために必要となる費用（事業活動に内在するリスクや、事業活動に伴い発生する費用）を、原則として使用者が自ら負担する義務——を導出することは、十分に正当化されよう。ではかかる義務は、具体的にどのような帰結をもたらすであろうか。

（1）情報提供義務の強化

労働契約の特徴（労働結果の他人帰属性）に照らせば、そもそも業務遂行に必要となる費用を労働者が負担することは、契約類型上想定されていない。したがって、これに反する条項を労働契約に盛り込むためには、最低限、導入の経緯とその内容について、明確な説明の機会を設けることを使用者に要求すべきであろう。すなわち、①個別合意による場合には、具体的な負担の内容のみならず、その導入の必要性についても、明確に、かつ労働者に個別

に説明する機会を設けることを使用者に要求すべきである。かかる説明が認められない場合、信義則上の業務関連費用負担義務違反及び労契法4条違反により、端的に当該合意を無効と判断すべきである。また、②就業規則にかかる条項を盛り込む場合においても、実質的周知ではなく、①の場合同様の説明を要求すべきである。これに反する場合には、労契法7条・10条上の「周知」要件の充足を肯定するべきではない。またいずれの場合においても、労働者が異議を述べないことを肯定的要素と評価してはならない。例えば、賃金からの控除を承知しながら業務で用いる物品を注文していたことは、同意を認定する根拠とはなりえない[85]。

（2）公平な限度への負担の制限

仮に情報提供がなされていたとしても、成果の他人帰属性という労働契約の特徴に照らし、労働者による費用負担を制限することが求められる。具体的な制限内容につき、(a) 業務関連費用負担義務の対象となる費用、(b) 同義務により負担すべき費用の程度、(c) 義務の適用制限の可能性に則して検討する。

（a）義務の対象となる費用

業務関連費用負担義務が生じる費用については、当該費用の性質に応じた検討が必要である。少なくとも、❶業務遂行上必要となる機材等に関する費用や、❷報酬の支払いに必要となる費用である場合には、原則として、労働者への負担を認めるべきではない。これらの費用は、使用者が収益を増やすためのものであることが明らかだからである。どのような費用がこれに該当するのかについては、個別事案をつぶさに検討するほかはないと思われるが[86]、下級審裁判例で争われた例でいえば[87]、①車両の維持費・修理費や燃料費、タクシー運転手のGPSの利用手数料、ETC・クレジットカード決済等の手数料、業務に用いる携帯電話の通信費用、顧客の口座振替手数料、あるいは、②給与・退職金の振込手数料、即給サービスの手数料等については、労働者への負担を認めるべきではなく、業務関連費用負担義務の対象になると解される。

これに対し、❸業務に従事しなかったとしても生じるであろう費用（自宅

でのテレワーク時における通信費・電気代や、私用の携帯電話を業務上でも利用した場合における機材代・通信費等）については、私的利用相当額の限度で、労働者による費用の一部負担を認めることも許されよう。

　なお裁判例上、経費相当額を、直接に賃金から控除するのではなく、賃金（例えば歩合給）の算出過程において減額するものもみられる[88]。しかし、かかる減額が仮に労基法には違反しないとしても、労働結果の他人帰属性という観点に照らせば、労働者の経費負担を正当化することはできない。歩合給の仕組みがとられているとしても、労働者が歩合給相当額を乗客から直接に得ることができるわけではなく、したがって、事業活動に伴う費用を負担すべきは使用者であるとの構造になんら変化はないからである。賃金の算出にあたり経費相当額を自動的に減額するが如き、労働者への業務関連費用の転嫁が明確な賃金制度は、それ自体が賃金制度としての合理性を欠くというべきであろう。

(b) 負担すべき費用の程度

　では、義務の結果として、使用者はどの程度の費用を負担しなければならないか。付随義務が課される趣旨からみて、原則として、業務関連費用の全額を負担する義務を使用者は負うというべきである。ただし、実費精算を要求することが、実務上煩雑となることも想定される。そのため、あらかじめ合理的な範囲で定額を支払う旨の定めも——当該支払額が実費と合理的に対応する限りにおいて——許されるであろう。また、上述の費用❸の場合、労働者が費用の一部を負担することもあるため、その額を公平な範囲に制限する必要がある。一つの手法としては、使用者が労働時間管理義務を負うことに照らし、経費全額を労働時間に比例する形で按分することが考えられよう。もっとも例えば、労働者がテレワークに際して、業務に必要となる程度を超えたスペックのゲーミングPCを購入した場合、購入費全額を時間比例で按分することは逆に公平に反する。使用者の負担義務は、業務との合理的な関連性の認められる範囲の費用に限定されるべきであるが、実務に耐えうる負担額の具体的な算出方法については今後の検討を要する。

　なお付言すれば、使用者の業務関連費用負担義務は、信義則上の付随義務である。そのため、義務違反が認められる場合、労働者に費用を負担させる

労契法と労働契約の原則　23

契約上の根拠規定が無効となり、労働者は当該費用の負担義務を負わない。また、労働者が既に費用を負担していた場合、使用者に対して費用相当額の支払請求権を有すると解される。

(c) 適用の制限？

付随義務のなかには、労働者の兼職避止義務のように、義務が発生したとしても、他の法益との関係でその適用が制限されるものがある。では、使用者の業務関連費用負担義務については、どのように考えればよいだろうか。上述の費用❶や費用❷について、例外的に労働者の一部負担を認めることは許容されるだろうか。

一つの考え方は、労働結果の他人帰属性は労働契約に内在する特質である以上、一切の例外を認めるべきではない、とする考え方である。この場合、労働者による経費負担を認める契約上の根拠（労働契約、個別合意、就業規則、労働協約）はいずれも、使用者の負う業務関連費用負担義務違反により、あるいは労契法7条所定の合理性を満たさない・協約自治の外在的限界に反することにより、無効になると解釈することになる。付随義務を労働契約の特性から導いた以上、この考え方が理論的には一貫性がある。しかし、①労働者による費用負担が蔓延している実務の現状に照らし、性急にすぎる観もある。また、②下級審裁判例のなかには、労働組合が、労働条件の不利益変更の回避や、請負からの直用化に際して、自ら経費負担を申し出たという経緯を考慮する例が見られた[89]。倒産の回避や事業の再建等の場合において、労働組合が規制力を発揮できる余地を残すことも一定のメリットを有する可能性がある。

もう一つの考え方は、義務違反が成立しないという例外的な場合を認めつつ、これを狭く制限する、という考え方である。この場合、民法学からの提言に従って、立証責任の分配と推定を利用することが考えられる[90]。すなわち、労働者に費用を負担させる条項については、業務関連費用負担義務に違反する、あるいは労契法7条の合理性要件を充足しないことを推定しつつ、使用者が特段の事情を証明した場合に限って、義務違反を否定する、と解釈することになる[91]。この考え方は、ごく例外的な場面にも対応できる柔軟な法解釈が可能であるというメリットをもつ。しかし、①柔軟な法解釈が要請

される場面が限定的である、②そうした場面では本来、労働条件の不利益変更法理で対応すべきにもかかわらず、外観上は賃金の減額を否定することにより、かえって法の潜脱を招きかねない、③労働者の負担額は使用者の事業形態の変化に伴い容易に上下しうるため、労働者保護の目的に反する等の問題も抱えることになる。

　両者の距離は、さほど遠いわけではない。前者の考え方をとる場合であっても、使用者の負担額は、業務との合理的関連性が認められる範囲に限定されるから、妥当な結論となるように調整を図る余地はあろう。逆に後者の考え方を採る場合であっても、労働結果の他人帰属性は労働契約に内在する特質であるから、使用者が証明すべき「特段の事情」は相応に厳格なものが要請されよう。すなわち、労働条件の不利益変更法理からの潜脱を防ぐために、①労働条件の不利益変更ではなく、費用負担によってしか対応できない高度の必要性の提示が要求されるべきである。また、労働者保護の観点から、②労働者の負担額が公平な範囲に収まっていることも要求すべきである。下級審判例においては、労働者の負担が少ないことを考慮する例もみられたが[92]、疑問である。むしろ、負担が高額であることが、費用負担を否定する事情として作用するというべきであろう。さらに、使用者の本来的負担を労働者に転嫁している以上、③労働者に対する代償措置は必須というべきであろう[93]。

　筆者自身、いずれの考え方が望ましいのか、結論を下せていない。今後のさらなる検討が必要である。

五　結びに

　本稿の結論は次の通りである。立法史を探求する限り、業務関連費用の負担を労使間の自由に委ねてよいとする根拠は薄弱である。むしろ情勢の変化に照らせば、契約法的規律を探求すべきであろう（一）。労契法は、この問題に対する明文規定を用意していない。しかし、同法が意思自治の原理を実現するために、契約自由の原則を修正するという性格を有することに照らせば、同法3条所定の基本原則を労働契約の特徴を反映する形で解釈し、問題

の解決を図るべきである（二）。
　労働契約においては、使用者が労働力を組織的に配置し、労働の成果から生じる収益を総どりにするという特徴がある（労働結果の他人帰属性）。かかる特徴を踏まえた信義則の解釈として、使用者は、収益のために必要となる費用（事業活動に内在するリスクや、事業活動に伴い発生する費用）を、原則として自ら負担するという労働契約上の付随義務（業務関連費用負担義務）を負う（三）。ただし、労働者の私的利用分も含まれるだろう費用の負担を労使間でどのように分配するかという問題や、義務違反を例外的に否定すべき場合があるかという問題は、更なる検討が必要である。本稿の問題提起が、学際的な視点も含めて[94]、今後のさまざまな議論のきっかけとなれば幸いである。

1　住友生命保険（費用負担）事件・京都地判令和5年1月26日労判1282号19頁。同判決の検討として、橋本陽子「判批」ジュリ1585号（2023年）4頁、井村真己「判批」速判解33号（2023年）303頁、藤木貴史「判批1」労旬2037号（2023年）10頁、神吉知郁子・富永晃一「ディアローグ　労働判例この1年の争点」労研760号（2023年）45頁、細谷越史「学生アルバイトと業務上の損害・費用負担および休業時の賃金保障」法セ828号（2024年）39頁、石田信平「判批」法セ830号（2024年）116頁、藤木貴史「判批2」令和5年度重版解ジュリ1597号（2024年）192頁。また、澤路毅彦「保険外交員の営業費　どうして自腹」朝日新聞2022年5月30日朝刊24面も参照。

2　テレワーク・リモートワーク総合研究所（株式会社LASSIC）「テレワークによる家計への影響　2021年度版」（2022年4月22日）https://teleremo.net/?p=408（最終閲覧日：2022年12月1日）［調査対象者の74.2％が「電気代が増えた」と回答したが、82.5％が「テレワーク手当はない」と回答］。ロバート・ウォルターズ・ジャパン「アフターコロナ時代の新しい働き方意識調査2022年版」（2022年4月13日）https://www.robertwalters.co.jp/content/dam/robert-walters/country/japan/files/Others/2022/PressRelease_0413_JP.pdf（最終閲覧日2022年12月1日）［調査対象者のうち、会社からの支援のない者が3割程度存在］。大和田尚孝「ベテラン・若手　在宅の悩みそれぞれ」日経産業新聞2021年1月18日［「テレワークを利用する際に不便・不安と感じる点や、テレワーク利用の阻害要因になると思われる点」について、39歳以下の調査対象者の42.9％が「テレワークで自己負担する通信費・光熱費がかさむ」と回答］。

3　片田貴也「個人宅配業者、弱い立場　増える荷物、不安定な収入」朝日新聞

2022年4月3日朝刊4面。
4　ドイツ食品・飲食・旅館業労働組合（NGG）のクリストフ・シンク（Christoph Schink）氏および Liefern am Limit 運動の創設者・代表者のオッリー・ミッテンマイヤー（Orry Mittenmayer）氏に対する2022年6月16日のヒアリング（於CS研究会）に基づく。
5　藤木貴史「2020年代を迎えたアメリカにおけるプラットフォーム経済」浜村彰ほか『クラウドワークの進展と社会法の近未来』（労働開発研究会、2021年）174頁。最新の状況として、竹内（奥野）寿「アメリカ法」石田信平ほか『デジタルプラットフォームと労働法』（東京大学出版会、2022年）233頁以下、藤木貴史「アメリカ法におけるプラットフォームワーカーの被用者性の素描」労旬2004号（2022年）27頁。
6　藤木貴史「業務関連費用の労働者負担をめぐる下級審裁判例の分析」労判1282号（2023年）5頁。

　　なお、分析対象から漏れたものについて、土田道夫「労働者（被用者）の逆求償権について」和田肇古希『労働法の正義を求めて』（日本評論社、2023年）247頁注58は、次の判例を紹介している。セヴァ福祉会事件・京都地判令和4年5月11日労判1268号22頁［労安法上使用者に義務付けられている定期健康診断の費用について、「当然に事業者が負担すべき」と判断］。リバティジャパン事件・東京地判平成27年12月16日 LEX-DB 文献番号25541887［「使用者の業務に必要な費用は、特段の事情のない限り、使用者において負担すべき」であり、「使用者は、労働者の負担した費用が必要性、合理性を欠く場合でない限り、その償還を拒むことはできないものと解するのが相当」として、労働者が立替払いした出張旅費の返還請求を認容］。川崎陸送事件・東京地判平成29年3月3日 LEX-DB 文献番号25548068［実際の通信代の多寡にかかわらず定額支給される通信費補助について、「本来的に企業設備費・業務費として使用者が負担すべき範囲を超えるものであって、実費弁償の業務費とみることは困難」と判断］。
7　前掲・住友生命保険事件も同様の理解をとる。
8　寺本廣作『労働基準法解説［日本立法資料全集　別巻46］』（信山社、1998年［原著：1948年］）186頁。
9　なお厳密には、労基則5条は当初、「法八十九条第一号乃至第九号に規定する事項」という包括的な文言を用いており、現在の文言となったのは、昭和29年改正においてである。渡辺章「労働基準法および施行規則の改正」渡辺章・野田進編『日本立法資料全集55　労働基準法［昭和22年］（4）上：労働基準法施行規則制定資料』（信山社、2011年）122頁。

10　寺本・前掲注8）351頁。
11　鉱業法との関係での検討として、渡辺輝人「労基法89条5号の意義の考察」労旬2037号（2023年）22頁。
12　大正15年6月7日勅令第153号（句読点を挿入し旧字を新字に改めた）。同規定は、大正12年改正工場法が、大正15年より施行されるのと時を同じくして、工場法施行令に挿入された。規定の文言については、大正12年7月に文面を示し商業会議所等に意見を聴取した段階から、同じ文言であったことが分かる。北岡寿逸「工場法の改正に就て（一）」国家40巻10号（1926年）46頁。工場法の変遷については、渡辺章「工場法史が今に問うもの」労研562号（2007年）101頁参照。
13　北岡寿逸「工場法の改正に就て（五・完）」国家41巻2号（1927年）92頁（なお「27条の7」との誤記を改めた）。ただし同論文は、「外国立法例概観」の項を設けてベルギー工場法を紹介している。当時のベルギー工場法（3条3号）によれば、「事業の性質が必要とする場合に於ては」、就業規則に「職工の賃金より差引計算すべき給与」を規定することが求められる（同94頁）。
14　渡辺章「労働基準法草案の起草」渡辺章編『日本立法資料全集51　労働基準法〔昭和22年〕（1）』（信山社、1996年）4頁。
15　渡辺章編『日本立法資料全集51　労働基準法〔昭和22年〕（1）』（信山社、1996年）184頁〔資料2〕。
16　渡辺章編『日本立法資料全集54　労働基準法〔昭和22年〕（3）―下』（信山社、1997年）897頁〔資料52〕〔下線部筆者〕。
17　同上898-899頁。
18　Cal. Lab. Code § 2802(a) (2020). *See, also*, §§2802-04. イリノイ州にも同種の規定が設けられている。
19　ドイツ連邦労働裁判所2021年11月10日判決（BAG, 10.11.2021 5 AZR 334/21, AP BGB §611a nF Nr.1.）。詳細につき、後藤究「労務提供に要する作業用品の調達・費用負担をめぐる小考：近時のドイツ判例を素材に」新報129巻8・9号（2023年3月）289頁参照。後藤講師に情報をご提供いただいた。記して感謝申し上げる。
20　破毀院社会部1998年2月25日判決（Soc. 25 févr. 1998, RJS 4/98, no464.）, https://www.legifrance.gouv.fr/juri/id/JURITEXT000007040389/(last visited on Feb. 6, 2023)。小林大祐講師に情報をご提供いただいた。記して感謝申し上げる。
21　これに対し、イギリスの状況は独特である。新屋敷恵美子「イギリス労働法における賃金からの控除を受けない労働者の権利（1）～（2・完）」法政86巻1

号318頁、2号152頁（2019年）は、業務関連費用の負担を直接に論じたものではないが、「公正かつ合理的なもの」に限り賃金控除を認めていた1896年現物給与法が、1996年雇用権法制定に伴い、合意による賃金控除を認めるに至った経緯を描写しつつ、「確実性（stability）」・「透明性（transparency）」確保の観点から、当該控除が効力を持つための形式的手続の履践が、相当程度厳格に要求されることを明らかにしている。

22　藤木・前掲注6）参照。

23　その意味で、厚生労働省「テレワークの適切な導入及び実施の推進のためのガイドライン」5頁は、費用負担の取扱いを「あらかじめ労使で十分に話し合い、企業ごとの状況に応じたルールを定め、就業規則等において規定しておくこと」に委ねる点で疑問がある。

24　行政解釈は、控除しうる費用を「事理明白なもの」に限定しており（昭和27年9月20日基発第675号）、これを厳格に審査する姿勢が求められよう。

25　中田裕康『契約法［新版］』（有斐閣、2021年）23頁。これに対して、星野英一「契約思想・契約法の歴史と比較法」『岩波講座　基本法学4　契約』（岩波書店、1983年）20頁は、意思自治の原則が「いわば自然法的な原理」であるのに対し、私的自治の原則が「実定法上の原理」である点で異なるとする（「契約自由の原則の上位概念」との記述もみられる）。

26　中田・前掲注25）31-32頁。

27　同上25頁。

28　山本敬三『公序良俗論の再構成』（有斐閣、2000年）36-37頁。

29　同26頁。

30　同36頁。

31　もっとも、山本教授によれば、契約自由の消極的側面（契約をするかしないかについて法的に禁止も命令もされない自由）は「私的自治」同様に憲法13条による保障の対象であるし、また契約自由の積極的側面（国家による契約の法的有効性の承認と、裁判所によるその強制的実現の可能性）についても、私的自治が「いったん契約を結べばそれを前提として生活をいとなむことができるというところまで要請している」ことから、憲法13条により保障が「要請」されるとする。同上29-31頁〔傍点部筆者〕。しかし、積極的側面については「要請」にとどまること、またその「要請」の趣旨も、契約を前提として「生活をいとなむこと」の確保にある点は留意が必要である。

32　山本敬三「憲法による私法制度の保障とその意義」ジュリ1244号（2003年）138頁以下。

33　「座談会・雇用の危機と労働法の課題」法時81巻12号（2009年）12頁〔石川

健治発言〕。
34　同上12頁。
35　水林彪「『憲法と経済秩序』の近代的原型とその変容──日本国憲法の歴史的位置」季刊企業と法創造9巻3号（2013年）104頁。
36　西谷敏『労働法の基礎構造』（法律文化社、2016年）103頁以下。
37　石田信平「採用の自由」沼田雅之ほか『労働法における最高裁判例の再検討』（旬報社、2022年）112頁。
38　同上126頁。山本・前掲注32）も参照。
39　同上113頁。
40　同上114頁。
41　もっとも、民法学においてはより直截に「契約正義」の観点から契約自由の原則の修正を図る立場がありうるほか（大村敦志『広がる民法5　学説読解編』有斐閣（2020年）38-52頁参照）、憲法学と契約制度の関係についても、今後さらなる探求が必要となる。
42　『新基本法コンメンタール　労働基準法・労働契約法［第2版］』（日本評論社、2020年）340頁〔和田肇執筆〕。就業規則を題材に、労契法の保護法的性格を論じるものとして、深谷信夫「就業規則法理における労働基準法と労働契約法」毛塚勝利古稀『労働法理論変革への模索』（信山社、2015年）133頁。
43　土田道夫「労働契約法の意義と課題」労働115号（2010年）5-6頁。
44　同上。
45　緒方桂子「労働契約の基本原則」西谷敏・根本到編『労働契約と法』（旬報社、2011年）30頁。
46　「労働契約法逐条解説　第3条」労旬1669号（2008年）24頁〔緒方桂子執筆〕。
47　西谷・前掲注36）179頁が、「理解」と「納得」を区別し、「真意」に基づく「同意」としての「納得」を要求するのは、こうした理解と整合的といえる。
48　石田信平「労働契約法の『合意原則』と合意制限規定との衝突関係」労働115号（2010年）41頁。
49　和田・前掲注42）342頁。
50　山本敬三「民法の現代化と労働契約法」労働115号（2010年）66頁。
51　当事者の自律を保障するための規制（自律保障型規制）のうち、契約締結時に意思決定の事由が侵害され、本来ならば望まない契約が締結された場合の規制が「決定侵害型規制」である。この判断を個別的にではなく定型的に行う規制を、「構造的格差是正規制」と呼ぶ。
52　山本・前掲注50）66頁。
53　同上72頁。

54 唐津博『労働法論の探究』（旬報社、2023年）93頁も、「労契法上の合意原則は、単なる契約自治、換言すれば労使当事者の意思の合致＝合意による契約の成立、変更を意味するものとは解し難い」とする。
55 中田・前掲注25）132頁。
56 土田・前掲注43）8頁。具体的には、「使用者は、就業規則の内容が複雑多岐にわたる等の事情から労働者が説明を求めた場合は、適切な説明・情報提供を行い、労働者が規則内容を認識できる状況を提供する必要がある」とされる（10頁）。
57 石田・前掲注48）46頁。
58 山梨県民信用組合事件・最二小判平成28年2月19日民集70巻2号123頁。
59 唐津博「労働契約法における合意原則と就業規則法理の整除・試論」労働115号（2010年）23頁。
60 道幸哲也「契約法理の危機——労働契約法7条についての研究ノート」労旬2025号（2023年）16頁。
61 土田・前掲注43）15頁。土田教授は、将来の立法規制（例えば、就業規則の不当条項規制等）を想定してこれを述べている。しかし、労契法による契約自由の原則の修正という観点からすれば、解釈論により規制を導くことも可能と思われる。
62 荒木尚志ほか『詳説労働契約法［第2版］』（弘文堂、2014年）87-88頁。
63 唐津・前掲注54）88頁。
64 唐津・同上88-90頁。菅野和夫『労働法［第12版］』（弘文堂、2019年）149頁。西谷敏『労働法［第3版］』（日本評論社、2020年）15-16頁。
65 津曲蔵之丞『労働法原理』（改造社、1932年）238頁は、労働法の対象を「直接生産者が自己の生産手段に依らず、従って労働生産物に対する私有権のない、他人の生産手段と結合した労働者として労働を提供し且つ賃銀を受領する場合」だとする［傍点筆者］。
66 我妻栄『債権各論　中巻二』（岩波書店、1962年）569頁。また最近においても、職務発明に関し、2015年著作権法改正が「特許を受ける権利の従業者帰属主義……から、法人帰属主義……への転換」を示しているとされる。土田道夫『労働契約法［第2版］』（有斐閣、2016年）144頁。
67 我妻・前掲注65）540-541頁。
68 澤路・前掲注1）参照。さらに、後述する労働者の逆求償権を論じた土田・前掲注6）245頁は、労働契約における信義則（労契法3条4項）に基づき、「労働者が業務の遂行に伴い過大な経済的負担を負うことがないよう配慮する義務（労働者の経済的利益配慮義務）」が導出されると説く。同247頁注58では、業

務関連費用の負担もこの義務の解釈として論じられるべきことを示唆しており、本稿の主張と同じ方向性のように思われる。
69　藤木・前掲注6）参照。日本ロール製造事件・東京地判平成14年5月29日労判832号36頁、富士火災海上保険事件・東京地判平成20年1月9日労判954号5頁。
70　最一小判昭和51年7月8日民集30巻7号689頁。
71　東京高判昭和49年7月30日民集30巻7号699頁［傍点筆者］。
72　最二小判令和2年2月28日民集74巻2号108頁。
73　唐津博・原田剛「民法715条と労働者からの逆求償」新報128巻10号（2022年）214-223頁［民法学説］・228-234頁［労働法学説］。
74　舟橋伸行「福山通運事件判批」ジュリ1553号（2021年）91頁。
75　唐津・原田前掲注73）234頁も、「民法715条の使用者責任論を包摂する労働契約論（労働契約法理）を試みる」点に、労働法学説の共通点を見出している。さらに唐津教授は、「労働者の労務遂行（労働義務の履行過程）に伴う財産的リスク分配」に関する「信義則に基づい」た対処として、福山通運事件最高裁判決を説明する（238頁以下）。
　　また水町勇一郎『詳解労働法［第3版］』（東京大学出版会、2023年）258-259頁も、同判決を、「労働者と使用者間の内部関係において、危険責任および報償責任の原理に基づき、使用者が信義則上相当といえる範囲の損害を負担する義務を負うという構造……は、……労働者から使用者に逆求償する場合も変わらない」ことを示したものとして理解する。
　　さらに、土田・前掲注6）236-238頁は、同判決が必ずしも明確な法的根拠を示していないと指摘しつつも、民法715条の使用者責任についての解釈論として、報償責任・危険責任原則を基礎とする使用者責任の趣旨と、労働契約の特質を踏まえて肯定される信義則（民法1条2項）の権利発生抑制機能に、逆求償権の法的根拠を求めることができる、とする。
76　石田・前掲注48）45頁。和田・前掲注42）342頁。
77　毛塚勝利「非正規労働の均等処遇問題への法理論的接近方法」労研636号（2013年）19頁。
78　同上16-17頁。
79　毛塚勝利「労働契約法の成立が与える労使関係法への影響と今後の課題」季労221号（2008年）28頁。
80　藤木・前掲注6）参照。
81　佐藤英明『スタンダード所得税法［第3版］』（弘文堂、2022年）155頁、162頁以下。
82　同上162-166頁。酒井克彦「所得税法における給与所得該当性の判断メルク

マール」中央ロー・ジャーナル14巻1号（2017年）83頁。渡部尚史「給与所得該当性の要件としての非独立性」神戸学院経済学論集48巻4号（2017年）31頁。
83　佐藤・前掲注81)164頁［傍点筆者］。
84　実際、前掲・住友生命保険（費用負担）事件においても、営業職員の所得は事業所得として計上されていた。また給与所得控除の位置づけについては検討が必要である。
85　この点で、前掲・住友生命保険（費用負担）事件には問題がある。藤木・前掲注1)16頁参照。
86　今後の解釈論を考える上で比較法的に参考になると思われるのは、カリフォルニア州労働法典2082条の運用である。*See*, Cal. Lab. Code §2802(a)&(c) (2020). Nexis Uni掲載の解説によれば、裁判例上、業務上の携帯電話の通信費（Cochran v. Schwan's Home Service, Inc. (Cal. App. 2d Dist. 2014), 228 Cal. App. 4th 1137, 176 Cal. Rptr. 3d 407)、業務用の制服費（Arroyo v. Int'l Paper Co. (N.D. Cal. Feb. 24, 2020), 2020 U.S. Dist. LEXIS 32069)、出張旅費（Garcia v. Lane Bryant, Inc. (E.D. Cal. Oct. 28, 2011), 2011 U.S. Dist. LEXIS 125484）等が労働者への償還対象となるようである。詳細の検討は他日を期したい。
87　藤木・前掲注6）参照。
88　同上参照。伊丹産業事件・大阪地判平成15年5月23日労経速1845号18頁、大陸交通事件・東京地判令和3年4月8日労判1282号62頁。
89　藤木・前掲注6）参照。伊丹産業事件（注88)。大阪相互タクシー事件・大阪地判平成4年12月11日労判620号37頁。
90　山本・前掲注50)72頁は、労働条件に関するルール整備の一環として、「グレーリストを活用し、不当性を推定するにとどめ、合理性の反証を許すようにしておくことが、労働者の保護と使用者側の事情の斟酌を両立させる手法として有用」とする。
91　労働者の費用負担の根拠が労働協約の場合、協約の規範的効力を否定する推定を置くべきではないから、協約の内容審査において特段の事情の有無を判断することになろう。
92　藤木・前掲注6）参照。東京合同自動車事件・東京地判平成23年12月5日LEX-DB文献番号25480088。
93　代償措置については、対応関係が明確であれば、給与制度への反映で足り、負担相当額を使用者が別途支出することまでは求められないであろう。
94　近時の民法史研究においては、歴史上のある段階では、雇用と請負の違いは〈収益を生む構想〉を付与する主体の点にあるとの理解が存在した可能性が示唆されており、注目される。森田修「ローマ法における『賃約』(locatio con-

ductio）とその現代的意義」中田裕康古稀『民法学の継承と展開』（有斐閣、2021年）591頁、同「フランス民法典における『賃約』概念」河上正二古稀『これからの民法・消費者法Ⅰ』（信山社、2023年）423頁、同「一九世紀フランスにおける『賃約』概念の解体と『労働契約』（一）～（三）［未完］」法学協会雑誌139巻11号1015頁、12号1167頁（2022年）、140巻6号748頁（2023年）以下。

＊本研究はJSPS科研費JP22H00788、JP22K13295の助成を受けた。
＊本稿脱稿（2023年2月20日）後、所属の変更と、住友生命保険（費用負担）事件その他の文献に関する最小限の補訂を行った（2024年2月29日）。

労働契約の権利・義務
——いわゆる付随義務論を中心として——

滝原　啓允

一　はじめに
二　労働契約における権利・義務
三　「相互信頼」、そして「期待」の実質化
四　おわりに

一　はじめに

　近年活発に議論がなされるようになったハラスメントに係る問題、以前から議論がなされる労働災害に係る課題、労働契約内容の理解や確認に係る議論など様々なトピックが労働を巡り存在する。これらはいずれも労働契約における権利・義務に係るトピックである。本稿では、こうした労働契約の権利・義務について論じたい。その際の問題意識は、以下の通りである。
　それは、労働契約における権利・義務のうち、とりわけ議論の対象として頻繁に論じられるのは付随的な義務についてであるところ、なぜそうした義務が生じるのか、という問題意識である。労働契約におけるほど付随的な義務が問題となる契約類型はないものと思われる。そして、そうした義務が豊富化すればするほど、労働契約についての洞察も深まり得る。なぜ、そういった義務が生じるのか、そしてその根拠は何なのかを問うことは、労働契約そのものについての理解を深めることに繋がる。
　よって、本稿では、労働契約についての理解を深めることを所期しつつ、上記の問題意識に沿って、議論を進めることとしたい。

二　労働契約における権利・義務

1　労働契約における主たる権利・義務と付随的な権利・義務

　労働契約における権利・義務については、主たる権利・義務と付随的な権利・義務とが、それぞれ存在する。労働契約法（以下「労契法」）6条の規定からも読み取れるように、労働契約は労働と賃金とが交換的な関係に立つ契約として理解されるところ、労働契約における主たる権利・義務は労働者の労務提供義務（使用者の労務提供請求権）と使用者の賃金支払義務（労働者の賃金支払請求権）であると解されている。かかるような労働契約における主たる権利・義務についての議論に内在するのが、指揮命令権（労働者による労働義務の履行に際し、その具体的内容を決定する使用者の権利）や就労請求権[1]（使用者が一定の理由により労働者を就労させない際、労働者が使用者に対し現実に就労させることを求める権利）に係る諸論点となる。

　一方、労働契約に当然随伴すべき付随的な権利・義務、とりわけ義務（以下、「付随義務」）としては、使用者におけるそれとして安全配慮義務（職場における危険から労働者の生命・身体等を保護すべく配慮すべき義務）や職場環境配慮義務（労働者にとっての働きやすい職場環境を実現すべく配慮すべき義務）などを、そして労働者におけるそれとして秘密保持義務（使用者の営業上の秘密事項を保持すべき義務）などを挙げることができる。かかるような付随義務と密接なのが、労働関係における一定の特殊性に係る議論であろう。

2　労働関係における特殊性

　すなわち、労働関係においては、労働と人格との不可分性・集団性・継続性などの特殊性[2]が意識されるべきで、これらは労働契約における特質としても理解される。これらはすべての労働関係に必ずしも妥当するわけではないが、多くの場合における特性といえ、これらの存在は労働契約に当然随伴するものとしての付随義務を基礎付ける要素となる。

　第一に、労働と人格との不可分性についてみるに、文字通り、労働と人格は切っても切り離せない関係にある。そのため、労務提供の際、当該労働者

の人格に対し何らかの侵害が生じる可能性は決して低くない。ここでいう「人格」とは、身体的人格価値そして精神的人格価値により成り立つ。職場に存在する有害物質により身体を害することもあれば、強い語気による叱責で精神を害することもあり得る（有形力の行使を伴う叱責の場合は身体も害されることとなる）ところ、労働者の人格は常に一定の危険にさらされているといって良いだろう。それがため、使用者における安全配慮義務や職場環境配慮義務といった付随義務の誠実な履行が必要となる。

　第二に、集団性についてみるに、労働は集団的・組織的に展開されるため、人格と人格との衝突はほぼ不可避的に生じる。そして、それは一方的な攻撃として生じる場合もある。その典型的な例として挙げることができるのが職場いじめ・ハラスメントであり、それは、使用者における職場環境配慮義務の履行（職場いじめ・ハラスメントの予防と事後対応とに係る義務の履行）を要請する。また、労働は集団的・組織的に展開されるがゆえに、一定の「秩序」を必要としているものとし、使用者の懲戒権の正当化根拠[3]として語られることがある。

　第三に、継続性についてみるに、多くの労働契約が長期の継続を予定し、あるいは殆どの労働者がそれを期待している。そうしたことからすれば、自らが属する職場を構成する他者との中長期に亘る人間関係が円滑で良好である状態が、労働者にとって望ましいことはいうまでもない。そして、継続性は、労働者の人格に対する何らかの危険を使用者において除去すべき一定の配慮を導出することになるだろう。ある危険、あるいは、ある危険の蓋然性の存在であったとしても、それらが継続すれば継続するほど、労働者における不利益ないし不安は増大するところなる。結果として、労働における継続性もまた、使用者における労働者への一定の危険の除去に係る付随義務（安全配慮義務や職場環境配慮義務など）と密接な特殊性の一つといえる。また、一方において、継続性は、契約における柔軟性[4]（内容の変更や一定の調整[5]など）を導出させることもある。そして、一定の人事的な調整手段を使用者が用いることで、ある労働者の解雇が回避されるといった結果をも生じさせ得る（解雇回避努力義務）。

　このようにしてみると、労働と人格との不可分性・集団性・継続性といっ

た特殊性は、それぞれ様々な付随義務と密接な議論であることに気付かされる。その中にあって、いずれの特殊性とも密接であるといえるのが、職場環境配慮義務ではないだろうか。また、安全配慮義務は、労働と人格との不可分性・継続性といった特殊性と密接であるといえよう。結局のところ、労働と人格との不可分性・集団性・継続性といった特殊性は、使用者における付随義務の充実を要請し得るものとして位置付けることができる。

3 労契法と付随義務を中心とした労働契約上の権利・義務
（1）労契法5条と安全配慮義務

労契法をみるに、法文によって使用者に明確に課されている付随義務は、同法5条による安全配慮義務ということができるだろうが、裁判例[6]の中には、同法5条を職場環境配慮義務の根拠規定とするものもある。同法5条を職場環境配慮義務の根拠とする解釈は、①同条が労働者の「生命、身体等」を念頭としており、「等」に精神を読み込むことが可能[7]であること、②同条が労働と人格との不可分性を念頭とする労働者の人格的利益保護のための条文と解されることから、成り立ち得るであろう。なぜなら、職場環境配慮義務それ自体が、労働者にとっての働きやすい職場環境を実現すべく配慮すべき義務[8]と理解され、①精神的な人格価値を念頭とし②精神面を中心とした人格的利益保護を目的としているところ、同法5条とエコーすると言い得るからである[9]。

上記の②で述べたように、労契法5条は、労働と人格との不可分性を念頭としているものと理解される。「生命、身体」はプリミティブな人格的利益であるといえ、「等」に精神を読み込むとすれば、身体と精神という人格的利益を総合的にカバーしようとするのが、同条であるといえる。これは、労契法それ自体が、労働関係における特殊性を一定程度念頭にしていることを示している。一方、集団性に関しては、そもそも就業規則の存在を前提とした法文が労契法に存在している（10条等）し、また、継続性に関しても、3条3項のいわゆるワーク・ライフ・バランス規定などが長期継続性を前提としている表れといえよう。もちろん、上記に挙げた他の法文についても、各特殊性との密接性や関連性を指摘できようが、興味を引くのが、同法4条の

規定である。

（2）労契法4条と労働契約に係る情報提供・説明・確認義務

　労契法4条は、まず1項で労働条件と労働契約の内容について労働者の理解を深めるようにするという使用者の責務を規定し、次に2項で労働契約の内容についてできる限り書面で確認することを労働者と使用者に求めている。1項でいう「理解を深める」というのは、労働者にとって必要な情報を使用者が提供し説明をなすことと解され、いわゆる情報提供義務ないし説明義務[10]のひとつの類型[11]と解されよう。1項2項いずれの規定も労働契約の締結時のみならず、その後の変更等展開過程についても妥当するものと解されている[12]が、都度の情報提供・説明・確認を求めるのが本条と位置付けると、これは継続性という労働関係における特殊性を一定程度前提としたものともいえよう。労働契約は、それが長期に及ぶことが少なくなく、一定の内容的な変更があり得るところ、その都度、情報提供・説明・確認をなす必要性を本条は認識しているものといえる。

　労働基準法では15条で労働契約締結時の使用者による労働条件明示義務が定められているが、それに加え、労契法4条1項では「労働者の理解を深める」ことが求められており、労働条件のみならず労働契約それ自体の内容についても理解深化の対象としている点に留意が必要である。いわゆる情報提供義務ないし説明義務は、金融商品や医療に係る契約に代表されるように、契約当事者間に情報力格差が存在することや専門的な事項についての平易な解説とそれに基づく合意形成の必要性から説かれるものと解されるが、労働契約もまた労働者使用者間に情報力の格差が存するしとりわけ新卒者にとっては理解の及びにくい事項が少なくないものと思われるところ、具体性に富む情報提供そしてわかりやすい説明が必要となる。また、使用者の人事権・懲戒権・解雇権といった広範な経営権力のもと一定の義務に服することとなる労働者にとって包括的な情報提供・説明を受けることは必要不可欠なことであり、経営権力に対応するものとして使用者の情報提供義務ないし説明義務を定立し得るとも解される。

　通説は、4条1項を訓示規定と解し、そこでの使用者の義務の性格は努力

義務にとどまる[13]とする[14]。「労働者の理解を深める」という法文については、確かに具体的内容が不明確ともいい得なくはないかも知れないが、「労働者に提示する労働条件及び労働契約の内容について」という一応の限定が存在する。上記のように、労働基準法15条によって労働条件明示義務が課され、その内容は労働基準法施行規則5条1項に明定されていることを念頭におけば、労契法4条1項における「労働条件」は、少なくとも労働基準法施行規則5条1項に掲げられるものであると解することも可能（それに限定されるという趣旨ではなく理解深化の客体としての労働条件はその時々の状況に応じ具体的に確定されよう）であろう。とはいえ、労働基準法15条は労働契約締結の際の明示義務であり、労契法4条1項は変更等展開過程にも妥当することからすれば、同条同項の義務は当該過程において重要と目される労働条件（当該変更が予定される労働条件）等についての情報提供・説明・確認が必要となる。また、「労働契約」に関しては、主たる権利・義務そして付随義務に関しての事柄が主な内容になるものと解せられる。労働契約のもと如何なる権利・義務が存在しているかが確認されなければならない。「理解を深める」にあたっては、それらについて説明をなすことが不可欠になろうところ、一定の説明をなす会そして質疑応答の実施が必要になろう。企業の実態をみるに、新入社員に対して入社後になされる研修の際、あるいは、労働条件・労働契約の内容変更に先立つ説明会の際など、人事担当者より様々に労働条件ないし労働契約の内容につき一定の説明と質疑応答がなされるのが一般であるところ、理解深化は、かかる方法によって一応なされているものと解することができる。しかし、そのような説明の実施等がなく、労働者における理解深化の機会が存在しない場合については、労契法4条1項の法意に反し信義則に違反するものとして使用者はその責を負うべきと解される[15]。

（3）労働契約上の権利・義務に関する労契法の各規定に対する評価

これまでみてきたことからすると、労働契約においては様々な権利・義務、とりわけ付随義務が存在するが、労契法において規定がなされているのは5条の安全配慮義務であり（とはいえ先述のように見方によっては同条に職場環境配慮義務の根拠があるといえる）、また、使用者の情報提供義務ないし説明義

務に関する規定（4条）も存在している。そして、これまで条文について特段の言及はしなかったが、出向・懲戒・解雇といった経営権力の濫用に係る規定（14～16条）が存在しており、これもまた労働契約における権利・義務に関する規定として整序できよう。これらからすれば、労契法は、使用者における一定の付随義務について、また使用者の権利濫用について、それぞれ規定を有することとなる。使用者に一定の義務ないし責務を課し使用者の一定の権利濫用について明定している点において、力学上劣位に立つ労働者に対する一応の配慮をみせているのが労契法であると評価し得る。しかし、それが十全なものかと問われれば、そうではないと答えることとなろう。なぜなら、労契法の各規定は、付随義務論ないし経営権力の濫用で語られ得る一部の典型的な事項について定められるに止まるからである。

4　付随義務の根拠としての信義則

とはいえ、労契法には、付随義務の根拠となる信義則についての規定（3条4項）が存在する。むろん労契法でなくとも民法1条2項に遡ることは可能であるが、あえて労契法が信義則の規定を設けた理由としては、様々なことが生起し得る労働関係に備えをなしたものともいい得るであろうし、また労働契約における特殊性が参酌されたとも、あるいは付随義務の根拠としての役割に期待がなされたとも解し得るであろう。ともかく、労契法3条4項は、労契法が必ずしもカバーしきれない付随義務の依拠するところとして、あるいはその創出を司る規定として、重要な役割を果たしている[16]。

一定の社会関係において相手方の期待を裏切らない、その期待に沿うように自らが行動しなければならない、といった相互信頼を基礎とするのが信義則である[17]ところ、それを根拠として契約上の付随義務が導出されることとなる。付随義務は、信義則を根拠[18]として直接発生するのである[19]。その際には、当該義務が、労働関係の中で常に観念される[20]べき義務であるかどうかが、信義則に基づく当該義務の定立において重要であり、労働と人格との不可分性・集団性・継続性といった特殊性の存在は、当該義務の定立にあたりキーとなる。

三 「相互信頼」、そして「期待」の実質化

1 「相互信頼」と「期待」に係る疑問

　先述したように、一定の社会関係において相手方の期待を裏切らない、その期待に沿うように自らが行動しなければならない、といった相互信頼を基礎とするのが信義則である[21]とした場合、抽象性を伴う議論として信義則論が認識される。しかし、信義則は付随義務の根拠として認識されるところ、その議論には一定の具体性が伴うべきであると解する。ここで疑問となるのが、上記「期待」は観念的存在であるのみならず実体的な知覚性を有するものなのか、ということである。また、上記「相互信頼」とはどのような作用をもたらすものなのかも疑問である。そして、そもそも信義則論は観念的な議論ではなく、実質性や現実性を有する議論たり得るのであろうか。これらの疑問は、一種根源的ではあるが、一定の法的用語がもたらすものとして提起され得る。これらに関して、参考となり得る議論がイギリスに存在するので、本章[22]ではそれらを参照することとしたい。

2 イギリスにおける相互信頼義務に係る議論の概況

　イギリス雇用契約における黙示条項[23]（implied[24] terms. 契約当事者が明示的な合意をなしていないもののコモン・ロー上あり得べきものとして契約に読み込まれる条項）である相互信頼（mutual trust and confidence）義務に関する議論は、今日的な被用者の人格的利益を考察するために不可欠であることから、現代イギリス雇用契約法を理解する上でキーとなり得るものである。同義務は文字通り被用者と使用者間の相互の信頼関係の維持に係る義務（雇用契約が長期に及ぶ関係性を継続し発展させることから被用者と使用者間における相互信頼の維持が要請されている）であり、日本の信義則論と似通った議論を生じさせているが、同義務は現代的な文脈においてハラスメントに係る議論を生じさせるなどしている。とりわけ、BrodieやCollins[25]による相互信頼義務にかかる所論は、日本における議論にも一定の視角を付与し得る。Brodieは、ハラスメントへの法的対応について、相互信頼義務が主軸となるべきとの問題意識を有し

ており、Collins は、当事者の「期待」を重視する「心理的契約」という組織論の概念を、相互信頼義務論に及ぼそうと議論を展開している[26]。

3　相互信頼義務論に係る Brodie の主張

Brodie は、雇用関係において中心となる義務として相互信頼義務を位置付け、あるいは Dawn Oliver のいうコモン・ロー上の重要な価値[27]である dignity などの保護について同義務の発展は調和している[28]などとしている。そして、ハラスメントに関連し Brodie は、相互信頼が、コミュニタリアン[29]的価値（communitarian values）などと調和し、現代雇用契約の価値を促進するといった主張をしている。すなわち、Brodie は、まずこれまでの注意義務の展開のみならず、被用者にハラスメントをなす使用者が相互信頼に反していることを指摘する。そして、Spring 事件[30]において Slynn 貴族院判事が「制定法によってであろうと、あるいは裁判所の判決によってであろうと、被用者の身体的・経済的・さらに精神的な福利（welfare）への配慮をするという、以前よりもはるかに重大な義務を使用者に課すことで、使用者と被用者との関係で生じる変化[31]」に触発されたことを引きつつ、Brodie は、こうした義務の拡大は被用者における責任の発展と有意な関係があるとした。すなわち、相互信頼義務の法的創出は、Selznick がいうところ[32]の「相互依存性・思い遣り・コミットメント（interdependence, caring and commitment）」を促進するし、コミュニタリアン的価値と調和することになる[33]としている。そして、雇用契約は経済的なやり取りだけでなく社会的または個人的な関係についても存在するとの認識を相互信頼義務はもたらすし、コミュニタリアン的価値を考慮すれば、被用者間に存在または存在すべき義務と被用者との間の関係性を無視できないとする[34]。

こうした上で、Brodie は、ハラスメントについて、同僚被用者にハラスメントを行う被用者に関心を向けるべきとする[35]。そして、多くの使用者がハラスメント指針（職場における dignity 指針[36]）を策定し、被用者は遵守を指示されるであろうこと、もし使用者がそれを策定しない場合や、使用者が被用者にハラスメントをなす場合、また被用者間のハラスメントを予防しない場合は、相互信頼に反するであろうことを指摘する[37]。その一方、被用者は

ハラスメントにふけってはいけないし職場環境を他の被用者に対して敵対的なものにしてはならず、ハラスメントのない職場を確保するという使用者の努力を被用者が害するのであれば相互信頼を毀損したこととなるとしている[38]。こうした相互の義務は、一種の取引（quid pro quo）のようであり、また義務の互恵性（reciprocal nature, あるいは互酬性[39]ともなろうか）と調和する[40]という。

Brodie の主張においては、とりわけ使用者と被用者との間における相互性や互恵性が重視されているように解される。そして、ハラスメントを予防し対応するという使用者の義務に、職場環境を他の被用者に対して敵対的なものとしてはならないとの被用者側の態度が対向することで、Brodie のいう相互性ないし互恵性が全うされる。

4　相互信頼義務論と「心理的契約」論に係る Collins の主張

互恵性や、被用者の期待（expectation）について特に関心を払うのが Collins である。互恵的概念であり、契約当事者の期待を描く「心理的契約（psychological contract）」論を用いながら、Collins は雇用契約上の黙示条項、特に相互信頼義務を論じている。しかし、「心理的契約」とは、法学上の概念ではない。組織論などで用いられる概念であって、「契約」といっても、法律学において理解される契約とは異なることに注意が必要である。Collins の言うところを理解する前提として、以下で「心理的契約」につき、確認したい。

（1）「心理的契約」とは何か

「心理的契約」は、Denise Rousseau が主導する概念であり[41]、日本の組織論者によって一定の紹介がなされている。すなわち、まず、「心理的契約」論が前提とするのは、通常約束事には、「文章化された契約」だけでなく、「文章には記載されないもの」があり得る[42]という事実である。前者は「法律によって履行が担保」されるが、後者は必ずしもそうではなく、こうした文章化されない約束の履行を担保する代替的メカニズムが必要になるとし、そのメカニズムとは「社会関係における評判効果」であるとする[43]。すなわ

ち、「雇用契約の当事者は、限定された市場の中で、長期的な交換を行って」おり、その市場が「限定」されていることから、「約束の履行状況が、直接の契約相手や他の潜在的な契約相手にも容易に知れてしまう[44]」ため、「当事者は約束を履行するインセンティブを持つ[45]」こととなる。また、「そのような交換は、１回限りで終わるものでなく長期継続的な性格を持っており、当事者にとっては、約束を不履行して短期的な利益を得るよりも、履行によって自らの評判を守ることの利益のほうが大きく知覚される[46]」という。

結果、「心理的契約は、雇用契約の開始に先立って成立し、法律によって履行を担保される『文章化された契約』だけでなく、組織参入前、そして算入後に形成される『書かざる約束』をも含めた、相互期待の総体をもって、『契約』とみなす点に特徴がある[47]」とされている。そして、組織と従業員は、雇用関係開始後に様々な情報探索を行い、種々の文章化されざる約束を交わし、必要であればお互いが当初抱いていた非現実的な期待を現実的なものへと調整し、お互いの義務を徐々に形成すると共に、その相互義務は定期的に再確認される[48]。

以上より、雇用の長期継続性を前提としつつ「期待」を実質化して「義務」化し、「社会関係における評判」をその履行確保手段として、時折確認・調整される内容を有するのが「心理的契約」と理解される。

さて、以上を踏まえた上で、Collins の議論を若干検討する。

（２）相互信頼義務論と「心理的契約」論

まず、Collins は、様々な論者の引用をしつつ、自身が理解するところの「心理的契約」を紹介している。

すなわち、Collins は、最初に Brodie や関係的契約理論で知られる Ian Macneil[49]を引き、協力・公正な取扱・長期的なコミットメント（co-operation, fair dealing, and long-term commitment）といった黙示の期待（implicit expectations）が通例存在するがゆえに、雇用契約は単発的契約（discrete contract）というより関係的契約（relational contract）といえる[50]旨指摘する。その上で、契約当事者の黙示の期待は「心理的契約」として描かれ、それは、懸命に働けば雇用が維持されると被用者が信じ、使用者もそれに応じるといった互恵

的義務（reciprocal obligation）になり得るとする[51]。そして、この「心理的契約」は、「個人と組織との間の交換的合意の条項について、組織により具体化される、個人の信念[52]」である[53]として、Collinsは同契約論者のRousseauによる定義を引用している。また、「心理的契約」が履行される場合、被用者の仕事満足度・役割におけるパフォーマンス・組織市民行動（job satisfaction, in-role performance, and organizational citizenship behaviors）に関係するとされ、同契約が履行できない場合、被用者の低い仕事満足度・低い仕事コミットメント・転職意図の増進に関係するとされていることを紹介している[54]。そして、当該組織によって「心理的契約」が具体化され、互恵的義務の存在を被用者に信じさせることで、転職率を下げるなどの効用が使用者にもたらされる一方、正式な法的裏付けのない同契約は被用者にとって不確かなものとなり、使用者による「心理的契約」の不履行があった場合、雇用関係への裏切り、相互信頼の毀損であると、被用者によってみなされるであろうとしている[55]。

　もっとも「心理的契約」は法的なものでない。よって、「期待」は必ずしも法的保護の対象とはなり得ない。しかし、Collinsは、「心理的契約」の内に発生する「期待」に対して、黙示条項は法的効力を与えることができる[56]としている。すなわち、雇用契約における黙示条項の発展に基づいて、裁判所は使用者と被用者の両者の新しい期待に法的表現（legal expression）を与えてきたとし、仕事のパフォーマンスを使用者は期待し、敬意・信頼・dignityをもって公正に（fairly）扱われるという期待を被用者が持ち、それら期待は「心理的契約」として記述され、黙示条項を構成することにより保護できるとする[57]。

　また、相互信頼義務は、不利益取扱・不公正取扱・ハラスメント・職場いじめなど経営権力（managerial power）濫用の全てに及ぶ[58]と確認し、あるいは、旧来の主従的雇用契約への見方を変容させた同義務の形成・発展に言及するなどした後に、Collinsは明示条項による排除との関係で同義務の一定の限界を指摘する[59]。さらに、ある程度まで「心理的契約」を侵害から保護するものであると相互信頼義務をみるのが正しいのであれば、かかる「心理的契約」の内容が雇用の種類における相違によって相当変動するであろうこ

とを認識すべきとし、たとえば、農場経営者との雇用で1日フルーツを摘み取るような特定の業務を行う臨時的雇用の場合、「心理的契約」が存在するとしても、それはかなり貧弱（thin）であろうとする[60]。しかし、そうした点を踏まえつつも、「心理的契約」に込められる被用者の期待を保護する不公正解雇法制のような制定法上の規定により、契約の自由と黙示条項への明示条項の優越とを常に保護する法（legal orthodoxy）をコモン・ローが放棄するかも知れないことは魅力的[61]であるとしている。

（3）「期待」への保護

さて、以上のようなCollinsの議論は、恐らく、「心理的契約」という他分野の概念を黙示条項論に移入するだけでなく、同契約論が内包する互恵性・当事者の期待の探究・そして同契約論自体が前提としているはずの雇用契約の長期継続性などについて、再度の意識または確認をなす意図であったかのようにも思われた。使用者が「社会関係における評判」を保持しようとするならば、被用者の「期待」を実現せざるを得ないとの互恵性を重視する「心理的契約」を用いることは、相互信頼義務の根拠に対する洞察に、一つの見方を与えるだろう。また、「心理的契約」の内容は統計的に測定可能とされるが、一定の「期待」の実質化は、どのようなことが期待されているか、どこまでが法的保護に値するかの考察に資するやも知れない。あるいは、雇用契約が通常の契約と異なる性質を持つことを際立たせるためにも、「心理的契約」は役立つであろう。

とりわけ、「心理的契約」の内容が変動し得るとして、1日限りのフルーツ摘みの雇用の場合、「心理的契約」の内容はかなり貧弱（しかし、それは「貧弱」なのであって「無」ではなく、それ自体は関係的契約理論と軌を一にする）になると例示を交えたのは、存外重要ではないだろうか。これは、「心理的契約」が継続的な雇用を前提としていることに由来するものと解され、そうした意味で1日の臨時的雇用は余りに短いことを指摘したのであろうが、雇用の種類によって「心理的契約」が変動し、それに対応する相互信頼義務の及ぶべき範囲も変遷することをも示している。あるいは、1日という極めて短い雇用において、被用者が使用者に期待することは少ないやも知れないが、使用

者が被用者に期待することもまた少ないとの相互性を意味しているともいえ、「関係性」の枠内におけるメニューの数量的側面を端的に表現したものと解される。関係的契約は長期の継続性を前提とするが、多くの雇用契約もまた長期の継続を予定しており、結果として被用者の「期待」ないし「心理的契約」の内容は豊富なものとなり得る。かかるような被用者の「期待」については、黙示義務違反という法的方法によって一定の保護が及び得ることとなる。

5　BrodieとCollinsの議論に係る小括

　Brodieのいう相互性ないし互恵性、あるいはCollinsの「心理的契約」の援用は、目新しさを含むものであったように思われる。すなわち、ハラスメントを予防し対応するという使用者の義務に、職場環境を他の被用者に対して敵対的なものとしてはならないとの被用者側の態度が、いわば反射的に生じ相対する。それが、Brodieがいうところの相互性であり、また互恵性の発露でもあった。また、使用者が「社会関係における評判」を保持しようとするなら「心理的契約」は履行されるであろうし被用者の「期待」が実現され得るとの論理は、一見当然のようでありながら、法律学において明白に意識化されていなかった視角と解され、そうした意味で「心理的契約」論は注目に値する。あるいは、同論を援用しつつ、期待の実質化や雇用の長期継続性を意識するCollinsの議論は、Macneilの関係的契約理論とも親和性を有しており、一種特徴的といえるだろう。

　これらが日本の法理論に示唆をもたらすかどうか安易に述べることはできない。しかし、一定の視角は付与されるように思われ、それは労働契約論──とりわけ付随義務論──にとって重要であるように考えられる。

　すなわち、たとえばハラスメントに関し職場環境配慮義務など契約上の義務が使用者に十全に課されるとき、それに対応ないし相対する形で労働者の側においても、職場環境を他の労働者に対して敵対的なものとしないことが要請され得るであろう。もちろん、何が「敵対的」か、あるいは何をもって「適正」とするか、との問いは依然残されるだろうし、単に使用者が「あるべき」と思うことが労働者に強制されるようなことはあってはならない。労

働者に要請されることが法的な義務にまで転化するかどうかは別として、少なくとも、ハラスメントの防止については、ひとり使用者のみならず「職場」を構成する労働者の関与が不可欠なことに思いをいたらせる必要がある。そうした意味において、使用者に課される義務に対向する形で、被用者は職場環境を他の被用者に対して敵対的なものとしてはならないとするBrodieの議論は、直ちに首肯しかねるものの、一つの視角としてあり得なくはない。

　そして、労働と人格の不可分性、人格同士がせめぎあう職場（集団性）、労働契約の継続性といった各個の特殊性を考慮するならば、労働者の人格的利益への配慮やコミュニティ構築の諸方法のみならず、労働者が「期待」するところも意識せざるを得ない。「職場」が一つのコミュニティである以上、構成員個々の「期待」は一定程度汲まれる必要がある。この点、ハラスメントを生じさせないようにし、「働きやすい職場環境の実現」を求める職場環境配慮義務の主張は、いってしまえば「期待」の法的実現の一つであるかも知れない。ハラスメントについて労働者が何を求め、仮に侵害が生じた場合に何を欲するかについて使用者が積極的に斟酌することは、最終的には使用者の世評にも結びつく。そうした視角は、職場環境配慮義務といった付随義務が使用者によって誠実に履行される際のインセンティブ足り得るのではないだろうか。

　とりわけCollinsの議論を踏まえるに、一回的な取引行為ではなく、継続性をもった関係を維持するのが労働契約であるという視点も再度確認されるべきであろう。長期継続性という価値は、当事者間における期待項目の増大を要請し、その探究・維持・改定についても原理的に作用する。そして、職場に係る諸規定の策定・改廃や、研修の立案・実施についても、労働者の期待を反映すべきであり、あるいは労働者にイニシアチブが付与されるべきようにも思える。そうした作業は、「職場」というコミュニティとしての価値をも、高めることになるだろう。

6　信義則論の実質性と現実性

　「心理的契約」論からすれば、労働者あるいは使用者の「期待」は実質化

され、それは「義務」化され得る。当事者の「期待」は観念的存在であるのみならず、実体的に観測可能な存在であって知覚可能なのである。「社会関係における評判」をその履行確保手段として、時折確認・調整される内容を有するのが「心理的契約」であるところ、これを信義則論に応用するに、「社会関係における評判」は、信義則による付随義務履行の隠れたインセンティブであるともいい得るのではないか。「社会関係における評判」という現実性のもと、信義則は空虚な標語や美徳などではなく、実質性を有する存在でもあるといえよう。

　また、相互信頼義務論から相互性ないし互恵性が導出されるが、それは、労使間における義務の対向をもたらす。ある義務が存在すれば、それに対向する義務が一方当事者に生じ得る。そうした作用をもたらすのが「相互信頼」であるといえよう。よって、「相互信頼」もまた、観念的存在であるのみならず、実質的な作用をもたらし得る存在であるといえよう。

　結局のところ、付随義務の根拠としての信義則論は、実質的であり現実的な存在たり得る。そして、ある同一の使用者のもとにある労働者集団における「心理的契約」の特定項目の総量（各労働者における「心理的契約」の特定項目の同一性）が一定程度まで蓄積した場合、当該主観的期待は客観的義務にまで昇華され得る。それは、信義則を根拠とした一種の「規範的解釈」の結果であるように映るかも知れない。「心理的契約」という枠組みによって、労働契約における特定の付随義務が知覚され、客観的存在として認識され得る。

四　おわりに

　冒頭に述べたように、本稿の問題意識は、労働契約における権利・義務のうち、とりわけ議論の対象として頻繁に論じられるのは付随的な義務についてであるところ、なぜそうした義務が生じるのか、という点に収斂される。かかる問題意識に基づき、本稿では、二において、労働契約における権利・義務につき概観した後、労働関係における特殊性（労働と人格との不可分性・集団性・継続性）と付随義務との連関について論じ、また労契法に現れた付随義

務などにつき確認、労契法それ自体を権利・義務論の観点から評価し、付随義務の根拠としての信義則論に言及した。その結果として生じたのが、本稿三で論じることとなった信義則論におけるキー概念である「相互信頼」と「期待」とに係る疑問であった。抽象性を伴う信義則論を、より実質的なものとして認識しようという試みが、本稿三における議論であったといえよう。結局のところ、信義則論についてある程度の実質化をなすこととなったが、そこで参照することとなったのが、イギリスのBrodieやCollinsの議論であった。中でも、「心理的契約」論は、新たな視角をもたらすものであったといえよう。

以上のような本稿の二と三とにおける検討を通じ、上記の問題意識については、労働関係における特殊性を背景に、実質化される労使双方の期待から義務内容が確定され、相互信頼に基づく対向的関係のもと、信義則を根拠として労働契約における付随義務が生じるものと結論付けられよう。

付随義務論の強調は、訴訟実務における債務不履行（民法415条）構成と親和的であるといえようが、不法行為構成でなく債務不履行構成を採ることの法理論的な意義は3つ存在する。まず、使用者において行為規範の明確化・具体化が図れる[62]という点で債務不履行構成の方が優れている。次に、他人責任としての使用者責任（民法715条）による処理は不十分[63]であり、明確な債務のもとでの履行が重要と解される。そして、不法行為構成は過去の損害を金銭賠償させるものであるが、債務不履行構成は契約上の本来の内容回復を図ることで過去の清算のみならず、将来に向けて一定の措置を強制するという形の法的責任追及が可能になる[64]。

ところで、本稿では、「付随義務」という視点から議論を展開してきたが、民法学においては、付随義務という概念を不要とする学説も見られるようである。これに関し、若干の付言をした上で本稿を閉じることとしたい。

契約上の債務に関しては、民法学上、おおよそ2つのアプローチが存在する。

第一が、従来の通説的な見解であった給付義務・付随義務・保護義務といった債務構造を体系的に分析するアプローチ[65]（債務構造分析アプローチ）である。契約関係あるいは債権関係を非常にスリムなものとして捉え、給付に

重点を置くという古典的な考え方を前提としつつ、給付以外の義務もあるのではないか[66]とするのが当該アプローチである。

　第二が、当該契約の解釈によって当事者がどのような内容の債務を負っているのかを考えようとする契約解釈的なアプローチ[67]（契約解釈アプローチ）である。同アプローチは、日本法の枠組みにおいては債務関係の問題について各種の義務を列挙するような形でその解決をなすのではなく、「個々の契約の解釈」で解決されるべき[68]という。そして、ここでいう「契約の解釈」とは、「合意の内容を明らかにするという作業[69]」（本来的解釈）であり、また本来的解釈によって認めえない債務であっても「契約の目的・性質によっては一定の債務の存在が承認されるべき[70]」（規範的解釈（一種の規範の定立作業））とする。とりわけ、「まずいかなる義務が当事者により明示的または黙示的に合意されたのかを確定すべきであり、次に、契約の解釈という作業によってもなお当事者の意思が明らかにならない場合にはじめて、規範的な判断として当該契約によって意図された（法律の規定にもとづいて発生する債務の場合には、法律の目的に照らして）目的を最もよく達成するような義務が承認されるべきである（法律論としては信義則（一条二項）をその根拠として用いるしかないであろう）[71]」との主張は当該アプローチの方法をよく示しているように思われる。

　明確性や体系性、そして整理概念としての有用性といったメリットが債務構造分析アプローチにはあるものの、①給付義務と付随義務・保護義務の区別は単純にできるわけでないし、②付随義務・保護義務とされるものについて履行請求を認めるのが妥当な場合もあり、さらに③ドイツ法由来の考え方を枠組みの異なる日本法において採る必要はないといった批判がなされている[72]。そのため、契約解釈アプローチが有力な状況にある。

　債務構造分析アプローチのような「スリムな給付概念」を採らず、「当事者が内心で共通に考えていた合意内容も拘束力をもつという、柔らかな姿勢での契約解釈をすることに努める[73]」こと[74]で、付随義務という概念構成は不要となり得る。これを端的に示すのが、日本で付随義務論は「契約責任の爆発」との批判を受けるものであったものの、それはそのうち民法415条の「本旨」不履行論に回収されていったというような指摘[75]であろう。「スリムな給付概念」をとれば確かに付随義務論は必要だが、日本では債務の本旨に

従わない履行という要件が存在するので、そこに回収してしまえば本旨不履行論の中に付随義務論は収まることになる[76]。また、債権を当該契約のもとで債権者がどういう利益を獲得しようとした権利かという観点から捉えていったとき、給付義務・付随義務というかたちで義務を二重三重に構成していく意味について疑問があるとし、契約上の義務の問題は契約利益が実現されていないときに債権者としてどういう手段を講ずることができるかという中で捉えれば足りるのであって、わざわざ給付義務・付随義務という必要がないといった指摘[77]もある。

　かかるような民法学における動向、とりわけ付随義務概念を不要とするような議論の存在[78]からすると、これまでの労働法学における「主な」権利・義務としての労務提供と賃金支払いの設定、そして「付随」的な権利・義務の設定については疑問が生じ得るかも知れない。あるいは、これまで労働法学において「付随義務」として把握されてきた義務群は、一定のグラデーションのもと整序されるべきであって、その中でより労働者の人格、生命・身体・精神と密接なものが労働契約における「（内在ないし本来的）義務」のひとつとして捉えられるべきようにも思われなくはない。労働契約それ自体の解釈（客観的な意味でも主観的な意味でも）、そして、労働契約における「本旨」とされるべきものとは一体何かがより強く意識される必要があるようにも解される。とはいえ、それについての方法論として、「心理的契約」論は依然意味を有することになろう。

1　これに関し、唐津博「労働者の『就労』と労働契約上の使用者の義務―『就労請求権』と『労働付与義務』試論―」下井古稀『新時代の労働契約法理論』（信山社、2003年）157頁は、使用者における労働契約上の付随義務として、労働者の「就労」価値・利益を尊重し、これに配慮した「就労」機会の提供を内容とする「労働付与義務」を立論している。
2　これらを念頭としない学説はほぼ見られないものと解される。あるいは、他にも様々な特殊性が挙げられようが、これらにつき端的に、荒木尚志『労働法（4版）』（有斐閣、2020年）14-19頁。
3　いわゆる固有権説の立場は、使用者における企業秩序定立の必要性、そして経営権力の発動としての懲戒を強調する。しかし、そもそも使用者に固有の権

利として懲戒権を実質化する態度には疑問が残る。なぜ、それが使用者にとって「固有」の権利（本来的に当然備わる権利）なのか、論証が尽くされているようには解されず説得的とは思われない。

4　内田貴『契約の時代』（岩波書店、2000年）93頁。

5　土田道夫『労働契約法（2版）』（有斐閣、2016年）10頁。

6　たとえば、社会福祉法人和柏城保育園事件（福島地郡山支判平25.8.16労働判例ジャーナル20号6頁）は、被告法人が経営する保育園に勤務していた原告（元主任保育士）が、被告事務長より職場いじめ・ハラスメントに遭っていたという事案であったが、福島地裁郡山支部は「使用者は、被用者に対し、労働契約法5条に基づきまたは労働契約上の付随義務として信義則上、被用者にとって働きやすい職場環境を保つように配慮すべき義務（職場環境配慮義務）を負っており、本件のようなパワーハラスメント行為等が見られる事例においては、パワーハラスメント行為等を未然に防止するための相談態勢を整備したり、パワーハラスメント行為等が発生した場合には迅速に事後対応をしたりするなど、当該使用者の実情に応じて対応すべき義務があるというべきであって、少なくとも違法なパワーハラスメント行為等が認められるような状況がありながらこれを放置するなど、適切な対応を講じないなどといった状況等が認められる場合には、上記の職場環境配慮義務違反となるものというべきである」とし「使用者の職場環境配慮義務違反により被用者がパワーハラスメント行為等の被害を受けた場合…使用者は、違法なパワーハラスメント行為等を行った者（不法行為者）とともに」、その被害者に対して「共同不法行為責任（民法709条、719条1項）を負う」などと判示した。

7　なお、「労働契約法の施行について」基発0123004号（平成20年1月23日）第2の5（2）ウは、「法第5条の『生命、身体等の安全』には、心身の健康も含まれるものであること」としている。

8　職場環境配慮義務の内容等につき、滝原啓允「職場環境配慮義務法理の形成・現状・未来―行為規範の明確化にかかる試論―」（毛塚退職）法学新報121巻7・8号（2014年）473頁、同「『働きやすい職場環境』の模索―職場環境配慮義務における『変革』的要素に関する試論―」山田古稀『現代雇用社会における自由と平等』（信山社、2019年）127頁など。

9　とはいえ、筆者は、労契法5条を職場環境配慮義務の根拠規定であるとは必ずしも解していない。

10　一般契約論の文脈で、情報力の格差に着目しつつ契約締結前であっても情報提供義務ないし説明義務の存在を想定するものとして、中田裕康『債権総論（4版）』（岩波書店、2020年）148頁。

11　これに関し、石田信平「労働契約法の『合意原則』と合意制限規定との衝突関係―労働契約法は契約当事者の利益調整だけを目的としているのか―」日本労働法学会誌115号（2010年）41頁、46頁。
12　荒木尚志・菅野和夫・山川隆一『詳説 労働契約法（2版）』（弘文堂、2014年）90、91頁、土田・前掲注5）224頁。
13　荒木ら・前掲注12）90頁。
14　しかし、唐津博「労働契約法における合意原則と就業規則法理の整序・試論―就業規則による労働条件決定・変更の新たな理論構成―」日本労働法学会誌115号（2010年）21頁、24頁は、労契法4条1項及び2項が同法7条の「周知」手続理解を補強する役割を果し得る規定であると考えられるとしている。また、唐津博「労働契約と労働条件の決定・変更」『講座21世紀の労働法3巻 労働条件の決定と変更』（有斐閣、2000年）57頁は、労働条件明示義務を手続的義務としており、それは手続きにおける公正ないし正義を希求するものと解されるところ、実体的公正ないし正義とあいまっての法的妥当性を導出するものと理解される。
15　なお、日新火災海上保険事件（東京高判平12.4.19労判787号35頁）。
16　荒木ら・前掲注12）87頁は、労働関係における信義則は、労働契約上の付随義務を豊富化する際の法文上の根拠として機能しうるとしている。
17　唐津・前掲注1）161頁。
18　これとは異なった考え方を示すであろうものとして、関係的契約理論がある。これは、意思を中核とする古典的契約像に対して、社会関係そのものが契約の拘束力を生み出し、また様々な契約上の義務を生み出すという契約像を指す（内田・前掲注4）30頁）。そもそも関係的契約理論それ自体は、Ian R. Macneil（'The many Futures of Contracts', (1974) 47 S. Cal. L. Rev. 691）によるものであり、それを日本に紹介しつつ、さらに理論的に発展をさせたのが内田貴『契約の再生』（弘文堂、1990年）及び前掲注4の『契約の時代』であった。もっとも、同理論については、川角由利「現代民法学における《関係的契約理論》の存在意義 内田貴教授の所説に対するひとつの批判的評注（一）～（四・完）」島大法学37巻4号（1994年）95頁、38巻1号89頁、38巻3号27頁、39巻2号（1995年）51頁による批判もみられる。
19　しかし、信義則は、ありとあらゆる労働関係上の義務を無限定・無制約に生じさせるものではない。すなわち、信義則は「打出の小槌」ではなく、それが生じさせる義務は、一定の「公正ルール」に則ったものでなければならないとされ、ここでいう公正ルールとは、現行法上の労働関係法制を基礎付ける法原則（憲法における諸規定など）に基づくものであり、労働関係の公正さを実質

的に確立・確保するためのもの（唐津・前掲注1）162-163頁）とされている。そうした意味において、たとえば労働者の人格的利益に係る付随義務にとってとりわけ密接なのは、憲法13条である。同法同条は、前段で個人の尊重を、後段で幸福追求権につき規定するところ、前段は国際人権規約（社会権規約と自由権規約）前文に述べられるような「人間の固有の尊厳」に由来する前憲法的権利思想の宣言とされ（芦部信喜＝高橋和之補訂『憲法（6版）』（岩波書店、2015年）82頁）、後段は個人の人格的生存に不可欠な利益を内容とする権利の総体としての包括的権利（幸福追求権）につき定めたものとされている（同120頁）。同条は、私法上の権利としての人格権と共鳴し、あるいはそれが憲法に基礎付けられた権利であることを導出させる（同121-127頁）。すなわち、憲法13条は、労働者の人格的利益ないし人格権、そしてその保護を全うする上での付随義務を立論する上で、根源的な法原則といえる。

20　荒木・前掲注2）306頁。
21　唐津・前掲注17）。なお、「期待」と「相互信頼」への圏点は筆者が付した。
22　本章における議論は、滝原啓允「コモン・ローにおける雇用関係上の注意義務と相互信頼義務―職場いじめ・ハラスメントへの対処、あるいは『心理的契約』論の援用を中心として―」季労250号（2015年）189頁、滝原啓允「修復的正義（restorative justice）とは何か―その思想・哲学、理論、そして労働法学との接点についての素描―」季労258号（2017年）107頁を再構成したものである。
23　イギリスの雇用契約における黙示条項につき、唐津博「イギリス雇用契約における労働者の義務―雇用契約におけるimplied termsとコモン・ロー上の労働者の義務―」同志社法学33巻4号（1981年）102頁、山田省三「労働契約と労働条件」秋田成就編著『労働契約の法理論―イギリスと日本―』（総合労働研究所、1993年）135頁、山川隆一「労使の義務論―いわゆる附随義務を中心に―」同158頁、有田謙司「イギリス雇用契約法における信頼関係維持義務の展開と雇用契約観」山口経済学雑誌46巻3号（1998年）183頁、龔敏「イギリス雇用契約におけるimplied termsの新動向に関する一考察―黙示的相互信頼条項というimplied termsを中心に―」九大法学88号（2004年）52頁、同「労働契約における黙示義務の創設」季労234号（2011年）192頁、滝原・前掲注22（季労250号）など。
24　何をもって「黙示（implied）」とするかにつき、唐津・前掲注23）104頁。
25　Collinsに関し、その労働法に係る理論を詳細に紹介または端的に言及するものとして、石田眞「企業組織と労働契約―ストーン・コリンズ『論争』をめぐって―」名古屋大学法政論集169号（1997年）27頁、石橋洋「知識経済社会

への移行と雇用契約法理―コリンズ教授の所説を中心に―」労旬1576号（2004年）16頁、有田謙司「労働関係の変容とイギリス労働法理論・雇用契約論の展開」学会誌労働法106号（2005年）26頁、古川陽二「ニュー・レイバーの労働立法政策とその特質―現代イギリス労働法のグランド・デザインと規制対象・方法の分析のために―」季労211号（2005年）157頁、唐津博「イギリスにおける新たな労働法パラダイム論― H. Collins の労働法規制の目的・根拠・手法論―」季労216号（2007年）146頁、石橋洋「コリンズの雇用契約論―雇用契約の意図的不完全性とデフォルトルールを中心として―」労旬1672号（2008年）8頁、長谷川聡「コリンズの社会的包摂論―差別禁止法との関係に着目して―」同18頁、清水敏「公務労使関係における協力とパートナーシップ―コリンズの示唆するもの―」同26頁、藤本茂「職場での市民的自由――コリンズ論を中心に―」季労222号（2008年）229頁、石田信平「イギリス労働法の新たな動向を支える基礎理論と概念―システム理論、制度経済学、社会的包摂論、Capability Approach ―」石橋・小宮・清水還暦『イギリス労働法の新展開』（信山社、2009年）36頁など。

26　なお、Brodie は「相互信頼義務（[implied] obligation of mutual trust and confidence)」との語を用い、Collins は「相互信頼条項（implied term of mutual trust and confidence)」との語を用いて、それぞれ論を展開している。しかし、本論との関係において、両者はほぼ同じものと解して差し支えなく、いずれに反した場合であっても黙示条項違反となるなど同一性を有することから、以下では両者共に「相互信頼義務」の語をもって表現する。

27　Dawn Oliver, *Common Values and the Public-Private Divide*, (Butterworths, 1999), pp.60-70.

28　前者につき、Douglas Brodie, *Enterprise Liability and the Common Law*, (Cambridge University Press, 2010), p.142. 後者につき、Brodie, 'Mutual Trust and Confidence: Catalysts, Constraints and Commonality', (2008) 37 ILJ 329, 339.

29　「コミュニタリアニズム」についてだが、とりわけこれが注目されたのは、リベラリズム（liberalism）への批判をなすものとして論争（リベラル・コミュニタリアン論争）を巻き起こした1980年代のことであった。中でも、Rawls に対する Sandel の批判がクローズアップされることが多いようだが、Macintyre、Taylor、Walzer ら「コミュニタリアン」とされる論者らの所論が日本に紹介されている（とりわけ端的なのは、Stephen Mulhall & Adam Swift, *Liberals and Communitarians*, (Blackwell, 1992) の日本語訳である、スティーブン・ムルホール＝アダム・スウィフト（谷澤正嗣＝飯島昇蔵訳者代表）

『リベラル・コミュニタリアン論争』（勁草書房、2007年）であろう）。

しかし、「コミュニタリアニズム」や「コミュニタリアン」といった用語が、「コミュニティ」という一種多義的な語を内包していることから、日本では様々な誤解が生じることとなった。すなわち、「コミュニタリアニズム」が「共同体主義」ないし「共同体論」と日本語訳されたことが一因となり、「『前近代的・封建的思想』批判」または「『保守的・右翼的思想』批判」が「通俗的に」なされることとなった（菊池理夫＝小林正弥編著『コミュニタリアニズムの世界』（勁草書房、2013年）56頁［小林執筆部分］）。これらはいずれも全くの誤解であり、クリアに解き明かされている（小林・前掲書56-57頁）ものの、日本での「共同体」との語が持つネガティブなイメージの存在を示すこととなった。これは、「コミュニタリアニズムの論者」を示す「コミュニタリアン」を「共同体主義者」などと日本語訳した場合においても、同様に生じ得る問題である。念のため、ここでも予め強調しておくが、コミュニタリアニズムが想定しているのは、かつての日本の村落「共同体」といった前近代的なコミュニティではない。少なくともコミュニタリアンと称される論者の想定するそれは、封建的なそれではあり得ない。

コミュニタリアニズムの内容につき具体的に述べることとしたいが、やはりこれについても論者によって一定の振幅が存在する。しかし、少なくとも重視する価値が2点あり、それらがコミュニタリアニズムを一定程度規定していると言い得るであろう。

すなわち、まず、コミュニタリアニズムは、リベラリズムに比し個人間の共通性に注目することから、「共に」ということを重視する（小林・前掲書16頁）。しかし、無論のこと、それは「個」の否定を目指すものでない。「個」と「共」の双方を重く見る立場がコミュニタリアニズムである（小林・前掲書25頁）。

次に、コミュニタリアニズムは、古代ギリシア以来の「善き生」すなわち「善」を重視する。「共」と「善」を重く見ることからコミュニタリアニズムは「共通善」を重視する立場ともされるが、ここでいう「善」には精神的な「善」と共に、環境・福祉・平和などについての物質的な「良きもの」としての「財」を含むとされている（小林・前掲書17頁）。しかし、当然ながら、いわゆるコミュニタリアンの中でも「共」と「善」の内容やその2つの関係、また、そのどちらかを重視するかという点については、相違が存在する（小林・前掲書25頁）。

ところで、修復的正義（restorative justice, 修復的正義論と労働法学については、滝原・前掲注22など）論者のBraithwaiteは、コミュニタリアニズムと相

互依存性（interdependency）が高度に関連する概念であることを指摘している（See, John Braithwaite, *Crime, shame and reintegration*, (Cambridge University Press, 1989), p.85）。そして、コミュニタリアン的社会において個人は相互の援助と信頼（mutual help and trust）という特性を持つ相互依存性と密接であり、また、個人的な利益よりも集団的な「義理（loyalties）」を重視する文化において相互依存性は象徴的意義を有するとしている（Braithwaite, p.100. See also, p.85-86）。とりわけ、相互依存性における相互的義務（mutual obligation）の必要性が強調される一方で、個人の自律性（autonomy）も強調している（Braithwaite, p.100）。

このような見方は、リバタリアニズム（libertarianism）的な意味での個人主義とは「正反対（宿谷晃弘＝滝原啓允「労働法における修復的正義の展開可能性に関する一試論」東京学芸大学紀要　人文社会科学系Ⅱ68集（2017）105頁、113頁〔宿谷執筆部分〕）」であるといえ、「共」に比較的重きを置く形（もちろん「個」が軽視されているわけでは全くない）でコミュニタリアニズムを規定しているものと解される。

30　*Spring v Guardian Assurance* [1994] IRLR 460.
31　Lord Slynn in *Spring* at [86].
32　Brodie が参照しているのは、Philip Selznick, *The Moral Commonwealth: Social Theory and the Promise of Community*, (University of California Press, 1994) である。
33　Brodie, 'Deterring Harassment at Common Law', (2007) 36 ILJ 213, 215.
34　See, *id.*
35　See, *id.*
36　現在イギリスにおける多くの企業で、ハラスメント対策として、職場における dignity 方針（Dignity at Work Policy）を策定している。おおよそ、かつての「職場における dignity 法案（Dignity at Work Bill）」における附則1の第2条における同指針の包含要素をみたすものであることが多い。同法案は議会に上程されたものの PHA の存在などによって2度廃案となっているが、その内容については現在でも企業実務で斟酌されている。この附則1の第2条については、滝原・前掲注22）季労250号199頁。
37　See, Brodie, *supra*, note 33, 215-216.
38　See, *id.*, 216.
39　原初的な「互酬性」につき、カール・ポランニー（玉野井芳郎＝栗本慎一郎訳）『人間の経済（Ⅰ）・（Ⅱ）』（岩波書店、1980年）、マルセル・モース（有地亨訳）『贈与論』（勁草書房、1962年）など。

40　See, Brodie, *supra*, note 33, 216.
41　Rousseauによる代表的文献として、Denise M. Rousseau, *Psychological Contracts in Organizations: Understanding Written and Unwritten Agreements*, (Sage, 1995), Collinsが参照するものの一つとして、D. M. Rousseau, 'Psychological and implied Contracts in Organaisations', (1989) 2 ERRJ 121.
42　服部泰宏『日本企業の心理的契約―組織と従業員の見えざる約束―〔増補改訂版〕』（白桃書房、2013年）17頁。
43　服部・前掲注42。
44　服部・前掲注42。
45　服部・前掲注42) 18頁。
46　服部・前掲注42。
47　服部・前掲注42。
48　服部泰宏「日本企業の組織・制度変化と心理的契約―組織内キャリアにおける転機に着目して―」労研628号（2012年）60頁、63頁。
49　ここでCollinsが参照しているのは、Ian Macneil, 'Contracts: Adjustment of Long-Term Economic Relations under Classical, Neoclassical, and Relational Contract Law', (1978) 72 NULR 854、及びDavid Campbell (ed.), *Ian Macneil, The Relational Theory of Contract: Selected Works of Ian Macneil*, (Sweet & Maxwell, 2001) である。
50　Hugh Collins et al., *Labour Law*, (Cambridge University Press, 2012), p. 102. なお、本論における、同書よりの引用箇所は全てCollinsが執筆している。
51　See, *id*.
52　Collinsが引用するところの原語は、individual beliefs, shaped by the organization, regarding terms of an exchange agreement between individuals and their organization である。なお、individual's belief, regarding the terms and conditions of reciprocal exchange agreement between focal person and another party という定義もRousseauによりなされ、こちらについては、「当該個人と他者との間の互恵的な交換について合意された項目や条件に関する個人の信念」と訳されている。これにつき、服部・前掲注42) 26頁。
53　Collins, supra, note 51.
54　See, *id*.
55　See, *id*., p. 103.
56　*Id*., p. 136.
57　See, *id*.
58　See, *id*., p. 138.

59　See, *id.*, pp. 141-143.
60　*Id.*, p. 143.
61　*Id.*
62　松本克美「セクシュアル・ハラスメント―職場環境配慮義務・教育研究環境配慮義務の意義と課題―」ジュリ1237号（2003年）137頁、140頁、土田・前掲注5）133頁等。
63　山田省三「JR 西日本日勤教育における労働者の人格権―鑑定意見書（二〇〇七年四月三日大阪地裁提出）」労旬1764号（2012年）28頁、29頁。もっとも、この箇所はセクシュアル・ハラスメントを前提に書かれているが、かかる認識は、労働者の人格的利益に広く妥当し得るという趣旨であろうことが本鑑定書全体から読み取れる。
64　唐津・前掲注1）190頁。
65　中田・前掲注10）134頁。
66　潮見佳男ほか「債務不履行論の現在を語る」判タ1191号（2005年）4頁、8頁〔加藤雅信発言〕。債務構造分析アプローチとして分類される考え方の代表的論者は、北川善太郎、奥田昌道らとされている。これにつき、山本敬三「日本における債務不履行法の変遷と課題―ドイツ法との対比から」『契約法の現代化―民法の現代化』（有斐閣、2018年）360頁、367-368頁、中田・前掲注10）134頁など。
67　中田・前掲注10）133頁。
68　平井宜雄『債権総論（2版）』（弘文堂、1996年）49頁。
69　平井・前掲注68）51頁。
70　平井・前掲注69。
71　平井・前掲注68）49頁。
72　これらにつき、中田・前掲注10）135頁、また、加藤雅信『債権総論』（有斐閣、2005年）67頁など。
73　潮見ほか・前掲注66〔同〕。
74　なお、山本敬三「契約の拘束力と契約責任論の展開」ジュリ1318号（2006年）87頁、100頁。
75　森田修ほか「履行請求権と契約責任を語る」判タ1244号（2007年）22頁、38頁〔森田修発言〕。
76　森田ほか・前掲注75〔同〕。
77　潮見ほか・前掲注66）13頁〔潮見発言〕。
78　付随義務概念を不要とするような立場は、有力ではあるが通説的とまではいえないようである。なお、付随義務の有用性を指摘し、契約上の義務は主たる

給付義務とそれ以外の付随義務に分けるべきとする論考として、高田淳「付随義務の分類（一）～（三・完）」法学新報126巻7・8号（2020年）55頁、126巻11・12号41頁、127巻1号1頁。

労働契約上の使用者をめぐる理論課題

國 武 英 生

一 はじめに
二 労働契約上の使用者
三 労働基準法等における使用者
四 雇用社会の変容と法的課題

一 はじめに

　労働契約上の「使用者」としての責任を負うのは誰か。この問いは、労働法の骨格をなす基本的な論点である。
　唐津博教授は、労働契約の「規範モデル」の必要性を鋭く説いた[1]。すなわち、労働契約は、「意思モデル」に基づいて労働契約を解釈することは適切ではなく、労使の自主的な交渉、労働契約法等の法の趣旨に基づいて「規範モデル」、すなわち、規範的に法を解釈、適用していくことが必要であると論じた。こうした考え方は、使用者が誰かという論点においても重要な視点をもたらす。
　わが国では、親子会社や請負等の形式を利用することにより、複数の法人が関与して多層的に事業展開が行われている。最近では、企業が意図的に「非労働者化」し、もしくは複数の法人を事業に組み込むことにより、労働法の適用を回避するとともに、コストや責任を極限まで回避する傾向が顕著になっている。裁判所では、労働者性、使用者性などの論点が争われ、労働法上のルールが適用されるか否かという、いわば入口の場面での紛争が顕在化している。
　企業組織の再編が促進されるなかで、労働法上の規制を潜脱する目的で企

業組織の変更が利用されることや、偽装請負等によって「使用者」としての責任を意図的に回避することは、公正な競争を実現するうえでも、法的に抑制されなければならない。

　本稿は、労働契約上の使用者概念をめぐる理論課題について検討し、若干の問題提起を試みるものである[2]。使用者概念には3つの側面がある[3]。第1に、労働契約の一方当事者としての使用者、第2に、労働基準法等の法律上の責任を負う使用者、第3に、労働組合法上の使用者である。本稿では、第1、第2の個別的労働関係の使用者をめぐる問題を検討対象として考察を進める。

二　労働契約上の使用者

1　労働契約法上の使用者

　労働契約法2条2項は、「使用者」について、「その使用する労働者に対して賃金を支払う者をいう」と定義している。

　労働契約法上の使用者には、後述する労働基準法上の使用者とは異なり、使用者としての権限を行使する管理職、代表者や取締役などの経営担当者は含まれない。労働契約法は、労働契約をめぐる権利義務関係を定めた法律であるから、権利義務の主体としての契約当事者である事業主（雇用主）のみを使用者としたものと解されている[4]。複数の個人、法人等が共同で労働契約を締結している場合、複数の個人、法人等が共同で労働契約上の使用者の地位に立つことがある[5]。

　労働者が労働契約を締結した相手方が「使用者」となるのが原則である。しかし、「使用者」としての責任や権利義務が労働契約を締結した相手方以外にも及ぶ場合がある。現実的な使用関係（指揮命令関係）が存在すれば、そこに労働契約が存在するかどうかを問わず、「使用者」ないし「事業主」などの責任を認めうるのであり、「使用者」等は企業の外部にも存在しうるのである[6]。典型的には以下の場合である。

　第1は、使用者としての権利義務が部分的に第三者に帰属する場合がある。たとえば、出向労働者を使用する出向先企業は、実態に応じて出向先と

して使用者としての責任を負う。また、安全配慮義務については、労働契約の当事者である狭義の使用者に限らず、「ある法律関係に基づいて特別な社会的接触の関係に入った当事者間」において認められる義務である。

　第2は、黙示の労働契約や法人格否認の法理により、使用者の範囲を拡張する場合である。「使用者概念の拡張」と呼ばれる論点である。いかなる場合に「使用者」としての責任を負うかが問題となる。

　そこで、以下では、「使用者概念の拡張」の問題として、黙示の労働契約と法人格否認の法理について検討したい。

2　黙示の労働契約

　企業（受入企業）が、形式的には他の企業（派遣企業）に雇用されている社外労働者を受け入れて、自らの業務に従事させている場合に、受入企業と当該社外労働者について、黙示の労働契約が成立するかが争われることがある。

　初期の裁判例として注目されたのは、サガテレビ事件である。同事件では、派遣先企業と派遣された労働者との間の労働契約の成立の有無が争われ、福岡高裁判決（福岡高判昭58・6・7労判410号29頁）は、「企業がその業務を行うについて必要な労働力を獲得する手段は、直接個々の労働者との間に労働契約を締結することに限定されているわけではなく、広く外注と称せられる種々の方法が存するのが実情であって、…当時者間の意思の合致を全く問題とすることなしに、単に使用従属関係が形成されているという一事をもって直ちに労働契約が成立したとすることはできない」とする。そして、「労働契約といえども、もとより黙示の意思の合致によっても成立しうるものであるから、事業場内下請労働者（派遣労働者）の如く、外形上親企業（派遣先企業）の正規の従業員と殆ど差異のない形で労務を提供し、したがって、派遣先企業との間に事実上の使用従属関係が存在し、しかも、派遣元企業がそもそも企業としての独自性を有しないとか、企業としての独立性を欠いていて派遣先企業の労務担当の代行機関と同一視しうるものである等その存在が形式的名目的なものに過ぎず、かつ、派遣先企業が派遣労働者の賃金額その他の労働条件を決定していると認めるべき事情のあるときには、派遣労働

者と派遣先企業との間に黙示の労働契約が締結されたものと認めうべき余地があることはいうまでもない」とした。このように、同事件では、黙示の労働契約が成立するかどうかの判断にあたり、使用従属関係が形成されているだけでは足りず、①下請企業が企業としての独自性を欠き、元請企業の労務担当の代行機関にすぎないなどその存在が形式的名目的なものといえるかどうか、②下請企業の労働者の賃金等の労働条件を派遣先企業が決定しているといえるかどうかが考慮されている。

黙示の労働契約の成立を肯定した青森放送事件（青森地判昭和53・2・14労判292号14頁）では、債権者Xは債務者会社Yに企業組織に有機的に組み入れられて運用する必要があることを認定したうえで、「Yの構内施設においてその所有の設備資材等の一切を使用し、かつ出退勤、休憩時間、休暇等はYの職場規律に従い、Y職制の指揮監督の下に拘束を受けて、直接Yに対し労務を提供し、Yがこれを受領していて、両者間には使用従属関係を本体とする事実上の労働関係が成立していること、そしてXは右のようにして債務者会社に向けられた労務の提供に対し賃金を支払われていたことが認められる」とし、「社会通念上XとYとの間に労働契約が成立することを妨げると認められる特段の事情がない限り、両者間には少くとも暗黙のうちに意思の合致による労働契約が成立しているものといちおう認むべきである」としている[7]。

平成以降の裁判例をみると、センエイ事件（佐賀地武雄支決平成9・3・28労判719号38頁）では、「一般に、労働契約は、使用者が労働者に賃金を支払い、労働者が使用者に労務を提供することを基本的要素とするのであるから、黙示の労働契約が成立するためには、社外労働者が受入企業の事業場において同企業から作業上の指揮命令を受けて労務に従事するという使用従属関係を前提にして、実質的にみて、当該労働者に賃金を支払う者が受入企業であり、かつ、当該労働者の労務提供の相手方が受入企業であると評価することができることが必要であると考えられる」とし、社外労働者に対する受入れ企業の使用者性を肯定している。同様の判断枠組みを採用するものとして、ナブテスコ（ナブコ西神工場）事件（神戸地明石支判平成17・7・22労判901号21頁）がある。

使用従属関係から両者間に客観的に推認される黙示の意思の合致があるかどうかを判断枠組みとするものもある。たとえば、安田病院事件（大阪高判平成10・2・18労判744号63頁、最三小判平成10・9・8労判745号7頁）では、紹介所から派遣される形式により病院に勤務していた付添婦と病院との間に黙示の労働契約の成立を認められるかが争われたが、同事件控訴審判決では、「使用者と労働者との間に個別的な労働契約が存在するというためには、両者の意思の合致が必要であるとしても、労働契約の本質を使用者が労働者を指揮命令し、監督することにあると解する以上、明示された契約の形式のみによることなく、当該労務供給形態の具体的実態を把握して、両者間に事実上の使用従属関係があるかどうか、この使用従属関係から両者間に客観的に推認される黙示の意思の合致があるかどうかにより決まるものと解するのが相当である」として、結論として黙示の労働契約の成立を肯定している。

マイスタッフ（一橋出版）事件（東京高判平成18・6・29労判921号5頁）では、黙示の合意により労働契約が成立したかどうかは、明示された契約の形式だけでなく、当該労務供給形態の具体的実態により両者間に事実上の使用従属関係があるかどうか、この使用従属関係から両者間に客観的に推認される黙示の意思の合致があるかどうかによって判断するのが相当である」としている。他方、雇用関係として評価し得る使用従属関係があったどうかから判断して使用者性を否定したものとして、大映映像ほか事件（東京高判平成5・12・22労判664号81頁、最二小判平成9・11・14判例集未登載）がある。

このほか、個々の従業員の採用や賃金の支給額等を決定する立場にはなかったとして、黙示の労働契約の成立を否定したもの（大阪空港事業（関西航業）事件・大阪高判平成15・1・30労判845号5頁）、派遣労働者と派遣先との間に黙示の雇用契約が成立したといえるためには、単に両者の間に事実上の使用従属関係があるというだけではなく、派遣労働者が派遣先の指揮命令のもとに派遣先に労務を供給する意思を有し、派遣先がその対価として派遣労働者に賃金を支払う意思が推認され、社会通念上、両者間で雇用契約を締結する意思表示の合致があったと評価できるに足りる特段の事情が存在することが必要であるとしたもの（伊予銀行・いよぎんスタッフサービス事件・高松高判平成18・5・18労判921号33頁、最二小決平21・3・27労判991号14頁）がある。

その後の流れに大きな影響をあたえた最高裁判決としては、パナソニックプラズマディスプレイ（パスコ）事件（最二小判平21・12・18民集63巻10号2754頁）がある。受入企業との間の黙示の労働契約の成立を否定した事件であるが、最高裁は、①社外労働者と派遣企業との間の労働契約を無効と解すべき特段の事情がないこと、②受入企業が、派遣企業による社外労働者の採用に関与していたとは認められないこと、③社外労働者が派遣企業から支給を受けていた給与等の額を、受入企業が事実上決定していたといえるような事情はうかがわれないこと、④派遣企業が配置を含む社外労働者の具体的な就業態様を一定の限度で決定し得る地位にあったこと等の諸事情の下では、受入企業と社外労働者との間に、労働契約関係が黙示的に成立していたとはいえないという判断をしている。

その後の裁判例においては、同事件の判断枠組みを踏襲して黙示の労働契約の成立が否定されている（三菱重工業事件・神戸地判姫路支判平成22・12・8労判1017号92頁、日本化薬事件・神戸地判姫路支判平成23・1・19労判1029号72頁、積水ハウスほか（派遣労働）事件・大阪地判平成23・1・26労判1025号24頁、いすゞ自動車（雇止め）事件・東京地判平成24・4・16労判1054号5頁、アンデンほか1社事件・名古屋地岡崎支判平成26・4・14労判1102号48頁、日本S社ほか事件・東京地判平26・4・23労経速2219号3頁、日産自動車ほか1社事件・東京地判平成27・7・15労判1131号52頁など）。

具体的な考慮要素を示して判断する裁判例もある。たとえば、日本精工（外国人派遣労働者）事件（東京地判平成24・8・31労判1059号5頁）は、黙示の労働契約が成立するためには、①採用時の状況、②指揮命令及び労務提供の態様、③人事労務管理の態様、④対価としての賃金支払の態様等に照らして、両者間に労働契約関係と評価するに足りる実質的な関係が存在し、その実質関係から両者間に客観的に推認される黙示の意思表示の合致があることを必要とすると解するのが相当であるとしている。同様の判断枠組みを示すものとして、トルコ航空ほか1社事件（東京地判平成24・12・5労判1068号32頁）がある。

ベルコ事件（札幌地判平30・9・28労判1188号5頁）では、代理店との間で労働契約を締結し、葬儀施行に従事するとともに、葬儀に出席した者に対し互助会契約の勧誘等の営業活動を行っていた者とYとの間には労働契約が成立

していないとされ、また、黙示の労働契約が成立したということもできないとしている。

このように、黙示の合意により労働契約が成立したかどうかは、当該労務供給の具体的実態により両当事者間に事実上の使用従属関係、労務提供関係、賃金支払関係があるかどうか、この関係から両者に客観的に推認される黙示の意思の合致があるかどうかによって判断する傾向にある。とりわけ、最近の裁判例では、採用時の状況、指揮命令及び労務提供の態様、人事労務管理の態様、賃金の決定状況など、個別具体的な要素が考慮される傾向にある[8]。

3　法人格否認の法理

最高裁は、法人格が全くの形骸にすぎない場合（法人格の形骸化）、またはそれが法律の適用を回避するために濫用される場合（法人格の濫用）においては、法人格を認めることは、法人格なるものの本来の目的に照らして許されないというべきであり、法人格を否認すべきことが要請される場合が生じることを認めている（最一小判昭和44・2・27判決民集23巻2号511頁参照）。

労働事件をめぐる裁判例においても、法人格否認の法理を適用して、①単なる支配関係を超えて親会社が子会社を実質的には一事業部門として完全に支配しているなど、子会社の法人格がまったくの形骸にすぎないと評価される場合（支配型）、②親会社が子会社の法人格を支配し違法な目的で利用している場合（濫用型）には、法人格否認の法理を適用して、子会社の法人格を否認することにより、親会社に対して労働契約上の責任を問うものがある[9]。

（1）法人格の形骸化

法人格の形骸化を肯定した事案をみると、初期の裁判例では、不当労働行為をめぐる事案で争われている。

労働事件に法人格否認を適用した事案として、川岸工業事件（仙台地判昭和45・3・26判時588号38頁）がある。同判決は、「川岸工業が仙台工作の業務財産を一般的に支配しうるに充分な株式を所有していること（本件では株式全部を所有する一人会社である）、両社の業務関係が混同されており、仙台工作の役

員、従業員の人事、給与労務対策、生産目標と経営政策の決定など経営のすべてにわたり川岸工業の現実的統一的な管理支配に服していることを認定したうえ、右が会社制度の濫用に該当しないとしても法人格否認の法理を適用すべき」として、子会社の事業廃止により解雇されたXらが親会社に対して行った未払賃金請求を認容した。

また、盛岡市農協事件（盛岡地判昭和60・7・26労判461号50頁）では、「両法人間の資本の保有関係、役員の兼任、人的構成及び物的施設・資産の共有性、経理・帳簿の混同、経営方針・人事管理等運営の実質的決定権の所在、その他の事情に照らし、両法人が組織的経済的に単一体を構成し、支配法人の従属法人に対する管理支配が現実的統一的で、社会的にも企業活動に同一性が認められる場合には、従属法人は支配法人の一営業部門にすぎないというべく、したがって従属法人の法人格は全くの形骸として否認するのが相当と解される」として、労働者の地位確認請求が肯定されている。同判決では、資本の保有関係、役員の兼任、人的構成及び物的施設・資産の共有性、経理・帳簿の混同、経営方針・人事管理等運営の実質的決定権の所在、その他の事情という考慮要素が具体的に示されている。

黒川建設事件（東京地判平13・7・25労判813号15頁）では、子会社Y2の従業員であった労働者Xへの退職金不払いの責任が親会社Y1にあるかどうかが争われた。同判決は、実態が中核企業である被告の一事業部門と何ら変わるところはなかったこと、Y1代表が、社主として直接自己の意のままに自由に支配・操作して事業活動を継続していたことを判断要素として重視している。すなわち、「Y2は、外形的には独立の法主体であるとはいうものの、実質的には、設立の当初から、事業の執行及び財産管理、人事その他内部的及び外部的な業務執行の主要なものについて、極めて制限された範囲内でしか独自の決定権限を与えられていない会社であり、その実態は、……中核企業であるY1の一事業部門と何ら変わるところはなかったというべきである。そして、Y1丙川は、……グループの社主として、直接自己の意のままに自由に支配・操作して事業活動を継続していたのであるから、Y2の株式会社としての実体は、もはや形骸化しており、これに法人格を認めることは、法人格の本来の目的に照らして許すべからざるものであって、Y2の法人格は

否認されるというべきである」としている。

このほか、法人格の形骸化が肯定された裁判例では、事業運営の実態を重視する裁判例もある。北九州空調事件（大阪地判平21・6・19労経速2057号27頁）では、会社Ｙの業務と有限会社Ａの業務の境界は、相当に不鮮明であったこと、Ａとしての独自の意思決定の要素は希薄で、Ｙやその代表者の意向が強く反映されており、労働者Ｘの業務執行について、Ｙの指揮命令が相当程度及んでいたこと、Ａが独自に自己の財産を管理しているという面は希薄で、Ｙが単に出資口数が最大の有力な有限会社の社員であるという以上に個別具体的な財産管理についての意向を強く反映させていたことなどが考慮され、労働契約関係の存否を検討する上では、Ｙとの関係でＡの法人としての形骸化が著しいと認定されている。

このように、法人格の形骸化による否認が認められるためには、事業運営の実態を考慮して、株式の所有等で法人に対して支配を及ぼすだけでなく、人事、財務、業務執行等の面でも、実質的にその法人を支配・管理し、同社の法人格が全くの形骸に過ぎないことが認定できる事情が求められる傾向をみてとることができる。

（2）法人格の濫用

法人格の濫用法人格の濫用とは、会社の背後にあって支配する者が違法・不当な目的で法人格を利用する場合に法人格濫用を認め、特定の法律関係について支配会社に帰責する理論である。法人格濫用の要件としては、支配会社が従属会社を意のままに道具として支配・利用しているという客観的要件（支配の要件）と、それについて違法または不当な目的を有しているという主観的要件（目的の要件）を要するが、支配の要件は、目的の要件が加重されるため、形骸化事例ほど厳密に解する必要はなく、従属会社に対する支配会社の強固な支配関係があれば足りるとされている。法人格の濫用の裁判例については、類型化して考える必要がある[10]。

(a)「水平的法人格否認」事案

第1の類型は、会社解散後、実質的同一性のある新会社を設立して事業を継続する場合である。「水平的法人格否認」事案といいうる。

新関西通信システムズ事件（大阪地決平6・8・5労判668号48頁）は、旧会社の事業を継続させるために、新会社を設立して、この間で大半の営業、資産、負債関係を譲渡し、旧会社を解散したという事案である。同判決は、当該労働者を採用しなかったのは、組合活動を嫌悪したためであり、労働契約の関係においては、実質的には解雇法理の適用を回避するための法人格の濫用であると評価せざるをえないとして旧会社における解雇及び新会社の不採用は、営業等の承継の中でされた実質において解雇に相当するものであり、解雇に関する法理を類推すべきものと解されている。

第一交通産業（佐野第一交通）事件（大阪地岸和田支決平15・9・10労判861号11頁）は、労働関係法令上要求される諸法理の適用の潜脱回避を目的として、実質的に同一の企業が開設されて存続しているので、S社の解散は偽装解散であり、その労働関係はM社との間に存続しているものと認められ、更に親会社も法人格を濫用したものとして同一の責任を負うとして、親会社に対する被解雇労働者の賃金仮払仮処分の申立てを認容した。

サカキ運輸ほか（法人格濫用）事件（福岡高判平28・2・9労判1143号67頁、長崎地判平27・6・16労判1121号20頁）は、被告丙川は、Y2からXら組合員を排除する目的をもって、Y2での運送事業を廃止し、Xらとの雇用関係を除いた有機的一体として同事業を支配下にあるYに無償で承継させ、XらをY2ないしその支配下にあるY1から排除し、実質的に組合員である原告らのみを解雇したものであるとして、法人格を濫用した不当労働行為というべきであるとした。そして、Xらは、Y2との間の労働契約に基づき、Y1との間で労働契約上の権利を有する地位にあるというべきであるとした。

このほか、株式の所有や役員等に関係性があるものの、「意のままに支配できるような支配的地位がなかったとして、法人格の濫用を否定した事案（リコー事件・富山地判昭61・9・19労判484号97頁、池本興業・中央生コン事件・高知地判平3・3・29労判613号77頁）や、債務の支払を免れるために倒産させ、他社で事業継続したとして、法人格の濫用を行ったと判断された事案（メルファインほか事件・京都地判平28・4・15労判1143号52頁）などがある。

(b)「垂直的法人格否認」事案

第2の類型は、親会社が子会社を不当な目的で解散する場合である。親会

社が子会社の業務を自ら継続する場合と、子会社の業務を継続しない場合がある。「垂直的法人格否認」事案と位置づけうる。

初期の裁判例として、法人格を否認し、親会社に雇用契約上の使用者としての責任を認めたものとしては、親会社の現実的・統一的管理支配と子会社が親会社の一部門と見られるような形骸化を認定したもの（船井電機・徳島船井電機事件・徳島地判昭50・7・23労判232号24頁）、会社が不当労働行為意思にもとづいて法形式上の独立性ないしは会社制度を利用した場合にも法人格の濫用に該当するものというべきであるとしたもの（中本商事事件・神戸地判昭和54・9・21労判328号47頁）、支配従属の関係にある親子会社において、不当な支配力を行使し、あるいは子会社をして不当労働行為をさせ、子会社の雇用契約上の権利を侵害した場合には、法人格の濫用を理由として法人格を否認すべき場合に当り、親会社は子会社と同一内容の雇用契約上の責任を負うとしたもの（布施自動車教習所・長尾商事事件・大阪地判昭和57・7・30労判393号35頁）がある。

なかでも、前掲・中本商事事件では、法人格の濫用の場合においては、親会社が子会社を支配し利用していること（支配の要件）、右親会社による子会社の支配、利用について親会社が違法または不当な目的を有していること（目的の要件）が必要であって、右濫用の場合の支配の要件は、別個に前記の目的の要件を必要とすることを考慮すると、形がい化の場合よりも緩かな支配従属の関係があれば足りると解すべきであるとしたところに特徴がある。

他方、法人格の濫用が認められていない事例としては、親会社Ｙの子会社Ａに対する影響力は、取引上の優越的な立場に基づく事実上のものにとどまるものであって、Ｙが上記影響力を行使してＡの従業員の雇用及びその基本的な労働条件等を具体的に決定することができる支配力を有し、あるいはこれを行使してきたとまで認めることはできないとして、法人格否認の法理の適用の要件としての被控訴人による関西航業に対する支配があったといえないとしたもの（大阪空港事業（関西航業）事件大阪高判平15・1・30労判845号5頁）、証券会社の解散に当たってなされた証券取引所による支配力の行使が、労働組合を弱体化させるという不当労働行為意思に基づいてなされたとまでは認められず、二掲記の「目的の要件」を充足しないとして、法人格否

認の法理の適用を否定したもの（大阪証券取引所（仲立証券）事件大阪高判平15・6・26労判858号69頁）などがある。

　子会社等が解散しその事業の引継ぎもない事案において、親会社の雇用責任を認めるものもあるが（徳島船井電機事件・徳島地判昭和50・7・23労働民例集26巻4号580頁）、裁判例では、当該解散が不当労働行為目的である場合であっても、真実解散であれば、賃金支払請求権のみを認め、包括的な契約上の責任までは追及できないとするものもある（布施自動車教習所・長尾商事事件・大阪高判昭59・3・30労判438号53頁、第一交通産業（佐野第一交通）事件・大阪地岸和田支決平15・9・10労判861号11頁）。

(c)「複合型」事案

　第3は、親会社が子会社を解散させ、別の子会社に業務を引き継がせる場合など、第1の類型と第2の類型の複合型事案である。

　会社の解散決議は、その解散が真実解散ではなく、偽装解散であると認められる場合に、事業を継続している企業が被解雇者の労働契約上の使用者たる地位を承継しないかという点が問題となる。そこでの主たる争点は、子会社が解散した場合に親会社等が子会社の従業員に対して労働契約上の責任を負うか否かである。

　第一交通産業（佐野第一交通）事件（大阪地堺支判平18・5・31判タ1252号223頁）は、法人格否認の法理を適用して、A社の解散は親会社であるY1がXらが所属する労働組合を排斥するためにその法人格を濫用して行ったものであると認定した上、XらはA社と同一の事業を行っているY2に対し、労働契約上の地位の確認及び未払賃金の支払を求めることができるとした。

　子会社の従業員は、親会社に対して、子会社の解散後も継続的・包括的な雇用契約上の責任を追及できるとするもの（第一交通産業（佐野第一交通）事件・大阪高判平19・10・26労判975号50頁、最一小決平20・5・1 LLI/DBL06310200で上告棄却・不受理で確定）

　雇用主として、子会社の従業員に対し、将来に向けて継続的、包括的な責任を負うが、新たな事業を行う別会社の法人格が形骸化しているとはいえない場合には、その責任は、新たに事業を行う別会社が負うとするもの（第一交通産業（佐野第一交通）〔仮処分保全抗告〕事件・大阪高決平17・3・30労判896号64頁）

このほか、社会保険の適用を回避するための手段として、美容師が他社に雇用され被告会社に出向する形をとっていたことが法人格の濫用に当たるとし、会社と美容師との間には雇用関係が存在していたとして、未払賃金請求を認容したもの（クリエイティヴインターナショナルコーポレーション事件・札幌地判平3・8・29労判596号26頁）、未払賃金免脱のための法人格濫用を認め、事業譲受会社に包括的労働契約上の責任を肯定したもの（日本言語研究所ほか事件東京地判平21・12・10労判1000号35頁）、

学説上は、真実解散の場合の取扱について見解が分かれる。真実解散の場合に雇用責任を認めない裁判例[11]を支持する見解[12]、真実解散の場合には、解散は有効であり、それに伴う解雇も有効とし、法人格否認の効果を不法行為責任に限定しつつ、法人格否認の範囲を拡大する可能性を指摘する見解[13]などがある一方、真実解散の形態をとることにより労働契約上の継続的な権利の追及を遮断することを容認すると、実質的に法人を支配している者が真実解散という形式をとることによって不当労働行為の禁止（労組法7条）や解雇権濫用法理（労契法16条）などの法潜脱を容易に行うことができるようになってしまうとして、法人格否認の法理の基盤にある正義・衡平の原理そのものに反する解釈として許容すべきでないとする見解もある[14]。

三　労働基準法等における使用者

1　労働基準法上の使用者

労働基準法10条は、同法における「使用者」について、「事業主又は事業の経営担当者その他その事業の労働者に関する事項について、事業主のために行為をするすべての者をいう」と定義している。

労働基準法10条は、労働基準法が刑罰や行政取締をするための法律であることから、実際に使用者としての権限を行使する者を規制対象ないし責任主体とする趣旨に基づいて使用者の概念を定めたものである。

労働基準法は、そこで定める労働条件の重要性にかんがみて、管理職も責任主体となることを明記している。労基法上の使用者のうち、「事業の経営担当者」とは、企業経営一般について権限と責任をもつ者をいい、法人代表

者、取締役、支配人などをいう。

　使用者の立場にたって労働条件の決定や業務命令の発出その他の指揮監督を行う立場にある者（いわゆる管理職）もここでいう「使用者」としての責任を負うと解される[15]。

　ここで、どのような場合に管理職が使用者に該当するかが問題となるが、「労働者に関する事項」とは、人事、給与、福利厚生などの労働条件の決定や労務管理、業務命令の発令などの一切の事項を含み、これら事項について「事業主」から一定の権限と責任を付与されている者は「事業主のために行為をする」者として「使用者」にあたる（昭和22・9・13発基17号）。そして、「かかる権限が与えられて居らず、単に上司の命令の伝達者にすぎぬ場合は使用者とはみなされない」。したがって、企業内で比較的地位の高い取締役、工場長、部長、課長等の者から、作業現場監督員、職場責任者等といわれる比較的地位の低い者に至るまで、その権限と責任に応じて特定の者のみが、あるいは並列的に複数の者が、「使用者」に該当することとなる。

　当該管理職の名目上の地位ではなく、問題となっている法律上の義務について実質的な決定権をもつかどうかを基準に判断されるべきであり、労基法上の使用者概念は相対的なものである[16]。したがって、その範囲は労基法の各条文ごとに異なる可能性があると指摘される[17]。

　各条項に違反した行為者が労基法上の罰則により処罰されるが、これに加えて、事業主についても罰金刑が科される（両罰規定、同法121条1項）。ただし、自然人として事業主の責任を負う者が、違反の防止に必要な措置をした場合においてはこの限りでない（同条2項）。

2　法律による使用者概念の拡張

　労働者保護法は、立法趣旨や目的に基づいて使用者に責任を負わせるものであり、この責任の主体は労働契約の当事者には限られない。

　労基法等は、形式上の使用者でない一定の者を使用者として扱うことを明記している。たとえば、土木・建築事業等（労基法別表1第3号）が数次の請負によって行われる場合、下請労働者の労働災害については元請負人が使用者として補償責任を負うべきこと（労基法87条1項、労基則48条の2）、書面によ

る契約で下請負人に補償を引き受けさせた場合は、その下請負人もまた使用者とみなされる（同条2項）。ただし、2以上の下請負人を同一事業について重複して補償責任を引き受けさせてはならない（同条2項ただし書）。

また、労働安全衛生についても、土木・建設業などの元請負事業主が負うべき責任が規定されている（労安法15条以下、29条以下）。

建設アスベスト事件（神奈川一陣訴訟）（最一小判令3・5・17裁判所時報1768号2頁）では、安衛法57条は、これを取り扱う者に健康障害を生ずるおそれがあるという物の危険性に着目した規制であり、その物を取り扱うことにより危険にさらされる者が労働者に限られないこと等を考慮すると、所定事項の表示を義務付けることにより、その物を取り扱う者であって労働者に該当しない者も保護する趣旨のものと解するのが相当であると判断されている。

労働者派遣法にもとづく派遣労働者の使用については、派遣先が、労基法、労安法、均等法、育介法などの使用者・事業主（事業者）の責任を負うことが明記されている（派遣法44〜47条の4）。

3　事業主概念

均等法、パート・有期法、派遣法、育介法、労災保険法、高年法などは責任主体を「事業主」とし、労安法は「事業者」を責任主体としている。

最低賃金法は労基法上の使用者を責任主体とするが（最賃法2条2項）、労安法は、「事業者」（労安法2条3項）とし、その趣旨は、「事業経営の利益の帰属主体そのものを義務主体としてとらえ、その安全衛生上の責任を明確に」するためである（昭47・9・18基発91号）。均等法、賃確法、育介法などは、その責任主体を「事業主」とするが、いずれも労安法と同等、事業経営の利益の帰属主体の責任を明確するための立法的配慮と解されている[18]。

これに対し、事業者・事業主だけでなく、法律違反行為を行った実際の行為者（従業者等）も行政取締りや罰則の適用対象とすることが当然の前提とされているとして、労働安全衛生法等の労働関係法規も、「使用者」概念の点では、労基法の構造と実質的に違いはないとする見解もある[19]。

四　雇用社会の変容と法的課題

1　雇用社会の変容

　これまでみてきたように、これまでの判例法理、基本的に、「使用者」概念は一義的には労働契約上の使用者に一致し、労働契約上の使用者に近い実態がある場合や法人格否認の法理が適用される場合に限って使用者としての責任を認めている。

　しかし、雇用社会の変容がみられるなか、これまでの使用者概念の考え方が維持されるべきかどうか、原理的な検討が必要であろう。雇用社会の変容として、留意すべき事項は以下の点である。

　第1は、企業のネットワーク化という問題である。企業の組織形態がネットワーク化し、中核会社と他の構成会社が一定の統合性を保ちつつ、具体的業務は独立して活動する形態が発展している[20]。従来の使用者性の判断枠組みでは限界がある。とりわけ、諸外国の動向をみるかぎり、プラットフォーム企業の進展は顕著である[21]。プラットフォーマーは、「データ」を活用して、既存のビジネスモデル・事業構造を組み替え、そのことが、多くのイノベーションを生んでいる。この現象が進めば、限定的で単純な職務＝タスクが下請けにだされ、ネットワークの外側に置かれることになる。こうしたことが容易になる背景には、人口知能（AI）によるマッチングがある。

　ネットワーク型ビジネスモデルは、一握りの中核的な働き方をする人と、ネットワークから切り離されて不安定な働き方をする人とに分断される社会を生み出す。第四次産業革命が現在進行形ですすむなかで、仕事のモジュール化、使用者の分散化、ITの発達によるマッチング化の傾向は今後も続くことになることが予想される。

　こうした状況からすると、使用者責任を単一の法主体に帰属させるのではなく、プラットフォーム企業や親会社等の中枢を担う企業に共同ないし補充的に法的責任を負わせることが重要な法的課題となる[22]。

　この点、諸外国においても、アメリカやカナダなどで「合同使用者（Joint employer）」の法理、イギリスでは制定法上、「連合使用者（Associated employer）」が規定されるなどしており、単一の法人以外に使用者としての責任を認める法理があるが[23]、そうした法理のあり方も含め検討がなされている[24]。

第2は、偽装請負に関する立法による対応である。偽装請負の問題については、労働者派遣法が改正され、労働者派遣の申込みなしの規定が整備したことにより、使用者性の論点から労働者派遣法の解釈の問題に移行している（労働者派遣法40条の6）。労働者派遣法40条の6は、平成24年の改正法（平成24年法律第27号）により新設され、平成27年10月1日より施行された規定である。違法派遣の場合、派遣先が派遣労働者に労働者派遣の役務の提供を受ける者（派遣先）が、①派遣禁止業務違反（40条の6第1項1号）、②無許可事業主からの派遣受入れ（同項2号）、③派遣可能期間の制限違反（同項3号及び4号）、及び④偽装請負等（同項5号）に該当する行為のいずれかを行った場合には、派遣先は、当該派遣労働者に対し、その時点における労働条件と同一の労働条件を内容とする労働契約の申込みをしたものとみなされる。

労働契約の申込みみなし制度が適用されるか否かが争われたこれまでの裁判例は、これまで否定する事案が続いていた（東リ事件第一審・神戸地判令2・3・13労判1223号27頁、ハンプテイ商会ほか1社事件・東京地判令2・6・11労判1233号26頁、日本貨物検数協会（日興サービス）事件第一審・名古屋地判令2・7・20労判1228号33頁、日本貨物検数協会（日興サービス）事件・名古屋高判令3・10・12労判1258号46頁）。このほか、選択権行使の妨害を理由に損害賠償を認めた裁判例として、ベルコほか（代理店従業員・労働契約等）事件（札幌地判令4・2・25労判1266号6頁）がある。

しかし、労働契約の申込みみなしを肯定した事案もあらわれている。東リ事件（大阪高判令3・11・4労判1253号60頁、最三小判令4・6・7上告棄却）は、労働者派遣法等の規制の適用を免れる目的で偽装請負をおこなってきたこと等を認め、神戸地裁判決を取り消し、労働者派遣法40条の6を適用して労働契約の成立を認めている。

使用者性の論点から、労働者派遣法上の規定の解釈の問題に移行しているが、労働者派遣法の申込みみなしが適切に運用されることが重要といえる。

第3は、事案の複雑化である。複数の当事者が関係する事案では、これま

での使用者性をめぐる判断基準が適合しない実態が生まれつつある[25]。

事案の複雑化を象徴する事案として、前掲・ベルコ事件がある。本事案は、冠婚葬祭事業を営む会社Yが、各地域（支部）の営業等を担当する支部長を代理店として業務委託契約を締結し、葬儀施行等を行う労働者Xらは代理店Aと労働契約を締結するという形態をとる事案において、会社Yと代理店Aとの業務委託契約が解約されたことにより代理店との労働契約上の地位を失ったとして、労働者Xらが会社Yに対して労働契約上の義務の履行を求めた事件である。本判決は、結論としては、XY間の黙示の労働契約の成立を否定し、代理店主自身がXらに具体的な指示をしている等として請求を棄却した。

水町勇一郎教授は、同事案について、今日の多様化する事業組織や労働実態のなかで、労働者性の判断における考慮要素の選択や重心の置き方を誤り、労働者性の偽装・脱法を招きやすい判断をしたものと評している[26]。

なお、本件は裁判所への提訴と並行して労働委員会に不当労働行為事件として申立てがあり、初審の北海道労働委員会（北海道労委命令平31・4・26中労時113号1頁）では、ベルコの使用者性を認めた救済命令が出された[27]。これを前提として、札幌高裁での和解成立（2022年1月26日）に続き、中労委において、労働組合とベルコが当事者として協議を実施することを確認する和解が成立した（2022年3月30日）。

また、わいわいサービス事件（大阪高判平29・7・27労判1169号56頁）では、Yが顧客から請け負っていた配送業務について、自らの車両を持ち込み、Yの下請けをしていたXは、その後、顧客の倉庫において、荷物の収集や車両の手配等の作業を行うようになった事案において、倉庫作業についてXとYとの間で雇用契約が成立しており、かつ、一審被告による解雇は無効であると主張した事案である。大坂高裁判決は、倉庫作業で指揮監督の下で報酬を受けていたとして、労働基準法上の労働者であるとする一方、元請であるYとの雇用契約は成立していないとした。こうした事案では、労基法上の労働者を認めつつ、労働契約上の使用者性を認めないという判断が適切かどうかが問われることになる[28]。

2　法的課題

　こうした雇用社会の変容をみるとき、古典的な労働契約論に基づくアプローチでは限界がある。使用者としての責任をめぐる議論についても、時代の変化に応じた多面的な法政策が求められると考える。今後の法的課題について、以下において指摘しておきたい。

　第1は、法目的に応じた法の解釈・適用のあり方である。これまで検討してきたように、裁判例には、当事者の主観や労働者性の考慮要素を厳密に解釈して労働法令の適用を認めない事案が散見される[29]。しかし、黙示の労働契約の認定の際にあらわれるように、そこでの労働契約の成立要素は、当事者の主観的な認識、すなわち意思表示の合致そのものではなく、黙示の合意の存在が規範的に推認されるものである。黙示の労働契約の成立の判断にあたっても、当事者の意思の合致を重視して労働契約の成立を判断するのではなく、規範的に事実関係に則して、リスク分担の公平性の観点から、労働契約の成立についての合意を認定していく必要がある[30]。

　この点、使用者性をめぐる裁判例の判断にみられるように、労働契約を構成する要素を厳格に求めるアプローチは、法目的を勘案できておらず、結論の妥当性を欠く場合も多いことを認識する必要がある。法の目的に応じて適切な結論を導く目的論的解釈は、イギリスのUber事件最高裁判決（Uber BV and others v Aslam and others [2021]UKSC5）においても見られ、法解釈のアプローチとして参考になる[31]。法解釈を、法の目的に応じて適切な適用を考えることにより、妥当な結論を導くことが重要な法的課題であり、実務でも反映されるべき判断のあり方である。

　第2は、権限に応じた部分的な使用者責任を認めるアプローチの是非である。この点、イビデン事件（最一小判平30・2・15労判1181号5頁）では、親会社のハラスメント相談窓口について、「上記申出の具体的状況いかんによっては、当該申出をした者に対し、当該申出を受け、体制として整備された仕組みの内容、当該申出に係る相談の内容等に応じて適切に対応すべき信義則上の義務を負う場合がある」と言及した。権限や責任の所在に応じて部分的に使用者としての責任を負わせるアプローチは、企業のネットワーク化が進展するなかにおいて重要な視点になると思われる。

第 3 は、エンフォースメントのあり方の見直しの是非である。使用者性に着目するアプローチだけではなく、エンフォースメントのあり方もあわせて検討していくことも必要であろう。たとえば、法律による規制やルールについて、法の趣旨を職場に定着させるための促進のツールとして、従業員代表制を構想していくことも重要であろう[32]。法令遵守のインセンティブを組み込むなど、労働法の実現手法を検討することも必要であると考える[33]。

事業の複雑化に対応した使用者性の判断の確立が、未解決の労働法学の大きな課題である。

1 唐津博『労働法論の探究―労働法の理論と政策』（2023年）79頁以下、同「労働契約試論―労働契約の法モデルと労働契約法」労働法律旬報1798号（2013年）27頁。
2 個別的労働関係における使用者性に関する近年の基本文献として、野田進「『労働契約上の使用者性』論の現状と展望」菅野和夫ほか編『労働法が目指すべきもの―渡辺章先生古希記念』（信山社、2011年）139頁、橋本陽子「アウトソーシングによる労働関係への影響」野川忍＝土田道夫＝水島郁子編『企業変動における労働法の課題』（有斐閣、2016年）237頁、本久洋一「労働契約上の使用者」『講座労働法の再生 第 1 巻 労働法の基礎理論』（日本評論社、2017年）95頁等。また、企業間ネットワークと雇用責任の観点については、本久洋一「企業間ネットワークと雇用責任」労働法学会誌104号（2004年）45頁、中内哲「企業間ネットワークにおける『使用者責任の分配』」同55頁。
3 西谷敏『労働法〔第 3 版〕』（日本評論社、2020年）35頁以下参照。
4 荒木尚志＝菅野和夫＝山川隆一『詳説労働契約法〔第 2 版〕』（弘文堂、2014年）81頁。
5 菅野和夫＝山川隆一『労働法〔第13版〕』（弘文堂、2024年）213頁以下、水町勇一郎『詳解労働法〔第 3 版〕』（東京大学出版会、2023年）84頁。
6 西谷・前掲注 3 ）書55頁。
7 このほか、初期の裁判例において黙示の労働契約の成立を肯定した裁判例として、新甲南鋼材工業事件・神戸地判昭47・8・1 判時687号96頁、青森放送事件・青森地判昭53・2・14労民集29巻 1 号75頁、サガテレビ事件（第 1 審）・佐賀地判昭55・9・5 労判352号62頁。
8 菅野・前掲注 5 ）書216頁以下、白石哲編著『労働関係訴訟の実務』商事法務（2012年）26頁〔渡辺弘執筆〕。

9 法人格否認の法理に関する裁判例を検討したものとして、和田肇「労働契約における使用者の概念」労働法律旬報1585号（2004年）4頁。法人格の形骸化と法人格の濫用を区分けして議論することは、商法上は特段の意味をもたないという指摘もある（南健悟「労働事件における法人格否認の法理」日本法學84巻1号（2018年）53頁）。以下では、便宜上、法人格の形骸化と法人格の濫用を判決内容にしたがって区分けして記述する。
10 法人格の濫用事案の類型化については、荒木尚志『労働法〔第5版〕』（有斐閣、2022年）65頁以下の区分を参考にした。
11 第一交通産業（佐野第一交通）〔仮処分保全抗告〕事件・大阪高決平17・3・30労判896号64頁等。
12 野川忍『労働法』（日本評論社、2018年）171頁。
13 土田道夫『労働契約法〔第2版〕』（有斐閣、2016年）72頁。
14 水町・前掲注5）書87頁。
15 西谷・前掲注3）書54頁。
16 西谷敏＝野田進＝和田肇＝奥田香子編『新基本法コンメンタール労働基準法・労働契約法〔第2版〕』（日本評論社、2020年）39頁〔山川和義執筆〕。
17 西谷・前掲注3）書55頁。
18 金子征史＝西谷敏編『基本法コンメンタール労働基準法〔第5版〕』（日本評論社、2006年）37頁〔唐津博執筆〕、西谷敏＝野田進＝和田肇＝奥田香子編『新基本法コンメンタール労働基準法・労働契約法〔第2版〕』（日本評論社、2020年）39頁〔山川和義執筆〕。
19 水町・前掲注5）書97頁以下。
20 矢野昌浩「労働法における企業パラダイム」西谷敏＝道幸哲也編著『労働法理論の探究』（日本評論社、2020年）33頁。
21 クラウドワークをめぐる理論的動向については、浜村彰＝石田眞＝毛塚勝利編著『クラウドワークの進展と社会法の近未来』（労働開発研究会、2021年）。
22 中枢企業への補充的責任を負わせる必要性を指摘するものとして、毛塚勝利「空洞化する企業システムへの接近方法」労働法律旬報1936号（2019年）4頁。
23 最近の包括的な比較法研究としては、土岐将仁『法人格を超えた労働法規制の可能性と限界』（有斐閣、2020年）。また、小宮文人「アメリカの使用者概念・責任」季刊労働法219号（2007年）118頁、同「イギリスの使用者概念・責任」季刊労働法219号（2007年）130頁、根本到「ドイツ法からみた三者間関係における使用者責任」季刊労働法219号（2007年）140頁。
24 代表的文献として、Guy Davidov, A Purposive Approach to Labour Law (OUP, 2016).

25　こうした点を指摘するものとして、大内伸哉「DX時代における労働と企業の社会的責任」労働経済判例速報2451号（2021年）44頁。

26　水町勇一郎・ジュリスト1526号（2018年）4頁。同事件の評釈として、野田進・労働判例1191号（2019年）5頁、小西康之・ジュリスト1532号（2019年）103頁、大山盛義・法律時報91巻5号（2019年）161頁、浜村彰・労働法律旬報1937号（2019年）20頁、川口美貴・民商法雑誌156巻1号（2020年）252頁。また、土岐将仁「業務委託契約を利用した事業組織と労働者性・使用者性―ベルコ事件を契機として」季刊労働法267号（2019年）70頁も参照。

27　同事件に関する論考として、大内伸哉「会社は、業務委託関係にある代理店の従業員との関係で、労組法上の使用者と認められるか」中央労働時報1266号（2020年）14頁、豊川義明「裁判所・労働委員会手続きと権利運動」労働法律旬報1995号（2021年）50頁。本件代理人による解説として、棗一郎「ベルコ事件・北海道労働委員会命令の解説」月刊労委労協755号（2019年）24頁、淺野高宏「曖昧な雇用と企業の責任―ベルコ事件を題材として」月刊労委労協778号（2021年）2頁。

28　同事件の評釈として、濱口桂一郎・ジュリスト1523号（2018年）147頁、藤本茂・法律時報91巻4号（2019年）138頁。

29　諾否の自由があることを労働者性の判断において重視して労働者性を否定することの問題点を指摘する最近の論考として、水町勇一郎「アイドルの活動参加への『諾否の自由』と『労働者』性」ジュリスト1565号（2021年）4頁。

30　合意の規範的な判断のあり方については、唐津・前掲注1）書93頁以下。

31　石田信平「クラウドワーカーの労働者性と労働者の脆弱性を起点とした目的論的解釈：イギリスUber事件最高裁判決」季刊労働法274号（2021年）170頁。

32　拙稿「不当労働行為救済制度と集団的労使関係の課題」季刊労働法277号（2022年）50頁。

33　労働法のエンフォースメントについては、山川隆一「労働法における法の実現手法」長谷部恭男ほか編『岩波講座 現代法の動態第2巻 法の実現手法』（岩波書店、2014年）171頁。

二つの労働契約の成立と内容決定
—— 成立局面における合意と契約解釈の意義 ——

新屋敷　恵美子

一　はじめに
二　原則的な労働契約の成立と合意による内容決定
三　労契法18条に基づく労働契約の成立と内容の決定
四　おわりに——当事者の合意の意義と労働契約論

一　はじめに

1　成立をめぐる実態と法政策の変化

現在、法政策の面からも、多様な正社員の雇用の実態や定着の重要性が認識され、そうした多様な雇用における成立時の労働契約内容決定ないし労働条件設定のあり方が注目されている[1]。具体的には、「労働契約法1条及び6条を踏まえれば個々の労働契約を基礎としてその権利義務関係が定められていると理解されるべき」[2]であると確認されるなどして、労働契約を基礎とした当事者の権利義務の明確化を図るための法規制が展開している[3]。

このような労働契約の成立をめぐる事情は、労働契約の成立時における契約内容決定のあり方、言い換えると、その局面での当事者の合意の位置づけや当該合意を解釈する契約解釈のあり方に影響を与えないではおかない。そこで、本稿は、実態と法状況における変化にも目を配りつつ、労働契約成立時の契約内容決定における合意の意義（とそれを具現化する契約解釈のあり方）を検討する。

以下で、本稿は、純粋に当事者の合意に基づいて労働契約が成立する場合の労働契約の成立を「原則」的な労働契約の成立と称し、他方、法が労働契約の締結に係る意思表示を「みなす」といった形で成立する場合（具体的に

は労契法18条など）の労働契約の成立を「例外」的な労働契約の成立と称する。そして、それら「二つの」労働契約の成立における合意による内容決定を検討する。

以下では、まず、二つの労働契約の成立のそれぞれにつき、合意による内容決定の考察が求められる状況に触れる。

2　原則的な労働契約の成立の場合と議論の必要性

原則的な労働契約の成立と合意による内容決定を理解する出発点は、契約の成立と内容について定める条文であろう。

まず、民法522条1項は、「契約は、契約の内容を示してその締結を申し入れる意思表示」（申込み）に対して「相手方が承諾をしたときに成立する」と定める。また、労契法6条は、労働契約は、一定の事柄につき「労働者及び使用者が合意することによって成立する」と定める。こうした条文を契約の内容という観点からみると、法は、契約の成立には、「契約の内容」についての意思の合致ないし合意が必要であり、契約の成立時点で、一定の事柄が合意に基づく規範として設定されることを示している。こうした規定からすれば、様々な法的紛争の処理に当たり、裁判所が、成立時の合意によって形成された「権利義務関係そのもの」を確認することは至極当然のことである[4]。

しかしながら、日本における伝統的な労働法の理解[5]、あるいは、労働契約上の権利義務の観念[6]からすると、当事者の合意による労働契約内容決定の余地に疑問が差し挟まれるに違いない。特に、労契法自体が、労契法7条本文に基づく就業規則による労働条件設定を規定しており、そのように解されがちである[7]。

そうした発想を採ってきた（そしてそれが法律条文にも反映されている）日本法の文脈では、原則的な労働契約の成立の場合についても、合意に基づく労働契約の内容決定ないし権利義務の設定を論ずるにあたって、そもそも、成立時点における当事者の合意による契約内容決定の余地があるのか、といった点から問題になる。そのため、本稿は、そうした点にも触れつつ、その局面での合意の意義や具現化（契約解釈）のあり方を検討する。

3　例外的な労働契約の成立の場合と議論の必要性

　他方で、現在の労働法規制の中には、労働契約を成立させる意思表示をみなす規制が散見される。たとえば、いわゆる雇止め法理を成文化した労契法19条は、一定の要件が充足された場合には、使用者が労働者の「申込みを承諾したものとみなす」とする。契約（締結）の自由の原則からすると、そうした規制は、契約の成立に関する意思表示をみなすという大掛かりなものであり[8]、こうした労働契約の成立それ自体は、先述のとおり「例外」的な労働契約の成立として位置づけられる。

　とはいえ、成立時点における契約内容決定という視点で見ると、そうした規制の下で契約締結に係る意思表示がみなされるとしても、当該意思表示は一定の契約内容を含みこんでいるはずであり、その点は、原則的な契約の成立の場合と変わらないはずである（2で見た民法規定からすると、中身〔契約内容〕のない成立に係る意思表示〔のみなし〕は考えられない）。つまり、例外的な労働契約の成立の場合でも、契約内容という観点からみれば、一定の契約内容が「意思表示」により決定されているはずである。

　そして、意思表示のみなしの制度（労契法18条）が定着するにつれて、成立局面での内容決定が、現実的な問題として重要性を増している[9]。たとえば、そうした契約の成立前後に当該契約の存続や内容をめぐって当事者間で様々なやり取りや使用者の就業規則による労働条件設定の試みがなされると、問題が顕在化する。というのも、例外的なものであれ契約関係が成立したということになるとその法的関係の下での契約内容が問題となり、そうした契約締結をめぐる両当事者の自由な動きが、契約（内容決定）の自由の観点から、いかなる意義を有するのかを議論せざるを得なくなるからである。とはいえ、そこでの内容決定ないし契約成立の空間は、みなし規定によって設定され、内容決定に関しても一定の規定が置かれている。そこで、原則的な労働契約の成立の場合のそれを基本としつつも、同時に、そうしたみなし規定の規範的意義を踏まえつつ、全体として、合意に基づき成立する労働契約の内容がいかに決定されるのか、が問題になってくる。

4　本稿の考察対象・順序

こうして、本稿は、まず、従来の学説や判例における合意による労働契約内容の決定の位置づけや具体的な理解に触れつつ、「原則」的な労働契約の成立における、当事者の意思表示ないし合意による内容決定の具体像を示す（二）。次に、「例外」的な労働契約の成立の場合における、成立時点における合意による内容決定ないし労働条件設定の具体像を検討する（三）。

二　原則的な労働契約の成立と合意による内容決定

先述の通り、わが国では、そもそも労働契約の成立局面での合意による契約内容決定（労働条件設定）が実質的に機能するものとは観念されてこなかったきらいがある。そこで、以下、従来の議論状況にも適宜触れつつ、労契法6条等から考察を始め、法における合意による契約内容決定の位置づけを確認していく[10]。

1　成立過程と意思表示の内容
（1）意思表示ないし合意が決定する契約内容

一2で述べたように、民法（同521条2項も参照）と労契法により、労働契約の成立局面での、当事者の合意による一定の契約内容の決定が明示されている。

そして、契約の成立時点においてこれらの意思表示ないし合意によって決定される内容は、当該契約における本質的な要素ないし内容を決定するものである。この点に関し、山城一真は、契約を成立させる意思表示に不可避的に含まれる「要素」または「本質的な部分」が、「客観的要素」と「主観的要素」から成るとする[11]。客観的要素とは、「契約の類型ごとに、その契約に本質的なものとして定型的に定まるもの」[12]である。主観的要素とは、「本来であれば要素に属しない事項」だが、契約の自由に基づき、「当事者がそれを要素に『格上げ』」した内容であり、「当事者が特に要素とした事項」である[13]。

山城の整理は、あくまで契約の成立に必要な要素を示すものであるが、そ

れらの要素ないし本質的な部分は、当然、当該契約における本質的な部分ないし内容となる[14]。したがって、労働契約の成立段階で決定された内容は、抽象的であっても、当該労働契約において、以上の二つの意味で本質的な内容でありうる。そして、こうした本質的な内容は、契約の存在と直結するものであり、労働契約の内容の中でも最重要の内容である。

（2）契約解釈における意思表示ないし合意の想定

もっとも、成立段階で、一定の本質的な内容が決定されるとしても、その内容を契約内容として法的に具現化するのは、契約解釈という作業である。この作業の中で、当事者の意思ないし合意にどのような法的意義が付与されるかによって、結果としての労働契約内容決定ないし労働条件設定における当事者意思ないし合意の意義の実現のあり方が変化するから、契約解釈のあり方は重要である。

この点に関し、八州測量事件・東京高判昭58・12・19労判421号33頁は、次のように成立時の契約内容の解釈のあり方について、一定の方針を示していた。すなわち、新規学卒者をめぐる「わが国の労働事情のもとでは、求人票に入社時の賃金を確定的なものとして記載することを要求するのは無理が多く」、「実情」に即さず、労働行政上の取扱いも、そうした「記載を要求していない」。同判決は、「更に、求人は労働契約申込みの誘引であり、求人票はそのための文書であるから、労働法上の規制（職業安定法18条）はあっても、本来そのまま最終の契約条項になることを予定するものでない」などとして、求人票の記載による基本給額の決定を否定した。同判決は、「かように解しても、労働基準法15条の労働条件明示義務に反するものとは思われない。けだし、採用内定を労働契約の成立と解するのは、採用取消から内定者の法的地位を保護することに主眼があるのであるから、その労働契約には特殊性があつて、契約成立時に賃金を含む労働条件がすべて確定していることを要しないと解されるからである。このことは、通常新規学卒者の採用内定から入職時まで、逐次契約内容が明確になり、遅くとも入職時に確定する（本件もそうである。）という実情にも合致する」とした。

この判旨は、当該事案ないし「わが国の労働事情」に即して示されたもの

であるが、そうであればなおさら、このような「新規学卒者を前提とした労働契約の成立のあり方と、それに即した形で構想される労働契約内容の決定のあり方」[15]は、本稿冒頭で指摘した多様化した雇用のあり方の基礎となる労働契約の内容決定のあり方として前提とされるべきでない。というのも、そうした労働契約の下で就労する労働者には、賃金額のみならず、勤務地や職種、労働時間等が、当該契約の存続にも関わる当該契約における本質的な内容として決定されたと解されている場合も多いと考えられるからである[16]。

（3）労働条件明示義務の拡大と学説における工夫

では、当事者の合意を具現化する契約解釈は、従来どのように理論化されてきたのか。

2001年の段階で、大内伸哉は、「従来は、契約締結時点での労働条件については、……さほど重視されてこなかった。しかし、現在では、……契約締結時において、いかなる合意があったのかを厳密に確定していくことが求められている」[17]とし、労基法15条の労働条件明示義務を前提として、「契約内容について不明確となった場合には、約款や消費者契約で言われる『不明確準則』を応用して、労働者に有利な解釈を採用するという準則を定立すること」が考えられないか[18]としていた[19]。また、1998年の労基法改正を契機として、井上幸夫は、「労働者の求人・募集時に明示された労働条件が採用後に実施された労働条件と相違した場合」[20]の労働契約の内容決定のあり方につき、次の解釈を示していた。すなわち、「求人・募集時に明示する労働条件を信頼して労働者は応募するのであり、職安法18条、42条の趣旨から求人者は特段の事情がない限りこれを下回る労働条件を明示すべきでない信義則上の義務を負っており、信義則に反する労働契約締結時における労働条件の明示は許されない。そして、信義則に反する労働条件の明示は無効であり」、労働者の同意の有無に関わらず、「求人・募集時に明示した労働条件が労働契約の内容となる」[21]としていた。

こうした主張以前は、大内が的確に指摘する通り、そもそも契約締結時点の労働条件については、「重視」されておらず、当然、その局面での当事者

の合意による内容決定も重視されていない状況であった[22]。そして、以上の解釈において注目されている1998年改正により充実した労基法15条の労働条件明示義務は、就業規則による労働条件設定を大前提としつつ、入職後の労働条件につき、労働者の誤解を生じさせないようにするための保護として理解される性格のものであった[23]。また、上述の学説は、労基法15条や職安法上の労働条件明示義務について、契約内容に対する意義、あるいは、契約解釈のあり方を方向づける意義を見出す解釈により、労働者側の成立時における内容決定に関する期待に法的効果を付与しようとするものであった[24]。しかし、そうした学説は、当事者の合意自体による契約内容決定のあり方を直接的に構想するものではなかった[25]。

(4) 成立時の意思表示ないし合意への着眼

これに対して、近時の裁判例は、契約を成立させる意思表示ないし合意による契約内容決定それ自体に積極的に眼を向け、それを解釈する法理を展開している。

たとえば、中途採用者の成立時の契約内容が争われた事案で、福祉事業者A苑事件・京都地判平29.3.30労判1164号44頁は、求人票を「雇用契約締結の申込み〔の〕誘引」としつつも、「求職者は、当然に求職票記載の労働条件が雇用契約の内容となることを前提に雇用契約締結の申込みをする」から、「求人票記載の労働条件」が、原則として、「雇用契約の内容となる」とした。ここで、裁判所は、求人票そのものが契約内容を決定したと理解しているわけではなく、契約締結過程に現れた求人票の内容が、当事者の意思表示（申込み）の内容を構成するものとなっているかを判断する[26]。しかも、同事件では、当初から予定されていたフルタイムでの勤務を開始した際に、労働者が、使用者から求人票とは異なる労働条件が記載された労働条件通知書を交付され署名押印していたところ、京都地裁は、同通知書をめぐるやり取りを当初契約内容からの「変更」合意の問題として扱った。これは、前掲八州測量事件東京高裁判決が、求人票の内容による契約の成立を認めずに、争われていた点を契約成立時以後における契約内容の確定（あくまで成立時の範疇）の問題としたのとは対照的な判断であった[27]。

また、Apocalypse事件・東京地判平30・3・9労経速2359号26頁も、「賃金の金額や計算方法を明示する労働契約書や労働条件通知書〔が〕作成されて」いなかった事案において、「このようなときは、求人広告その他の労働契約の成立に関して労働者と使用者との間で共通の認識の基礎となった書面の内容、労働者が採用される経緯、労働者と使用者との間の会話内容、予定されていた勤務内容、職種、勤務及び賃金支払の実績、労働者の属性、社会一般の健全な労使慣行等を考慮して、補充的な意思解釈で明示又は黙示の合意を認定して賃金その他の契約内容を確定すべきである」とした。ここからは、契約締結過程の中で、当事者の意思表示ないし合意の内容がどのように構成されていったのかを検討しようとする裁判所の明確な意図が窺われる[28]。

　各事案における事情に応じて工夫しているという面は当然否めないが、このように、近時の裁判所は、契約締結過程を経る中で、いかなる内容が、労働契約を成立させた意思表示ないし合意の内容を構成したと評価でき、結局、成立時に合意により決定された契約内容となったといえるのかを、積極的に検討する途（契約解釈に関する法理の展開）を示している[29]。

(5) 就業規則に先行する合意の領域

　こうした成立時の合意による決定領域を意識し、その意義を押し出す立場に立てば、「労契法7条但書は、6条に含意されている合意による労働条件設定の原則を前提に、特に、就業規則の契約内容規律効との関係について定めたもの」[30]に過ぎないという点がはっきりとしてくる。

　そのためか、グレースウィット事件・東京地判平29・8・25労判1210号77頁は、「就業規則の内容が労働契約成立時から労働条件の内容となるためには、①労働契約成立までの間に、その内容を労働者に説明し、その同意を得ることで就業規則の内容を労働契約の内容そのものとすること、又は②労働契約を締結する際若しくはその以前に合理的な労働条件を定めた就業規則を周知していたこと（労働契約法7条）を要する。ただし、上記②の場合は労働契約で就業規則と異なる労働条件が合意されている部分は、……労働契約が優先する（同法7条但書）。」としており、注目される。この判旨については、

①と②を提示する前提として、成立時の当事者の合意による契約内容決定の存在を認識し尊重すべきであると理解していることが窺われる。その点は、同判決が、上に続けて、契約の成立時点で合意された契約内容を、「就業規則での特別の意味で解釈すること」は、「使用者のみの制定による就業規則に基づいて変更」することに他ならないから、上記の解釈が肯定されるとするところから首肯されよう。このように、同判決は、就業規則に先行する、契約を成立させる当事者の合意とそれによる内容決定の領域を適切に把握し、安易な就業規則による労働条件設定・変更を認めない。

このように、裁判所が、先陣を切って、就業規則の効力（労契法7条本文）との関係でも、合意による労働契約内容の決定領域についての認識を刷新し、そこでの合意の内容を具体化する法解釈や契約解釈のあり方を示している[31]。

2 契約締結過程をめぐる法状況と合意論

もっとも、個別の事案に対する裁判所の判断を過度に一般化することや、一見して窺われる労契法7条以下に示される労働契約上の労働条件設定の観念を離れて合意による契約内容決定ないし権利義務の設定を図ることに対しては、批判もありうる。

(1) 裁判例の背景にある法状況

しかし、現在の法状況に目をやれば、裁判所の説示を、単に個別の事案に対する法解釈とすることも妥当ではない。すなわち、2017年には、職安法の労働条件明示義務に係る書面等による明示事項の追加や明確化が図られ（職安法5条の3第4項、職安法施行規則4条の2第3項）、さらに、同条3項は、求人者等に、求職者等に対し同条「一項の規定により明示された従事すべき業務の内容及び賃金、労働時間その他の労働条件」（従事すべき業務の内容等）を変更する場合は、「当該契約の相手方となろうとする者に対し、当該変更する従事すべき業務の内容等」を明示することを義務づけた。

そして、たとえば、前掲 Apocalypse 事件東京地裁判決は、求人広告等の労働者募集のための労働条件提示は、「労働条件を的確な表示で明示すべき

もので（職業安定法5条の3、42条、65条8号参照）、労働者が応募して労働契約を申し込むときは上記労働条件提示の内容を当然に前提としているから、上記労働条件提示で契約の内容を決定できるだけの事項（一定の範囲で使用者に具体的な決定権を留保するものを含む。）が表示されている限り、使用者が上記労働条件提示の内容とは労働条件が異なることを表示せずに労働者を採用したときは、労働者からの上記労働条件提示の内容を含む申込みを承諾したことにほかならず、両者の申込みと承諾に合致が認められるから上記労働条件提示の内容で労働契約が成立したというべきである（我妻栄「債権各論上」57、63頁、土田道夫「労働契約法第2版」221頁、大阪高判平成2年3月8日労働判例575号59頁〔千代田工業事件〕、〔前掲丸一商店事件大阪地裁判決〕、〔前掲福祉事業者A苑事件京都地裁判決〕参照）」とする。

以上のように、同東京地裁判決は、労働法規制による「的確な」表示の要請を受け、一定の労働条件の表示の下に、「労働者からの上記労働条件提示の内容を含む申込み」が認められるとしている。

このように、近時の判決は、事案の特性も踏まえつつ、展開する法規制に合致するように、当事者の意思表示あるいは合意の内容を探求するものなのである。

（2）意思表示ないし合意論との接続

そして、関連の法規制を意識した判決は、成立の局面での意思表示あるいは合意の具体的な像を描き、そして、それを労働契約の成立局面での合意による契約内容決定のあり方についての法解釈及び合意論と結びつけている。

この点、前掲Apocalypse事件東京地裁判決が何についてどのように土田道夫の体系書に依拠しているのかを確認すると、同判決のそれらの点についての法解釈が見えてくる。そこで、まず、参照されている土田道夫の体系書の内容を確認しよう[32]。

まず、土田は、被引用箇所で、「求人広告等記載の労働条件が確定的に表示されたときは、原則としてそれが労働契約内容」となるとしている。土田は、その理由を以下の通り説明する。土田は、求人広告や求人票自体が契約内容となると理解しているわけではないが、「労働者がそれを見て応募し（契

約締結の申込み)、使用者が別段の労働条件を表示することなく採用内定を通知した (締結の承諾) 場合は、同通知に求人票通りの労働条件で労働契約を締結する旨の意思表示が含まれる」[33]としている。

おそらく、以上の土田の記述のうち、前掲 Apocalypse 事件東京地裁判決は、土田が、土田が示すような経緯で応募と採用がなされた場合には、求人票の内容が、労働契約締結時の意思表示 (申込み) の内容を構成し、そして、それ (当該申込み) を前提とした (求人票通りの労働条件で労働契約を締結する旨の) 使用者の承諾が認められる、という申込みと承諾の内容に着目した解釈を示していた点に依拠していると解される。しかし、土田の表現からだけでは、申込みの内容が求人票の内容により構成されるという点がわかりづらく、また、そのように解釈する法的根拠を補足する必要もある。そこで、同東京地裁は、職安法上の労働条件明示義務を根拠に挙げ、「労働者が応募して労働契約を申し込むときは上記労働条件提示の内容を当然に前提としているから」、という表現で、求人票と申込みの内容の繋がりを補足したと解される。

以上からわかるように、前掲 Apocalypse 事件東京地裁判決は、展開してきた法規制の意義を、労働契約成立局面の意思表示ないし合意論に反映させながら、当該事案に現れた事実を、労働契約を成立させ契約内容を決定する合意の内容へと法的に加工する法 (契約解釈法理) を展開するものなのである。

(3) 締結過程の中で醸成される合意と契約解釈

筆者は、労働契約を成立させる合意の内容は、契約締結過程で少しずつ醸成されていくものとして理解されるべきものであり[34]、成立時の申込み (の内容) (民法522条1項) は、その過程における当事者間の様々なやり取りないし交渉の経緯から理解されるべきと考える[35]。

そして、労働契約の成立局面における労働契約内容決定を考えるにあたっては、現在の法状況、さらに、本稿冒頭で触れた労働契約の成立をめぐる実態における変化からすると、その局面での当事者の意思ないし合意の具体的な意義の探求が可能であるし、また、それらによって決定された契約内容が積極的に検討・認定 (契約解釈) されるべきであると解する。そして、職安法は、その過程において起点となりやすい求人票記載の労働条件やその変化

について規制を加えており（職安法5条の3、同5条の4、同65条）、締結過程において求められる労働条件明示と当事者の意思表示ないし合意の内容との対応関係に関する「理想形」[36]を示している[37]。

このように、「原則」的な労働契約の成立の場合においては、契約締結過程の中で醸成される合意像、そして、様々な法規制から導かれるそうした理想形を前提とした契約解釈により、合意に基づく内容決定ないし労働条件設定が実現されるべきである。

三　労契法18条に基づく労働契約の成立と内容の決定

次に、「例外」的な労働契約の成立の場合には、当該成立に係る意思表示ないし合意により契約内容がいかに決定され、その内容が具現化されると解されるか。三では、冒頭で触れた検討会報告書が多様な正社員の実現に繋がると期待する、労契法18条1項の定める有期労働契約の無期転換の場合について検討する[38]。以下では、まず、同条に基づき無期労働契約を成立させる意思表示の内容についての決定事項を確認し（1）、次に、同項にいう労働者の申込みの内容と労働契約内容の決定との関係を検討する（2以下）。

1　申込みの主体と時点

労契法18条1項は、「同一の使用者との間で締結された二以上の有期労働契約……の契約期間を通算した期間」（通算契約期間）が「五年を超える労働者が、当該使用者に対し、現に締結している有期労働契約の契約期間が満了する日までの間に、当該満了する日の翌日から労務が提供される期間の定めのない労働契約の締結の申込みをしたときは、使用者は当該申込みを承諾したものとみなす」と定める。

労契法18条1項前段は、まず、申込みに関して、申込みの意思表示をする契約の主体が、労働者であるということを、確定している。したがって、同条にいう無期労働契約の成立に当たっては、一定の内容を含んだ労働者側の申込みがなされる構えとなっている。

また、同項前段は、問題の有期労働契約の始期が既に到来している労働者

が、使用者に対して、「現に締結している有期労働契約の契約期間が満了する日までの間に」申込みをすることを要件としている。そして、通達[39]（第5・4(2)・キ）は、「無期労働契約が〔無期転換申込権〕の行使の時点で成立している」との解釈を示している。

このように、労働者による無期転換申込権行使の時点で、無期の労働契約が成立することが定められており、同項前段は、どのような内容を包含する申込みがなされたのかを考えるにあたって基準となる契約の成立時点をそのように特定している。

2　具体的な内容

労契法18条1項後段は、同項前段に基づき使用者の承諾がみなされた場合、「当該申込みに係る期間の定めのない労働契約の内容である労働条件は、現に締結している有期労働契約の内容である労働条件（契約期間を除く。）と同一の労働条件……とする。」と定める。では、こうした規定の下での、労働者の「申込み」の内容とそれによる労働契約内容決定をどのように理解すべきか。

(1)　労働契約を成立させる申込みとしての意義と特別な規制

まず、同項によりみなされる労働契約の成立に係る意思表示ないし労働契約の成立は、契約のレベルで見ると、あるいは、法的事象という観点からは、「労働契約の成立」という法的事象である[40]。したがって、そこでみなされる成立に係る意思表示は、契約内容決定のレベルでは、原則的な労働契約の成立の場合と同様の機能を果たすものである。

こうした成立時の契約内容決定のレベルで見てみると、同項後段は、「当該申込みに係る期間の定めのない労働契約の内容である労働条件」は、「現に締結している有期労働契約の内容である労働条件」となることを定めている。したがって、同条において、労働者の申込みは、「現に締結している有期労働契約の内容」を含むものとして設定され、また、同項の効果として、原則として、申込みの内容は、現に締結している有期労働契約の内容によって構成されるように設定されている（労働契約の成立に係る意思表示をみなす制度

であるから、こうした内容についての効果は、みなし規定の内容決定局面での効果と評価される。）。

（２）申込みに含まれる本質的な内容

しかし、労契法18条１項に基づき認められる無期労働契約の成立という法的事実は、労働契約の成立という点では、労契法６条にいうそれと変わりはない。労働契約の成立自体が特別な法の作用によるものであったとしても、また、法が申込みの内容について一定の規律を設けていたとしても、それらは、合意による労働契約の成立という基本原則を前提としている。したがって、同項にいう労働者の申込みが包含する契約内容も、当該労働契約を成立さるような本質的内容を設定するものである。より具体的には、労働者の申込みは、当該無期労働契約にとっての、二１(１)で述べた本質的内容としての、客観的要素と主観的要素を含みうる。そして、同項が定めるところによれば、「現に締結している有期労働契約の内容」が、無期労働契約の成立に係る労働者の申込みの内容を構成することとなるから、当該有期労働契約における本質的内容は、当該無期労働契約の成立に係る労働者の申込みの内容を構成し、その結果、成立する無期労働契約の内容を決定することになると解される。

３　労働者の申込みと別段の定め
（１）無期労働契約の締結過程と別段の定めの位置づけ

他方で、労契法18条１項後段は、当該無期労働契約の労働条件は、「現に締結している有期労働契約の内容である労働条件（契約期間を除く。）と同一の労働条件（当該労働条件（契約期間を除く。）について別段の定めがある部分を除く。）とする」と定め、かつ、例外的に、現に締結している有期労働契約の内容である労働条件について「別段の定め」がおかれうることを定めている。そして、前掲通達第４・５(２)・カは、これに該当するものとして、労働協約、就業規則及び「個々の労働契約（無期労働契約への転換に当たり従前の有期労働契約から労働条件を変更することについての有期契約労働者と使用者との間の個別の合意）」を挙げている。このように、「別段の定め」は、就業規則や当事者間の個別

の合意を含むものとされている（本稿は、紙幅の関係もあり労働協約につき触れない）。

そして、これらは、「現に締結している有期労働契約」の締結時から労働者の申込みによる無期労働契約の成立までの間に現実に現れうる。とはいえ、繰り返しになるが、労契法18条1項は、申込みと承諾という構成をとることからも明らかなように、当事者の合意による労働契約の成立という原則を前提としている。したがって、申込み（と承諾）に至るまでの過程で、別段の定めとしての当事者の個別合意（労働条件に関する交渉）や使用者の就業規則による労働条件設定の試みがなされることは、むしろ当然である。そして、就業規則と個別合意を区別せずに「別段の定め」とのみ定める規定ぶりからして、同項は、別段の定めとしての当事者の合意や使用者の就業規則による無期労働契約上の権利義務の設定を、基本的に労働契約法理に委ねていると解される[41]。

そこで、問題は、三2（2）で述べたように、同項が定める労働者の申込みは、転換される前の有期労働契約の本質的内容を引き継ぎつつ、無期労働契約の本質的内容を設定するものとなっているところ、契約締結過程で上記別段の定めが現れた場合に、労働契約の解釈として、どのように、申込みや別段の定めが位置づけられ、問題の無期労働契約の内容が決定されたことになるのか、である。

（2）個別合意と別段の定め

まず、別段の定めとして個別合意がなされる場合として、例えば、使用者が、労働者の転換申込権の行使に先立って、「現に締結している有期労働契約の内容である労働条件」と異なる労働条件での無期労働契約の申込みを対象労働者に対して行う場合が考えられる。

(i) 本質的な内容を変える使用者の申込み

ここで、前述の通り、同項の定める労働者の申込みの内容は、無期労働契約に先立つ有期労働契約の内容を引き継ぎつつ、成立する無期労働契約の本質的内容を含んでいる。労契法18条1項にいう契約間の「転換」では、基本的に両契約間で本質的内容（契約期間は除く）が、引き継がれなければならな

い。なぜなら、同項が、契約期間以外については、契約内容である労働条件は同一であるという（つまり契約内容の継続性・連続性を前提とする）制度設計をしているからである。

　したがって、使用者が、問題の無期労働契約の締結過程においてなした申込みは、それが、現に締結している有期労働契約の本質的内容に係る部分について異なる内容を提示するものと評価される場合、当該申込みは、そもそも労契法18条1項後段の別段の定めには該当しないものと評価される。言い換えると、そのような使用者の（別段の定めに向けた）申込みは、同項の射程外（あるいはそれとは独立した形で）の、使用者が同項とは別個に申し込んでいる別の無期労働契約の申込みと評価される[42]。契約の存在自体に係る本質的要素が異なる以上、議論されている契約自体が異なると解さざるを得ないのである（民法528条も参照）。したがって、労働者は、当該使用者の申込みに対して承諾することも当然可能であるが、それに承諾せずに（無視して）、ただ労契法18条1項に基づき、自身から申込みをして無期労働契約を成立させることも可能である。

　なお、労働者が、現に締結している有期労働契約の本質的内容に係る内容と異なる内容の申込みをすることも考えられるが、その場合にも、同申込みは、同項にいう無期労働契約の申込みということはできず、そのような労働者の申込みに対する使用者の承諾はみなされない。

(ⅱ) それ以外の個別合意の申込みの法的性格

　(ⅰ)に対して、本質的な内容に該当しない労働条件について、使用者が「現に締結している有期労働契約の内容と異なる」労働条件について申込みをした場合、当該申込みは労契法18条1項に基づく無期労働契約に係る「別段の定め」を設けることを、労働者に申し込んだものと評価される。当事者の個別合意の成否は、当事者の契約の自由に委ねられ、そうした個別合意が成立したと評価できる場合には、当該無期労働契約の労働条件につき、「別段の定め」が設けられていることになる。

（3）就業規則と別段の定め

　特に問題となるのが、問題の無期労働契約の締結過程において、使用者が

就業規則の規定を「別段の定め」として設ける場合であろう[43]。この場合に、労契法18条1項にいう労働者の申込みによる契約内容設定と、「別段の定め」としての就業規則との関係が問題になる。

この点、先に指摘した通り、同項の定め方からして、同項は、成立する無期労働契約の内容が、どのように決定されるのかについて、労働者の申込みに含まれる契約内容（特に本質的内容）と、個別合意や就業規則との関係について特段整理して規定しているわけではなく、その点は、結局、通常の労働契約法理（本稿の理解では労契法6条以下による規律）に委ねているものと解される。そうすると、この局面で、同項が、労働者の申込みの内容についても一定の規律（みなし）を図っていることは確かであるが、その点を前提としつつ、労働者の申込みの内容と使用者が作成する就業規則の定める労働条件によって、成立する無期労働契約の内容がどのように規律されるのか、が問題となる。

この点の解釈としては、①就業規則に定められた労働条件について、当事者が合意したという法的構成が考えられる。ただし、この法的構成における就業規則の作成等は、結局、（2）で示した無期労働契約締結過程における使用者からの個別合意の申込みと異ならない。したがって、問題の労働条件が、現に締結している有期労働契約の本質的内容に係る内容であるならば、（2）で述べたのと同様に、そもそも労契法18条1項にいう「別段の定め」に位置づけられるものとはいえず、同項に基づくものとは別個の無期労働契約の締結に係る意思表示としてその法的意義が論じられるべきである。

そこで、②使用者の作成する就業規則を、新たな労働契約の締結過程において現れるものと理解した上で、これが、労契法7条本文に基づき、問題の無期労働契約の内容を規律することになるという理解が考えられる[44]。

しかし、このように理解したとしても、まず、労働者による無期労働契約を成立させる申込みによる内容決定があり（労契法6条）、次に、「使用者が合理的な労働条件が定められている就業規則を労働者に周知させていた場合には、労働契約の内容は、その就業規則で定める労働条件による」ことになる（労契法7条本文）。このように、時系列と労契法上の規定の配置の観点から整理すると、本稿の説くところから明らかなように（二1（5）も参照）、労契法

6条（労働契約の成立）段階で当事者の合意により決定された内容、とりわけ、当該契約の本質的内容として理解される契約内容が存在するといえ、そして、それは使用者の就業規則に定められる労働条件に置き換えられるべきではない。すなわち、労契法6条の段階での当事者の合意が存在するにも拘らず、「就業規則での特別の意味で〔契約内容を〕解釈することは労働者と使用者の個別の合意による労働契約の内容を使用者のみの制定による就業規則に基づいて変更し、就業規則を優先させることに等しく、使用者による労働者に対する労働条件の明示義務（労働基準法15条）及び理解促進の責務（労働契約法4条）ならびに労使の対等な立場における合意原則（労働契約法1条、3条1項、〔6条、〕8条、9条本文、労働基準法2条1項）の趣旨に反し、労働者に対し予測不可能な労働条件を押し付ける不意打ちにもなりかねない」（前掲グレースウィット事件東京地裁判決）。

このように、労働契約の成立時の当事者の合意による契約内容決定をしっかりと法的に認識するならば、そもそも労契法7条に基づく就業規則＝別段の定めの余地は、とりわけ現に締結している有期労働契約（結局は無期労働契約）の本質的内容に関しては、認められない（なお、本質的な内容は、労契法7条本文が定める就業規則の労働契約の内容に対する効力との関係では、同条ただし書に該当するものと評価される[45]）。

このように、労契法6条段階での本質的な内容の設定を前提とすると、③就業規則による別段の定めの設定は、むしろ、労契法10条に基づく労働契約内容の「変更」の意義を有するものと言えるから、問題の就業規則に別段の定めとしての効力を認めるには労契法10条の定める要件の充足を求める、とする見解がありうる[46]。こうした理解は、成立時の合意による契約内容決定に法的意義を認めるという点で、二で見た成立時の合意内容と成立時以後に現れる変更合意や就業規則とを厳密に区別して捉える近時の裁判例とも整合的である。もっとも、④当該本質的内容は、当該無期労働契約にとって、その成立、つまり存在・存続に直結する内容であるから、基本的に労契法10条本文に基づく就業規則による労働契約内容の規律を受けるべきではない（契約の成立・存続に係る内容を使用者が一方的に作成・変更する就業規則により変更することができるというのは、労契法の骨子とする合意の原則や「労働者の保護」〔労契法1条〕

と整合的とは言えない)。したがって、労契法6条段階での本質的内容は、原則として、労契法10条ただし書の「労働契約において、労働者及び使用者が就業規則の変更によっては変更されない労働条件として合意していた部分」と解されるべきである。

　本稿の以上の理解に対しては、無期転換に当たって、契約締結を強制される使用者における契約内容面での柔軟な調整を著しく困難とするといった批判を受けるかもしれない[47]。しかしながら、労契法18条施行後その適用の実際を受けて示された検討会報告書では、労働者が、無期転換後の労働条件についての不透明性ないし正社員と同様の義務の負荷（時間外労働や広域配転）を甘受しなければならなくなる事態を懸念して、無期転換権を行使しない（できない）実際が指摘されている[48]。こうした実態からしても、無期労働契約上の労働条件設定の局面でも、使用者の一方的な作成、変更による就業規則による契約内容の設定から契約内容決定の議論を開始する従来型の発想に沿った②や③を採ると、労働者におけるそうした懸念（労働条件の不透明性）は払しょくされず、制度が画餅に帰する。

　周知のとおり、労契法7条及び10条は、秋北バス事件・最大判昭43.12.25民集22巻13号3459頁以降、最高裁により示されてきた判例法理を条文化したものであるところ、同最高裁判決は、「多数の労働者を使用する近代企業においては、労働条件は、経営上の要請に基づき、統一的かつ画一的に決定され」るものとの理解を基礎として、就業規則の「法的規範性」を認めるものであった。これに対して、現在において、労契法18条の適用が問題となるような、「従前労働時間や勤務地といった点で無限定な正社員の雇用に乗れなかった労働者」[49]にとっての関心事は、勤務地や労働時間といった従前の有期労働契約において確保してきた、まさに、「個別の」労働契約内容である（賃金といった他の労働条件の向上を否定する趣旨ではない）。そして、そうした内容は、当該労働者にとっては、当該従前の労働契約において欠くべからざる（たとえば、労働者の病気に関する勤務配慮など労働に従事して生活するために必須の）本質的内容である可能性が高く[50]、その場合には、当該労働者は、当該内容につき、契約内容としての法的意義を認められることを当然に望む。したがって、労契法18条1項に基づく無期労働契約の成立の局面でも、秋北バス

事件最高裁判決におけるような労働契約の内容決定の在り方についての観念を前提として議論を進めることは、無期転換申込権の対象となる労働者の切実な契約上の利益を否定することに繋がり、妥当ではない。現在においては、むしろ、労働者における無期転換後の労働条件についての懸念を払しょくし、当事者の契約上の地位についてのコントロールの範囲を広げること、言い換えると、当事者の契約（合意）に係る利益と雇用上の地位との連続性を担保することを、今後の多様な働き方を支える法的基盤として、示すことが求められる。

四　おわりに——当事者の合意の意義と労働契約論——

　労働契約を成立させる合意は、一方で、使用者と労働者の法的関係の端緒となる労働契約を成立させる。他方で、それは、労働契約の成立、展開、終了と続く、労働契約の過程を貫く基礎的な権利義務を設定する（労契法1条、6条参照）。そして、一で触れた検討会報告書からも窺われるように、あるいは、二で検討した近時の裁判所による法の解釈や契約解釈をめぐる法理の展開を見ても、現在では[51]、伝統的な労働契約上の権利義務に関する理解では対応できない労働者における実情や法状況が生じてきている。時代は、あるいは、少なくない労働者が、自身の使用者との合意内容そのものに、法的意義が認められること、具体的には、賃金のみならず、勤務地や職種、労働時間等についての個別的な決定に、法的意義が認められることを求める状況にある。加えて、2020年4月施行の改正民法は、周知のとおり、様々な法的関係の内容を理解する上で、当事者の契約を重要な基準とするものとしており[52]、今後、こうした基底的な変化が浸透し、労働契約も含めた契約に基づく法的関係の内容の理解において、当事者の合意が益々重要となっていくと解される。

　もちろん、労働法の領域で、当事者の合意の意義を強調することの危険は言うまでもない。しかしながら、現在において、当事者の合意というときに、それを、使用者が一方的に自身に有利な内容を詰め込んだものとのみ理解し、できる限りその意義を消極的に解する、あるいは、他の客観的な規範

による規律に置き換えておくべき対象としてのみ解す[53]べきではない。そこには、実際の労働者が自身の労働契約ないし雇用に欠かすことができないと考えるような労働条件や法的利益が含まれうる。そして、当事者（とりわけ労働者）は、法的議論におけるその法的利益の把握・実現と、それをサポートする法制度、法政策との円滑・緊密な接続・連携[54]を望むであろう。労契法は、就業実態との均衡や仕事と生活の調和（労契法3条2項3項）、労働者の安全への配慮（労契法5条）といった、労働契約に関する個別的な利益も受け止める諸原則を掲げる。こうした法状況に鑑みれば、当事者の交渉力や情報力の格差を踏まえつつ、近時の裁判所における契約解釈法理の展開に見られるように（二）、使用者による一方的な労働条件設定を起点とする従来型の発想（労契法7条から契約上の権利義務の設定を考える発想）から自由に、むしろ、具体的な労働者が合意ないし契約という規範に託した法的利益を具現化し、その実現に資するような労働契約論[55]が探求されるべきなのである。

1 「多様化する労働契約のルールに関する検討会報告書」（2022年3月）（以下、「検討会報告書」という。）。
2 検討会報告書・27頁。
3 令和5年3月30日厚生労働省令第39号（令和6年4月1日施行）。
4 平井宜雄『債権各論I上契約総論』（弘文堂、2008）〔91〕を参照。
5 西谷敏『労働法の基礎構造』（法律文化社、2016）146頁以下を参照。
6 たとえば、中窪裕也「労働契約の意義と構造」日本労働法学会編『講座21世紀の労働法』（有斐閣、2000）2頁は、労働契約の機能として、「①労働者・使用者という関係の設定」と「②その内容（労働条件や権利義務）の形成」の二つを挙げるが、「現代の労働契約が②の側面を希薄化させ、附合契約としての色彩を強く有する」とし、「労働契約の内容は当事者間の具体的な意思や合意とは必ずしも一致せず、労基法、労働協約、就業規則、労使慣行といった重層的な枠組みの中で決定される」、「労働契約の内容形成機能は、労働法システムの発展によって、このような権利義務の『受け皿』としての機能に形を変えている」(8-9頁)としている。学会講座に掲載された同論文は、2000年の時点の記述であるが、当事者の合意によるのではなく、合意以外の労働法システムによる契約内容形成が中心として理解されてきたことを端的に示しているといえよう（ただし、同書の、水町勇一郎「労働契約の成立過程と法」同書41頁は、

むしろ、当事者の合意に基づく法的関係内容の把握の必要性を強調している。また、野田進「労働契約における『合意』」同書19頁も参照。)。
7 たとえば、裁判例でも引用される（後述）土田道夫『労働契約法〔第2版〕』（有斐閣、2016）12頁は、「労働契約は、雇用関係の設定という形式面のみならず、労働条件の形成という実質的な側面でも、労働法の礎石（corner stone）としての意義を有している」として、労契法上の合意原則の意義を検討している（19頁以下）。このような理解は、労働契約上の権利義務の設定における合意の位置づけを見直し、その意義を強調する面があることは確かである。しかし、他方で、土田の理解する労契法上の合意原則は、特に労契法8条（合意による労働契約の変更）に関して意義を認められるものであり（20頁）、「決定」の後の「変更」の局面での「実質的合意の要請」等を導くものとなっている（20頁）。そして、それは、就業規則等による使用者による一方的決定・変更を前提としつつ、合意を尊重するべきものであると理解するものである（21頁。なお、152頁以下も参照。）。このように、労契法の規定を受け合意を強調する有力な土田の議論においても、本稿が着目する契約内容決定ないし労働条件設定の局面での成立時の合意の意義は、少なくとも明示的に重視されているとは言い難い。また、現在において「当事者の合意によって決定される部分が重要性を増している」（160頁）と指摘する前掲注5・西谷書・174頁以下も、個別合意の問題として想定しているのは、基本的には「変更」の場合のそれである。
8 大内伸哉「雇用強制についての法理論的検討」『労働法学の展望（菅野和夫先生古稀記念論集）』（有斐閣、2013）93頁・特に109頁以下や野田進「有期・派遣労働契約の成立論的考察」同書191頁を参照。
9 検討会報告書・16頁以下等を参照。
10 以下の記述は、新屋敷恵美子「労働契約の成立段階における内容決定と本質的内容の設定」季労265号113頁（2019）の記述に多く依拠している。
11 山城一真「契約の成立」法セミ799号80頁（2021）・83頁。これに対して、中田裕康『契約法〔新版〕』（有斐閣、2021）は、契約の成立には、合意内容の確定性と合意の終局性が求められるとする（99頁以下）。両者は、山城のいう客観的要素と主観的要素に相当程度対応していると解されるが、山城の表現は、より成立時の合意の契約内容としての意義を導き出しやすい表現となっているため、本稿は山城の表現に従う（大村敦志『新基本民法総則編〔第2版〕』〔有斐閣、2019〕46頁以下も参照。）。なお、労働契約については、前掲注10・新屋敷論文を参照。
12 前掲注11・山城論文・85頁。前掲注10・新屋敷論文・126頁の「労契法6条に規定される本質的内容」に対応するものと解する。

13　前掲注11・山城論文・85頁。前掲注10・新屋敷論文・126頁の、「契約締結時重視されていた事項」（「契約締結当時、当事者が相当に重視していた内容、特に、当該契約の締結を各当事者に決断させるほど重視されていた内容」）がこれに対応すると解する。
14　前掲注11・山城論文・83頁は、「契約は、必ず一定の内容を伴って成立する。そして、その内容には、当事者の意思表示によって定まる部分が含まれている（521条2項を参照）。」として要素の分析を開始しており、山城においては要素と契約内容との連続性が強く意識されていると解される。
15　前掲注10・新屋敷論文・114頁。
16　検討会報告書・24頁は、「多様な正社員」を、「勤務地、職務、勤務時間のいずれかが限定されている正社員」とする。もっとも、本稿は、契約上の本質的要素が、政策的に注目され列挙される要素（勤務地等）に限定されるとは解していない。
17　大内伸哉「労働法と消費者契約」ジュリ1200号90頁（2001）・93頁。
18　前掲注17・大内論文・94頁。
19　根本到「労働契約による労働条件の決定と変更」西谷敏＝根本到『労働契約と法』（旬報社、2011）113頁・177頁も同様の見解を取り、一定の契約条項の無効を主張する。
20　井上幸夫「労働条件の明示、退職時の証明」季労189号48頁（1999）。
21　前掲注20・井上論文・52頁。
22　2000年に、前掲注6・野田論文・25頁以下も、「新しい雇用動向や労基法改正の動き」を受けつつ、「合意の複合的構造」を提唱し、合意による契約内容決定を分析する。なお、前掲注5・西谷書・160頁は、2016年段階でも、従来の学説が、「労働条件を個別具体的に決定するという労働契約の機能を十分視野に入れていなかったように思われる」と指摘している。
23　明示を義務づけられた労働条件の多くは、就業規則の必要的記載事項と重なるものであった（前掲注20・井上論文・50頁の詳細な検討も参照。）また、土田浩史「平成10年労働基準法改正に至るまでの過程」日本労働研究雑誌475号29頁（2000）からは、就業規則による労働条件設定を前提として、契約締結時の労働条件明示義務が、「労働契約の手続き面でのルールのあり方」（31頁、33頁も参照）として議論されていたことが窺われる。
24　関連して、唐津博「労働契約と労働条件明示の法原則」同『労働契約と就業規則の法理論』（日本評論社、2010）1頁（初出は2000年）は、労基法15条にいう労働条件明示義務をも包摂する「広義の労働条件明示原則」を観念し（19頁）、労働契約の展開過程における意義を示唆している。

25 以上に対して、前掲注6・野田論文は、「解釈対象としての合意」(25頁) という観念を提示し、労働契約の内容決定ないし権利義務の設定に合意の意義を反映させようとしていた。本稿もこうした発想を採る。

26 以前から、千代田工業事件・大阪地判昭63・3・28労判515号21頁、同事件・大阪高判平2・3・8労判575号59頁や丸一商店事件・大阪地判平10・10・30労判750号29頁のように、同様に求人票記載の労働条件が契約内容になることを示すものがあった。本京都地裁判決は、さらに、合意の原則を強調する労契法の存在や、いわゆる自由な意思の法理を示した山梨県民信用組合事件・最二小判平28・2・19民集70巻2号123頁の影響から、より積極的に合意による契約内容の決定に目を向けたものと解される（後掲注27も参照）。

27 水町勇一郎・判批・ジュリ1511号138頁 (2017) は、同判決が、契約締結時での契約内容の決定・確定を認めて、それ以降の使用者による書面の提示を「変更」の問題として前掲山梨県民信用組合事件最高裁判決の示した自由な意思の法理で処理した点につき、「労働契約の締結における契約内容の確定段階で、労働条件の変更に関するこのような判断枠組みを取ることが妥当かは、理論的に問題となりうる点である」と述べている。比較的最近のエスツー事件・東京地判令3・9・29労判1261号70頁も、使用者の用意した書面に囚われずに、労働契約の成立過程でどのような内容の意思表示ないし合意が形成されたのかを柔軟に検討している。

28 同様の判断を示すものとして、東京港運送事件・東京地判平29・5・29労判1184号37頁。

29 裁判例における「合意論の精緻化」を指摘するものとして、野川忍『労働法』（日本評論社、2018）242頁を参照。

30 荒木尚志＝菅野和夫＝山川隆一『詳説労働契約法〔第2版〕』（弘文堂、2014）99頁。

31 事案を異にするため注意が必要であるが、Y社事件・広島高判令2・12・25労経速2462号3頁は、「就業規則は、労働契約の内容が確定して成立した後の、労働契約上の労務指揮権である配転命令権を定めたものであって、契約締結の段階とは次元を異にする……〔使用者の就業規則規定〕を理由に、勤務場所の変更等が許され、これを拒絶することが、契約更新を拒絶する客観的な正当な理由とも社会通念上相当な理由ともならない」とする。

32 なお、同様に参照されている我妻榮『債権各論上巻』（岩波書店、1954）は、申込みと承諾の性質等を論じる（例えば、「申込みは契約の内容を決定することができるだけの事項を含むことを必要とする。もっとも、申込みそのものの中にそれらの事項が含まれることを必要とするのではない。」として、「申込

誘引」等から「明らかにされれば十分」といった記述がみられる〔57頁〕）。
33　前掲注7・土田書・221頁。
34　新屋敷恵美子『労働契約成立の法構造：契約の成立場面における合意と法の接合』（信山社、2016）382頁以下を参照。
35　より具体的な解釈のあり方については、前掲注10・新屋敷論文・121頁以下を参照。
36　前掲注10・新屋敷論文・119頁。
37　職安法の規制の展開と契約解釈のあり方について、新屋敷恵美子「職業安定法の展開と契約解釈」『労働法の正義を求めて（和田肇先生古稀記念論文集）』（日本評論社、2023）を参照。
38　労契法19条や派遣法40条6については今後の検討課題とする。また、以下の記述は、新屋敷恵美子「契約締結強制としての労契法18条1項による労働契約の成立と内容の規律」法時90巻7号17頁（2018）の内容に多く依拠している。
39　「労働契約法の施行について」（平成24年8月10日基発0810第2号・最終改正平30年12月28日基発1228第17号）。
40　前掲注30・菅野和夫ほか書・189頁を参照。
41　少なくとも条文の文言からはそのように解するしかない。また、ここで特に使用者の作成・変更する就業規則による労働条件設定を想定してしまうと、それは、労働契約の内容設定のレベルで、労契法の合意の原則にも、「労働者の保護」（労契法1条）にも反するものとして、労契法の趣旨との衝突が避けられない。
42　第1回多様化する労働契約のルールに関する検討会（令和3年3月14日）の議事録によると、「各社独自の無期転換」も少なくないことが指摘されている。こうした独自の制度も、当事者の契約の自由に基づき自由に認められる。
43　たとえば、西谷敏ほか編『新基本法コンメンタール労働基準法・労働契約法』（日本評論社、2012）421頁〔野田進〕や川田知子「無期転換ルールの解釈上の課題（労契法18条）」野川忍ほか編著『変貌する雇用・就労モデルと労働法の課題』（商事法務、2015）265頁は、別段の定めとしての就業規則による労働条件設定・変更の問題を中心に論じる。
44　別段の定めとしての就業規則による労働契約内容の規律を労契法7条に基づいて認めるものとして、前掲注7・土田書・789-790頁や前掲注43・西谷敏ほかコンメンタール・450頁〔野田進〕。
45　なお、前掲注43・西谷敏ほかコンメンタール・450頁〔野田進〕は、労契法7条に基づく就業規則（別段の定め）による労働条件設定を前提として、勤務地等についての限定は、別個の「個別労働契約でその旨を合意する必要がある」

とし、そうした合意は労契法7条ただし書の合意に該当するとする。もっとも、本稿は、無期労働契約の申込みの場面で、労働者の側に使用者に対してそうした合意の締結を求めるものではない（労働者は、自身の申込みが受け入れられないかもしれないといった懸念から、そもそも申込みをしなくなる恐れがある）。本稿は、労働者の申込みに、現に締結している有期労働契約の内容が含みこまれ、結果としての合意内容が、労契法7条本文の就業規則の効力との関係では、同条ただし書の合意に該当すると理解している。

46　労契法10条の適用（または類推適用）によるとするものとして、前掲注43・川田論文・277頁以下、荒木尚志『労働法〔第4版〕』（有斐閣、2020）535頁、水町勇一郎『詳解労働法〔第2版〕』（東京大学出版会、2021）404頁。前掲注30・菅野ほか書・199頁は、就業規則の作成時期により、労契法7条が適用される場合と同10条が適用される場合とに分かれるとする。また、西谷敏『労働法〔第3版〕』（日本評論社、2020）503頁は、無期転換後の労働条件につき、「別段の定めが、無期転換を契機に基本的な労働条件を低下させ、無期転換申込権の行使を抑制するようなもの」である場合には、原則として、当該部分は、「本条の基本的な趣旨に反する」ため、「公序良俗違反として無効」と主張する。また、川口美貴『労働法〔第6版〕』（信山社、2022）653頁は、別段の定めによる不利益な労働条件設定につき、公序又は信義則違反が問題となるとしたうえで、「就業規則の定めは、労契法7条」又は「10条」の定める「合理性の要件等を充足する限りにおいて契約内容となる」とする。

47　安西愈「改正労働契約法等の雇用強制制度をめぐる問題」労働法令通信2304号4頁（2013）・8頁以下を参照。また前掲注30・菅野ほか書・200頁（無期転換と労契法10条但書）も参照。

48　検討会報告書・8頁など。

49　前掲注38・新屋敷論文・25頁。

50　労働契約の内容の本質性の点については、前掲注10・新屋敷論文を参照。

51　前掲注6の野田論文や水町論文が指摘していたように、2000年の前後から、具体的な当事者の合意の重要性は指摘されてきたが、その後、労契法の制定・改正や、雇用・就業形態の多様化の進行、人々の意識の変化から、その重要性がより顕著になっていると解される。

52　山野目章夫「『契約及び取引上の社会通念』とは何か」法曹時報73巻1号1頁（2021）等を参照。

53　こうした発想を採っていた典型が、末弘厳太郎といえよう（末弘は、戦前から、契約自由の弊害ゆえに、労働契約関係における合意の意義を可能な限り否定しつつ、明確化し法的に整備された就業規則による労働条件設定を構想し実

現していた〔新屋敷恵美子「労働契約関係における労働条件設定の原型：合意と就業規則による労働条件設定の歴史の一局面」法政研究82巻2＝3号553頁（2015）を参照。〕）。

54 フランス労働法の体系を示すものであるが、野田進『フランス労働法概説』（信山社、2022）は、労働法の体系が、いかなる基本原理を基礎として、「労働」「契約」論と労働法規制とを連結し、全体的な法秩序を維持・発展するものとなっているかを根源的に描く。本稿の視点からも示唆に富む。

55 合意の適切な機能を支える制度の必要性について、たとえば、奥田香子「労働契約における合意——合意の保護とその射程」日本労働法学会編『講座労働法の再生（2）労働契約の理論』（日本評論社、2017）。また、意思自治を一つの基礎とした労働法全体を展望するのに、前掲注54・野田書が有益である。

… 労働契約と人事・雇用管理
――一方的決定から労使対話へシフトすべき人事規制法理――

龔　敏

一　はじめに
二　「人事権」概念からの脱却が求められる人事法理
三　労契法上の諸原則に要請される人事規制法理の方向転換
四　合意原則を基軸とする人事規制法理の再構成
五　まとめ

一　はじめに

　いわゆる日本型雇用システムの中で、企業は新規採用した正社員をその企業が望む人材に養成するため、OJT による教育訓練の実施だけではなく、定期的な人事異動を通じて行うことが一般的である。また、長期雇用の維持のため、解雇を回避する目的で配転や出向、転籍などの人事異動を活用することもしばしばあった。このような背景のもとで、とりわけ配転をめぐる従来の判例法理は、こうした実態を反映すべく、使用者には幅広い人事権を認めてきた。

　ところが、1990年代以降、バブル崩壊や国際競争の激化等により非正規労働者が激増し、労働市場や雇用の在り方も大きく変容した。さらに、近年では、企業側にとっては、少子高齢化による労働力不足、技術革新やグローバル化の進展に対応するために女性、高齢者、外国人、障害者、新たな発想によるイノベーションの創出を担う労働者等、多様な人材の確保・活用がますます重要となった。他方で、職業キャリア、ワーク・ライフ・バランス等に関する価値観や働き方のニーズも急速に多様化してきた。こうした雇用をめぐる環境の変化により、（とりわけ大企業・中堅企業の）新規採用の男性正社員

を前提としてきた従来の日本型雇用慣行と人事制度は、根本的な見直しを迫られている。

　本稿は、まず、①日本型雇用を前提に形成してきた人事権という曖昧な概念や、この概念を出発点として構築されてきた人事異動・人事考課をめぐる判例法理の時代的限界について確認し、②かかる概念からの脱却が必要であること、労契法上の労働契約の諸原則を具現化する方向で法的規制の在り方を検討すべきことを指摘する。そして、③2022年3月に取りまとめられた「多様化する労働契約のルールに関する検討会報告書」(以下、「報告書」)[1]は、人事異動・人事考課に対する法的規制を考えるうえで示唆に富むと評価する。最後に、④報告書に示された議論の方向性を踏まえ、人事考課・人事異動における合意原則とその前提となる使用者の説明義務の立法化の必要性について提言し、今後の議論の呼び水としたい。もっとも、いわゆる「人事権」の行使には、休職等も含まれるが、本稿では、人事考課と人事異動のみを考察対象とし、とりわけ転居を伴う転勤と昇進・昇格・降格に関する法的規制の在り方について検討する。

二　「人事権」概念からの脱却が求められる人事法理

1　人事考課・人事異動をめぐる判例法理の現状
（1）聖域とされてきた人事評価

　正社員の長期雇用と内部人材育成などに特徴づけられる内部労働市場を形成してきた日本型雇用システムにおいては、使用者は、労働者の社内キャリア形成の一環として昇進・昇格を決定し、また、そのために人事考課も行う。裁判例では、役職など職位の上昇を意味する昇進については、就業規則上の規定がなくても使用者の裁量的判断が尊重され、職能資格制度における資格や級の上昇を意味する昇格・昇級でも、就業規則規定等に従って行う限り、基本的に使用者の裁量的判断による。したがって、昇進・昇格・昇級は、男女差別、不当労働行為、公序良俗違反等に該当しない限り違法とはならない[2]。学説上も、これを妥当とする見解がほとんどである。

　一方、降格については、職能資格制度上の降格については就業規則等労働

契約上の明確な根拠を必要とする裁判例が多い[3]。とりわけ賃金と連動している降格は効力が否定されやすい[4]が、役職等を解く降格に関しては、就業規則に根拠規定がなくても可能であり、業務上の必要性により管理職から一般職に降格した場合、結果的に賃金が減少しても、人事権の濫用とはならず、効力が否定されないことが多い[5]。

もっとも、日本型雇用システムにおいては、スキルよりも企業文化との相性や協調性などが重視されることが多く、人事評価においても情意評価になる傾向が強い[6]。使用者の人事評価がどのような基準とプロセスで行われているのか、明確に示されることは少ない。そのうえ、情意評価には評価担当者の主観的な要素が混じりやすく、仮に差別的な要素が入っていても、使用者の裁量的判断を前提とする現在の判例法理の下では、法的な介入が極めて困難である。これらの課題を解決するため、学説では、（成果主義制度を中心に）公正評価義務をめぐる議論[7]が精力的に展開されてきたが、判例法理に十分に反映されているとはいえない。

（2）納得の如何を問わず甘受するしかない配置転換

人事異動では、使用者の変更を意味する転籍のみならず、労務供給の相手方の変更を意味する出向に関しても、労働者の同意が必要と解される（民法625条1項）。転籍における同意は労働者の個別合意でなければならないが、出向については、裁判例は原則として労働者の個別的同意を要する[8]としながらも、一定の要件を満たした[9]グループ企業間の出向なら個別合意がなくても出向命令権を認めている。

さらに、周知の通り、配転に関しては、就業規則に根拠規定があり、配転の実態が認められれば、配転命令権を容易に認めるのが判例の立場である。無論、職種・勤務地限定の合意があれば、配転命令権が否定されるが、こうした合意の認定に関しても判例はかなり消極的である[10]。その結果、配転命令の無効という結論を導くためには、権利濫用の判断に頼らざるを得ない。具体的には①業務上の必要性がない場合、業務上の必要性があっても、②不当な動機・目的による場合[11]や③労働者が通常甘受すべき限度を著しく超える不利益を与える場合でなければ、権利濫用にならないという枠組で判断さ

れる[12]。これらの判断要素を充足させるのは労働者にとって、相当にハードルが高いものである。

　こうした配転法理は、育児・介護をはじめとする労働者の家庭事情やキャリア権への配慮が強く要請されることを背景に、学説上多くの批判を浴びてきた。そうした中、2001年改正育介法や2007年制定の労契法は、従来の判例法理に新たな風を吹き込んだ。すなわち、転勤に際して労働者の育児・介護の状況を配慮することを求める育介法26条が施行されて以来、配転命令権の権利濫用該当性の判断は同条の趣旨を考慮して検討されるようになった[13]。さらには、労働者のキャリアへの配慮を権利濫用判断の一要素として位置付ける裁判例もみられるようになった[14]。しかし、そもそも、これら配慮義務の性格が明確とはいえないため、原則として使用者の包括的人事権を容認する判断枠組自体を揺るがすものとはならなかった。結局のところ、遠方への転居や単身赴任を強いられる配転命令でも、「通常甘受すべき不利益を著しく超える不利益」と判断される可能性は低く、納得しなくとも配転命令に従わざるを得ないのが多くの労働者の現状と言えよう。とりわけ育児・介護の事情を現に抱えていない労働者に対しては、上記配慮が得られる可能性は相当に低い。

2　時代の産物としての「人事権」概念の限界
（1）いわゆる「日本型雇用」と中小企業の現実との乖離

　以上みてきた判例法理の中核にあるのは、使用者の広範な人事権であるが、「人事権」について、一致した理解に基づく定義も法律上明確な根拠づけもない。それにもかかわらず、人事権が判例法理において自ずと認められてきたのは、労働者に保障された長期安定雇用と企業内キャリア形成の利益[15]は、企業の包括的かつ一方的な人事権や柔軟な人事制度とはトレードオフの関係にあると考えられたからである。その結果、従来の判例は、使用者に幅広い人事権を認め、その権限が濫用された場合にのみ法的規制を課す形で展開され、こうした日本型雇用の実態を法的に追認した。一方、学説では、人事権を企業組織上の権限と解する立場[16]が有力であるが、人事異動、人事考課を含む人事措置に関する権限は、使用者が労働契約に基づいて取得

するものと解する見解が多い[17]。いずれの立場に立つにせよ、学説の多くは、人事権という概念を受容的に捉えながらも、人事権の具体的な行使としての業務命令の内容やその権限行使は労働契約による制限に服すべきと理解している。

しかし、そもそも、判例法理が前提としている日本型雇用システムは、それが形成・定着した高度成長期にあっても、ほぼ大企業や中堅企業に限って成立していたにすぎず、労働者の圧倒的大半が就労している中小零細企業の実態とは大きく乖離していることが指摘されている[18]。このことに鑑みると、使用者の人事権を認容した判例法理は、必ずしも雇用社会の実態によって正当化できない。

（2）労働市場の多様化を阻む「人事権」概念

これに加えて、今日、雇用社会の大きな変貌により、長期雇用の保障を従来通りに維持できない以上、使用者側の既得権ともいえる曖昧で包括的な「人事権」のみを維持するのは公平とは言えず、労使関係のアンバランスをもたらすおそれがある。

また、「人事権」概念に軸を置く法理の下では、差別的なバイアスに基づく人事考課でも法的審査そのものを回避できてしまう危険性があるため、昇進・昇格における差別の温床となりやすい。そもそも、日本の差別禁止法理は欧米諸国に比べて発達しているとは言えないため、差別的な人事考課でも、包括的な人事権の尊重により、法的規制が入る余地が狭まり、明らかに違法性が高い人事考課だけ、権利濫用法理によりごく例外的に救済されるにすぎない。その結果、人事評価の場面においては、障害者や高齢者はもちろん、出産・育児などに伴う家庭的責任が重い女性労働者、異なる文化や習慣を持つ外国人労働者、自己主張・個性が強い労働者（「協調性」が欠けると評価されがち）等が不利になりやすいことは容易に想像できる[19]。また、人事異動に関しても、仕事一筋ではなく私生活を重視する価値観を持つ労働者は、公正に評価されない可能性があるだけではなく、配転等の人事異動を拒否することにより組織から排除される可能性さえある。このような状況を放置すれば、「多様な人材」がやがて遠ざけられてしまい、職場の多様化の進展が阻

まれることに違いない。

三　労契法上の諸原則に要請される人事規制法理の方向転換

1　包括的な人事権概念からの脱却

　実際、学説では、人事権概念に対する懐疑的な見解や人事権概念不要説が既に登場している。たとえば、各人事上の措置は、労働契約上の根拠を探求すれば足りるとして、人事権という包括的で抽象的な概念を用いる必要性を否定する見解が示されている[20]。また、人事権の具体的行使とされる権限は、いずれも労働契約内容（労働条件）を変更する権利と捉えられうるため、変更対象となる労働条件毎に検討すべきであるとして、「人事権」なる概念は法律学において不要かつ妥当ではないとの説も唱えられている[21]。

　私見でも、従来の人事権概念は労働契約の解釈論として矛盾をもたらすものであり、その必要性を否定する立場を支持する。というのは、人事権という漠然とした概念が使われることにより、労働契約に基づく使用者の各人事措置にまつわる権限の範囲画定の作業など、労働契約の合理的解釈が妨げられる可能性は高い。例えば、各人事措置に関する権限は、その中身や性格を同列に検討すべきものではなく、少なくとも配転、出向、降格は使用者による一方的な決定になじまない人事措置といえる。また、強大な人事権を軸とする人事考課、人事異動の規制法理は、一般法理にすぎない権利濫用法理にもっぱら依存しており、「2」で述べるように、労契法上の重要な理念である合意決定の原則と逆行することになる。こうした人事規制法理は、人事権概念から抜け出して、労契法に基づく労働契約の諸原則を柱として再構成する必要がある。

2　労契法に基づく労働契約の諸原則と人事考課・人事異動

（1）労契法による（直接）規制

　ここでは、まず人事考課・人事異動に関する労契法上の規定を確認しておきたい。実際、労契法は、人事異動については、出向の濫用規制（14条）以外に、何も規制していない。これについて、労働契約当事者の権利義務関係

の明確化の期待を裏切ったといった批判の声もある[22]。また、人事考課についても、企業によって多種多様な制度が設けられており、法律で細かく規制し難い側面があることを背景に、特に定めを置かなかった[23]。

（2）法的要請として実質化が求められる労契法上の原則

他方で、労契法は、労働契約の締結・履行全般に関して、合意原則をはじめとする重要な原則を定めている。まず、労契法は、労働契約の締結、変更などの場面において対等の立場における合意の原則を強調している（3条1項、6条、8条）。労契法の施行を契機に、学説では、人事考課・人事異動に限定されたものではないものの、合意原則に関する精力的な議論が行われた[24]。しかし、判例では、人事考課・人事異動のいずれにおいても、こうした強調されたはずの合意の原則が十分反映されたとは言い難い状況にある。

次に、労契法は仕事と生活の調和への配慮の原則も掲げている（3条3項）。これを背景に、近年、仕事やキャリアに関する希望を労働者が自ら申告する自己申告制度、担当業務をあらかじめ明示し社内で募集する社内公募制度、労働者に複数のキャリアを用意するなど、労働者の希望や個別事情を配慮する新しい人事制度の動きも見られるようになった[25]。しかし、これらはあくまでも企業の自主的な取り組みにとどまっており、この原則を反映する法的ルールは、前述の育介法26条に基づく配慮義務以外には、特に何もない。

最後に、使用者は労働条件や労働契約の内容について、労働者の理解を促進し（4条1項）、労使は労働契約の内容をできる限り書面で確認すること（4条2項）は、使用者による一方的な人事措置決定権を打破し、労働者側の事情や意思も尊重されるよう法的規制を方向付ける重要な原則であるが、これまでの人事規制法理では見落とされがちであった。

もっとも、労契法は、契約の一般原則として定められる信義則（3条4項）と権利濫用禁止の原則（3条5項）を労働契約の重要な原則として再確認しており、人事考課や人事異動にまつわる権利の行使も両原則の規制に服すべきである。ただ、前述のように、判例法理は、人事考課についても人事異動についても、原則として使用者の裁量権を認め、「特段の事情」がある場合

にのみ権利の濫用を認めている。これを修正する動きとして労働者のキャリア権や育児・介護等の家庭事情に対する配慮義務は、注目に値すべきだが、その位置づけが必ずしも明確とはいえない。すなわち、こうした配慮義務を権利濫用判断の一要素に過ぎないと捉えれば、その不履行は必ずしも権利濫用という結論に辿り着かない。

3 「報告書」が示す方向性

以上見てきた労契法上の諸原則は、使用者の強大な人事権の影では、なかなか具現化できない。しかし、いずれの原則も、人事考課・人事異動をめぐる法理を再構成するに際して、その意義の再認識が求められる。本稿では、とりわけ労働条件の明示と労働者の理解促進という切り口で法的介入を検討することが重要であり、この点に関して、前述の報告書から新たな視点が得られると考える。

報告書は、第1に、多様な正社員のさらなる普及・促進を推進していくことが適当であること、第2に、労働契約関係の明確化は、労使が望む形で多様な正社員のさらなる普及を推進するうえで重要な環境整備であることを指摘している[26]。

第1点については、無期転換等により勤務地・職務を限定した正社員の増加が見込まれることを想定し、これらの正社員等については、いわゆる正社員と非正規雇用の労働者の働き方の二極化緩和、労働者のワーク・ライフ・バランスの実現や自律的なキャリア形成、優秀な人材の確保や企業への定着の観点から、労使双方にとって望ましい形での普及・促進を推進していくことが適当であることを議論の出発点としている[27]。

第2点については、「労働契約関係の明確化」の意義を次のように述べている。労働契約が多様化する中、従来からの統一的・集団的な労働条件決定の仕組みの下では労働契約内容が曖昧になりやすいことに起因する労使紛争の未然防止や、労使双方の予見可能性の向上に加え、労使間の情報の質・量の格差是正や契約に係る透明性の確保を図るものであって、労使自治や契約自由の原則の大前提ともいえるとしている[28]。

ここで注目に値するのは、報告書は、主に多様な正社員の労働契約関係を

念頭に議論を進めつつ、労働者全般についても、労働契約関係の明確化が合意原則を定める労契法1条の意義に照らして重要であることを指摘している[29]。労働契約関係の明確化は、決して勤務地・職務が限定された一部の労働契約にのみ求められるものではなく、すべての労働者にとって重要であり、労契法の合意原則等からの法的要請と言える[30]。

四　合意原則を基軸とする人事規制法理の再構成

　こうした報告書の基本的な考え方の下で、2024年4月から、労基法施行規則15条の改正として、労基法15条1項に基づいて明示しなければならない労働条件に、以前からの明示事項である雇入れ直後の就業場所と業務の内容に加え、これらの変更範囲も加えられた。以下、まず報告書で示した労働契約関係明確化という方向性と具体的提案（法改正に反映された点と反映されなかった点の両方を含む）について検討し、その意義と課題をまとめる。そのうえで、合意原則など労契法上の諸原則に鑑みて、配転と昇進・昇格・降格について、どのような法的規制が望ましいかを検討してみる。

1　労働条件明示事項の拡大
（1）明示事項の追加
　まず、報告書が、労契法15条1項による労働条件明示事項として、就業の場所・従事すべき業務の変更の範囲を追加することが適当であるという見解を示したのは、労使の予見可能性の向上と紛争の未然防止、多様な正社員の普及・促進を図る観点から導かれたものと解される[31]。また、報告書がかかる「変更の範囲」を示すにあたっては、就業場所・業務が限定されている場合にはその具体的な意味を示し、変更が予定されている場合にもその旨を示すことになると説明している[32]。

　これに対し、どのような場合に転勤する可能性があるかといった転勤の条件については、労基法上の労働条件明示義務として規律するよりも、民事上の効力（転勤命令の効力）にかかわる労契法の問題として捉えるべきであるとの立場を示している[33]。

（2）明示時期の追加

次に、現行法では、労基法上の労働条件明示義務は労働契約締結時にのみ適用されるものであり、労働契約の変更時には義務づけられていない。この点、報告書は、①労働条件の変更とその内容を示すことで、労使双方にその内容を確認する機会が保障され、紛争防止等に資すること、②場所・業務の変更の範囲の明示を契約締結時にのみ義務付けることは、変更前の労働条件が存続しているとの誤解を招くリスクがあることから、変更時にも、労基法15条に基づく書面明示をすべきと提言した[34]（ただ、今回の法改正に反映されなかった）。

具体的な明示事項について、締結時の明示事項と同じ項目にするか、それとも、就業場所・業務内容のみで足りるとするかという問題については、報告書は全項目の提示を提言しながらも、それに向けて、まずは場所・業務を変更後の労働条件明示の対象とする意見があったことにも言及した[35]。もっとも、後者の立場に立つにしても、就業場所と業務内容は労働契約の締結時にも変更時にも明示すべき事項と解される。

（3）明示事項拡大の意義と転勤規制法理から見る課題

近年、労働者にとって、採用時に明示された就業場所や業務内容が変更される可能性の有無、変更の範囲は、家庭生活やキャリア形成に影響する重要な労働条件だけではなく、就職を決める決定的な判断材料の1つとされる傾向が強まっている。これを踏まえると、就業場所と業務の変更の範囲を労働条件明示事項に追加するという報告書の提言は、多様な価値観と働き方を尊重し、使用者の転勤命令を規制する法理を構築するうえで重要な切り口となる。

しかし、報告書の提言した明示事項の拡大に関しては、転勤規制法理の再構成という視角から見て、若干の課題も残されているように思われる。まず、労働契約の解釈について労基法上の労働条件明示義務はどう位置付けられるべきかという問題がある。たとえば、裁判例では、労基法上の就業場所の明示の趣旨を超えて、就業場所を限定し配転命令を排除する趣旨であることを示す雇用契約書等の記載がなく、就業規則や雇用契約書に配置転換があ

ることを記載している場合は、たとえ雇用契約書等に就業場所を記載したとしても、配転命令を排除する合意とは認められず、配転命令の対象になると解釈している[36]。この解釈を踏襲するなら、就業場所・業務の変更の範囲を明示事項に追加するだけでは、使用者の配転命令権が制限されることにはならない。この点、報告書の立場は必ずしも明確ではないが、「変更の範囲：会社の定める事業所」といった明示も認められるとしている。しかし、このような随意条件で具体性を欠く就業場所の変更範囲でも認められるとすると、労働条件明示事項を拡大する意義が没却されることになってしまう。

　また、使用者が募集・採用、昇進または職種変更に際して、転居を伴う配転を要件とすることは、合理的な理由がない限り、間接差別となる（雇均法7条）。したがって、採用時に勤務地の変更の範囲を明示する義務を使用者に課すことは、間接差別に当るとの懸念もあろう。この点、たとえば、報告書が勤務地の変更の範囲の明示例として示した「東京23区内」というケースでは、転居を伴う勤務地の変更でない限り、問題とはならない。これに対し、広域に事業を展開する会社が勤務地変更の範囲を「会社の定める事業所」などと転居の可能性を含む範囲で示し、これが採用条件として解釈される余地がある場合、間接差別に該当する可能性は出てくると思われる。

2　転勤に関する規制法理の在り方
（1）配転規制に向ける多彩なアプローチ

　以上見てきたように、報告書が示した労働契約関係の明確化という視点は大変重要であるが、労働契約の解釈との関係をはじめ、さらに議論を深めることが求められる。この点に関して、報告書に示された「労働契約関係の明確化を図る場合の留意点」[37]からもうかがえる。

　そもそも、転居を伴う転勤をめぐる従来の判例法理を見直す必要があることについては、学説上ほぼ異議がないが、その具体的なアプローチは多彩であり、必ずしも一致した方向性を容易に見出せない。ここでは、学説を網羅的には検討せず、本稿の問題関心から注目すべき見解をいくつか挙げたい。たとえば、勤務地・職種（職務）限定について消極的な態度を取る判例の立場を批判し、採用過程の労使間の交渉等の事情を緻密に検討し、その後の勤

務実態や追加的合意[38]も加味し、職種・勤務地限定合意を積極的に認めるアプローチ[39]は、学説上も多くの支持を得ており、判例法理への織り込みもしやすいように思える。また、少数説ではあるものの[40]、転勤についてはその都度個別的合意を必要とするいわゆる個別的随意合意説[41]も注目に値する。最後に、配転命令の効力発生要件として、配転を決定する前に労働者の不利益等に配慮して、労働者に対する説明・協議等の手続義務を使用者に課すというアプローチも、労使の対話促進という観点から重要な視点を示している[42]。

これらのアプローチに共通して重視されている価値とは、判例法理で軽視され、あるいは犠牲にされがちな「労働者の意思の尊重」である。すなわち、雇用社会の変容により一方的な人事決定権の容認が既に正当化されなくなった今日、合意原則という原点に立ち戻って、労使の対話をベースとする人事規制法理を考えなければならないのである。

（2）個別合意を前提とする配転法理の可能性

労働者意思の尊重と探求を軸としている点では、本稿は、転勤規制法理の見直しを試みた上記の学説と軌を一つにする。また、配転に労働者の意思を反映するためには、報告書が提言した労働条件明示事項・時期の拡大は、配転法理を再構成する第一歩に過ぎないと考え、具体的には、以下のような方向性を示したい。

まず、報告書が示した労働契約締結時や変更時の労働条件明示事項は、労基法上の明示義務の対象としての役割にとどまらず[43]、労働契約の解釈上、原則として合意認定のための重要な判定資料(根拠資料)とすべきと考える[44]。そこで、報告書が例示した「会社の定める事業所」のような明示の仕方では、就業場所の変更の範囲が具体的に示されたとは到底言えず、就業場所・職務に関する明示そのものの意味が薄れてしまう恐れがあるため、賛成し難い。また、使用者は、こうした明示義務に違反して、就業場所や職務内容を示さなかった場合でも、使用者による一方的配転命令権を認めるべきではなく、労働契約の合理的解釈によりその範囲を確定すべきである[45]。

次に、労働契約締結時に明示された就業場所、職務及び変更の範囲を労働

契約上合意した内容と捉える場合、使用者は原則として明示した変更範囲内でしか配転を命ずることができず、かかる変更の範囲を超えた配転については、労働条件の変更と解すべきである[46]。労働条件の変更たる配転に同意しない労働者に対して、使用者は、労働者の家庭の事情を含む個別事情を踏まえ、配転支援や賃金に上乗せされる転勤プレミアムなどの措置を積極的に検討し、労働者の自発的な同意を誘導することは可能であり、合意原則から見ても望ましいアプローチと言える。ただ、同意しない労働者に関しては、使用者が転勤命令を取りやめない限り、変更解約告知や留保付き承諾の立法化も視野に入れて、今後議論を深めるべきである[47]。

最後に、転勤における労働者への配慮については、あくまでも労働者と十分にコミュニケーションを取ったうえでその内容を特定する必要があることを強調したい。たとえば、特に家庭責任の重い労働者の個別事情への配慮は、場合によっては、労働者の職業キャリア形成のチャレンジの芽を摘むおそれもある[48]。労働者の仕事と生活の調和（ワーク・ライフ・バランス）、キャリア権等に対する配慮の要否と程度は、あくまでも労働者自身の取捨選択により決定すべきである。こういう意味では、使用者の配慮とは、配慮措置の提案にとどまり、配転命令をめぐる合意形成のための手続的要件として位置づけるのが適切である。

3　昇進・昇格・降格に関する法的規制
（1）昇進・昇格・降格に関する協議義務（手続義務）

配転をはじめとする人事異動に比べると、様々な人事評価制度の下でなされる降格等の人事措置に対する法規制はさらに難しいものとなる。しかし、降格は、賃金等の処遇、雇用保障（解雇対象者の選定）にも影響する人事措置であり、使用者の一方的人事権にもっぱら委ねられることは妥当ではなく、労働条件の変更と解すべきである。また、労働者にとっては有利な措置と考えられる昇進・昇格も、職務内容や責任の増大を伴う側面があるため、同様に労働契約の変更と捉えるべきである。

日本型雇用では一般的となっている職能給制度の下では、人事評価への法的規制の在り方について、学説上も多くの模索がなされてきた。たとえば、

職業的能力は労働者にとって最も重要な法的利益であるという立場から、職業的能力の適正評価義務[49]や成果主義制度を中心に公正評価義務等を唱える見解がある[50]。これらの見解には、建設的で精緻な議論が多く含まれているものの、判例法理への影響は限定的であった。その理由として、複雑な人事評価制度に対応する理論として、これらの義務論は、精緻さゆえにシンプルさに欠ける側面も否定し難い。

　本稿は、これらの議論は人事評価の法的コントロールを枠付ける概念として非常に重要であると考える一方、前述の報告書に示されたシンプルなルール作りと労使コミュニケーションの視点から、使用者の手続義務として、まずは降格等に関する協議義務を提言したい。たとえば、①使用者は、客観的資料を示したうえで降格の必要性、妥当性、賃金・キャリアへの影響を説明すること、②協議が失敗し、労働者が同意しない場合には当該労働者に求める能力・適性を再度説明し、経過観察・交渉期間を設けること、③労働者の自己評価を聞く機会を設けることなどがこの義務に含まれる。かかる義務は手続義務にとどまるが、差別を取り除くという視点からも有益である。なお、こうした協議義務は、合意原則や仕事と生活の調和の原則に照らせば、通常賃金や職位の上昇を意味する昇進についても履行する必要がある。というのは、自分の好きな働き方で働きながら、キャリアを形成していくことを望む労働者にとっては、責任の増加を意味する昇進は常に歓迎される利益とは限らない[51]。

（2）能力・適性明示義務

　また、人事評価の結果とプロセスについて法的に介入することが容易ではない理由の1つは、仮に人事評価の結果が公正さに欠けるとしても、労働者がそれを立証することは至難であるからだ。とりわけ日本型雇用では、人事考課における基準の曖昧さは、採用基準自体及びその合理性が不透明であることにも通じている。

　この問題の解決策の1つとして、労働契約締結時に労働者が求められる能力と適性を明示する義務を使用者に課すことである。この能力・適性明示義務は、第1に、具体的な成果・目標を明示することではなく、当該労働者に

求められるスキル・コンピテンシーについて明確に限定したうえ、十分な説明義務を履行することを意味している。第2に、評価者も含めて評価制度の詳細についても明示しなければならず、労働者の適性を考慮せず様々な能力を網羅的に並べるだけでは履行したと認められない[52]。こうした義務は労働契約の締結時はもちろん、昇進・昇格・降格の際にも履行すべきと考える。

　もっとも、こうした義務を使用者に課すことは、労契法4条1項からの要請であり、2020年6月に施行された労働施策総合推進法の基本理念にも合致している[53]。また、労働契約締結時に求められる職業的能力と適性について明示し、人事考課基準について十分に説明義務を果たすことによって、従来の学説で提唱された職業的能力の適正評価義務や公正評価義務の履行も担保されやすくなると考えられる。

4　人事措置における労働者との合意形成の意義

　以上、使用者は人事異動・人事考課のいずれの場面においても、一方的な人事権行使ではなく、労働者と実質的な協議を行い、合意形成の努力をする必要があると論じてきた。しかし、転勤については、できるだけ労働条件の明示を強化し、労働者との合意を積極的に認定すべきであるのに対し、昇進・昇格・降格については、協議義務という手続き上の義務を使用者に求めることにとどまる。

　もっとも、労働者の「合意」があれば、配転を命じることが可能である。本稿の立場からもこれを否定しない。しかし、ここでいう労働者の「合意」とは何を指すかが論点として残るかもしれない。本稿は、少なくとも、配転等の人事異動は就業規則による規制になじまない労働条件として（12条但書）、原則として個別合意（8条）によって正当化されるに過ぎないと考える[54]。ただ、労使の交渉力格差と合意の虚偽性に鑑みると、8条合意による法的規制の実効性を担保するために、上記合意形成のための手続義務のほか、変更解約告知制度の立法化等の立法的手当及び契約外的規制の構築も重要と思われる[55]。

五　まとめ

　日本型雇用では、使用者の一方的な人事権が強調された結果、労使の対話や労働者の意思が軽視されてきた。少子高齢化、技術革新、国際競争の激化等の外的要素により、日本型雇用が大きく変貌しても、日本の雇用社会に深く根差した会社本位の雇用慣行は自ら変わることはない。判例法理では、雇用社会の変化に対応するような努力も見受けられるが、従来の判断枠組を維持したままでは大きな壁に直面する。多様な労働者にとって、仕事と生活の調和を図りながら、能力を発揮できるような職場を提供するためには、公正かつ透明性のあるルール作りは欠かせない。また、労働の柔軟性や労働者の公正な取り扱いのための権利保障は、企業の市場競争力を確保するための「手段」であること[56]も忘れてはならない。これまで日本の経済成長を支えてきた側面がある広範な人事権は、今後、日本企業にとって、多様な人材の確保、国際競争力向上のための障害になるに違いない。したがって、多様な労働者の意思を尊重し、労使の対話プロセスそのものに法的に保護すべき利益を見出す人事規制法理への方向転換は、労働者の保護としての側面を有するのみならず、企業の持続的な発展を遂げるためにも重要であろう。

　もっとも、本稿では、その検討が不十分であったものの、合意原則をはじめとする労働契約法の諸原則が事実上形骸化するような従来の人事規制法理を根本的に変えるためには、立法的なアプローチを視野に入れる価値も十分にあろう。

1　労働契約法の一部を改正する法律（平成24年法律第56号）附則3項においては、同法施行後8年を経過した場合、改正後労契法18条に基づく無期転換ルールについて、「その施行の状況を勘案しつつ検討を加え、必要があると認めたときは、その結果に基づいて必要な措置を講ずるもの」とされている。また、勤務地・職務限定正社員等の多様な正社員は無期転換された社員の重要な受け皿の1つとして期待されたところ、規制改革実施計画（令和元年6月閣議決定）において、令和2年から多様な正社員の雇用ルールの明確化についても検討が始まった。本報告書は、労契法18条に基づく無期転換ルールに関する見直しと

多様な正社員の雇用ルールの明確化等に関する議論の成果を取りまとめたものとなる。

2　昇格における男女差別につき不法行為の成立を認めた裁判例として、社会保険診療報酬支払基金事件・東京地判平成2・7・4労民集41巻4号513頁。

3　アーク証券事件・東京地決平成8・12・11労判711号577頁等。

4　日本ガイダント事件・仙台地決平成14・11・14労判842号56頁、コナミデジタルエンタテインメント事件・東京高判平成23・12・27労判1042号15頁、Chubb損害保険事件・東京地判平成29・5・31労判1166号42頁。

5　日本たばこ産業事件・東京地判平成27・10・30労判1132号20頁、ファイザー事件・東京高判平成28・11・16労経速2298号22頁。

6　濱口桂一郎『ジョブ型雇用社会とは何か　正社員体制の矛盾と転機』（岩波新書、2021年）第2章 Kindle 書籍位置 No.511。

7　土田道夫『労働契約法』〔第2版〕（有斐閣、2016年）292頁、西谷敏『労働法』〔第3版〕（日本評論社、2020年）251頁等を参照。

8　新日鐵事件・最二小判平15・4・18労判847号14頁。学説では、出向命令権は就業規則の包括的な規定で認められるとする包括的同意説と具体的同意説が存在する。荒木尚志『労働法』〔第5版〕（有斐閣、2022年）480頁参照。

9　就業規則や労働協約に出向労働者の利益に配慮した詳細な規定がある場合など。前掲新日鐵事件を参照。

10　日産自動車村山工場事件・最1小判平元・12・7労判554号6頁等。職種欄に記載された職種は、最初の配属先に過ぎないと解釈する裁判例が多い。また、従来、高度の専門性を有する業種にのみこうした合意を認める傾向が強い。

11　最近の裁判例として、医療法人社団弘恵会（配転）事件・札幌地判令和3年7月16日労働判例1250号40頁（労働者を退職に追い込むための不当な目的の存在が肯定された）。

12　東亜ペイント事件・最2小判昭和61・7・14労判477号6頁。

13　ネスレ日本事件・大阪高判断平18・4・14労判915号60頁等。

14　例えば、業務性の必要性が必ずしも高くない状況のなかで、労働者の期待に大きく反し、その資格・経験を活かすことのできない業務に漫然と配転を命じたことについて、「通常甘受すべき程度を著しく超える不利益を負わせたもの」と評価し、配転命令権の濫用としてその効力を否定した裁判例として、安藤運輸事件・名古屋高判令和3・1・20労判1240号5頁。

15　これは、「誰もが階段を上がれる仕組み」と呼ばれることがある。海老原嗣生・萩野進介『名著17冊の著者との往復書簡で読み解く人事の成り立ち——「誰もが階段を上がれる社会」の希望と葛藤』（白桃書房、2018年）29頁を参照。

16 菅野和夫『労働法』〔第12版〕(弘文堂、2019年) 157頁。
17 荒木・前掲書444頁、中窪裕也・野田進『労働法の世界』〔第13版〕(有斐閣、2019年) 332頁、343頁、土田道夫『労働法概説』〔第5版〕(弘文堂、2024年) 177頁等。
18 石田眞「高度成長と労働法—日本的雇用システムと労働法の相互構築」日本労働研究雑誌634号 (2013年) 86頁。
19 たとえば、相澤美智子「『昇進させない企業』をなくすための法的戦略—「女性活躍」を真に実現するための一方策の探求」大原社会問題研究所雑誌No.704 (2017年) 45頁は、「女性を『昇進させない企業』を司法が許すときの態様」の1つは、「企業が、誰を昇進させるかは企業の裁量的判断で決定すべきことであると主張し、裁判所がそれを全面的に認容する場合である」と指摘する。中国電力事件・広島高判平成25年7月18日労経速2188号3頁も参照。
20 野川忍『労働法』(日本評論社、2018年) 296頁以下。
21 川口美貴『労働法』〔第8版〕(信山社、2024年) 481頁。
22 名古道功「第9章 人事異動」西谷敏・根本到『労働契約と法』(旬報社、2010年) 205頁。
23 荒木尚志・菅野和夫・山川隆一『詳説 労働契約法』〔第2版〕(弘文堂、2014年) 278頁参照。
24 労契法施行前の論考として、野田進「労働契約における『合意』」講座21世紀の労働法 (4) (有斐閣、2000年) 19頁以下。労契法施行後の主要な文献は数多くあるが、野川・前掲書240頁 (注6)、241頁 (注12) も参照。
25 名古道功「ワーク・ライフ・バランスと労働法」講座労働法の再生 (4) (日本評論社、2017年) 253頁参照。
26 報告書27頁参照。
27 報告書26~27頁参照。
28 報告書27頁参照。
29 報告書27頁参照。
30 労働条件の個別化及び労働組合の組織率の低下が進むなかで、人事措置に対して規制的な機能を果たしてきた人事同意条項など制度外的なサポート (ドイツの事業所協定やフランスの企業委員会も同様) はほとんど機能しなくなった現状では、これは特に重要と思われる。
31 報告書30頁。また、労働条件明示事項にこれらの事項を追加することに関しては、業務廃止による解雇が正当化しやすい懸念や労働者にとってはキャリアの固定化、使用者にとっては人事制度の硬直化の懸念があるとの指摘もなされている。これに対し、報告書は①限定された就業場所・業務が廃止されたとし

ても当然解雇が正当化されることにならないこと、②転換制度の設定・促進や労働条件変更時の明示ルールの整備等、③説明や協議など労使コミュニケーションを充実させることなどで対応しうるとの見解を示している（31～32頁参照）。
32　報告書31頁参照。
33　なお、報告書は「転居を伴う配置の変更」を「転勤」と定義している（32頁）。
34　報告書33～38頁参照。
35　報告書36～37頁。まずは場所・業務を変更後の労働条件明示の対象とする意見は、場所・業務については契約内容設定と明確性が特に重要であること、それにより変更後の労働条件明示を必要とする場面の検討がある程度シンプルになることを理由とする。
36　リクルートスタッフィング事件・大阪地判令和3年2月25日判時2493号64頁。
37　報告書39頁参照。
38　野田・前掲「労働契約における『合意』」19頁以下参照。
39　土田道夫『労務指揮権の現代的展開』562頁（信山社、1999年）、荒木尚志・菅野和夫・山川隆一・前掲『詳説労働契約法』〔第2版〕281頁、142頁以下等。労契法の施行を契機に、学説上の議論がさらに盛んに行われるようになった。
40　何らかの法的根拠で使用者の配転命令権を認めるのが多数説である。たとえば、配転命令権について、①労働契約の締結により発生する使用者の「労務指揮権」の一内容として捉える見解として、土田道夫・前掲『労働契約法』〔第2版〕111、112頁。ほかにも、②事前の合意、就業規則の規定、労働協約の定めを法的根拠とすべきである見解、両者には大差がないとする見解等が存在するが、ここでは割愛する。
41　緒方桂子「『ワーク・ライフ・バランス』時代における転勤法理——個別随意合意説の再評価」労旬1662号（2007年）40頁以下参照。
42　もっとも、権利濫用による制限を中心とする判例法理では、配転命令は権利濫用の場合に例外的に無効となり、効力障害要件である権利濫用の証明責任は労働者が負担することになると指摘されている。川口・前掲書488頁参照。
43　この点、労働契約関係の展開過程における労働条件の決定・変更に際して必要とされる手続き義務として、労働契約上の労働条件明示義務を提唱する見解は興味深い。詳しくは唐津博『労働契約と就業規則の法理論』（日本評論社、2010年）21頁参照。
44　たとえば、イギリスでは、「労働者（worker）」と分類される者には労働条件書面通知書を受け取る権利が保障されている。同通知書は直ちに労働契約の内

容にならないものの、その内容を確定する重要な判断資料となる。また、同通知書には、職種や職務に関する説明、勤務場所はいずれも必要記載事項とされる。

45 同旨の指摘として、金井幸子「使用者の配転命令権と雇用保障」日本労働研究雑誌698号（2018年）28頁以下参照。もっとも、この主張については、使用者の過大な負担への懸念をはじめ、現実的ではないとの批判も予想されるが、労使の対話を促進することで実現される可能性は十分あると考える。

46 なお、使用者は、解雇回避努力としての配転に対しても労働者の同意を得る必要があるのか。筆者は、この場合にも基本的に労働者の同意が必要であると考える。配転という選択肢（労働条件変更の申し入れ）を設けること自体を解雇回避努力と評価することができるため、整理解雇法理との整合性に関しても特に支障がない。

47 同旨、金井・前掲論文36頁。

48 小畑史子「使用者の人事権と労働者の職業キャリア・個人の生活および事情」講座労働法の再生（2）（日本評論社、2017年）200頁参照。

49 毛塚勝利「賃金処遇制度の変化と労働法学の課題——能力・成果主義賃金制度をめぐる法的問題を中心に」労働法学会誌89号（1997年）19-21頁参照。

50 能力・成果主義賃金制度の下での使用者による成果評価に関する法的コントロールの可能性について、唐津・前掲書65頁以下参照。

51 高橋俊介『スローキャリア 出世を急がない人のためのビジネス論』（PHP研究所、2006年）では、この現象は「スローキャリア」と名付けられた。

52 採用時の能力・適性明示義務については、拙稿「労働者の能力・適性評価と雇用終了法理——AI時代の到来に際して」労働法学会誌131号（2018年）46頁以下で詳論されているため、本稿では割愛する。

53 同法は、基本的理念として「労働者は、職務の内容及び職務に必要な能力、経験その他の職務遂行上必要な事項（以下この項において「能力等」という）の内容が明らかにされ、並びにこれらに即した評価方法により能力等を公正に評価され、当該評価に基づく処遇を受けることその他の適切な処遇を確保するための措置が効果的に実施されることにより、その職業の安定が図られるように配慮されるものとする」と定めている（3条2項）。また、国の施策として、かかる理念に従って「各人が生活との調和を保ちつつその意欲及び能力に応じて就業することを促進するため、……多様な就業状態の普及及び雇用形態又は就業形態の異なる労働者間の均衡のとれた待遇の確保に関する施策を充実すること」に総合的に取り組まなければならないことも定めている（4条1項1号）。

54 いわゆる9条合意（就業規則の変更に対する個別合意による労働条件の変更）の虚偽性については、拙稿「就業規則による労働条件の不利益変更（2）――山梨県民信用組合事件」『労働法における最高裁判例法理の再検討』（旬報社、2022年）175頁参照。
55 唐津・前掲書74頁以下参照。
56 唐津博「イギリスにおける労働法理論の新展開と日本法への示唆―労働法における「労働市場」アプローチの含意―」日本労働法学会誌106号（2005年）58頁参照。

＊本稿脱稿後、労基法施行規則5条の改正として、労基法15条に基づく明示事項が追加された。この法改正の詳細については、拙稿「無期転換ルールの見直しと労基法15条に基づく労働条件明示義務の強化」季労282号（2023年）43-53（44）頁も参照されたい。本稿は、校正段階で最小限に反映させたにとどめている。

労働契約と労働条件の変更
――労契法と労働条件変更法理――

神 吉 知郁子

一　労働契約法における労働条件変更と合意原則
二　就業規則変更による労働条件の変更

一　労働契約法における労働条件変更と合意原則

1　労働条件変更における合意の機能

　労働契約は、一定の期間にわたる継続性を内包する。したがって、契約締結時の契約内容（労働条件）には状況に応じた変更が想定され、契約関係を維持しつつ変更する手段が必要になる。契約が合意で成立する以上、その変更手段も、原則として当事者の合意となる。労働契約法では、まず、契約当事者の合意により労働契約の内容である労働条件を変更することができると定める（同8条）。これは、労働契約の締結・変更は労働者と使用者が対等の立場における合意に基づいてなされるという根本的な原則（同3条1項）を、契約締結場面における同6条と並列的に、契約内容の変更の場面においても確認したものと位置づけられる。

　ここでいう「合意」とは、労働者と使用者間の個別合意を指し、それは労働協約や就業規則、強行法規といった他の法的規範と区別されて、労働条件設定規範効力をもつ（狭義の）「労働契約」ともよばれるものである。もっとも、実際には、労働条件の実質的内容の多くは労働契約以外の外部規範（労働協約、就業規則、労使慣行、制定法、意思の外部にある規範等）を取り込んで具体的詳細が定まる状態が一般的といえ、狭義の労働契約が果たす固有の役割はそれほど大きくはない。労働契約法は、合理的で周知された就業規則が（広義の）労働契約の内容となることを認める日本の雇用慣行をふまえた判例法

理（後述）を条文化したことにより、労契法8条が合意による変更を想定する「労働契約の内容である労働条件」には、個別合意の内容のみならず、合理的で周知された就業規則で定められて労働契約の内容となった労働条件（同7条本文）、就業規則の合理的変更によって労働契約の内容となった労働条件（同10条）、就業規則の最低基準効により修正され労働契約の内容となった労働条件（同12条）を含むことになる[1]。いわば、労働契約は外部規範から持ち込まれた契約条件を受け入れる概念としても機能している（広義の労働契約）。また、法的規範の優劣関係に鑑みれば、こうした労働条件を狭義の労働契約によって有効に変更できるのは、就業規則の最低基準効（労契法12条）や労働協約の規範的効力（労組法16条）、法令の強行的直律的効力（労基法13条等）に反しない限りにおいてのみである。そのため、労働契約法は合意原則を中心に掲げているにもかかわらず、個別合意（狭義の労働契約）が契約内容を画定・変更する機能を果たす場面は、極めて限られる[2]。

さらに、労働条件が就業規則によって決定される場合は、その変更も、通常は就業規則の変更によって実施される。この場合は、就業規則の不利益変更という特別の手段による労働条件変更の有効性の問題として処理され、合意とは無関係に合理性の有無によって判断されもする（労契法9条・10条、詳細は後述）。そのような場面における合意の機能は、就業規則の変更によっては変更されない労働条件としての合意、すなわち合理的変更法理の適用に関する例外的場面の設定に最大の意義があるともいえる（同10条但書）。

2　合意の法的内容

そこで、合意とは何かが問題となる。法的には、契約当事者たる労働者と使用者との意思の合致が合意である。もっとも、労働契約が意思の合致だけでなく他の外部規範を内部化することによっても形成されるものであり、その過程に合理性の吟味等が要請されることからすれば、完全な契約自由が妥当する私的範疇での意思の合致を超えた規範性と実質性が求められる[3]。すなわち、合意の内容と手続を、労働条件の対等決定原則（労契法3条1項）や信義則（同4項）、労働契約内容の理解促進努力義務（労契法4条）などの規範に照らして検討し、かつ、文書の存在や署名の有無といった形式ではなく、

実質的な評価に基づいて定立すべきことになる。

(1) 合意の認定

具体的には、どのような場合に（明示的または黙示的な）合意の成立を認定しうるか。とくに契約書への署名など、形式的には変更を受容するような労働者の行為が存在する場合に問題となる。この問題は、就業規則の不利益変更に対する合意と同様に、訴訟上の証拠能力の問題とは別に、客観的状況から自由な意思に基づいてなされた行為と認められるかという観点からも合意の有無を判断すべきと考えられる[4]。すなわち、合意の有無は、主観的意思の追求ではなく、労働条件の対等決定原則（労契法3条1項）や労働契約内容の理解促進努力義務（同4条）をふまえて、当該変更により労働者にもたらされる不利益の内容・程度、労働者により当該行為がされるに至った経緯及びその態様、当該行為に先立つ労働者への情報提供又は説明の内容等から、労働者の自由な意思に基づいてされたものと認めるに足りる合理的な理由が客観的に存在するか否かという観点から判断されるべきである[5]。

合意の認定はあくまで厳格・慎重になされなければならないから、たとえば不利益に変更された労働条件の下で労働者が異議を述べずに就労している場合に黙示の合意の成立を肯定する立場[6]もあるが、労働者が合意していない就業規則変更の有効性は基本的に合理性の有無で判断されるべきであり（労契法10条）、労契法8条・9条の合意を緩和的に認定することが合理性審査の潜脱となるおそれがあることからすれば、否定説[7]が妥当である。

(2) 包括的事前合意の有効性

また、労働条件の変更について事前に包括的にした合意は有効か。たとえば勤務場所の変更に関して、使用者の配転命令権が就業規則によって設定された場合、当該規定の合理性は一般的に認められて契約内容となる[8]。これを、労契法9条の合意として事前に、使用者の包括的変更権として留保することは認められるか。これも、対等な労働条件設定の原則（労契法3条1項）に鑑み、その内容（生じうる変更の内容・程度）や手続（変更権留保の経緯、労働者への情報提供・説明の有無・程度）から労働者の自由な意思性を検討して留保さ

れた変更権の範囲を画定すべきことになる（権限審査）[9]。さらに、留保権の具体的行使について権利濫用の有無を判断すべき場合もある（濫用審査）[10]。

3 合意の規範的拡張とその限界

このように、合意の認定は「自由な意思」の認定を中心としつつ、それはもはや当事者意思の探究を超えた広がりをもつ営みである。一方で、労働条件の変更について合意原則を中核に据えながら、労働契約法は雇用慣行の実態をふまえた判例法理を反映し、個別合意（狭義の労働契約）が果たす役割はむしろ就業規則法理の例外的場面設定のように位置づけられている。こうした法的状況は、合意原則の相対的縮小が合意の規範的拡張によって補完されている状況と評価できよう。

そうだとしても、労働条件が就業規則によって不利益に変更される場合、労働者の合意がなくとも（合理性と周知を要件として）当該労働者に対して拘束性をもつとすれば、そうした解釈は、合意原則とは正面から衝突する。この問題は、就業規則自体の法的性質論と相まって悩み多き論点であったが、後述する幾多の判例の積み重ねにより、就業規則の合理的変更法理という独自の法理として確立し、労働契約法9条・10条に明文化されている。とはいえ、両条文をめぐっても解釈の余地は残っており、労働契約法成立後もその内容を探る試みが続いた。こうした状況は、平成28年の山梨県民信用組合事件最高裁判決によって一つの区切りを迎えている。以下ではその検討の前に、就業規則の機能や法的性質論から、就業規則変更による労働条件の合理的変更法理と合意原則との関係を整理する。

二　就業規則変更による労働条件の変更

1 就業規則の労働条件設定機能

労働契約は合意によって成立し（労契法6条）、労基法上、使用者は契約締結時に労働者に対して賃金、労働時間その他の労働条件を明示すべき義務がある（労基法15条）。同時に、労働基準法では、常時10人以上の労働者を使用する使用者に対して就業規則の作成・届出義務を課しており（労基法89条）、

使用者は就業規則の提示によって主な労働条件明示義務を履行することができる。使用者が労働契約締結時に明示すべき労働条件は、就業規則の必要記載事項とほぼ合致するためである。

集団的な労働条件の設定に関して本来想定されている法律上の制度は労働協約であり、かつ最も優先される法的規範として位置づけられている。しかし、その規範的効力（労組法16条）は基本的に協約締結組合の組合員に限定され、その拡張適用（同17条）は抑制的にしか認められず[11]、少なくとも他組合員には原則として一般的拘束力も及ばない。そこで、労働条件を統一的に設定・変更するためには、就業規則の果たす役割への期待が大きくなる。もっとも、労働者本人の合意である労働契約や、労働者の代表たる労働組合が締結する労働協約といった他の外部規範と異なり、就業規則は使用者が一方的に作成・変更することができる[12]（労基90条は、過半数代表の意見聴取義務[13]を課すにとどまる）。そこで、就業規則が労働契約の内容として法的拘束力をもつとすれば、それはどのような法的根拠によるものか、換言すれば就業規則の法的性質が問題となる。

（1）就業規則の法的性質

労基法には上記問題について明文の定めがなく、長年、学説の解釈は分かれていた。元来、就業規則の法的性質については4派13流[14]ともいう多種多様な見解があったが、概ね以下の2説の対立を軸に整理される。就業規則それ自体が法規範たる効力を有し、労働者と使用者を拘束するという見解（法規説）と、就業規則自体は契約のひな型にすぎず、使用者と労働者の合意により契約内容となることによって当事者を拘束するという見解（契約説）である。

こうした学説の対立状況において示された秋北バス事件最高裁判決[15]は、労働条件の集合的処理、とくにその統一的かつ画一的な決定を建前とする就業規則の性質それ自体を根拠に、就業規則の変更が合理的なものである限り個々の労働者を法的に拘束するという結論を導いた。当初は上記いずれの立場とも截然とせず、論理矛盾を内包するかのような論理構成は批判を浴びた[16]。しかし、法的性質論と不利益変更法理とを切り離し、前段部分[17]を普

通契約約款の法的性質に関する理論を就業規則に適用したものとして契約説的に理解する学説[18]が主流となって以降、その後の最高裁判決も、本判決の前段部分のみを引用し、合理的な就業規則の規定が「労働契約の内容」になると述べ、学説の整理に沿った変化をみせた[19]。これに加えて、就業規則の効力発生にあたっては、当該就業規則の周知を要するという立場が明らかにされた[20]。

法的性質論それ自体は、「法ないし法源のとらえ方に関わる、いわば法哲学的論争として出発した」[21]ものであり、昭和50年代にはすでに「多大の精力が注がれながら実際的成果がこれほど明らかでない問題も数少な」[22]く、さらに「諸家の間で見出された共通の理解・了解事項は今日なお意外なまでに乏しい」[23]とも評価されてもいた。2007年の労働契約法制定によって上記一連の判例法理が成文化された以上、もはや法的性質の純粋な追求によって得られるものは多くないといえよう。

（2）就業規則と合意の関係

就業規則による労働契約の「置き換え」[24]は、合理性テストに基づく就業規則の契約内容化というかたちで労働契約法に条文化された（労契法7条）[25]。ただし、当事者が就業規則の内容とは異なり、その基準を上回る労働条件を合意していた部分については、合意原則に立ち戻って当該特約が当然に優先される（同条但書）。同条但書の合意の典型としては、勤務地限定合意や職種限定合意などがあり、就業規則上の配転条項[26]にもとづく使用者の配転命令権行使の有効性判断において、使用者の一方的な労働条件変更に歯止めをかける要素として考慮される[27]。他方で、就業規則は法令または労働協約に反しない限りで最低基準効[28]をもち、当該事業場の労働者の労働条件を直接規律する（労基92条1項、労契12条）ため、就業規則で定める基準に達しない労働条件を定める合意は無効となる。

2　就業規則による合理的変更法理
（1）労働契約法上の就業規則変更法理と合意原則

就業規則の変更によって労働条件を変更する場面について、労契法は、労

働者と合意なく就業規則の変更により労働条件を不利益に変更できない（9条）としつつ、使用者が就業規則の変更により労働条件を不利益に変更する場合であっても、変更後の就業規則を周知させ、その変更が合理的なものであるときには、労働契約の内容である労働条件が変更されると規定する（10条）。さらに、労契法10条但書は、この合理的変更法理が適用されない合意について言及する。これについては、判例の合理性基準論は合意による個別的な労働条件決定・変更を予定しておらず、そもそも合意原則に拠って立つ労契法に使用者のイニシアチブによって作成運用される就業規則の法ルールを組み込むことへの疑問も呈された[29]一方で、合理的変更法理の射程を画し、契約自治原理が機能すべき領域を確保したものという積極的評価もある[30]。

このように、労働契約法における合意原則と就業規則法理との関係は理論的に整理しきれない部分が残るが、それは同法が確立した判例法理をそのまま立法化するというスタンスのもと、判例法理の未整理であった部分を含めて条文化したことが大きい[31]。現行法下では就業規則法理そのものの是非を問題にする余地は乏しくなったといえ[32]、本稿ではこれ以上立ち入らない。

（2）就業規則の合理的変更法理

より重要な論点は、就業規則の不利益変更が合理的であれば反対する者にも適用されるという、判例法理の具体的内容である[33]。下級審裁判例には合意原則を重視して不利益変更の余地を限定したものがみられた[34]が、最高裁は上記ルールの立場で一貫し、就業規則の不利益変更に関する判断基準や考慮要素が精緻化されていった。当初、前掲・秋北バス事件判決が挙げた判断要素は、「企業の必要性の程度」、「労働者の被る不利益性の程度」、「産業界の実情」、「個別的不利益の緩和措置」、「不利益を被る従業員の意向」であったが、その後「代償措置」[35]、「組合との交渉の経緯」[36]が加わり、その内容も「高度な必要性」と「代償措置の包括性」[37]、「別組合との交渉の経緯」[38]と展開していった。これらの判断要素を網羅的に列挙した第四銀行事件判決[39]は、多数組合の同意がある場合に、「変更内容は労使間の利益調整がされた結果としての合理性なものであると一応推定できる」と判示したことも注目

される。こうした傾向については、労使当事者にとって安定性の高い変更法理の志向から、司法審査の中心を手続的要素の審査にみる立場が有力である[40]。

こうした合理的変更法理の正当性は、前述の法的性質論とは切り分けて理解される。その正当化根拠としては、①解雇が制約される日本の長期雇用システムのなかで、雇用維持の必要性と経営上の労働条件変更の必要性とを「合理性」という要件のもとで調和させる解釈との理解[41]、②事前の包括的な黙示の合意[42]、③信義則[43]などが挙げられる。一方で、合理的変更法理は合意原則の要請を無視するもので、明確に反対する労働者を拘束する規範的正当化根拠が欠如しているという批判も根強い[44]。

労契法10条は、周知要件[45]に加えて、労働者の受ける不利益の程度、労働条件の変更の必要性、変更後の就業規則の内容の相当性、労働組合との交渉の状況その他の就業規則の変更に係る事情を合理性判断の考慮要素として挙げている。これらの列挙事由の位置づけや相互関係については、賃金の不利益変更については変更の高度の必要性が必要との判断枠組みが用いられたり、相当性について代償措置の有無を重視したりするなど、同条の背景になった第四銀行事件最判等の判例に照らした解釈がなされている[46]。問題となる労働条件によっても、考慮方法は変わりうる。また、労契法11条所定の労基法の変更手続は、同10条の効力要件ではなく合理性判断における「その他の事情」の要素として考慮されるべきと考えられる。

とくに注目される論点は、多数組合との交渉の経緯等が、少数組合員や非組合員に関してどの程度考慮されるべきかであろう。前掲・第四銀行事件最判では、多数組合との交渉や合意から合理性を一応推測し、別組合との関係でかかる推測が成り立たない事情の有無を検討すべきとしていた。これに対して、前掲・みちのく銀行事件最判では、賃金削減率が50％以上に及ぶような、60歳定年制における55歳以降の賃金体系の変更について、多数組合の同意を大きな考慮要素と評価することは相当ではないとした。これについては、多数組合との同意が考慮要素として否定されたわけではなく、大きな不利益が一部の労働者に集中するという事情が多数決による合理性の推測を否定する例外的なケースであったとの理解が妥当であろう[47]。合理性は総合的

に考慮されるべきであるから、特定の労働者に不利益が集中する場合には、経過措置や代償措置、高度の必要性など他の要素についても厳しく判断されなければならない。

　なお、労契法10条で問題となる合理性は、同じく「合理性」との文言が用いられながらも、労契法 7 条において要求される合理性とは異なる[48]。労契法 7 条では就業規則それ自体の制度的・形式的な合理性が問題となるが（静態的な就業規則規定の合理性[49]）、同10条では適用対象労働者ごとに変更前の就業規則との比較および就業規則の変更過程に基づいて判断される個別的・具体的な合理性をも要求される（動態的な就業規則変更の合理性の把握を要する）。労働者に不利益な労働条件を一方的に課す以上、合理性はより制限された範囲でしか認めえないためである。

（3）合理的変更法理の課題
　もっとも、年功的処遇から能力主義的処遇への移行、個別労働者の能力・業績を重視する個別的雇用管理への動き[50]が見られて久しい。 1 つの企業においても、いわゆるコアな正社員のほか、勤務地限定社員、中途採用者、パートや有期、派遣や嘱託など、多様な利害を有する従業員が混在し、雇用形態や労働条件は多様化の一途を辿っている。そのなかで、労働条件変更の場面でも個別労働者の意思いかんを問わず労働条件の統一的・画一的決定の必要性を前提とする合理性テストは有効に機能し続けられるのか、との疑問も生じる。

　本来、労基法の下で契約内容（労働条件）を推定させる機能を果たしているに過ぎず、使用者が一方的に作成・運用する就業規則の変更によって労働条件の変更を認めることは、とくに個別的特定的な労働条件の変更紛争についての法的ルールの形成・発展を阻害しているとも指摘されてきた[51]。他方で、現実問題として団体交渉と労働協約の締結という集団的労働条件決定過程に過大な期待をかけられない以上、労働条件変更問題に対処する道は、契約法の原則に立ち返って個別合意（または変更解約告知）によるほかはないとの指摘もなされていたところである[52]。

　そこで次に、就業規則の不利益変更に対する労働者の合意の意義について

整理する。

3　就業規則の不利益変更と労働者の同意
（1）合意基準説と合理性基準説

　これまでみてきた就業規則の合理的変更法理（労契法10条）は、労働者が変更に同意していない状況を前提に、反対する労働者を拘束する根拠を合理性に求めるものであった。翻って、就業規則変更による労働条件の不利益変更について、労働者が個別に同意した場合に、当該就業規則変更の合理性を問題とせずに契約内容が変更されるか。労契法9条が「労働者と合意することなく…変更することはできない」と定めている部分につき、合意があれば不利益変更も可能という反対解釈を認めうるかが問題となる。これについての学説は、反対解釈を認めて同意があれば合理性は不要とするが、合意の真意性を重視し、使用者による変更内容についての詳しい情報提供、説明、書面による意思表示などをその要件とみる立場（合意基準説）と、同意があっても合理性は必要であるとして反対解釈を否定し、厳格な合理性審査を求める立場（合理性基準説）とに分かれていた[53]。その中間に、合意基準説を基本としながら緩やかな合理性審査を認める説[54]や、個別的労働条件については9条の反対解釈の余地を認めつつ合理性審査を求める説[55]もある。労働契約法の解釈としてはどちらも成立しうるものであり[56]、裁判例にも、合理性基準説に近い判断を示すものと合意基準説に近い立場との双方がみられた[57]。

（2）山梨県民信用組合事件最判

　そのような状況で、最高裁は、山梨県民信用組合事件判決[58]において、「労働条件は、労働者と使用者との個別の合意によって変更することができるものであり、このことは、就業規則に定められている労働条件を労働者の不利益に変更する場合であっても、その合意に際して就業規則の変更が必要とされることを除き、異なるものではない」と判示し、合意基準説を採用した。同事件は労働契約法施行前の事案ではあるが、判決中では同法8条と9条が参照されており、同法の解釈としても理解されている。同最判は労契法9条の反対解釈を認め、退職金が最終的にはゼロ円となるように、従来の合理的

変更法理に照らせば不利益性が非常に大きく合理性が認めにくいケースであっても、労働者の同意による変更は可能と結論づけた。

　これと同時に、合意の認定を厳格にする具体的な判断枠組みを示した点が注目される。すなわち、賃金や退職金に関する労働条件変更の場合には、「当該変更を受け入れる旨の労働者の行為があるとしても、労働者が使用者に使用されてその指揮命令に服すべき立場に置かれており、自らの意思決定の基礎となる情報を収集する能力にも限界があることに照らせば、当該行為をもって直ちに労働者の同意があったものとみるのは相当でなく、当該変更に対する労働者の同意の有無についての判断は慎重にされるべき」とし、その同意の有無については、「当該変更により労働者にもたらされる不利益の内容及び程度、労働者により当該行為がされるに至った経緯及びその態様、当該行為に先立つ労働者への情報提供又は説明の内容等に照らして、当該行為が労働者の自由な意思に基づいてされたものと認めるに足りる合理的な理由が客観的に存在するか否かという観点からも、判断されるべきものと解するのが相当」としたのである。そして、労働者が当面の退職金額と計算方法を知り、同意書の内容を理解した上で署名押印した事実だけでは足りず、使用者から一定の場合には退職金額がゼロ円となる可能性が高いこと等具体的な不利益の内容や程度についても情報提供や説明が行われる必要があったと判示した。

（3）合意原則をめぐる課題

　もともと、合理性基準説が不利益変更の合理性審査を重視してきた背景には、労使の交渉力の非対称性に鑑みれば、不利益変更を合意で認めると使用者に有利になりすぎる懸念があった。もっとも、就業規則の変更をめぐる紛争は事実上は利益紛争であるため、本来的には労使の合意形成こそが望まれる。司法審査による解決は労働者の保護を高めうる一方で、合意形成に向けた労使の努力、とくに使用者が労働者から納得を得ようとするインセンティブを阻害するおそれがある。交渉力の非対称性を是正し、労使対等の原則の実現に近づけるためには、合意の認定を厳格にすることで対処するという上記最判の枠組みが妥当といえよう。本稿の議論の順番は前後したが、前述の

とおり、この最判の枠組みは就業規則変更の合意（9条・10条）のみならず契約規律・変更の場面の合意についても応用されており、広く支持を集めるに至っている。

　残る課題は、合意の自由意思性を認めうる予測可能性の担保、つまり具体的事情の相対的重要度であろう。労使対等の原則に鑑みた合意の重要性からは、使用者による情報提供や説明の内容等が最も重要視されるべきである。そのなかには、質量のみならず、タイミングや双方向性の担保も含まれよう。不利益性の大きさによって、それぞれの求められる程度も異なる[59]。労働者が正確な内容を十分に理解し、考慮の期間を十分にとった上での意思表示であるか。合意の自由意思性を軽々に認めると合理性テストの潜脱となるおそれがあることをふまえて、さらに慎重な吟味を重ねていく必要がある。

1　施行通達（平成24・8・10基発0810第2号）もこのような理解を前提としている（第3の3(2)ウ）。
2　労働契約法制定前に、すでにこうした労働契約の「附合契約化」は指摘されていた（山口浩一郎『労働契約』（日本労働研究機構、1992年）54頁）。
3　労働契約を労働者と使用者の意思の合致（合意）として法的に把握するだけでは十分ではなく、労働関係を規律する種々の規範（憲法を頂点とする各種の立法、判例法、労働協約、就業規則、労使慣行等）のネットワークからなる規範モデルから把握することも提唱されている（唐津博「労働契約試論」労働法律旬報1798号（2013年）27頁以下。）。こうした法モデルにおいては、労働契約法上の合意原則は、単なる契約自治（当事者の意思の合致による契約の成立・変更）を意味するものではなく、労契法1条・3条に挙げられる労働契約の原則に照らし、関係諸事情を総合的に考慮した規範的評価としての合意（規範的合意）でなければならないとする。
4　最高裁判決としては、労働者が妊娠中に降格（軽易業務への転換）について渋々ながら同意したが育休終了後も原職復帰できなかった事案において、当該事業主の措置は原則として妊娠・出産等を理由とする不利益取扱い禁止（均等法9条3項）にあたるとしつつ、「軽易業務への転換及び上記措置により受ける有利な影響並びに上記措置により受ける不利な影響の内容や程度」、「事業主による説明の内容その他の経緯」、「当該労働者の意向」等に照らして、「当該労働者につき自由な意思に基づいて降格を承諾したものと認めるに足りる合理的な理由が客観的に存在するとき」はその例外となるとの判断枠組を提示した

うえで、原職復帰の可否について事前に認識を得る機会がなく、適切な説明を受けて十分に理解した上で諾否を決定し得たものとはいえないとして、「承諾」の効力を否定した例がある（広島中央保健生協事件・最判平成26・10・23民集68巻8号1270頁）。この点、有利・不利に一定の関連性が認められることから、有効な承諾がある場合には禁止される「不利益取扱い」にそもそも該当しないという理解もある（市原義孝・最判解民事篇平成26年度436頁）。もちろん、強行法規において禁止される不利益取扱いの事案は、それ以外の不利益変更とは法的状況を異にする。もっとも、有利不利の関連性は後者のケースにおいても共通するため（賃金や退職金が減額となる点では不利であっても、それが雇用契約の継続という有利な条件と結びついている場合もある）、使用者の適切な情報提供を前提とした労働者の自由な意思を基礎づける合理的な理由の客観的存在から合意を慎重に認定すべきという考慮は、同様に重要といえよう。

5 個別合意による労働条件の変更（労働契約法8条）の場面において、就業規則の不利益変更に関する合意（労契法9条）が問題となった事例である山梨県民信用組合事件（最判平成28・2・19・民集70巻2号123頁）を引用または参照する下級審判決が増えている。たとえば、期間の定めのない正職員から期間1年の有期契約職員に変更となる内容の労働条件通知書に労働者が署名押印していた事案において、説明が極めて短時間であったこと、署名押印しなければ解雇されると思ったため署名したとする労働者供述から、当該行為についての自由な意思に基づいてされたものと認めるに足りる合理的な理由の客観的存在を否定した事例（社会福祉法人佳徳会事件・熊本地判平成30・2・20労判1193号52頁）や、定年制のない無期労働契約から65歳定年の1年の有期契約への変更の事例（福祉事業者A苑事件・京都地判平成29・3・30・労判1164号44頁）、賃金の25％減額の事例（O・S・I事件・東京地判令和2・2・4労判1233号92頁）などがある。なお、心裡留保、錯誤、詐欺・強迫など、意思表示の瑕疵等に関する民法上の諸規定の適用があることは当然である。

6 蓼沼謙一「就業規則」季刊労働法別冊『労働基準法』（1977年）301頁、西谷敏「就業規則」片岡ほか・新基準法論506頁以下等。

7 荒木尚志『労働法（第5版）』（2022年）431頁。賃金引き下げに異議を述べずに受領していただけでは労働者の黙示の同意があったとはいえないと判示した事例として、北海道国際航空事件・最判平成15・12・18労判866号14頁、京都広告事件・大阪高判平成3・12・25労判621号80頁、前掲・山梨県民信用組合事件最判を参照して同旨を述べるものとして、木の花ホームほか1社事件・宇都宮地判令和2・2・19労判1225号57頁等。

8 東亜ペイント事件・最判昭和61・7・14労判477号6頁。

9 個別合意で決めるとしていた年俸額について具体的な昇給率等の基準を定めていなかった事案において、使用者に年俸額決定について無限定の裁量を与えたと解するのは労基法15条、89条、労契法3条の趣旨に反するとして使用者の一方的変更を認めなかった事例として、学究社（年俸減額）事件・東京地判令和4・2・8労判1265号5頁。

10 荒木尚志＝菅野和夫＝山川隆一『詳説労働契約法〔第2版〕』（2014年）124頁以下。

11 朝日火災海上保険（高田）事件・最判平成8・3・26民集50巻4号1008頁。

12 就業規則の変更に当たって組合との協議や同意条項がおかれている場合であっても、「就業規則は本来使用者の経営権の作用としてその一方的に定めうるところであって、このことはその変更についても異なるところがな」く、協議せずに変更しても協議違反とはなることは格別「規則改正の効力を左右する趣旨のものではない」とされる（三井造船玉野製作所事件・最決昭和27・7・4民集6巻7号635頁）。

13 同条の意見聴取義務は協議決定を要求するものではなく、意見を聴けば本条違反にならないとする行政解釈（昭和25・3・15基収525号）もあるが、それは監督官庁が司法警察権を行使しないという態度の表明にすぎないとして、同意までは要求されないとしても意見のあった事項に関して説明、情報提供または協議の余地を残さないのでは意見聴取手続に何の意味もなくなるとの指摘もあり（渡辺章『労働法講義〈上〉総論・雇用関係法Ⅰ』（2009年）173頁）、意見聴取義務を極めて弱いものとみては集団法的視点からの労働者参加形態としての意義を過小評価するとして、集団の意見を表明する権利を保障する手続的義務とみてその具体的内容の再構成も立論されている（唐津博「労働者過半数代表からの意見聴取義務・再論」労旬1951号（2020年）19頁以下）。

14 諏訪康雄「就業規則」労働法文献研究所編『文献研究労働法学』（1978年）82頁以下、唐津博「就業規則の法的性質」角田邦重ほか編『労働法の争点〔第3版〕』（2004年）16頁等。

15 最大判昭和43・12・25民集22巻13号3459頁。

16 菅野和夫「就業規則の法的性質」蓼沼謙一ほか編『労働法の争点』（1979年）288頁。

17 「労働条件を定型的に定めた就業規則は、一種の社会的規範としての性質を有するだけでなく、それが合理的な労働条件を定めているものであるかぎり、経営主体と労働者との間の労働条件は、その就業規則によるという事実たる慣習が成立しているものとして、その法的規範性が認められるに至っている（民法92条参照）ものということができ」、「就業規則は、当該事業場内での社会的

規範たるにとどまらず、法的規範としての性質を認められるに至っているものと解すべきであるから、当該事業場の労働者は、就業規則の存在および内容を現実に知っていると否とにかかわらず、また、これに対して個別的に同意を与えたかどうかを問わず、当然に、その適用を受けるものというべきである。」
18 下井隆史「就業規則の法的性質」日本労働法学会編『現代労働法講座（10）労働契約・就業規則』（1982年）293頁、菅野和夫『労働法』（1985年）93頁。同書第2版以降はこれを「定型契約説」とよぶ。
19 電電公社帯広電報電話局事件・最判昭61・3・13労判470号6頁、日立製作所武蔵工場事件・最判平成3・11・28民集45巻8号1270頁。
20 フジ興産事件・最判平成15・10・10労判861号5頁。
21 蓼沼謙一「就業規則の法的性質と効力」季労別冊1号・労働基準法（1977年）284頁。
22 菅野和夫・前掲注16論文288頁。
23 浜田富士郎「就業規則と労働契約」『本多淳亮先生還暦記念・労働契約の研究』（1986年）385頁。
24 唐津博『労働契約と就業規則の法理論』（2010年）6頁。むしろこうした法令上の扱いが労働契約の空洞化を招いたと指摘する。
25 もっとも、労契法7条が就業規則の労働契約に対する効力に関する議論を解消したと言える状況にはなく、議論は主要な舞台を7条本文の正当化根拠に移して継続しているとの指摘もある（島田陽一「就業規則の労働契約に対する効力」ジュリスト1507号（2017年）46頁以下）。
26 一般的には、就業規則上、業務上の都合により勤務地や職種の変更を命ずることができることが留保されていることが多い（厚生労働省労働基準監督課「モデル就業規則」（令和3年4月版）8条等参照）。
27 この合意は労働契約締結時に成立したものに限定されず、契約締結後に成立したものも含まれうる（水町勇一郎『詳解労働法〔第2版〕』（2021年）198頁）。
28 この最低基準効は、使用者が一方的に定立する労働条件に法的効力を付与するものであって、使用者が就業規則として作成した文書について認められる。すなわち労基法上の届出義務（89条）や意見聴取義務（90条）の履践を問わず、また同106条の周知の方法をとらなくとも実質的周知があるか、あるいは周知がなくとも就業規則の届け出がある場合には就業規則の最低基準効が認められる（土田道夫『労働契約法（第2版)』（2016年）349頁）。
29 唐津博「就業規則と労働者の同意」法学セミナー671号（2010年）23頁。2006年12月12日には、使用者による一方的な契約内容の形成を認める法理と法的に肯定するものであり、契約法理にそぐわないとする「就業規則変更法理の

成文化に再考を求める労働法研究者の声明」が厚生労働省労働基準監督課に手交されたという経緯もあった。また、合意原則との関係を整序する観点から、たとえば現 9 条の本文を残して但書を削除し、10条の但書部分と本文とを入れ替える案なども提唱されている（唐津博・前掲注24書368頁以下）。

30　荒木尚志・前掲注 7 書447頁。

31　平成20年 1 月23日基発0123004号は、労契法 9 条・10条は「判例法理に変更を加えるものではない」としている。

32　唐津博・前掲注24書347-348頁。

33　前掲・秋北バス事件判決では、「新たな就業規則の作成又は変更によって、既得の権利を奪い、労働者に不利益な労働条件を一方的に課することは、原則として、許されないと解すべきであるが、労働条件の集合的処理、特にその統一的かつ画一的な決定を建前とする就業規則の性質からいって、当該就業規則条項が合理的なものである限り、個々の労働者において、これに同意しないことを理由として、その適用を拒否することは許されないと解すべきであ」ると判示していた。

34　日本貨物検数協会事件・東京高判昭和50・10・28判時794号50頁等。

35　御國ハイヤー事件・最判昭和58・7・15労判425号75頁。

36　タケダシステム事件・最判昭和58・11・25労判418号21頁、第四銀行事件・最判平成 9・2・28民集51巻 2 号705頁、みちのく銀行事件・最判平成12・9・7民集54巻 7 号2075頁等。

37　大曲市農協事件・最判昭和63・2・16民集42巻 2 号60頁。

38　第一小型ハイヤー事件・最判平成 4・7・13労判630号 6 頁。

39　最判平成 9・2・28民集51巻 2 号705頁。

40　他方で、手続的要素の意義は労使協議を介して変更による不利益が軽減されると予測される点にあることや、公正に代表していないことの立証が労働者にとって極めて困難であることなどを理由に、独立の要素と捉えるべきでないとの見解もある（青野覚「判例における合理性判断法理の到達点と課題」日本労働法学会誌92号（1998年）125頁以下）。

41　荒木尚志「雇用システムと労働条件変更法理」（2001年）247頁。

42　山川隆一『雇用関係法〔第 4 版〕』（2008年）36頁。

43　水町勇一郎・前掲注27書211頁。

44　島田陽一「労働条件変更手段からみた就業規則に関する判例法理の問題点と課題」日本労働法学会誌92号（1998年）147頁以下。西谷敏『労働法〔第 3 版〕』（2020年）191頁、土田道夫・前掲注28書557頁。

45　同条の周知は、労契法 7 条と同様、労基法106条の周知方法に限らず、実質

的な周知の有無を検討する傾向にある（ファイザー事件・東京地判平成28・5・31労経速2288号3頁等）。
46　学校法人札幌大学（給与支給内規変更）事件・札幌高判平成29・10・4労判1174号5頁等。
47　荒木尚志・前掲注7書444頁。
48　西谷敏ほか編『新基本法コンメンタール　労働基準法・労働契約法〈第2版〉』[2020] 379頁［野田進］。
49　水町勇一郎・前掲注27書195頁。
50　たとえば、職能資格制度から成果主義的な賃金体系への移行や、年俸制に基づく個別交渉の拡大などが考えられる。
51　唐津博「長期雇用の変容と労働契約法理の可能性」日本労働法学会誌87号111頁以下。
52　島田陽一・前掲44論文162頁。
53　合意基準説として、荒木尚志「就業規則の不利益変更と労働者の合意」法曹時報64巻9号（2012年）2245頁、合理性基準説として、西谷敏『労働法〔第2版〕』（2013年）170頁など。
54　修正合意基準説（土田道夫・前掲注28書581頁）。
55　毛塚勝利「労働契約法における労働条件変更法理の規範構造」法学新報119巻5＝6号（2012年）511頁。
56　就業規則の最低基準効（労契法12条）を根拠に9条の反対解釈を否定する立場もあるが（淺野高宏「就業規則の最低基準効と労働条件変更（賃金減額）の問題について」安西愈古稀『経営と労働法務の理論と実務』（2009年）323頁）、使用者に就業規則変更権限がある以上、最低基準効は有効に変更された就業規則に関して認められるものと解すべきであろう。もっとも、9条の反対解釈で認められる合意とは、12条で遮断される就業規則の基準に達しない合意とならないよう、不利益な就業規則変更についての合意であることを要する。
57　前者の裁判例として、協愛事件・大阪地判平成21・3・19労判989号80頁、後者の例として、イセキ開発工機事件・東京地判平成15・12・12労判869号35頁、協愛事件・大阪高判平成22・3・18労判1015号83頁。
58　最判平成28・2・19民集70巻2号123頁。
59　労働条件の不利益性を判断要素とするのは、労契法10条が予定する合理性審査の場合とは異なり、使用者の説明責任の程度を決定する要素と位置づけるべきとの見解もある（島田陽一・前掲注25論文51頁）。

懲戒権の法源論に関する一考察
―― 信頼関係的合意論からのアプローチ ――

米 津 孝 司

一　問題の所在――今なぜ法的根拠＝法源を論じるのか――
二　懲戒権の法的根拠をめぐる論争史
三　懲戒権法理における規範意識論の契約論的再構成
四　終わりに

一　問題の所在――今なぜ法的根拠＝法源を論じるのか――

2007年成立の労働契約法（以下「労契法」）は、その15条において、「使用者が労働者を懲戒することができる場合において、当該懲戒が、当該懲戒に係る労働者の行為の性質及び態様その他の事情に照らして、客観的に合理的な理由を欠き、社会通念上相当であると認められない場合は、その権利を濫用したものとして、当該懲戒は、無効とする。」と定めている。これは懲戒権濫用に関する判例を忠実に立法化したものとされるが、そもそも何を根拠に、またいかなる場合に懲戒権が発生するのかについては、懲戒権の法的根拠をめぐる未解決の理論状況を反映してか、法律は沈黙したままである。懲戒権のいわゆる法的根拠については、長らく固有権説、法規説、そして契約説の間で議論が行われてきた。近年では、就業規則をめぐる議論と軌を一にするかたちで契約説が学説において支配的になる一方で、かつて経営権説あるいは固有権説として理解されてきた判例法理についても、契約説的に解釈する流れが優勢になりつつある。そして今日では、懲戒権の法的根拠を論じることの「実益」について懐疑的な傾向が強まり、判例の解釈をめぐっても「いずれの説に立っても結論に違いはない」として、かつてのような活発な議論は行われなくなってきている。

本稿は、こう着状態に入った感のある懲戒権の法的根拠すなわち法源論について、それが今なお論じるべきアクチュアルな問題であること、さらにはそれが21世紀における労働契約の本質に関わる理論問題の解明に重要な手掛かりを提供するのではないか、との問題意識に立ち、これまでの法的根拠をめぐる議論を総括し、筆者の年来の主張である信頼関係的合意論の視角から懲戒権法理を再考することを目的としている。

　懲戒権の法的根拠を議論するに先立ち、先ずは概念の整理を行なっておきたい。そもそも「懲戒処分」とは何を意味するのかが必ずしも自明のことではないが[1]、一般的には従業員の職場秩序違反行為に対する制裁罰としての労働関係における不利益措置として理解されている。そしてそれは契約の解除や損害賠償などの契約的な措置・制裁（契約罰）には包摂されない秩序罰（Ordnungsstrafe）として、当事者間の上下関係あるいは何がしかの権力的な関係性を前提にし[2]、従ってそれ自体は労働者の名誉感情を傷つける可能性を孕むものと理解されてきた。自由な人格者間の対等な関係性を前提とするべき契約に基礎づく労働関係において、何故にそのような権力的な一方措置としての懲戒処分が可能なのか、これが懲戒権の法的根拠をめぐる問いが発せられる実質的な理由である。法的根拠という言葉には、従来あまり区別されることなく用いられてきた二つの意味がある。一つは、法律（法規）や契約、更には一種の生ける法としての共同体関係など、法形式上の根拠とされるもので、裁判における判決の法的正当化の理由として準拠される規範の存在形式のことを指し、法理学上は、一般に法源と呼ばれるものである[3]。これに対して、法的根拠という言葉が、法秩序下で許容されるための実質的根拠として用いられることがあり、懲戒権をめぐる議論においては、私的制裁たる懲戒処分が正当化され得るための実質的根拠（規範的契機とも表現される）として論じられてきた。これは、法理学的には法の妥当性（拘束力）あるいは「法的正当化」を意味する。この法源と法の妥当性（あるいは正当性）は法理学的には区別されるものであるが、他方、法源が法の妥当性（拘束力）をもつ実定法であることから、実定法に拘束され法源を個別具体的事件に即して解釈・適用することを通じて懲戒処分の法的制約を判断する裁判実務において、それらはほとんど区別されることなく用いられている。懲戒権の法的

根拠について、かつてのような学理的な論争が下火になり、むしろ法実務的なその制約法理へと議論がシフトする中で、学説においても両者の区別はほとんどなされなくなり今日に至っている。このこと自体を取り立てて問題にするつもりはないが、後述する通り、懲戒処分の法的制約の理論（法的拘束性の可否を判定する正当化の論理）を、法源論に立ち返り、改めて統合的な（体系的・原理的）な懲戒法理の構築を目指す本稿のスタンスからは、可能な限り両者を概念的に区別することが有益であると考える。本稿では、規範的契機あるいは法の妥当性・正当化の文脈で用いられる「法的根拠」については、できる限り「規範的根拠」と表現するようにしたい。

　では次に、今なぜ改めて懲戒権の法的（規範的）根拠、法源論を論じるのか。

　第一は理論的なもので、日本の懲戒権に関する学説として今日支配的となりつつある契約説が抱える理論的不透明さを解消する課題である。懲戒権の法的根拠・法源論に関する契約説は、フランスやドイツとは異なり、広範囲の懲戒処分を許容しつつ、これを契約によって根拠付ける我が国独自の法思考を採用するもであるが、そのことと就業規則における懲戒に関する規定の定めとその周知をもって懲戒権が根拠づけられるとする理解の相互の関係は未だ必ずしも明確ではない。労働契約法15条をはじめとする現時点における懲戒法制は、就業規則法理や信義則法理、合理的限定解釈さらに権利濫用法理が渾然一体となってその法的規制を行なっている感があり、法的根拠とされる契約との理論的脈略は希薄である。そこでは契約法理としての原理的・体系的な規制がなされているとは言い難い。学説における懲戒権についての弱点として夙に指摘されてきた規範的根拠論とその制約についての統一的な理論の不存在という問題は、いまだに解消されないまま今に至っている。次節二においては、このことを過去の懲戒権の法的根拠をめぐる学説の論争を振り返りながら整理する。

　そして第二に実務的・実践的な課題である。上記の理論的な不透明さにも起因して、判例と学説の分裂、判例の解釈をめぐる固有権説と契約説の対立が解消されていない。そしてそのことが、実は昭和50年代以降における判例法理における企業秩序論に歯止めをかけることに必ずしも成功してこなかっ

たことに繋がっているように思われるのである。当初、固有権説として理解されていた判例は、最高裁における昭和50年代以降の企業秩序論の展開、そしてその確立と並行して、労働者の職場秩序遵守義務のみならず懲戒権自体を「労働契約の締結」と接続させる説示がなされるようになる[4]。学説は判例の企業秩序論を厳しく批判したが、判例が上記の契約論的な微修正を施しつつもその企業秩序論に対する自信を深め、かつ学説が判例に代わる懲戒権法理の構築とそのコンセンサスを獲得できなかったこともあって、むしろ企業秩序論をコアとする判例のスタンスを契約説と解釈し、かつ自説として契約説を唱える学説がその後優勢となっていった。判例が依拠する企業秩序論は固有権説の残滓を色こく残しつつ、今日、判例実務における確たる地位を占めるに至っているが、理論的にかなり曖昧なまま学説がこれを契約説として性格づけるものが増える一方で、契約法理に基づく制約法理の構築がいわば置き去りにされている感が強い。伝統的な契約理解によれば、おそらくは説明がつかないはずの普通解雇と区別される懲戒解雇や諭旨解雇などが、いまだに企業実務、判例実務においてさしたる疑問を持たれることなく行われ続けており、学説がこれに有効に対抗できていない現状は、後述するかつての盛教授の問題提起とこれに対する毛塚教授の批判によって浮き彫りとなった懲戒法理の課題、すなわち統一的な法的根拠論とこれを基礎とした統一的体系的な問題処理（制約法理の確立）が、いまだ果たされないまま今日に至っていることの帰結でもある。

　判例の懲戒権論を固有権説として理解するのか、それとも契約説として理解するのか、という理論問題は、懲戒権の法的根拠＝法源論は、法実務的に懲戒処分をめぐる紛争が解決され、あるいは行為規範として懲戒をめぐる規範が安定的に機能しているのであれば、あえてこの対立を解消する必要はなく、いわゆる"実益のない議論"として放置しておいても構わないのかもしれない。しかしながら、判例実務における企業秩序論の一人歩き[5]という労働者の権利保障にとって放置できない実践的問題の他にも、懲戒権の法的根拠の理論問題に直結する法実務上の未解決の問題が存在している。

　すなわち第三に、産業構造、社会経済構造の変化とそれに伴う企業とりわけ小規模企業が果たすべき役割の増大に伴う懲戒法理の再検討の必要性であ

る。就業規則が整理されていない10人未満の零細企業においては、懲戒処分が問題となるケースは現実にはこれまでも多く存在した。ただそれが、多くの場合、裁判にまでは至らず、事実的（非法的）に問題が処理されてきたに過ぎない。しかし、近年は小規模事業における企業組織、企業ガバナンスのあり方に関心が向けられるようになってきている。すなわち、我が国産業を中長期にわたる停滞から脱却させ、持続的発展を軌道に乗せることを目的に平成25年に産業競争力強化法が制定され、新たな事業活動の創造につながる規制改革を推進するための措置、ベンチャー投資や事業再編の円滑化等の産業の新陳代謝を活性化させるための措置、地域中小企業の創業・事業再生の支援のための措置等が講じられた。そして直近では、令和3年にデジタル化への対応やベンチャー企業の成長支援措置を講じるとともに、その中核を担う中小企業の生産性向上を支援する措置が講じられる中で、起業・創業支援の重要性がクローズアップされつつある。そうした起業者、創業事業者の少なからぬものが10人未満の事業である。要するに我が国産業の長期停滞からの脱却と持続的発展という目的を達成するためには小規模事業所のガバナンス、とりわけ職場規律を軸とした企業秩序の維持（というよりもその創造）がアクチュアルな問題となる状況が生まれつつあると思われるのである。

　現在の懲戒法理によれば、フジ興産事件最高裁判決の判例法理の定着により、懲戒権行使が適法とされるためには、懲戒の事由と手段を就業規則に（限定列挙的に）明記し、これを周知することで契約関係の規範として樹立することが必要とされている[6]。この理解に従えば、就業規則の制定が義務付けられていない10人未満の小規模企業においても、制裁罰としての懲戒処分を行うためには、予め就業規則における懲戒規定を整備しかつ周知なければ懲戒処分を行えない事になる。しかしながら、創業間もない多くの小規模企業においては、就業規則が整備されていないことも稀ではなく、整備したとしても周知がされていないことがままありうる。こうした場合に、それらを怠った事業者の責任だとして損害賠償と契約解除以外の制裁措置は行えない、とするのは一つのスタンスではあるが、創業・起業を取り巻く複雑な法益状況に、こうした一律処理が果たして適合的かは、憲法上の基本権間の衡量問題を含めて慎重な検討を要するところであろう[7]。就業規則の制定が義

務付けられている事業主については、就業規則における懲戒規定と周知を要件する従来の通説・判例の理解を変更する必要はないが、10人未満事業において懲戒について就業規則上の整備がなされていない場合であっても、個別の労働契約における合意の存在が認定できれば、懲戒権が発生するとともに、懲戒権行使が適法とされる余地があるとの議論はあり得るし[8]、またその場合は、個別の労働契約に基づく懲戒権行使を制約するための契約法理の確立が喫緊の課題となる。

　以上のような問題意識に下に懲戒権の規範的根拠（法的根拠、法源）を検討するが、結論を先取りして言えば、これまでの基本的な理論的対立軸であった契約説 vs 法規説（あるいは制度説）について、それぞれの今日的な理論的到達点を踏まえつつ、信頼関係的合意の観点から両者を統合する規範的根拠論の提示が目指される。それは近年顕著になりつつある企業の存在目的に関するシェアーホールダーモデルからステークホールダーモデルへの発展的回帰、SDGs への注目に見られるような社会的課題の解決を企業理念の中心におく時代潮流、また労働者協働組合における企業と労働者との新たな関係性の模索[9]など、従来のような使用者 vs 労働者の一元的な利害対立モデルでは十分な法益調整が困難になりつつある状況に対応した労働（契約）法理の形成という課題に連動している。それは労働法における各種論争の根底に横たわっている「契約的合意と共同体との関係性」[10]をどのように理解するのか、という世界的に共通する近現代労働法学の原理問題でもある。

二　懲戒権の法的根拠をめぐる論争史

1　昭和30年代の論争

　懲戒権の法的根拠をめぐる学説の論争は、懲戒権を使用者の経営権や固有の権利としてアプリオリに措定する戦後初期における判例の傾向に対して、「懲戒がなされうるのは、本来使用者に懲戒権があるというわけではなく、それが労働契約の内容になっているからなのである」として契約説を打ち出した石川[11]によって口火が切られた。これに対して沼田[12]は、「市民法的原理をもって貫いてゆく限り、懲戒は労働契約＝労使の合意に根拠を求めざるほ

かあるまい」としつつ、石川の契約説に対して、「その抽象性、虚偽性があまりにも顕となった契約意志を根拠とするのでは今日の法意識を満足せしめるものとはいえない」と批判した。そして、「就業規則が社会規範として行われているという具体的な事実を直視するとき、その社会規範が規律する個別的な人間関係における個別的な合意＝契約意思にまで分散しないところの一般的な規範としてとらえるのがより具体的」とし、「社会悪たる工場罰が今日のブルジョア法たる労基法によって法認されている正当性の基礎は「共同作業の秩序は維持されねばならない」ということが規範として承認せられていることに存している」と述べ、最終的に、「懲戒の規範的根拠は共同作業を円滑に遂行しうるごとき経営秩序を維持するということが経営という小社会の規範意識によって支えられていることに求められなければならない。そして保護法の原理に矛盾しないかぎりで法認される」と結論づけた。これは沼田の就業規則の法的性質論（いわゆる保護法授権説あるいは効力付与説）をベースとしたもので、ここに懲戒権の法的根拠をめぐる契約説と法規説の対抗図式が成立することになった。沼田の議論については後に改めて敷衍するが、その理論的核心は、保護法としての労基法に依拠する議論というよりも、同法に仮託され実定化た労使の共同的な規範意識にこそ法源論的な基礎とその妥当性の根拠が求めらている、という点だけをここで指摘しておこう。

　判例に代表される固有権説や沼田によって唱えられた保護法授権説としての法規説に対して、契約説からの議論を代表するのが石井[13]と花見[14]による議論で、それらは沼田がその就業規則の法的性質論における保護法授権説に基づき懲戒権の法的根拠を論じたのに対して、就業規則の法的性質に関する附合契約説（民法92条の事実たる慣習論）を基礎とするものであった。花見は、共同作業秩序維持についての規範意識に依拠する沼田説に対して、「社会経済的認識に従えば懲戒権は経営という小社会の規範によって支えられるものとしてその意味でまさに規範的根拠を有するであろうが、それが法的規範に支えられたものとして、法理的根拠を有するかは別の問題である。経営という小社会が果たして法的な意味での統一体としてとらえられるかどうか疑問である。懲戒権の法的根拠を労資の合意に求めることが、その虚偽性があま

りに顕だとするなら、これを『共同作業が秩序なくしては行えない』という『虚偽の意識』に求めることも、同様にその虚偽性が顕であって、今日の法意識に合致しない」と批判しつつ「労基法の規定は、使用者の私的制裁に一定の枠を与えたにすぎず、その法的根拠にまで立ち入っているわけではない」とした。そして花見は、その後に発表した著書[15]において、ドイツ法学説における契約説と法規説（制度理論）の論争についての知見を踏まえつつ、「労働者は一定の企業の中では働くという抽象的合意をなすことにより、就業規則によるという事実たる慣習に基づき就業規則の諸条項に黙示の承諾を与えることになる。従って就業規則に懲戒条項がある限り、法令及び公序良俗に反せざる限り、法律上効力をもつ合意が成立したものと考えられる」とし、すでに石井によって提唱された就業規則の法的性質についての事実たる慣習説(民法92条)に立つことを宣明した。その後も、概ね法規説の系譜に連なる議論と契約説の系譜に属する議論の間で懲戒権の根拠とその制約の法理をめぐる学説が展開されたが、今日時点において懲戒権の法的根拠論の更なる展開を試みようとする見地からは、沼田による保護法授権説と石井・花見による附合契約説（民法92条の事実たる慣習論）の理論的相剋とその克服という点が理論史的には重要であるが、それを論じる前に、その後おおよそ四半世紀を経て再燃した第二次の懲戒権論争について言及しておきたい。

2　判例の企業秩序論と第二次懲戒権論争
（1）判例の企業秩序論

　昭和30年代に展開された懲戒権論争は、大きな理論的対立を残す一方で、懲戒処分が一定の集団的秩序・規律の維持をその目的とし、それが懲戒権を限界づける根拠とされること、そしてこのこととも関係して、懲戒処分は就業規則の懲戒規定に基づくべきこと、懲戒処分の行使が平等原則や相当性原則、罪刑法定主義類似のルールに従うべきこと[16]など、一定のコンセンサスが形成されていった。裁判所は固有権説の残滓を残しつつも、懲戒処分の司法審査については、それら学説上のコンセンサスと軌を一にする形で判例を積み重ねていった。そうした学説・判例に一つの転機をもたらしたのが、昭和50年代以降における判例における企業秩序論の展開であった。企業秩序や

経営秩序への言及自体は、すでに初期の頃からの判例に見られるものであったが、労働契約上、労働者が企業秩序を維持するための規律に従う義務のみならず、それを超えて、企業秩序が「企業の存立と事業の円滑な運営の維持のために必要不可欠なもの」であるとして、労働者への命令や措置に違反した者への制裁の権限をこれに一括して根拠付けるスタンスを最高裁として確立したのが、昭和52年の目黒電報電話事件[17]及び富士重工業事件についての最高裁判決であった。この最高裁における企業秩序論は、その後さらに、昭和54年の札幌運転区事件判決[18]において、「企業は、その存立を維持し、目的たる事業の円滑な運営をはかるため、それを構成する人的要素及びその所有し管理する物的施設の両者を総合し、合理的目的的に配備編成して企業秩序を定立し、この企業秩序のもとにその活動を行うものであって、企業はその構成員に対して、これに服することを求めうる」としてより詳細に展開された。そして最終的には、昭和58年の関西電力事件最高裁判決[19]において、「労働者は、労働契約を締結して雇用されることによって、使用者に対して労務提供義務を負うとともに企業秩序を遵守すべき義務を負い、使用者は、広く企業秩序を維持し、もって企業の円滑な運営を図るために、その雇用する労働者の企業秩序違反行為を理由として、当該労働者に対し、一種の制裁罰である懲戒を課することができる」と定式化された。

こうした最高裁の企業秩序概念は、指揮命令権並びに財産権の行使を意味する施設管理権によって円滑に維持されている社会的な機能を表現する経営秩序あるいは職場秩序とは明らかに異なるものであり、一見するところ、労働契約外部に「企業秩序権」ともいうべき超然たる権限を有するかの様相を呈するものであった[20]。企業の活動において、労働が集団的・組織的性格を有するものであることから、個々の労働契約に解消されない集団的な秩序が想定されなければならないが、そうした秩序は労働者の諸権利を保障する日本国憲法の規範秩序下にあるそれとして、本来のところ使用者の指揮命令権や施設管理権を内在的に制約する規範秩序でなければならない[21]。ところが最高裁の企業秩序論は、基本権的な価値秩序における法益の調整原理から乖離し、パターナリスティックな使用者による労働者の統制ツールとして機能する概念へと転化するものであった。学説がこれをこぞって批判したことに

は十分な理由があったのである。

業務命令違反が争われた1986年の電電公社帯広事件最高裁判決（健康診断受診命令）や1991年の日立武蔵工場事件（時間外労働命令）など、就業規則の法的性質について判例を契約説的に理解する根拠にされる傾向にある懲戒事件の最高裁判例は、その具体的な事実関係と判断内容を見れば、人格が尊重されるべき対等な当事者間における合意により契約条件を規律することを基本とすべき契約関係とは対極的な一方当事者（使用者）の命令とこれに対する違背に対する権力的な制裁を正当化するものである。また、契約説とも理解されることのある1983年の関西電力事件判決においては、企業外の非違行為について、それが企業の円滑な運営に支障をきたす、あるいは評価の低下に繋がる「おそれ」という抽象的な危険を根拠に、これを懲戒処分の対象とした。それは当時の日本の企業社会における社会通念的な理解ではあったのかもしれないが、具体的な法益侵害の有無の事実を検討することなく、抽象的リスクを根拠に、普通解雇を含めた履行障害法理に基づく契約上の措置のみならず、懲戒解雇にまで及ぶ懲戒権行使を許容する判例のこうしたスタンスは、契約論としては破格なものであり、一般的な契約理解に従う限りその説明は相当に困難を伴う。懲戒権の根拠をめぐるこうした最高裁判例をどのように理解すべきかについては、おそらく企業秩序論の基礎にもあるより一般的な法源論であるところの共同体関係理論とともに後述する。その前に、こうした最高裁判例の展開にも触発される形で起こった第二次懲戒権論争について整理しておこう。

最高裁の企業秩序概念自体に対する学説の批判は、目黒電報電話局事件判決や富士重工業事件判決が出された直後にすでに開始されていたが、懲戒権の基礎理論レベルでこれを受け止め、懲戒権の法的根拠論に新たな画期をもたらしたのが盛の問題提起とこれに対する毛塚の批判を軸に展開された第二次の懲戒権論争である。

(2) 第二次懲戒権論争

盛は、従来の学説が懲戒解雇をはじめとする多様な懲戒処分を包括的に制裁罰としての懲戒権の行使として理解する一方で、本来は懲戒処分の個別的

形態とその実際的機能に着目してその限界を論じるべきところ、それができていないこと、したがって学説における懲戒権の法的根拠についての法的構成上の相違が具体的な法的問題の明確な結論の差異として現れていないと総括した（懲戒法理における情状論、量刑論の横行）。そして、懲戒処分の基礎的法理構成の前提として論じるべき問題は、第一に個別的な懲戒処分が法的にいかなる性格のものであり、具体的にいかなる使用者の権利ないし権能の行使に基づくのかであり、またそうした権利・権能の個別的要件であるとしつつ、第二にそれら個別的な法的権利・権能が、同一の目的・対象・手続などに相互に関連づけられ、「懲戒として」行使されることの実際的機能・効果についての法的評価と、そこから導かれる懲戒処分の一般的要件・限界の問題であるとする。そして、懲戒処分の労働契約上の制裁権限を補充するという意味での「補充的」な、またより重い処分を回避しうるという意味での「代替的」な、さらに通常の労働契約では認められないより重い処分をなし得るという意味での「加重的」な意義を踏まえ、それらの機能の正当化根拠たる合意が、それぞれの懲戒処分に見出されるか否かを個別具体的に検討すべきであると論じた[22]。

　こうした盛の懲戒権法理は、契約説と法規説（制度説）の厳しい対立を経て、その後、各種の非違行為に対するサンクションを個別の処分ごとの法的根拠とその制約に関する（立法による対処を含めた）いわば棲み分け的な法理を形成していったフランス法やドイツ法についての比較法的知見をベースとするもので、必ずしも特異な立論ではなく、大陸法系の懲戒法理としてはむしろオーソドックスな見解とさえ言いうるものであった。

　しかし、この盛の問題提起に対して、毛塚は、たしかに懲戒権をめぐる具体的紛争が個々の懲戒処分の妥当性をめぐって生起する以上、個別懲戒処分の法的性格に焦点を当てて議論することは必要だとしつつも、以下のように盛の議論を批判した[23]。すなわち、「使用者が労働契約によって固有に取得する権利・権能の内容は一義的で明確ではないし、また、特約や合意によって取得する権利・権能も「懲戒として」行使しうる余地を認めるのであれば、懲戒手段を限界づける役割を右の懲戒概念が果たしてくれるわけでもない。そうであれば……職場規律なり経営秩序に違反する行為に対して使用者

が不利益措置をとることのできる権能を懲戒権として統一的に理解し、その法的根拠を求めた上で、懲戒権の限界の議論のなかで労働契約関係に適合的な懲戒手段のみを法的に許容するという従来の議論の枠組みでも十分、またそれで足りる」と。そして、盛論文がせっかく懲戒の機能に目を向けながら、懲戒権の法的根拠の問題を「個別的要件」と「特別の要件」との問題に分離させてしまったために、かえって懲戒権が使用者に承認されることの規範的な意味ないし契機を見失う結果となているのをみると、個別懲戒処分についてではなく、改めて懲戒権それ自体についての法的根拠を問う必要がある、と論じた。その後の学説にしばしば言及されるこの懲戒権の規範的契機論について、毛塚教授は、以下のように述べる。すなわち、懲戒権承認の規範的契機は、（盛教授やそれに先立つ多くの学説が言うような）「共同作業秩序」にかかわる法益の重要性にではなく、その法益を確保する手段の不合理性、すなわち使用者の「解約の自由」の不合理性にあり、解約にいたらぬ不利益措置を承認することによって「解約の自由」の不合理性を排除することにこそそれは求められるべきである、と。この議論は、今日における内外の法学理論の用語を用いるならば、いわゆる比例原則を語ったものと理解できるが[24]、果たしてこうした立論が、厳密な意味において懲戒権の法源論としての法的根拠を論じたものかはともかく（既述の通り、それはむしろ法の妥当性、正当化の問題である）、広義における規範的根拠を論じたものとして我が国においてはその後学説に広く受容され今日に至っている。

　盛・毛塚による問題提起は、さらに諏訪よって以下のように総括された[25]。諏訪は、懲戒権や懲戒処分の概念について、労働者の非違行為に対してなされる制裁的措置一般から、純粋に一般法からは導き出せない根拠により初めてなしうる最狭義の懲戒処分に至るまでの四つの段階を類型化した上で、それらの法的根拠は各措置をとる使用者の固有な労働契約上の諸権利・諸機能、そしてその限りでの裁量権であるとする。そして、懲戒規定による懲戒制度なかりせばできなかったような諸手段を補充し従来からもできえたような諸手段をも合併・統合して体系的な懲戒制度が合意による広義の契約罰として新たに設けられている以上は、そこにおける懲戒処分は合意内容から導かれる要件・効果の問題となるのであって、そこに生じる懲戒権も合意

に基礎付けられ懲戒制度の範囲で広がりをもつ実態的・手続的な諸権利・諸権能からなる統合的な概念である、と論じた。

盛・毛塚・諏訪によるこれら一連の議論を通じて、学説上、懲戒権の法的根拠と個別具体的な懲戒処分の制約法理（法的拘束力）を統合的に基礎付けるための橋頭堡が築かれることになった。そして法的根拠については三者共通して契約説に立っていたこともあり、その後、法源としての法的根拠については（広義の）契約説が支配的となっていっていく一方で[26]、使用者による懲戒権行使には就業規則上の根拠が必要であり、懲戒処分の制約法理は、基本的に就業規則の解釈・適用問題（を通じたその拘束力の問題）であるとの認識が定着していく。

こうした議論の経緯を見ると、フランスやドイツなどと異なり日本においては譴責・戒告から懲戒解雇までの広範囲に及ぶ様々な制裁罰としての懲戒処分が「契約」によって根拠づけられる一方で（破格の契約概念）、しかしその制約法理との関連においてはむしろ契約説でも法規説でもない（あるいは両者の呉越同舟的な）日本独自の規範的根拠論としての「就業規則説」が支配しているとの印象さえ拭えない[27]。第二次懲戒権論争は、確かに学説における従来の契約説と法規説の拮抗状態からの一つの転機をもたらすものであったともいいうるであろう。しかしながら、その後の学説の展開の中で、法的根拠論としての契約説は就業規則法理と連動する法的制約（拘束力）をめぐる議論の背景に退くかたちとなってしまっており、法的根拠についての契約説と法的制約をめぐる議論の関連を辿ることは現時点においてはかなり難しい[28]。懲戒権の根拠は、最高裁判例の解釈を含めて、今のところ固有権説か契約説かの二項対立で説明することは困難であるところ、実はそうした法的根拠論における学説の弱点が、判例における固有権説的な残滓を残す企業秩序論の一人歩きを今なお克服できないでいることの背景にあると思われる。学説は、判例が諸種の労務指揮権や施設管理権を包括する超然たる（打出の小槌ともいうべき）企業秩序論を持ち出すことを批判し、上記のごとくそれはある程度には正当な批判ではあったが、翻って、今日の学説において語られる契約説における「契約」概念は、理論的には判例の企業秩序概念と同じく、法律行為論としての彫琢が十分ではないことに起因して、むしろ判例の

企業秩序論の看板をすげ替えたも同然の機能を果たしている疑いすら払拭できない[29]。契約説に立つ学説は、懲戒規定が就業規則において整備されることを懲戒権行使の拘束力の前提とするが、それは契約説の論理的帰結というよりも、むしろ判例[30]がこれを実定法規範化させたものというべきである。そして、就業規則の懲戒規定が労働契約の内容になることで懲戒処分の拘束性が根拠づけられるというだけでは、就業規則の労働契約内容化についての（法規説としての）化体説が存在する以上、契約説を論証したことにはならず、第二次懲戒権論争においてなお課題として残された懲戒処分の法的根拠論と制約法理の原理的・体系的基礎づけという問題に契約説として正面から取り組んだことにはならないように思われるのである。

夙に語られてきた通り、懲戒権の法的根拠とその制約法理は、就業規則の法的性質をめぐる議論と密接に関係している。筆者は、就業規則の法的性質についての狭義の契約説（法律行為論）、すなわち就業規則それ自体は契約の雛形であり、その拘束力はあくまで契約当事者間の合意によって根拠づけられるとの見地に立ちつつ、制度としての就業規則のみならず個別の合意による懲戒権の設定も排除されないと解し、法律行為としての契約的合意に内在した懲戒処分の制約法理を確立することで、一見盤石に見える判例の企業秩序論を克服する理路が獲得できると考えている。以下では、そのことについてさらに敷衍しよう。

三　懲戒権法理における規範意識論の契約論的再構成

1　契約理論の未成熟と共同体関係

以上のような理論史を振り返れば、判例における戦後のある時期までの無定形な経営権思想に基づく固有権説とこれを継承する企業秩序論に対して、学説は契約説及び法規説それぞれの立場から司法的なコントロールを及ぼすための法的基礎の構築を目指した第一次の懲戒権論争から、さらにフランスやドイツをはじめとする懲戒法理に関する比較法的知見を背景に、さらに各種の懲戒処分の性格や機能を踏まえつつ、それらに共通する統合的な法的根拠論とこれと整合的な法的制約の法理構築の橋頭堡が築かれた第二次懲

戒権論争を経てた今日、我々は、今なおそれら学説と判例が直面した課題を克服しきれていない現実と向き合っていることに気づく。

　個々の労働者と使用者による自主的で対等な交渉と合意によって労働条件が規律されるとこを基本原理とする今日の個別的労働関係法秩序のもとにおいては、懲戒権の法源・法的根拠も、やはり契約的合意に定礎されるべきであり、本稿も基本的には多くの学説と同様、契約説の立場に立つ。しかしながら、縷々述べた通り、現時点における契約説は、判例の企業秩序論に取って代わりうる法理を未だ構築できていない。これは、何よりも企業秩序論に内包されている共同体関係理論の深みに、いまだ現在の契約説が十分に届きえていないこと、したがって職場規律・共同作業秩序の維持と発展を担保しつつ労働者の人格権を保障しうる法的言説としては、未だに契約説が未成熟であることに起因している。

　こうした共同体法理と契約法理の相克問題は、近現代における内外の労働法学が対峙してきた原理問題であり、懲戒権の法的根拠論はその一応用事例にすぎない。もちろん本稿においては、そうした現代の労働法学が直面している基礎理論的課題を主題的に扱うことはできないが、せめて本稿の冒頭に設定した懲戒権の法的根拠をめぐる諸課題に取り組んで行くための何らかの手がかりを提示することで責を塞ぎたいと思う。その際、思考の補助線として重視するのが、かつて第一の懲戒権論争において沼田がその法的根拠論の核心においた（企業の共同作業秩序における）規範意識論あるいは法的確信論である。

　共同体（における規範意識としての法的確信）を法源論の基礎におく法思考は、実は近代市民法学の父であり歴史法学の創始者であるサヴィニーの例を出すまでもなく、法思想史的にはむしろオーソドックスなものである。資本主義的生産様式と商品交換の進化・発展と共に、それまで共同体関係の中に埋め込まれていた市場機能が自律性を高め、やがては個人・市民社会・国家という三位一体の社会編成原理が確立していく。同時にそれは、権利能力において平等な所有権者たる市民による契約関係とそれを権力的に担保する国家の相互関係として近代市民法の基本構造を形成することになった[31]。近代初期においては、未だ輪郭が曖昧であったそれらの社会編成原理とそれを担保す

る近代法秩序は、実定法規範としての法概念的な洗練化と並行して、徐々に共同体的紐帯をめぐる規範意識への言及を希薄化させていく。近代の日本法が主にその範としたドイツ近代法学の源流に遡れば、ドイツ民族の共同体的な精神こそが法の母体であるとしたサヴィニーの法源理論は、ドイツが近隣の列強諸国との激烈な競争関係の只中で資本主義とそれを総括する統一国家を発展させていった19世紀半ばから後半期にかけて、彼の後継者であるローマ法学者・パンデクテン法学者たちによって換骨奪胎され、サヴィニー理論の核心にあった規範意識論と法的確信論は放擲されてゆく。近代の日本法学が継受したドイツ法、とりわけ今日の日本の法律行為論の骨格をなすパンデクテン法学における意思理論は、近代的な実定法学としての洗練度を高める一方で、サヴィニーの意思理論が内包させていた共同体法理の豊穣な世界を削ぎ落としたそれであったことは記憶に留めおかれるべきである。ドイツ資本主義の展開とともに生じた貧困や労働問題などの社会問題の解決が統一国家ドイツの行く末を左右することを鋭く察知し、これを法学の課題として引き受けたギールケとその後継者は、パンデクテン法学派における個人主義を批判し、問題解決の糸口を German 共同体とその法理（団体法理）の再興に求めることになる。それは、その後ワイマールの時代に、市場の暴力による被害を被る人々（沼田の言葉で言えば「資本主義の体制的被害者」）の生活と社会共同体に息づく生ける法（Lebendes Recht）の発見（エールリッヒ）の法学方法論として、労働法における人法的共同体関係理論（フーク・ニッパーダイ）や労働者共同体としての団結の法理（ジンツハイマー）として理論的に彫琢されパンデクテン法学に代表される市民法学に対抗する社会法学としてドイツ法学における一大潮流を形成していくことになったのである。懲戒権の法的根拠（そして就業規則の法的性質）に関する沼田の規範意識論は、そうしたサヴィニーを源流とするドイツ社会法学の伝統と日本においてドイツ社会法学が直面したのと同様の社会問題を（日本における超国家主義の跋扈というより困難な社会状況において）自らの課題として引き受けた末弘厳太郎の社会自主法理論、さらにマルクス主義法学のいわば総合理論として提示されたものであることをまずは確認したい[32]。

他方、日本の労働判例における企業秩序論が、上記のようなドイツの団体

法理論や共同体関係理論をベースにしたものであるとは思われないが、しかし、日本の企業社会における「生ける法」を発見するための法技術としては必ずしも有用とは言えない現状の契約法理を前に、共同体関係法理としての企業秩序論へと日本の裁判官が引き寄せられることになった事情は容易に想像がつく。ただ、ドイツ法学において契約法理の基礎にある私的自治の原則が契約当事者双方の人格的権利と不可分であり、20世紀においてそれが基本権（憲法）的な位置付けを与えられ厳格な基本権ドグマティークによる縛りを受けるのに対して、公法・私法二元論をベースに基本権的な制約を持たない無定形な私的自治に基づく契約法理が支配する日本において、共同体法理への依拠は、容易にその濫用へと脱するリスクを孕んでいるし、現実にそうした濫用（企業秩序論の一人歩き）が生じたのであった。かつてギールケの強い影響の下、労働関係を人法的共同体関係としつつ、（他の人法的共同体理論の論者とも異なり）労働関係を権力的な支配関係として個別的な意思から切り離したポットホフやジンツハイマーにおいてさえも、懲戒処分を許容する権力的な服従関係に入ること（あるいは使用者による制裁）についての明確な合意が前提とされていた[33]。かつての固有権説的残滓を残しつつ「一人歩き」を始めた以降の判例における企業秩序論は、労働者に課せられる職場規律遵守義務への違背から媒介論理を経ることなくダイレクトに懲戒解雇を含む各種の制裁罰たる懲戒権を導きだす点で、ワイマール時代および戦後ドイツの労働判例を長らく支配した人法的共同体関係法理とも異質なものである。ドイツ労働法の理論史の中で、あえて日本の固有権説に比肩されるものを探すとすれば、それはジーベルトに代表されるナチス時代における国民労働秩序下の経営協同体思想に基づく経営罰理論ということになるであろう。それは自由意思に基礎付けられるべき労働契約の否定の上に成り立つ無定形な全体主義的な理論であり、従って、日本の固有権説及びその残滓を引き摺る形で一人歩きを始めた判例の企業秩序論は批判を免れない。しかし、今日問われるべきことは、共同体思想を言葉だけで丸ごと否定し去りリベラリズムを宣揚することではなく、使用者や裁判官、場合によっては同僚労働者が、その濫用（積分化された「大文字」の共同体思想）へと吸い寄せられるてしまう共同体関係の権力磁場の源泉にまで遡行し、それを契約的合意をめぐる法的言語によっ

て微分化し、等身大の正義を顕現させるにはどうすればよいかを考察することである。

2 法源論における規範意識の再考

さて、いまだ個別の契約的合意が資本主義的な労働関係の権力的性格を糊塗するツールとして機能するにとどまっていた時代（いわゆる「市民法の抽象性・虚偽性」）、労使の対等性の確保は団結権保障がこれを担い、また個別労働者の労働条件保障は（公序法理を別とすれば）労基法などの強行法規がこれを担うほかなかった。末弘法学の卓越性は、日本国憲法によりそうした労働者の権利を保障するための基本権が確立する以前の時代に、国家法とは異なる次元において、部分社会における規範意識（法的確信）に依拠した法源理論としての社会自主法説を唱え、もって市民社会の自律性をこれによって担保しようとしたことにある。今日、就業規則の法的性質に関する法規説の源流とされる末弘の社会自主法説は、契約関係 vs 共同体関係の構図でみれば、基本的に後者にコミットする主張であり、労働者の労働条件保障は部分社会としての企業共同体における規範意識や法倫理のあり方に大きく左右されるものであった。他方、国家 vs 市民社会の構図でみれば、それは国家法たる制定法規を市民社会における契約思想に優位させるものではなく、むしろ法思想的にはサヴィニー以来脈々と受け継がれているドイツ的な自己決定の思想、そして契約法理の基礎にある私的自治の法思考に親和的である。この社会自主法の思想を、日本国憲法の勤務条件法定主義に基づき具体化を試みたのが沼田の就業規則法理であり懲戒権理論であった。共同作業秩序を維持することが経営という小社会の規範意識によって支えられ、かつそれが保護法の原理に矛盾しない限りで法認せられる、という沼田のロジック（保護法授権説・効力付与説）の理論的核心は、末弘の社会自主法論や更に遡ればギールケの団体法理論を介して継承されたサヴィニーの法源論における（集合的）規範意識論にこそあった[34]。

規範意識論をコアとする沼田の懲戒権法理は、末弘の就業規則法理がのちに法規説として分類されたのと同様に、特にそれが労基法を媒介とした法認の論理もあって法規説とされるのだが、それは労働者保護法としての労基法

に規律される就業規則に法共同体構成員の規範意識を仮託させることを通じてこれに法的な効力を付与するものであり、例えば同じく法規説に分類される法例二条説（慣習法説）とは異なる。確かに沼田は経営における規範意識を論じることで、一種の部分社会における慣行的規範（ハビトゥス、Habitus）を論じているとも言いうるが[35]、それは本来は法律行為論と相矛盾するものではなく、慣習によるとの当事者の「意思」に依拠する法律行為論たる民法92条への接続の可能性を潜在させた議論であった。しかし沼田が20世紀半ば時点における企業社会において当時の契約法理が現実に果たしているネガティブな機能を踏まえ、契約的合意による擬制をあえて排除し（民法92条説の否定）、むしろ労基法に依拠する議論を展開したことから、それが（保護法授権説としての）法規説として理解されることになったのである。沼田の労働法学はマルクス主義に基礎付けられるものであったことから、その規範意識論は、労働者の階級意識に仮託されることになる。しかし、法源論において問題になる規範意識は、あくまで法共同体におけるそれであり、企業共同体においては労使双方に共有される規範意識でなければならない。階級対立の構図を前提とする階級的な労働者の意識は、理論的には使用者との共有は不可能である。すなわち沼田の法源論としての規範意識論は、彼のよって立つ唯物史観労働法学との関係において、少なくとも実定法解釈学の理論としては自己撞着的な性格を孕んだものであった[36]。また第一次懲戒権論争を前後する戦後一時期までの労働運動の盛り上がりは、産別会議に代表される階級的傾向あるいは企業横断的な性格を持つものであったが、その運動の中で獲得された電産型賃金体系は、企業の査定権を封じ込める一方で、年齢・勤続年数などを基準とした生活給化を追求するもので[37]、その闘争のあり方は職務級をベースとした欧米型の企業横断的な階級的労働運動とは明らかに異なり、むしろ企業共同体に包摂される従業員及びその家族の存在を前提とするものであった。従って、そこにおける労働者の規範意識と労使の対立関係は、マルクス主義的な階級意識に基づくものというよりも、企業共同体の存続とこれへの継続的な帰属意識と不可分のものであったのであり、やがて階級的な労働運動の退潮と1970年代半ば以降における労使協調型の組合運動の主流化とステークホルダー重視の日本型資本主義の相対的な競争優位の中で、

判例の企業秩序論は、使用者の規範意識のみならず、むしろ職場における労働者自身の規範意識とも共振する土壌が、広く日本の企業社会に形成されていったのだと思われる。日本の労働組合が最も組合らしかった時代の存在形態であるともされる電産の運動が、むしろ日本における産別労組から企業別労組への転換を決定づけ、かつ従業員家族を包摂する生活給賃金を主導し、その後の日本における労働組合運動のベースを築いたことは、日本の企業社会における共同体思想の根の深さを考える際に見過し得ない点であろう。今日の労働法学説が契約説の見地から判例の企業秩序論の無定形さを批判するときに、日本の企業共同体に歴史的に形成され深く根を張るハビトゥス(Habitus)の性格をどこまで的確に把握できているのか、そしてこれを契約法理によって換骨奪胎し、労働契約法が理想とする対等当事者間の交渉と合意によって、新たな日本の企業文化を形成するための契約法理としての理論武装をどこまで果たし得ているのか、が問われなければならない。

　さて、ようやく懲戒権の原理的・体系的な検討を行うための前提的な作業として、これまでの判例と学説の展開を筆者なりの見地から整理し終えたところで、ほぼ紙面が尽きてしまった。以下では懲戒権の法的根拠とその制約法理に、筆者の年来の主張である信頼関係的合意からのアプローチするための、いくつかの論点と検討の方向性のみを提示しておくことにしたい。

3　信頼関係的合意論からのアプローチ

　末弘の社会自主法論のコアをなす市民社会の自立と自律の法思想を継承する見地からは、約款規制法理をはじめとする今日における内外の契約法理の発展を踏まえて、沼田の規範意識論を、改めて民法92条論すなわち法律行為論として再構築し、就業規則の規定による場合と個別の契約的合意による場合のいずれについても、懲戒権の発生とその行使に対して司法的コントロールを及ぼしていくべきである、というのが本稿の基本的なスタンスである[38]。第一次懲戒権論争における石井や花見らの契約説たる民法92条説においては、「事実たる慣習」の内容は抽象的であり、またそれが契約当事者によって双方（労使）が従うべき規範として積極的に是認する意思（規範意識）を有しているか、すなわち懲戒処分をめぐる慣行的事実が、当事者の意思を

媒介に法律行為と評価することが可能であるのかについて論じることに乏しいく、従って沼田が危惧したように懲戒権とその行使を包括的に承認するイデオロギー的な外皮として機能する可能性を孕むとともに、それは司法的コントロールの論理をほぼ欠くものであった。これに対して、筆者の年来の主張であり、本稿における懲戒権の規範的根拠論においても依拠するところの信頼関係的合意論は、まさにこの契約的な法律行為としての評価、すなわち契約的な拘束力を有するか否かを、当該経営の規模や実情、当事者の交渉の経緯や各々多様な懲戒処分に伴う不利益の程度など、各事案の具体的事実関係にそくしつつ法益状況を評価的に確定するものであり、懲戒権の存否とその行使の適法性も、そうしたケースバイケースの法益状況の評価を通じて行うという判断枠組みを採用するものである。それは、かつてのような大文字の規範意識たる労働者の階級意識ではなく、多様な属性と利害を抱える働く人々と使用者の等身大の規範意識に依拠すること、そして民法92条を通じて法律行為論、契約法理として、その権利義務関係を確定することを意味する。

　従来の懲戒権の根拠をめぐる内外の議論においては、固有権説や法規説、企業理論などと対立するものと理解されてきた契約説における契約観は、いわゆる近代の自由主義的な契約思想をベースとするものであり、それは功利的な自権者としての個人による一回的な売買契約を典型とし、当事者の契約内容が事前の合意によって固定的に確定される古典的近代の民法契約を理念型とするものであった。そうした古典的な契約概念を前提としながら、労働者の義務違反に対して、一般的な契約上のサンクションとしての契約の解除や損害賠償による制裁では、共同作業秩序の維持・回復が実現できず、そこで迅速かつ実効的に秩序回復を図るために労働関係においては諸々の懲戒処分が合理的なものとして正当化される、と説明されてきたのであった。しかし、労働関係においては、そうした西欧由来の古典的な契約制度が機能しないことは自明のことであるし、現実に内外の労働法学は、古典的・民法的な契約とは異なるさまざまな労働契約法理を発展させてきたはずである。それは端的に言えば、労働関係における時間と空間、共同的な持続的生活関係を内在させた契約であり、それはかなりの程度の理論的蓄積を経て今日に至っ

ている。であるならば、労働者の義務違反に対する制裁として、いつまでも古典的な民法契約を前提に、各種の懲戒処分を契約罰とは異質なものとしての制裁罰として性格づける必要はなく、むしろ労働契約の人的性格、組織的・共同的性格、時間的性格を踏まえつつ、契約罰と制裁罰の統合を模索し、これを契約によって根拠づけつつ、過剰で不必要な制裁措置を規制するロジックを、契約法理に内在する形で行うべきなのである。民法学においては、そうした古典的な民法契約とは異なる契約理解を、「関係的契約」あるいは「制度的契約」と特徴づけ、古典的な契約とは区別して、独自の法理を構築する試みがなされている[39]。しかし、そうした関係主義的契約理論においては、しばしば、契約当事者の自由意思をに基づく法律行為をベースとする古典的契約の諸原理を放擲し、それと並行して別立ての契約制度としてそれが構想される場合が多い。その結果、契約当事者の意思から乖離した権利義務関係を「関係性」や「制度」の名の下に正当化し、結局のところ構造的に交渉力が劣後する個々の契約当事者（労働契約においては労働者）の法益が著しく毀損される事態を許容するリスクを孕む事になる[40]。本稿は、こうした二元的で対立的な契約観、二元的な契約制度を前提に労働契約を後者に属するものとして論じる立場には立たない。そうではなく、自由意思に基礎付けられる古典的な法律行為論に内在しつつ、そこに労働関係の人的・共同体関係的性格を包摂することを目指すものであり、筆者の年来の主張である信頼関係的合意の議論は、近代日本が継受し、理論的にも大きな影響を受けてきた西欧の私法学が自明の前提としていた、契約と制度の分離、法的構成原理としての意思原理と信頼原理の二元主義的理解の克服と統合を図ろうとするものである。このように理解される信頼関係的合意（契約）においては、一定の場（空間）を前提とした持続（時間）的な生活関係としての共同体関係における生ける法こそが、より基底的な法源として認識され、法の解釈・適用という営みは、まさにこの生ける法の探求として行われることになる。懲戒権の法的根拠（法源）論とそれに整合的な法的規制の検討も、まさにこの生ける法の探求に他ならない。

　懲戒権の法的根拠論をめぐる議論において、一般的な契約が想定する契約罰を超えた秩序罰・制裁罰を契約的合意によって根拠づけることができるの

かをめぐり、これを肯定する契約説とこれを否定的に解する法規説や制度説などが対立してきたのであった。そして今日の日本の支配的見解である契約説は、これを肯定するのだが、そこで問われているのは、そうした秩序罰・制裁罰を契約当事者が合意する際の真意性であり、その真意性を法的に担保する法的コントロールのあり方である。そして現状の契約説は、そうした真意性やその担保となるべき法的コントロールのあり方について契約法理内在的に法律構成できておらず、したがってそれは学説が厳しく批判する判例の企業秩序論と機能的には同様の問題を抱えているのであった。沼田の法的効力付与説（保護法授権説）が問題とした規範意識は、本稿の契約説たる信頼関係的合意の見地からは、個別的な契約的合意の真意性の問題として再定位される。すなわち、労基法をはじめとする雇用社会の法秩序と当該企業における慣行的事実その他の事情、当該労働契約関係の具体的な交渉経緯や客観的な法益状況を踏まえて、契約当事者双方が相手方に対して客観的合理的に想定しうる合意についての信頼を、問題となっている懲戒処分をめぐる契約的合意の真意性（合意の深度・熟度）判断の基礎に置き、グラデーション的に存在する合意の深度や熟度に応じて懲戒権とその行使の限界を評価的に審査する（司法的なコントロールに服せしめる）のである[41]。近代的な人格の自由と独立を基礎とする契約法理においては、制裁罰や秩序罰という権力的な、あるいはパターナリズムの性格を帯びる法的サンクションを、実定法学上の議論として許容することに禁欲的であるべき一方で、企業をはじめとする部分社会たる共同体における法規範の実効性は、多分に当該共同体の倫理的・互酬的規範に依存する。懲戒権をめぐるこれまでの議論は、まさに両者の狭間における緊張関係が最も典型的に現れる磁場において争われてきたのであった。

　労働契約上の信義則により労働者に課せられる職場規律遵守義務への違背から法理論的な媒介を経ることなくダイレクトにその制裁権たる懲戒権を導きだす企業秩序論は、共同体関係における互酬性の規範原理をベースとしている。現代の実定法学においては、こうした互酬規範を実定法上の権利義務論にダイレクトに持ち込むことは禁止される一方で、定立された実定法が現実に機能するか（実効性をもつか）は、（国家権力による強制に依拠する部分があることはたしかだが）、むしろ当該規範が適用される部分社会としての共同体の互

酬性規範をベースとした Habitus としての規範意識に依存するところが大きい。共同体関係の互酬的な法倫理を契約的合意の言説によって微分化し、これを法的に再構成するという課題は、共同体関係の法倫理の核心にある互酬性規範を、いかに法学的な議論として吸い上げ実定法化するのか、を問うことでもある。例えば諭旨解雇という通常の法律行為論をもってしては（心裡留保としてしか）説明できない行為を、日本の学説・判例は易々と（解約告知として）是認しているが、これなどは日本の学説・判例が、パターナリスティックな共同体関係規範である互酬性原理をダイレクトに（法律行為論としての吟味を経ることなく）労働契約論に取り込んでいる証左である。共同体の互酬性規範は、当該共同体の構成員における規範意識において相互主観性という意味においてある程度の客観性を持った信頼関係として成立しており、諭旨解雇という複雑な法律行為も、そうした相互主観的な客観性を有する信頼関係的な合意として有効な法律行為たりうる。他方、非違行為に対する普通解雇とは別に、もっぱら報復的・見せしめ的な役割を担う懲戒解雇については、信頼関係的合意の理論によってなお正当化可能か否かは、慎重な検討を要するところであろう。

四　終わりに

　以上、懲戒権の規範的根拠について、これまでの懲戒権論争を振り返りつつ、今日支配的な契約説について批判的に検討した。そこでは法規説として論じられてきた規範意識論を、筆者の年来の主張である信頼関係的合意論の見地から契約説的に再構成する可能性を論じた。日本の私法学が継受したドイツ近代市民法学の創始者サヴィニーの法源論の核心をなし、その後エールリッヒやギールケを介して末弘の社会自主法思想や日本の団体法思想によってそれが継承され、さらに沼田労働法学の方法論的基礎とされた規範意識論は、制定法規実証主義思想の優位とともに法律行為論（合意論）との脈絡を喪失していったのであった。本稿は、近現代の実定法解釈学が置き去りにしていった互酬的な交換関係としての共同体関係の規範（生ける法）を合意論として再構築する試みでもある。もっとも、本稿では懲戒権の法源的基礎を

論じるにとどまっており、これをベースにした懲戒処分についての具体的な制約法理については、挙げて今後の検討に委ねるほかない。その際、私法学における比例原則や動的システム論、さらに「インテグリティーとしての法」(Dwokin)における法的議論の役割など、法解釈方法論についての考察が重要な位置を占めることになるだろう[42]。羊頭狗肉の本稿が、学会における労働契約法理の基礎理論研究をリードしてきた唐津教授の古稀を記念するにふさわしい論考たり得ているか甚だ心もとないが、これをもってひとまずは筆を擱くこととしたい。

1　諏訪康雄「懲戒権と懲戒解雇の法理論（下）」労働協会雑誌281号13頁。
2　懲戒処分の秩序罰としての性格と違約罰との相違については、花見忠『労使関における懲戒処分の研究』（勁草書房、1969年）161頁以下、窪田隼人『職場規律と懲戒』（総合労働研究所、1970）21頁以下。
3　法源の法理学的意味については、田中成明『現代法理学』（有斐閣、2011年）78頁以下。
4　国鉄中国支社事件・最一小昭和49・2・28民集28巻1号66頁、富士重工業事件・最三小判昭和52・12・13民集31巻7号1037頁。もっともそれ以前の下級審判例においては、経営権や固有権とのみ述べるものがある一方で、企業秩序とならんで労働契約（の締結）に言及するものも少なくなかった（窪田・前掲書31頁）。
5　富士重工業事件の最高裁判決においては、懲戒処分を行う主体はあくまで「企業」であったのに対して、関西電力事件の最高裁判決においては、これが「使用者」に取って代わる。処分行為の主体が「企業」であった初期の企業秩序論においては、ドイツの判例法理や後述の沼田の保護法授権説と同様に、労使が対等の立場において職場の共同作業秩序を維持することについての規範意識（コモンセンス）とその制度的担保を論じうる可能性があった。ところが、判例が、懲戒権の主体を共同体としての企業から使用者へと転換することで、企業秩序論は労使対等決定を前提とする共同体としての企業秩序の維持という懲戒処分の正当性・妥当性根拠論との繋がりを希薄化させ、実定法学上の概念としてはあまりに無限定の、従って容易に濫用されてしまうものとなった。その意味において、関西電力事件最高裁判決は、判例が懲戒権の根拠について労働契約に言及するスタイルを確立さる一方で、企業秩序論の一人歩きへと大きく踏み出す画期をなす判決としての意味をもつ。野田進「懲戒権における「企

業」と「契約」」菅野・中嶋・渡辺編『友愛と法 ―山口浩一郎先生古稀記念論集』（信山社、2007年）189頁も参照。
6　菅野・労働法12版702頁、荒木・労働法4版493頁など。また2005年に公表された連合総研の労働契約法試案では、その懲戒処分の要件とタイトルされた50条において、就業規則における懲戒規定の定めとその周知を懲戒権行使の要件としている。連合総研・労働契約法試案154頁。
7　10人以下の事業所においては解雇保護法が適用されず、解雇が比較的自由に行えるドイツでは、小規模事業所での懲戒権をめぐるこうした憲法問題は生じないであろう。
8　労基法上、就業規則制定義務のない事業所において、個別の労働契約によって懲戒権を根拠付けうるとするものとして下井隆・労働基準法第5版（436頁）。
9　周知の通り、労働者協同組合法は、組合との関係において組合員を「労働者」としても位置付けており、協同組合の本質論とも関係してこの事態をどのように理解するかは未来に開かれた問いとして残されている。
10　この問題は、近現代のドイツ労働法学において争われた労働関係の性質論争の主要テーマであり、今なおアクチュアルな問題であり続けている。80年代までのドイツの議論状況については、和田肇『労働契約の法理』（有斐閣、1990年）。筆者は最近、この論争の今日的意義について、論争史における重要な画期をなしたHerbert Wiedemann教授の教授資格論文を再読する必要性を法学方法論の観点から論じた。Yonezu, "Das Arbeitsverhältnis als Austausch- und Gemeinschaftsverhältnis– Eine Untersuchung der deutsch-japanischen Rechtsvergleichung –" Festschrift für Prof.Martin Henssler, C.H.Beck, 2023. 755ff.
11　石川右衛門「懲戒解雇」東洋経済新報社編『解雇をめぐる法律問題』（東洋経済新報社、1954年）157頁。
12　沼田稲次郎「職場秩序と懲戒解雇」労働法律旬報205号（1955年）3頁以下。『就業規則論』（東洋経済、1964年）所収。
13　石井照久「懲戒解雇と就業規則」季刊労働法18号21頁以下。
14　花見忠「懲戒権と懲戒解雇」労働法律旬報216号10頁以下。
15　花見忠『労使間における懲戒権の研究』（勁草書房、1959年）148頁以下。
16　日本では懲戒法理における「罪刑法定主義」類似の原則は比喩として用いられるとされる場合が多い。これに対してドイツでは、懲戒処分Betriebsbussが罪刑法定主義や共同決定によるべきことを明確に法治国家原則から導出している。ドイツの懲戒処分法理については、盛誠吾「懲戒処分法理の比較法的研究-1-」一橋大学研究年報．法学研究13,171頁以下、および坂井岳夫「ドイツにお

ける経営罰の意義と構造（一）（二・完）：懲戒処分法理の比較法的研究」同志社法學61（1），227頁以下、同（3）137頁以下参照。これらの比較法研究は、我が国における今日の契約説の特異性とそれが孕む問題を浮かび上がらせるものとして有益である。
17　最二小判昭和52・12・13民集31巻7号479頁。
18　最三小判昭和54・10・30民集33巻6号647頁。
19　最一小判昭和58・9・8労判415号29頁。
20　中嶋士元也「最高裁における「企業秩序」論」季労157号128頁以下他。
21　角田邦重『労働者人格権の法理』（中大出版、2014年）323頁。
22　盛誠吾「懲戒解雇の法理（上）（下）」日本労働研究機構雑誌272号、273号。同「懲戒処分」日本労働法学会編『現代労働法講座10　労働契約・就業規則』（総合労働研究所、1982年）228頁も参照。
23　毛塚勝利「懲戒の機能と懲戒権承認の規範的契機」日本労働協会雑誌277号19頁以下。
24　ドイツにおける解雇法理の比例原則による基礎付けについては、米津孝司「ドイツ解雇法理と法学方法論——評価法学と比例原則」法學新報119巻5・6号（2012年）656頁。争議行為の正当性判断においても、この比例原則に基づく法思考が機能しているものと思われる。より一般的に信義則の適用において「形式的・外形的に存在する権利・法的地位を主張することが、権利者が得る利益と比べて著しく大きな不利益を相手方に生じさせることを理由に認められない場合」があるところ、権利・法的地位の主張が排斥される根拠を「比例原則に求めることができるだろう」ともされている。山野目章夫編『新注釈民法（1）総則（1）』（有斐閣、2018年）157頁［吉政執筆］。
25　諏訪康雄「懲戒権と懲戒解雇の法理（下）」日本労働協会雑誌280号12頁以下。
26　東大労研・注釈労働基準法251頁［土田道夫］は、法的根拠について契約説に立ちつつ、懲戒権の法的性質を使用者の一方的意思表示によって労働条件を変更させることの可能な職場規律・企業秩序維持のための（指揮命令権たる）形成権であるとする。
27　契約説に立ちつつも自らの立場を「制度説」と称する野川忍「企業秩序と懲戒権の到達点」季刊労働法177号15頁は、制度的契約としての関係的契約論に依拠する立論と解することができる。従来の法律行為では説明のつかない現代における制度的・組織的・継続的な取引に対応した契約法理が必要であることはまちがいない。しかしながら、後述する通り、就業規則の契約説的理解においては、法律行為論を排除した制度的契約論あるいは同義の関係的契約理論によって説明するのではなく、制度や組織の問題を、あくまでの法律行為論とし

ての合意(信頼関係的合意)の重曹構造の理解を通じて統合的に説明する契約法理を目指すというのが筆者のスタンスである。

28 就業規則の法的性質に関する今なお有力な法規説から見れば、懲戒処分が就業規則を介して拘束力を有するというだけでは、何ら法的根拠についての契約説を論証したことにはならない。契約説の理論的核心が合意にあるとの理解に立てば、使用者によって一方的に制定され、かつ使用者によって権限行使される懲戒権が、なぜに契約的に説明できるのか当然のこととして疑問が残る。契約説的に理解されることの多いフジ興産事件最高裁判決が、個別の労働契約ではなく、就業規則に懲戒の種別や事由を定めることを求めたことについては、むしろ固有権説の流れをくむ一種の共同体関係理論である企業秩序論を前提に、法治国家原則に根拠する罪刑法定主義の要請に基づくものとの解釈も十分成り立つ。水町・新基本法コンメンタール2版、418頁参照。判例のスタンスについては、今のところ固有権説か契約説かの二項対立で説明することは困難であると整理するのが適切である(浅野高宏「懲戒処分と労働契約」『講座労働法の再生第6巻 労働契約の理論』(日本評論社、2017)206頁参照)。また、池田悠「プライバシー・懲戒」重要判例を読むⅡ172頁以下も、フジ興産事件最高裁判決やネスレ事件最高裁判決は懲戒権行使の適法性要件を述べたものであり、法的根拠についての契約説に立つものかは判然としない、とする。なお、就業規則の法的性質に関する最高裁判例を法規説として理解する最近の論考として、浜村彰「就業規則の法的性質」沼田ほか『労働法における最高裁判例の再検討』(旬報社、2022年)129頁以下。

29 第一次懲戒権論争において、企業秩序概念は、判例の無定形な固有権説に対して、客観的な法益性の所在を画し、もって懲戒処分の対象を限界づける役割を担った。盛は、昭和50年代以降の判例は、むしろ無定形な労働契約概念を通じて、企業秩序概念をもっぱら使用者の利益と結びつけることによってその内容を拡張し、懲戒処分を積極的に拡大するための論拠へと転換させていったとする。盛誠吾「懲戒処分法理の比較法的研究-1-」一橋大学研究年報．法学研究13, 164頁参照。

30 フジ興産事件・最二小判平15・10・10労判861号5頁。

31 加古祐二郎『近代法の基礎構造』(日本評論社、1964年)216頁以下。

32 サヴィニーは立法Gesetzgebungと法解釈を含む法学においては類似の法思考が働いていることを指摘したが、それは、両者がいずれも法の母体であるドイツのVolksgeist(民衆精神)に発する規範意識・法的確信を基礎とした法創造行為であり、そこでは有機体的な法制度の全体的直感が働く点での類似性を述べたのであり、そこには法学方法論における科学と実践の統一の思考が読み

取れる。そして、沼田における法の科学（イデオロギー批判）と実定法学（イデオロギー内在的な法解釈）の区別と統一の法学方法論もまた、基本的にはサヴィニーと同じ法思考が脈打っていたのである。しかし、サヴィニーにおける民衆は、階級対立以前のドイツ民衆の共同体を想定するものであったのに対して、沼田における民衆は、階級対立の下における体制による被害者としてのそれであり、階級的労働運動による法創造が想定されていた。沼田によって法創造の主体として想定された日本の労働者による階級運動の挫折は、従って同時に沼田法学の理論的挫折をも意味した。なお、末弘のいわゆる三つ巴理論（事実と法律と結論が相互的に関連しつついっさい一時に相決定し合う、とする法思考）と上記のサヴィニーの法学方法論の類似性を論じたものとして、米津「社会法・労働法から（特集・日本にとっての独法学とは？）」民商法雑誌132巻（4・5号），531頁（2005年）。また末弘学とエールリッヒの関係については、川角由和『末弘厳太郎の法学理論 形成・展開・展望』（日本評論社、2022年）350頁以下参照。

33　盛・前掲「懲戒処分法理の比較法的研究 -1-」196頁。

34　毛塚の規範的契機論と同様に、懲戒が法的に是認される契機を共同作業秩序の必要性と一般契約法による制裁手段によることの不合理性に求めた西谷敏「懲戒処分」片岡曻・他著『新労働基準法論』（法律文化社、1982年）511頁以下は、沼田の規範意識論を継承しつつ、沼田の真意は、秩序維持の必要性についての規範意識を懲戒制度を労働者保護法に結びつけるために必要な媒介論理として（従ってまた懲戒の範囲を限界づけるための評価基準として）捉えるところにあった、とする（524頁）。

35　Habitus は、フランスの社会学者ブルデューによって彫琢された社会的な制度と個人の意思との二元論を克服する社会科学上のキー概念であり、要約的に言えば、経験にもとづき諸個人が習得する一定の知覚、思考、（身体行動を含む）実践行動を持続的に生み出す性向であり、さまざまな階級および階級内集団にはそれぞれに特徴的な諸性向の体系が存在している。持続可能性を持つ Habitus は、同時に移調可能な心的諸傾向のシステムでもある。資本主義の構造と実践に関わるウエーバーのエートス論を発展させた文化資本論は、生ける法としての社会法の研究においても有用である。この Habitus 概念を法学に応用する試みとして、大村敦志「法における構造と実践のあいだ─『ブルデューと法』再論」宮島喬・石井洋二郎編『文化の権力 反射するブルデュー』（藤原書店、2003年）。

36　第一次懲戒権論争において、マルクス主義理論にも通じていた花見は、マルクス主義的な言説をもって沼田の規範意識論における「虚偽性」を批判した。

沼田自身は、法内在的な解釈論と法外在的なイデオロギー批判の区別とその実践的統一というスタンスにおいてその規範意識論を構築しており、花見の批判はすでに想定内でものであったと思われる。沼田にとってこの論争は学理的な論理の水準でその決着がつくものとは考えておらず、自らの言説による働きかけによって労働者自身の規範意識が覚醒し成長することを通じて、現実が動くかどうか（企業社会の変革が起こるかどうか）、がもっぱらの関心事項であった。こうした沼田の法学方法論は、沼田のマルクス主義法学の理解には解消されない、同氏が直接にはその師である加古祐二郎から引き継いだ「実践の哲学」ともいうべき法哲学あるいは社会法思想に由来するものであり、また既述の通り、それはサヴィニーの法源論に見られる実践法哲学とも通底するものであった。

37　電産労組については、河西宏祐『電産の興亡（1946〜1956年）―電産型賃金と産業別組合―』（早稲田大学出版部、2007年）。

38　労働条件対等決定原則と労働契約上の義務の誠実履行を定める労基法2条について、同法の制定に深く関わった末弘が、労使の対等性と義務履行の不可分性を明確に認識していたこと、また同条が労契法3条1項と相まって労働契約内容の司法的コントロールの根拠規範でもありうる点については、荒木・岩村・村中・山川編『注釈労働基準法・労働契約法』第1章総則・第2条〔米津〕（有斐閣、2023年）。

39　古典的な自由主義的契約と関係主義的な契約についての見通しの良い整理として、服部泰宏「組織における契約の諸相」組織科学 46 (1), 4-17, 2012。

40　かつて筆者は、就業規則法理に即して、内田貴教授の関係的契約法理について批判的に言及した。米津「ドイツ労働契約法理における法的思考」根本ほか編『西谷古稀・労働法と現代法の理論・下』（日本評論社、2013年）485頁以下。

41　米津「労働法における法律行為」西谷敏・道幸哲也編著『労働法理論の探求』（日本評論社、2020年）63頁以下では、こうした信頼関係的合意の理論を、最高裁判例における自由意思の法理との関係において論じた。

42　Yonezu, "Das Arbeitsverhältnis als Austausch- und Gemeinschaftsverhältnis– Eine Untersuchung der deutsch-japanischen Rechtsvergleichung –" Festschrift für Prof.Martin Henssler, C.H.Beck, 2023. 参照。

労働契約の終了
――期間の満了(雇止め法理、無期転換制度)、辞職・合意解約

阿　部　未　央

一　はじめに
二　期間の満了、辞職・合意解約
三　雇止め法理と合意原則
四　無期転換制度、無期転換後の労働条件
五　おわりに

一　はじめに

　労働契約が終了すれば、労働者は働く場を失い、多くの労働者の生活は大きな打撃を受ける。労働契約の終了場面における民法および労働法はこのような状況に対し、両当事者による合意を修正する法規制を行ってきた。本稿は、解雇以外の終了事由として、期間の満了、辞職・合意解約における民法と労働法の適用関係および退職勧奨の限界について(二)、雇止め法理(特に更新限度条項や不更新条項[1])と両当事者の合意[2]について(三)、無期転換制度と無期転換後の労働条件について(四)、以下検討を加える。これらの契約終了場面でも、形式的な契約内容と実態との乖離がみられるなか、労働契約という継続的契約関係における労働者の信頼保護をいかに図っていくべきかが問われている。

二　期間の満了、辞職・合意解約

1　期間の定めのある労働契約の満了

　労働契約は一般に、契約期間の満了、労働者の一方的な意思表示による解

約（辞職）、両当事者の同意による解約（合意解約）、定年、使用者の一方的な意思表示による解約（解雇）などにより終了する。退職は辞職の意味で用いられることが多い。

労働契約に期間の定めがある場合には、期間の満了によって労働契約は当然に終了する。しかし、期間満了後も労働関係が事実上継続していれば、従前の雇用と同一の条件で契約を更新したものと推定される（黙示の更新、民法629条1項）。

このような状況で雇用が継続しているにもかかわらず、使用者がある時、額面通り「期間の満了による契約終了」（雇止め）を労働者に告げその効力が認められるとすると、契約の終了が使用者の自由に委ねられ、労働者の法的地位は不安定になってしまう。そこで、契約更新の合理的期待が労働者に認められる場合などには、有期労働契約といえども、期間の満了によって当然に契約が終了するのではなく、使用者による更新拒絶に解雇権濫用法理を類推する判例法理が構築され、その後、同法理は2012年の労働契約法（以下、「労契法」という）改正において明文化された（労契法19条）。同条は、使用者がどのような契約形式をとったとしても、労働の実態に応じて労働者の保護を図ろうとするものである。2012年の労契法改正では併せて、有期労働契約が5年を超えて反復更新した場合には、労働者に期間の定めのない労働契約への転換（無期転換）への申込権が生じるとする規定が新設された（なお、労契法18条および19条については（三・四）で後述する）。

2 辞職・合意解約

民法627条1項は、期間の定めのない労働契約において、「各当事者」はいつでも解約の申入れをすることができると規定している。使用者側からみたものが「解雇の自由」となるが、解雇は労働者の生活に重大な影響を及ぼす場合が多いので、使用者からの解約（解雇）については、手続規制（労基法20条）と実体規制（労契法16条、解雇権濫用法理）が定められている。これに対し、期間の定めのない労働契約における労働者からの「辞職」については、労働法に定めがなく、民法の原則にもどり、労働者は2週間前に使用者に申し入れればいつでも（すなわち、特別の理由を要せず）契約を解約することができ

る。辞職の意思表示は、解約の申入れの日から2週間経過したことにより解約の効果が発生する（民法627条2項）。合意解約の場合とは異なり、辞職は労働者による解約の一方的意思表示（形成権）であるから、労働者による解約告知は、使用者に到達した時点で撤回できない。ただし、意思表示の瑕疵による無効または取消（民法93条〜96条）の主張はなしうる[3]。なお、期間の定めのある労働契約における労働者からの辞職については、労働者であっても期間の定めによる拘束がおよび、やむを得ない事由が必要となる（民法628条）。

労働者と使用者の合意によって労働契約が終了する「合意解約」では、上述した解雇に関する規制はなく、（期間の定めのない労働契約において労働者に求められる）2週間の予告期間をおくこともなく、両当事者は合意によっていつでも契約を終了することができる。このように辞職や合意解約には労働法の明文による規制がほぼないため、使用者は解雇を避け、（できるなら円満退職にむけ）辞職や合意解約として契約を終了させようとする場合がある。

合意解約と辞職（退職）では、既述のとおり概念も異なり法的効果に違いがみられるものの、実際にはどちらにあたるのか判断しかねるものも多い（たとえば、「依願退職願」は使用者の応答をまつ合意解約の申入れとも、辞職の意思表示を示すものとも受け取れる）。そこで、辞職および合意解約に共通する争点として、「労働者の自由な意思」によるものと認定できるのか、および行きすぎた退職勧奨・退職強要にどのような規制がおよぶのかが問題となる。

日本では解雇が厳しく制限されていることもあり、使用者が解雇ではなく、任意退職や合意解約という形に追い込むことがある。契約終了場面における労働者の意思表示については、意思表示の瑕疵に関する民法の問題として捉えることを妨げるものではないが、民法の諸規定は、取引の安全への考慮もあり厳しい要件のもとでのみ認められるものである。使用者が労働者を自ら辞職せしめるべく有形・無形の圧力をかけることもあり、労働者もまたそうした圧力に屈しがちであるという日本の現実を直視し、労働者の意思表示が、労働者の真に自由な自己決定に裏付けられたものであるかどうかを慎重に判断しなければならない[4]。労働者の生活に重大な打撃をあたえうる労働契約の終了場面では、民法の一般理論とは別にそれが「自由な意思」に基づくものと客観的事実によって証明されるかどうかにつき慎重かつ厳格な検

討がなされるべきであろう[5]。

3 退職勧奨と退職強要

　使用者が人員削減策や成績不良者への退職誘導として、合意解約の申込みないしは辞職としての退職を勧奨することがある（俗にいう「肩たたき」）。退職勧奨は、労働者の任意の意思を尊重する態様で行われる限り、使用者が自由に行うことができる。退職勧奨が労働者の退職の意思表示を促す事実行為であるかぎり、解雇に関する規制の適用はない。

　しかし、退職勧奨の名のもとに事実上の退職強要が行われることもある（「追い出し部屋」など）。これまでの裁判例では、社会的相当性を逸脱した態様での半強制的ないし執拗な退職勧奨行為が行われた場合には、労働者は使用者に対し不法行為として損害賠償を請求することができると解されている[6]。

　たとえば、下関商業高校教員事件判決[7]では、労働者が退職しない意思を示しているにもかかわらず、ことさらに多数回あるいは長期にわたり勧奨するなどして、労働者の任意の意思形成を妨げ、あるいは名誉感情を害するような言動は許されず、そのような勧奨行為は違法な権利侵害として不法行為を構成することがあるとして、本事案でも心理的圧力を加えて退職を強要したとして、労働者の損害賠償請求が認められた。

　他方、日本アイ・ビー・エム（退職勧奨）事件判決[8]では、企業の体質強化を目的に、業績評価がボトム15％の労働者らを対象に、再就職の特別支援プログラム（退職金に加えた特別支援金の支給と再就職支援会社の利用）を組み、1300人の希望退職応募者を募るという大規模かつ組織的な退職勧奨が行われた事案において、退職勧奨の一部は退職強要と認められるものの、大半は業務改善の要求であったこと、退職を拒否した後の面談は合意の上での指導として行われていたことなどから、不法行為の成立が否定された。使用者による違法な退職勧奨行為は、場合によりパワーハラスメントと認定されることもある。

三 雇止め法理と合意原則

1 雇止め法理の判断枠組

　期間の定めのある労働契約は、期間の満了により自動的に終了するのが原則である。そのため、使用者が期間の満了後は契約を更新しない旨を労働者に通知したときは、労働契約は当然に終了する。雇止めは事実の通知である観念の通知とされている。

　しかし、実際には有期労働契約は反復更新されることも多く、その場合には労働者に雇用継続への期待が生じうる。そこで、裁判所は、労働者にそのような期待が生じている場合の自動終了（使用者による更新拒絶）に一定の制約を課す判例法理—解雇権濫用法理を類推するいわゆる「雇止め法理」—を形成した。この法理は、2012年の労契法改正により、労契法19条として明文化されている[9]。

　労契法19条の判断枠組みとして、第1段階として労契法19条1号・2号該当性の審査を行い（雇止め法理の適用審査）、どちらかに該当する場合には、第2段階として労契法19条柱書による合理的理由・社会的相当性の審査が行われる（雇止めの効力審査）[10]。

　第1段階である労契法19条各号に該当するかどうかの判断方法については、判例の蓄積があり、通達では「当該雇用の臨時性・常用性、更新の回数、雇用の通算期間、契約期間管理の状況、雇用継続の期待をもたせる使用者の言動の有無などを総合考慮して、個々の事案ごとに判断する」とされている[11]。当該雇用の臨時性・常用性・基幹性として、例えば、予備校の非常勤講師など契約上の地位が臨時的な場合には、雇止め法理によっても保護されないとする裁判例がある[12]。更新の回数、雇用の通算期間では、反復更新の有無・回数、勤続年数等が考慮される。契約期間管理の状況では、手続の厳格性の程度として、更新手続の有無・時期・方法、更新の可否の判断方法が定められているかなどが検討される。雇用継続の期待をもたせる使用者の言動の有無のほか、継続雇用を期待する労働者側の認識の有無・程度、同様の地位にある他の労働者の雇止めの有無の状況などから総合判断される[13]。

第1段階では、当該有期労働契約が実質的には無期契約と同じような状態で存在していたか（1号、実質無期契約型）、あるいは長期にわたる反復更新がない、更新手続が厳格に行われている等から無期契約と同じような状態とはいえないが、なお労働者に更新の合理的な期待があるといえるか（期待保護型）の検討が行われる。

2　雇止めの射程——不更新条項と労契法19条の適用可否

不更新条項に対する労働者の「同意」が有期雇用契約の終了において問題となる場合として、本稿は以下2つの場面について検討を行う。第1に、不更新条項への労働者の同意が認定されることによって、有期契約が期間満了により終了し、労契法19条がそもそも適用にならない（第1段階の雇止め適用審査にも至らない）のかという問題である[14]。第2に、不更新条項に労働者が同意することで、「雇用継続への合理的期待」が消滅してしまうのかという問題である。

雇止めの射程の関する裁判例として、博報堂（雇止め）事件判決[15]があげられる。同事件では、新卒入社以降1年の有期契約を29回更新された事案において、会社は無期転換申込権を定めた労契法18条の施行をふまえて、当該労働者に対して2018年3月31日以降は契約を更新しないとする不更新条項（例外あり）を2013年4月の契約から追加し、更新時における個別面談で説明した上で、労働者はそれ以降の毎回、不更新条項を含む契約書に署名押印していた。裁判所は、「労働契約終了の合意の有無」について、約30年間継続勤務してきた労働者と会社との間の雇用契約を終了させる合意の認定には慎重を期し、労働者の「明確な意思」がいるとした。この点、労働者は契約書を拒否して雇止めになるのを避ける必要があったところ、不更新条項を含む「雇用契約書に署名押印したからといって、直ちに、原告が雇用契約を終了させる旨の明確な意思を表明したとみることは相当ではない」として、合意による契約終了を否定し、使用者による雇止めであると認定した。反対解釈をすれば同事件判決は、不更新条項に対する「明確な同意」が認められれば、「合意による契約終了」となり、「雇止め」とはみなされず、労契法19条の雇止め法理の適用がそもそもなくなる場合があることを示したものと解す

ることができる。

　これまでの裁判例でも、不更新条項への同意を根拠に「合意による契約終了」を認めた裁判例がある。例えば、近畿コカ・コーラボトリング事件[16]では、少なくとも1年契約を7回更新し、ある程度の雇用継続が期待されていたなかで、労働者らの業務が別会社へ業務委託されることを受け、契約書に不更新条項が追加された事案において、会社の説明会後に、労働者らは不更新条項を含む契約書に署名押印していた。裁判所は、事前説明会の後に、署名押印をして、不更新条項に何ら異議を述べていないこと、有給休暇の取得率が100％になったことなどから、労働者らの「意思表示は明確かつ客観的なもの」であり、「雇用契約を終了される旨の合意が成立していた」ので、雇用継続への期待はなくなり、「解雇に関する法理を類推適用する余地はな」いと判断した。ただし同事件判決は、不更新条項への合意を合理的期待を否定する事情として捉えているにすぎず、19条の適用自体を否定しているわけではない。

　この点、労契法19条は、条文上、労働者が有期契約の満了日までに契約更新の申込みをした場合または満了後遅滞なく契約締結の申込みをした場合に、使用者がこれを拒絶することを同条の適用対象としており、契約終了の「合意」があれば同条の適用対象から除外されるわけではない[17]。したがって、不更新条項への労働者の同意を根拠に、契約終了の合意が認められると解し、期間満了による有期契約の当然終了と捉え、雇止め法理の適用を排除することは認められないと思われる。両当事者に期間満了による契約終了の「合意」があったとしても、なおも労働者に契約更新への合理的期待が認められる場合に信義則上、労働者の信頼を保護しようとする同条の趣旨にもかなうものである。不更新条項の存在やそれに対する労働者の同意状況は、19条の適用を認めたうえで、合理的期待の有無や雇止めの合理性・相当性のなかで検討されるものと解される[18]。

3　不更新条項と雇用継続の合理的期待
（1）不更新条項の合意が肯定された事案
　不更新条項に基づく雇止めに関し、不更新条項によって「雇用継続への合

理的期待」が消滅してしまうのかが重要な争点となってきた。これまでの判例・学説によれば、不更新条項に対する「労働者の同意の有無」を手がかりに「合理的期待の有無」が検討されることが多い[19]。なお、「合理的期待」は「期間の満了時に」有している必要がある（労契法19条2号）。これは最初の契約締結時から雇止めされる最後の契約満了時までのあらゆる事情を総合的に勘案するために規定されたものである[20]。

　最初の契約締結時から不更新条項が明示されている場合には、合理的期待は否定されやすい（形成されないわけではない）。更新限度を超える雇用継続を期待させるような使用者側の言動等の事情があれば、雇用継続の合理的期待が肯定されうる[21]。日本通運（川崎・雇止め）事件[22]では、派遣労働者として勤務後、直接雇用となり有期雇用契約の当初から不更新条項が明示されていた事案において、不更新条項自体の労契法18条に照らした公序違反性を否定するとともに、不更新条項を明示した労働契約を締結したという事情を合理性期待を否定する考慮要素とし、結論において合理的期待を否定した。

　雇用継続への合理的期待がすでに発生していたとしても、使用者が人事管理上の理由を説明するなどして不更新条項が追加され、不更新条項への労働者の「同意」として法的に評価できる場合、合理的期待は否定される方向に働く。前掲・コカ・コーラボトリング事件判決では、説明会が行われ、労働者らは不更新条項を含む契約書へ署名押印し、確認印も押印していることなどから、労働者らの「意思表示は明確かつ客観的なもの」であるとして、雇用継続への合理的期待を否定した。

　本田技研工業事件[23]では、約1か月から3か月の有期契約を締結・更新・満了、一定の空白期間経過後の再入社を繰り返し、約11年にわたり勤務していた事案において、リーマンショックによって販売実績が急減するなか、会社が有期雇用労働者を全員雇止めにするべく、不更新条項を追加した。裁判所は、労働者は説明会後にこれまでとは全く異なる趣旨での不更新条項を含む契約内容であることを「真に理解して」、「自らの自由な意思に基づいて」契約書に署名捺印し契約を締結したとして、不更新条項の効力を認めた。また、二者択一の立場におかれ、「半ば強制的に自由な意思に基づかずに有期雇用契約を締結する場合も考えられ、…不更新条項の効力が意思表示の瑕疵

等により否定されることもあり得る」が、本件では不更新条項を含む経緯や契約締結後の言動等も併せ考慮して、不更新条項の内容を真に理解して契約を締結したといえるので、「合理的期待を放棄したもの」として解雇に関する法理の類推適用を否定した。

（2）不更新条項に反対しており、同条項の合意が否定された事案

反対に、使用者による説明が不十分なまま不更新条項が「一方的に追加された場合」[24]や不更新条項に「労働者が反対の意思を表明している場合」ほか「労働者が同意していない」と法的に評価できる場合には、合理的期待は消滅しない傾向にある。

例えば、労働者が反対の意思を表明していた事案として、以下の裁判例があげられる。地方独立行政法人山口県立病院機構事件[25]では、1年契約等を更新し12年7か月勤務していた事案において、会社が無期転換申込権を定めた労契法18条の施行をふまえて就業規則を改正し、2013年4月を起算日とする「5年の更新限度条項」（「継続雇用審査」による例外あり）を設けていた。労働者は、契約更新を希望し、「雇用継続審査」に応募したものの継続不可と判定される一方で、最後の契約更新時には、更新限度条項に異議を付した上で、契約書に署名押印していた。裁判所は、更新限度条項の追加に際しては、会社からの事前説明がなく、すでに生じていた契約更新への合理的期待は不更新条項の追加によって消滅しないとして、結論において合理的期待を肯定した[26]。

A学園事件判決[27]では、1年契約を更新し12年勤務していた事案において、使用者が2013年3月から有期労働者らの再雇用に関する基準を改正し、「5年の更新限度規定」を設けたが、労働者は、更新限度の承諾書の提出を拒否していた。裁判所は、山梨県民信用組合事件最高裁判決[28]を引用しつつ、不更新条項のような「不利益な変更は、…雇入通知書に記載され、…労働者が具体的に異議を述べていなかったとしても、その事実のみで、当該労働者が承諾したとみるべきではなく、当該労働者の自由な意思に基づいて承諾したものと認めるに足りる合理的な理由が客観的に存在するか否かという観点からも判断されるべき…であり、…そのような事情を踏まえて、雇用契

約が更新されることについての合理的な理由が消滅したかを検討すべきである」との判断基準を示した。そのうえで、労働者が更新限度規定に係る承諾書の提出を拒絶したにもかかわらず、使用者は合理的な説明もないまま、一方的に雇入通知書に更新限度規定を追加したとして、合理的期待は消滅しないと判断した。また、職員の一部が更新限度条項に反対の抗議をしたこと、会社がその対応として意見交換会等を開催したこと、更新限度条項に例外が定められ上限を超える雇用継続が可能となったこと、労働者も加入する労働組合がこのことについて団体交渉を行っていること等も、雇用継続への合理的期待を肯定する事情として考慮にいれている。

（3） 不更新条項への署名押印があったものの、同条項の合意が否定された事案

労働者が不更新条項を含む契約書に署名押印をしたが、不更新条項に対する「労働者の合意」を限定的に解釈し、なおも「労働者の同意がない」と判断した裁判例として、以下の裁判例があげられる。

前掲・博報堂（雇止め）事件では、不更新条項に関する説明をうけ、労働者は毎回、不更新条項を含む契約書に署名押印していたが[29]、「合理的期待の有無」に関し、労働者が不更新条項への署名押印を5度しているが、30年という長期にわたる契約期間の存在、過去の更新手続の形骸化、5年ルールにおける例外の存在から、なおも雇用継続への合理的期待が肯定された。

日本通運事件[30]では、派遣労働者として勤務した後、有期雇用労働者として3か月から1年の契約を7回更新された事案（通算契約期間は5年10か月）において、6・7回目の更新時に「当該有期期間を超えた契約更新はない」とする不更新条項が追加され、個別面談を含む複数回の説明の後、労働者がその契約書に署名押印していた。裁判所は、労働者は署名を拒否して直ちに契約解消となるか、署名をして次期の契約満了に契約終了となるかの「二者択一を迫られるため、労働者が不更新条項を含む契約書に署名押印する行為は、労働者の自由な意思に基づくものか一般に疑問があ」るとして、「不更新条項等を含む契約書に署名押印する行為があることをもって、直ちに不更新条項等に対する承諾があり、合理的期待の放棄がされたと認めるべきでは

ない」と判断した。地裁判決（のみ）は、前掲・山梨県民信用組合事件判決を引用し、「労働者の意思に基づいてされたものと認めるに足りる合理的な理由が客観的に存在する場合に限り」、合理的期待の放棄が認められるとし、契約書への署名押印に契約書への「同意」としての効力を否定し、合理的期待を肯定した（合理的期待の放棄とはみなさなかった）。もっとも、不更新条項の追加は、事業所閉鎖に伴うものであるとして、結論において契約満了時点における更新の合理的期待を否定した。

（4） 不更新条項の同意と合理的期待に関する裁判例の傾向および学説の整理

不更新条項の内容を正しく理解し、労働者が署名押印をしている場合には、不更新条項に「労働者が同意した」と一般には判断し、合意原則にしたがって、契約更新への合理的期待が消滅しそうである。しかし、上記にあげた多くの裁判例は、不更新条項への同意を限定的に解することで（前掲・本田技研工業事件判決、前掲・A学園事件判決、前掲・日本通運事件判決、前掲・博報堂（雇止め）事件判決等）、および不更新条項への署名押印行為だけでなく、その他の事情もあわせて考慮することで（前掲・博報堂（雇止め）事件判決等）、合理的期待の有無を判断して、合理的期待が肯定される（消滅しない）場合があることを示している。

学説では、合意の成立に厳格な吟味が必要であるとして、労働者が不更新条項に関する説明を受け、その存在を正確に認識したうえで自由意思に基づいて合意したと認められることを必要とする見解[31]や、不更新条項について確定的な合意があるかどうかを検討する見解[32]が主張されている。

また、雇用継続の合理的期待は、契約を終了させる合意（真意）の存否の問題ではなく、労働契約関係上の信義則に基づき労働者の信頼を保護すべきかどうかという関係的な規範的問題として捉える見解[33]もある。

不更新条項は、結局のところ使用者による雇止め法理適用の回避目的であるといえるので、（裁判所が不更新条項によって合理的期待なしと認定し、効力審査の前提を欠くと判断することを避けるため）不更新条項の存在は、第1段階である雇止め法理の適用審査ではなく、雇止め法理の効力審査において考慮すべき

とする見解もある[34]。同様の問題認識から、更新への合理的期待という保護法益の濃淡に応じた比例原則的な法益衡量論として緩やかな二段階審査を主張する学説もある[35]。

二者択一を迫られた労働者の窮迫状況に乗じた、労働者に実質的なイニシアティブのない不更新条項は、強行法規である労契法19条の潜脱をはかるものであり、特段の事情のない限り、公序良俗違反で無効と解する説[36]も主張されている。

多くの裁判例・学説の立場は、限定した場合にのみ不更新条項の「同意」を認めるなど、不更新条項を含む労働者への署名押印に世間一般的な意味での「同意」の効果を与えるべきではないという点では、解釈の方向性は一致している。労契法18条の無期転換申込権の発生防止を意識した労務管理がスタンダードとなるなかで、制定当初より懸念されていた同条の副作用を緩和する意味でも、判例・学説で述べられているような同意の合理的限定解釈は妥当と思われる。

ところで、不更新条項を含む契約書への署名押印行為を、二者択一のなかでの「不本意な同意」として、「同意があった」と捉えることもできるし、反対に「同意していない」と評価することもできる[37]。裁判所の認定も一義的ではない。19条2号の期待保護タイプは、合意原則のもたらす弊害を是正するために、信義誠実の原則に基づいて、継続的契約関係における労働者の合理的期待を保護しようとするものとして形成されたという理論的基盤をもつ法理であると考えることができる[38]。「合理的期待の有無」を判断する際には、労働契約上の信義則に基づき労働者の信頼を保護すべきかどうかという規範的な観点から判断がなされる[39]ことが適切である。雇用継続への合理的期待の存否は、労働者側の主観ではなく、雇用継続の客観的保護の必要性の問題と理解すべきである[40]。それは、労働者の同意を単なる主観的な状態ないし事実ではなく、客観的にみて労働者が雇用継続の合理的期待があるかどうかを判断する立場[41]や労働者の合意に自由な意思に基づくと認められる客観的合理的理由を必要とする裁判例[42]と軌を一にする。「不更新条項への同意」の有無の判断にあたっては、労働者の自由意思に基づくと認められる客観的合理的理由を検討しつつ、従来の合理的期待の有無を判断する際に検

討されてきた他の事情もあわせて[43]、労働者の雇用継続への合理的期待を判断することが望ましい。

　なお、裁判例のなかで、合理的期待を判断するためのこれまでの諸事情に加え、不更新条項特有の事情として、不更新条項に関する会社説明会・個別面談の実施、有給休暇の消化、転職支援サイトへの登録などが合理的期待を否定する事情として考えうるとされている。一方で、不更新条項に対する例外規定の存在、不更新条項導入を反対する職場の会合、不更新条項の導入を反対する労働組合と会社との団体交渉、不更新条項への署名押印に不安をもつ労働者の労働局への相談などは、合理的期待を肯定する事情として考えうるとされている。不更新条項の例外である雇用継続の選抜試験へ応募し、選考にもれた場合には、どちらの事情に考慮されるのかは明らかではない。個別の事案ごと、さまざまな事情を考慮要素としながら、労働者の信頼保護に値するかどうかの判断がなされるべきであろう。

四　無期転換制度、無期転換後の労働条件

1　有期労働契約の無期労働契約への転換

　労契法18条では、有期労働契約の無期労働契約への転換として、同一の使用者のもとで有期労働契約が更新されて通算契約期間が5年を超える場合に、労働者が無期労働契約への転換の申込みをしたときは、使用者がその申込みを承諾したものとみなされると規定する（同条1項）。無期労働契約に転換された場合の労働条件は、別段の定めがある場合を除き、従前の有期労働契約の内容である労働条件（契約期間を除く）と同一のものになるとされている（同条1項2文）。ただし、ある有期労働契約期間とその次の有期労働契約との間に、契約がない期間（空白期間）が6か月以上あるときは、その空白期間以前の有期労働契約期間は通算契約期間に参入されない（同条2項）。

　同条の定める「無期転換ルール」は、これまでの判例法理を明文化した労契法19条の雇止め法理とは異なり、2012年の労契法改正により創設された制度である。同条の趣旨は、有期労働契約の利用自体は禁止せず許容するが（入口規制の不採用）、その反復更新が5年を超えて存続する場合には濫用にわ

たるものと評価して、これを安定雇用たる無期労働契約に移行させようとしたものである[44]。

無期転換制度は、有期契約労働者を無期契約労働者へ転換させる制度であり、有期契約労働者を正社員として扱うことを求める制度ではないため、原則として、無期転換後の労働条件は、有期労働契約における労働条件と同一とされる。しかし、無期労働契約へ転換された労働者に対し「別段の定め」を規定することによって、労働条件を変更することも可能である（労契法18条1項2文）。「別段の定め」には、労働協約、就業規則および労働契約（無期労働契約への転換にあたり従前の有期労働契約から労働条件を変更することについての有期契約労働者と使用者との間の個別の合意）が含まれるとされている[45]。

無期転換後の労働条件に関する裁判例として、以下の裁判例がある。井関松山製造所事件判決[46]では、賞与、家族手当、精勤手当、住宅手当に関する有期雇用労働者と無期雇用労働者間の労働条件の相違が労契法20条[47]に違反するかが争われ、賞与を除く諸手当は労契法20条に違反すると判断されたほか、無期転換した労働者らに適用される無期転換就業規則にはこれら諸手当の不支給が定められていたため、その規定の合理性も争点となった[48]。裁判所は、諸手当等の不支給を定めた無期転換就業規則は、「労働者らが無期転換する前に定められていることを考慮しても、当該定めについて合理的なものであることを要するところ（労働契約法7条参照）」、同規則がそれ以前の有期雇用労働者の労働条件と同一である一方で、規則の制定にあたり会社が労働組合と交渉した事実が認められず、労働者らも同規則に定める労働条件を受入れたと認められないことなどから、同規則の制定のみをもって、労契法20条違反とされた諸手当の支払義務を会社が負わないと解することはできないとした。

ハマキョウレックス（無期転換）事件[49]では、無期転換した労働者らにどの就業規則が適用されるのかが争点となった。同地裁判決[50]は、まず、会社が団体交渉の場を通じて、一貫して無期転換後の労働者が正社員になることを否定している一方で、労働者らは無期転換後の労働条件は契約社員就業規則（嘱託、臨時従業員、パートタイム労働者に適用される。労契法18条の施行等をふまえて、その対象者に無期転換後の労働者が追加された）による旨の契約書に署名押印して

いるので、明示の合意があるとした。次に、無期転換後の労働者らに正社員就業規則ではなく、契約社員就業規則が適用になることについて、無期転換した労働者らと正社員との間の「労働条件の相違も、両者の職務の内容及び配置の変更の範囲等の就業の実態[51]に応じた均衡が保たれている限り、労契法7条の合理性の要件を満たしている」と判断した。正社員就業規則とは別に、無期転換した労働者に適用される契約社員就業規則が整備されていた本事案においては、無期転換後の原告らと正社員との労働条件の相違が両者の就業実態と均衡を欠き労契法3条2項、4項、7条に違反すると解された場合であっても、契約社員就業規則の…各条項に違反する部分が原告らに適用されないというにすぎず、原告らに正社員就業規則が適用されることになると解することはできないとした。さらに、労働条件の実質的な不利益変更にあたり、労契法10条が類推適用されるとの労働者らの主張に対しては、「無期転換の前後を通じて期間の定めを除き原告らの労働条件に変わりはないから、無期契約社員規定の追加は何ら不利益変更に当たらない」と判断した。

同事件高裁判決[52]では、地裁判決を支持しつつ、以下の補足説明が加えられた。「労契法18条1項後段の「別段の定め」とは、労使交渉や個別の契約を通じて現実に合意された労働条件を指すもの…であり、無期転換後の労働条件について労使間の合意が調わなかった場合において、直ちに裁判所が補充的意思解釈を行うことで労働条件に関する合意内容を擬制すべきものではな」い。職務評価による職務の価値が同一であれば同一（同等）の待遇とすべきとする「同一価値労働同一賃金の原則」が公序として確立していると認めるのは困難である。無期転換後の労働者らの「労働条件と正社員のそれとの相違が、両者の職務の内容及び配置の変更の範囲等の就業の実態に応じて許容できないほどに均衡が保たれていないとも認め難い」と判断した。

本地裁判決（およびこれを是認した高裁判決）の特徴は、第1に、無期転換した労働者らには、（無期転換後の労働者も適用対象になると定める）契約社員就業規則が適用になり、別個独立に定められた正社員就業規則が適用されることはないと判断した点である。第2に、労働者らが無期転換する前に整備された契約社員就業規則の「合理性」については、労契法7条の問題と捉えた点である。第3に、その就業規則における「合理性」の要件として、無期転換

後の労働者と正社員との労働条件の相違に、就業実態の違いに応じた均衡が保たれていることを求めた点である。

2 無期転換後の「別段の定め」と就業規則の合理性

学説では、無期転換後に「不利益な」労働条件の変更（ないしは決定）がなされた場合に、労契法18条1項2文にいう「別段の定め」における「合理性」を、労契法7条（労働契約締結時の就業規則の契約内容補充効を定めた規定）によって判断するのか、それとも労契法10条（労働条件の不利益変更効を定めた規定）によって判断するのかが争われて、主に3つの考え方が示されきた。a説は、有期労働契約が無期労働契約に転換されることから、有期労働契約終了後の新たな労働契約（無期労働契約）の成立を規律する労契法7条を適用すべきであるとする[53]。b説は、労働契約関係が5年を超えて継続している実態、および全くの新規契約ではなく、まさに従前の労働条件との比較を問題にせざるを得ないことをふまえ、従前の労働条件の就業規則による変更問題を処理する枠組みである労契法10条（ないしはその類推）によって処理されるべきであるとする[54]。c説は、就業規則が整備された時期と無期労働契約が締結された時期によって、労契法の適用条文が異なるとする。就業規則が整備された後に無期労働契約が成立した場合には、労働契約の成立に際しての就業規則の労働関係規律効（労契法7条）にしたがって無期労働契約の合理性が判断される。一方で、無期労働契約が成立した後で、就業規則が整備された場合には、就業規則の変更による労働条件の変更に関する諸規定（労契法9条と10条）によるべきであるとされる[55]。

この点、前掲・井関松山製造所事件判決では、裁判で労契法20条違反と判断された諸手当の不支給に関する規定を存続したまま無期転換就業規則を定めていたため、その合理性が問題となった。裁判所は、「別段の定め」について言及していないが、労働者らの無期転換前に同規則が整備されていたことをふまえ、契約成立時における就業規則の契約補充効を定めた労契法7条の合理性の問題と捉えており、c説（ないしはa説）に近い考えをとったものと解される。他方で、「合理性」の審査として、労使における話合い、労働者の合意状況等を検討し、同規則に基づいて手当支払義務がないとする会社

の主張を退けた。無期転換制度に配慮した（通常の 7 条が想定する合理性の審査よりは厳格な）労契法 7 条の合理性審査と捉えることができる。

　思うに、a 説は、これまでの有期労働契約が終了となり、新たな無期労働契約が成立する点を捉えて労働契約の「新規締結」に適用される労契法 7 条を適用すると解しており、「不利益」の有無にかかわらず労働条件の決定（ないしは変更）がなされた場合に適用できる。ただ、労契法 7 条の「合理性」審査は、労契法10条の「合理性」審査に比べて、従前の労働条件と比較した不利益が観念されないため、一般には合理性がより広く認められると解されている[56]。今後は労契法18条をふまえて、予め無期転換労働者を対象にした就業規則を整備する会社が増えることが予想されるなか、無期転換後の労働条件が不利益に変更された場合にも、その変更の合理性が容易に認められてしまう懸念がある。この点は c 説にも妥当する。もっとも、前掲・井関松山製造所判決等をヒントに、労契法 7 条の合理性審査につき、無期転換後の場面であることを考慮にいれ、裁判所が厳格に審査することで、妥当な結論を導くことは可能であろう[57]。

　b 説の立場は、無期転換後に「不利益な」労働条件が設定された場合に、無期転換前から契約関係が継続している実態を捉えて、継続的契約関係における信義則に基づく法理である就業規則変更法理の性質に照らし、労契法10条を適用（ないしは類推適用）することでその効力を決定するものである[58]。無期転換後における労働条件の不利益変更（決定）の場面に、労契法10条の判断枠組みを（類推）適用することは、継続雇用という実態からも判断手法の適切性からも肯首できる。なお、労契法10条の「不利益」性判断につき、同法理の適用の有無という入口における「不利益」該当性の存否に関しては、実質的不利益の有無の判断が容易ではないことから、新旧就業規則の外形的比較において不利益とみなしうる変更があればよいとする[59]。

　なお、前掲ハマキョウレックス事件のように、無期転換前後の労働条件が（期間の定めを除き）同一である（不利益がない）場合には、労契法10条の適用はないと解される。転換前と「異なる」労働条件を定める「別段の定め」がある場合には、就業規則の「合理性」が問題となるが、無期転換前後で労働条件が（契約期間を除き）「同じ」であれば、労契法18条 1 項の原則にしたがい

従前の労働条件が適用になるものと解される[60]。適用される就業規則の名称が異なるとしても、就業規則における無期転換前後の労働条件に変わりがないのであれば、そもそも無期転換後の労働条件について「合理性」審査をする必要性が乏しく、労契法7条の合理性を審査するとしても合理性が否定される場面を通常は想定しづらい[61]。なお、前掲ハマキョウレックス事件高裁判決では、「別段の定め」とは「労使交渉や個別の契約を通じて現実に合意された労働条件」を指すと解しているが、就業規則の契約補充効（労契法7条）、反対する労働者も拘束する就業規則の不利益変更効（同10条）などから、「別段の定め」が就業規則である場合には両当事者の合意は必要ないと思われる。

3 無期転換した労働者と正社員間の労働条件の待遇格差

無期転換した労働者と正社員間に労働条件格差が存在する場合に、これを違法とすることはできるのか、その場合の法的根拠について学説では議論がある。

パート有期法8・9条は、短時間・有期雇用労働者と通常の労働者との不合理な待遇の相違を禁止したもので、パートタイム労働者と有期雇用労働者が適用対象となっている。無期転換前の有期雇用労働者であれば、同法の適用を受けることができるが、無期労働契約に転換したフルタイムの労働者は、パート有期法上の「短時間・有期雇用労働者」には該当せず、同法の適用を受けない。無期転換者とその他の無期契約労働者（いわゆる正社員や多様な正社員等）との間で待遇差がある場合には、労契法3条2項をふまえて均衡の考慮が求められる旨を周知すること、同法4条1項の趣旨をふまえて、使用者に無期転換後の労働条件について考慮した事項の労働者への説明を促す措置を講じることが厚生労働省の検討会報告書のなかに盛り込まれている[62]。

無期転換した労働者の労働条件は「別段の定め」がなければ従前のままとされており（労契法18条1項2文）、仮に無期転換した労働者と正社員間に労働条件格差が存続したままであるとしても、両者の労働条件格差いかんは、関係する労働者を包含しての労使交渉によって決すべきであり[63]、無期転換した

労働者と正社員間の労働条件格差に法は介入しないとする救済否定説がある。無期転換によって雇用が保障され雇用喪失の恐れが相対的に少ない状態で交渉に臨み、自律的に格差是正が可能となることは、賃金決定の原則である労使自治の趣旨に鑑みて妥当であると解されている[64]。

これに対し、契約形態としてはフルタイム・無期・直接雇用労働者であるが、実態としては「非正規」労働者として扱われ、客観的・具体的な理由なく低い待遇とされている労働者については、なおも非正規労働者問題として捉えられ、パート有期法8・9条の趣旨にてらし、同規定の類推適用ないしは公序等に基づく一般法理（民法90条、709条、労契法3条2項等）の問題として法的救済が可能な場合があるとする救済肯定説がある[65]。（無期転換していない）有期雇用労働者の待遇改善がすすむなか、労契法18条によって無期転換したが、賃金等の労働条件は従来の有期契約契約のときと同じ低処遇のまま（いわゆる「ただ無期」）、待遇改善の効果を享受できない事態が生じうる。このような事態に対し、パート有期法8・9条の類推適用または公序良俗違反となる場合があるとする[66]。

前掲ハマキョウレックス事件地裁（およびこれを是認した高裁）判決では、無期転換した労働者らと正社員間の労働条件の相違について、「両者の職務の内容及び配置の変更の範囲等の就業の実態に応じた均衡が保たれている限り、労契法7条の合理性の要件を満た」すとし、両者の労働条件の相違が「両者の就業実態と均衡を欠き労契法3条2項、4項、7条に違反すると解される場合」には違反する部分につき就業規則が適用されない場合があるとする。これらの指摘は、無期転換した労働者と正社員間の労働条件の相違が、職務内容および職務内容及び配置の変更の範囲等の就業の実態に応じた「均衡」のとれたものであることが要請されており、それを欠く場合には違法になりうると解釈することもできる。ただし、就業規則の「合理性」の問題と、無期転換した労働者と正社員との労働条件の待遇格差の問題は異なる問題であることから、労契法7条の合理性判断が、パート有期法8条（旧労契法20条）の不合理性判断に似たかたちで行われている[67]点には解釈上の問題があると思われる[68]。

パート有期法8条（旧労契法20条）には直律効がないため、使用者が待遇格

差につき違法判決を受けたとしても、ミニマムな対応をしようと思えば訴訟当事者だけに差額分の損害賠償を支払えば足り、有期労働者の契約内容は変えずに、そのまま無期転換すると不合理とされた部分を含む内容で無期労働契約が締結されることになってしまう。このような事態が実際に起こりうる以上、無期転換後に法的コントロールが一切及ばなくなるとするのではなく、なおも「非正規」的な扱いを受ける無期労働者に適切な法的救済を図るべく、少なくとも公序による救済を認めてもよいのではないかと考える[69]。前掲・井関松山製造所事件判決では、労契法20条違反と判断された諸手当を不支給としたまま、会社が無期転換就業規則を作成していた。この点について、既述のとおり裁判所は無期転換をすれば、その労働条件に法が全く関知しなくわけではないとの立場をとっている。

五　おわりに

本稿は、解雇以外の終了事由である辞職・合意解約、有期労働契約の終了にかかる主要な論点について、労契法の射程範囲、意義および課題を明らかにするものである。期間の定めのある労働契約の終了に関する不更新条項への「労働者の同意の有無」と「合理的期待の存否」に関する争点、および無期転換後の労働条件に関する争点は、労契法18条が施行され、無期転換の権利が発生する2018年から顕在化し、裁判例が蓄積されている。労契法19条の労働者の雇用継続への合理的期待を判断するにあたっては、不更新条項への同意に労働者の自由意思に基づくと認められる客観的合理的理由を検討しつつ、従来の合理的期待の有無を判断する際に検討されてきた他の事情もあわせて総合判断することが望ましいように思われる。無期転換後の「別段の定め」（労契法18条1項2文）と就業規則の合理性については、無期転換した労働者に適用される就業規則が無期転換前から整備されていること、無期転換前後で労働条件が同一である（不利益変更が行われていない）ことなどの前提条件が認められた事案において、裁判所は労契法7条の問題として捉えている。無期転換後の労働者と正社員間の労働条件の待遇格差は、労契法18条が対象としていない問題であり、労契法20条やパート有期法8条が存在する以前の

学説の議論状況がすこし形をかえて引き継がれている印象をうける。労働契約という継続的契約関係における労働者の信頼保護のあり方、契約の形式ではなく契約内容の実態に即した適切な解決方法など引き続き検討していく必要がある。

1　例えば1年契約で更新は4回までとする「更新限度条項」や、今回の更新が最後で、次回は更新しないとする「不更新条項」が有期労働契約に差し入れられる場合がある。ここでは、両者をあわせて「不更新条項」と表記する。
2　当事者双方の意思表示を示す場合には「合意」を、その構成要素としての労働者の意思表示のみを示す場合には「同意」という表現を用いる。山川隆一「労働条件変更における同意の認定」荒木尚志ほか編・菅野和夫先生古稀記念論集『労働法学の展望』258-259頁（2013年）参照。
3　菅野和夫＝山川隆一『労働法（第13版）』710頁（2024年）。
4　西谷敏『労働法（第3版）』437-438頁、448頁（2020年）。
5　西谷敏『規制が支える自己決定——労働法的規制システムの再構築』375頁以下、450頁（2004年）、荒木尚志『労働法（第3版）』346頁参照（2020年）。
6　菅野＝山川・前掲注3）711頁。
7　山口地判下関支部昭和49・9・29労判213号63頁。同・広島高判昭和52・1・24労判345号22頁および同・最一小判昭和55・7・10労判345号20頁は同地裁判決を支持。
8　東京地判平成23・12・28労経速2133号3頁、同・東京高判平成24・10・31労経速2172号3頁。
9　代表的な裁判例として、1号につき東芝柳町工場事件・最一小判昭和49・7・22民集28巻5号927頁、2号につき日立メディコ事件・最一小判昭和61・12・4判時1221号134頁。
10　荒木・前掲注5）561頁、西谷・前掲注4）496頁。
11　施行通達（平成24・8・10基発0810第2号）第5の5（2）ウ。
12　進学ゼミナール事件予備校事件・最三小判平成3・6・18労判590号6頁等。
13　前掲・日立メディコ事件判決、龍神タクシー（異議）事件・大阪高判平成3・1・16労判581号36頁等。
14　この点は、「雇止め」の射程、すなわち、雇止め法理は両当事者の合意に基づく有期契約の期間満了には適用されないのかにかかわる問題となる（水町勇一郎「契約更新限度に基づく無期転換権発生直前の雇止めの違法性——博報堂事件」ジュリ1548号100頁（2020年））。

15　福岡地判令和2・3・17労判1226号23頁。
16　大阪地判平成17・1・13労判893号150頁。
17　水町・前掲注14)100頁。
18　水町・前掲14)100頁。唐津博「改正労働契約法第19条の意義と解釈─判例法理（雇止め法理）との異同を踏まえて」季労241号10頁（2013年）も、不更新条項の存在を重視して雇止め法理の適用を否定する裁判例を批判する。
19　西谷敏＝野田進＝和田肇編『新基本法コンメンタール労働基準法・労働契約法』454-455頁〔山川隆一〕（2012年）、荒木尚志「有期労働契約法理における基本的概念考─更新・雇止め・雇用継続の合理的期待」根本到ほか編『労働法と現代法の理論（上）(下)─西谷敏先生古稀記念論』409-413頁（2013年）。
20　施行通達（平成24・8・10基発0810第2号）第5の5(ウ)。
21　荒木・前掲19)409-410頁。
22　横浜地川崎支判令和3・3・30労判1255号76頁、同・東京高判令和4・9・14労判1281号14頁。
23　東京高判平成24・9・20労経速2162号3頁。
24　施行通達（平成24・8・10基発0810第2号）第5の5(2)ウ。
25　山口地判令和2・2・19労判1225号91頁。
26　ただし、本事件判決では、不更新条項が追加された後に説明会が行われ、労働者も雇用継続審査に応募して継続不可とされたが、これらをふまえた雇用契約「終了時」における合理的期待の有無については判断されていない。
27　徳島地判令和3・10・25労経速2472号3頁。
28　最二小判平成28・2・19労判1136号6頁。
29　同事件では、労働者が不更新条項を含む最後の契約更新後に、労働局に相談しているほか、会社に対し無期転換の申込も行っている。
30　東京地判令和2・10・1労判1236号16頁、同・東京高判令和4・11・1労判1281号5頁。
31　土田道夫『労働契約法（第2版）』780頁（2016年）。
32　山川・前掲注1)257頁以下。
33　水町勇一郎『詳解 労働法（第3版）』411頁（2023年）。
34　毛塚勝利「改正労働契約法・有期労働契約規制をめぐる解釈論的課題」労旬1783・1784号25頁（2013年）、唐津・前掲注18)15頁。この立場と同様に、明石書店（製作部契約社員・仮処分）事件・東京地決平成22・7・30労判1014号83頁では、（7か月と1年の有期契約後である）2度目の契約更新時に不更新条項を含む1年の契約が提案され、労働者がその契約書に署名押印した事案において、契約書を拒否して直ちに雇止めになるのを避けるため「不本意ながら…

労働契約の締結をせざるを得ない状況にあったと認められる」として、雇止めの効力審査を行っている。

35　米津孝司「更新上限条項と雇止め法理の規範的構造—日本通運2事件の下級審判決を素材に（前編・後編）」労判1285号5頁以下、1286号5頁以下（2023年）。

36　西谷・前掲注4）499頁等。

37　たとえば、前掲・明石書店事件では「不本意ながら」不更新条項に署名押印した事案であったので、これを不更新条項への「同意あり」と認定することもできる。他方、原告も加入する労働組合はこの不更新条項を含む労働契約の締結に対し、「反対の意見表明」を行っており、東京都労働委員会において調査中であった。署名押印する前の個別面談において、原告は不更新条項を保留にして、契約更新ができないかを尋ね、会社から断られている。これらの点をふまえると、不更新条項に「同意していない」事案とも捉えうる。

38　水町・前掲注33）408頁。

39　水町勇一郎『労働法（第10版）』359頁（2024年）参照。

40　西谷・前掲注4）497頁参照。

41　西谷＝野田＝和田・前掲注19）455頁［山川隆一］参照。

42　前掲・山梨県民信用組合事件判決、前掲・A学園事件判決、前掲・日本通運事件判決。

43　不更新条項の存在は、合理的期待の判断場面において、「雇用の継続性」の有無を判断する考慮事情の1つになるとしても、他の考慮事情との関係では相対的な意味しかもたず、不更新条項の存在を過度に強調すべきでないとする（唐津・前掲18）10頁）。

44　荒木・前掲注5）546頁、施行通達（平成24・8・10基発0810第2号）第5の4（1）。

45　施行通達（平成24・8・10基発0810第2号）第5の4（2）カ。

46　高松高判令和元・7・8労判1208号5頁。

47　平成30年法律第71号〔働き方改革関連法〕による改正前。以下では「労契法20条」と表記する。

48　井関松山ファクトリー事件・高松高判令和元・7・8労判1208号38頁では、賞与と物価手当に関する有期労働者と無期労働者間の労働条件の相違について労契法20条違反が争われ、物価手当に関する相違が不合理性が認められるほかは、前掲・井関松山製造所事件判決と同様の判断が下されている。

49　本件には、前訴として、本事件の労働者のうちの1名が原告となり、正社員との労働条件の相違が争われ、無事故手当、作業手当、給食手当、通勤手当、

皆勤手当の相違は不合理であり、労契法20条に違反すると判断されて、会社に不法行為に基づく損害賠償請求が認められた訴訟が存在する（最二小判平成30・6・1労判1179号20頁。皆勤手当については、大阪高判平成30・12・21労判1198号32頁参照）。本事件判決によれば、不合理と判断された各種手当は、時間給換算され「処遇改善費」として時間給に組み入れられている。

50　大阪地判令和2・11・25労判1237号5頁。
51　同事件では、前訴でも認定されている通り、労働者らと正社員との間の職務の内容（業務の内容やそれに伴う責任の程度）に違いはないが、職務の内容および配置の変更範囲に違いがみられた。
52　大阪高判令和3・7・9労経速2461号18頁。
53　土田・前掲注31)790頁。西谷＝野田＝和田・前掲注19)450頁［野田進］参照。
54　荒木・前掲注5)557頁、水町・前掲注32)424頁。
55　菅野＝山川・前掲注3)812-813頁。
56　荒木・前掲注5)422頁。
57　荒木・前掲注5)422頁、荒木尚志＝菅野和夫＝山川隆一『詳説労働契約法（第2版）』112頁（2014年）。
58　水町・前掲注32)424頁。
59　荒木＝菅野＝山川・前掲注57)134-135頁。
60　ア）「別段の定め」は無期転換前と「異なる」労働条件を定める場合に限られ、本事案のように無期転換前後で「同一」の労働条件である場合には「別段の定め」にあたらないとの解釈も、イ）同一の労働条件であっても、少なくとも条文上は排除されていないので、「別段の定め」にあたるとの解釈も可能であることが指摘されている（原昌登「無期転換した労働者に対する正社員就業規則の適用の有無」ジュリ1564号134頁（2021年））。
61　原・前掲注60)134頁参照。
62　厚生労働省「多様化する労働契約のルールに関する検討会報告書」20-21頁（2022年3月）。
63　荒木＝菅野＝山川・前掲注57)230頁。
64　神吉知郁子「有期雇用労働者の登用制度・無期転換と不合理な労働条件格差—科学飼料研究所事件」ジュリ1568号133頁（2022年）。
65　水町・前掲注39)362頁、水町勇一郎『「同一労働同一賃金」のすべて（新版）』74-75頁、153頁（2019年）。
66　同。
67　山田省三＝両角道代「ディアローグ 労働判例この1年の争点」日本労働研究雑誌736号18頁［山田省三］（2021年）。

68 原・前掲注60)134頁。
69 山田＝両角・前掲注67)19-20頁［両角道代］参照。

労働契約と解雇
──労契法と解雇法理──

長谷川　聡

一　はじめに
二　解雇権濫用法理の基礎
三　解雇権濫用法理から見た労契法

一　はじめに

　解雇は、企業活動に必要な行為である一方、労働者の生存を脅かしうる行為でもある。解雇規制のあり方は、雇用を取りまく社会実態の影響を受けつつ、配転命令の限界や労働条件変更の要件、定年制の適法性等、他の論点の法のあり方に影響を与える労働法の中核的論点である[1]。解雇規制の理論的基礎を明確にし、規制の履行確保措置を適切に整えておくことは、労働者に人間らしい生活と労働を保障し、労働法を体系立てて発展させていくための前提である。
　日本の解雇規制といえば、まず労契法16条が挙がる。労契法16条は、もともと包括的な実体的解雇規制を持たなかった日本法において、判例法理として形成された解雇権濫用法理をそのまま明文化したものといわれる。本来あるべき解雇規制を検討し、これを明文化するのではなく、現状の明文化にとどまった事実は、この論点の理論的対立や労使対立の調整が困難だった事情を伺わせる。また同時に、解雇権濫用法理が時代の変化に対応して柔軟に展開可能な法理であり、この法理とこれによる解決を明文化して良い程度に妥当と国が評価したことを示してもいる。
　労契法16条として解雇権濫用法理を明文化したことには、後述するような意義はあったが、これによって解雇規制に関する課題が全て解決したわけで

はない。判断基準の不明確さ、結果の予測可能性の低さは批判され続けているし、適用範囲や内容に争いがある整理解雇法理の明文化は果たせずにいる。解雇無効という救済内容は解雇制限の必然的な帰結ではないことから、金銭による救済の可能性が断続的に話題に上る。

　本稿の目的は、労契法の各条文と関連法理・法律との関係性を整序するという本書の目的を念頭に、労働契約法理としての解雇権濫用法理の理論的基礎を明らかにし、この法理と労契法の関連条文との相互関係を試論することで、同法を体系的に展開させるときの視点や論点を提示することにある。解雇権濫用法理が判例法理として形成され、労契法の制定も判例法理を踏襲する形で行われたことから、この点に関する立法者の立場は明確にされていない。

　解雇に関する先行研究は豊富にある。本稿は、これらを参照しつつ近年の社会環境の変化を加味しながら解雇権濫用法理の性質を確認する（二）。そしてこの法理と労契法の条文との関係性を整序し、それぞれの今後の展開可能性を提示する（三）。

二　解雇権濫用法理の基礎

1　解雇権濫用法理の成立と展開

　分析の手がかりを得るために、先行研究によって明らかにされている解雇権濫用法理の成立と展開の過程を簡単に確認することから始めよう。

　民法では、無期雇用契約については、両当事者共に原則2週間前に予告をしたうえで特別な理由なくその契約関係を解約することが認められている（民627条1項）。有期雇用契約の契約期間中の解約については、両当事者共に、やむを得ない事由がある場合に即時解除が認められる（民628条）。民法627条1項が使用者による雇用契約の解約に実体的要件を課さない点は、使用者が「解雇の自由」を有する根拠として用いられる[2]。

　第二次世界大戦後に整備された現行憲法下の労働法制では、解雇の手続的規制（労基20条等）や特定期間中の解雇の制限（労基19条等）、特定事由に基づく解雇の禁止（労組7条等）が設けられた反面、解雇全般を包括的に対象とす

る実体的規制は整備されなかった。この仕組みや、労基法が随意雇用 (employment at will) 原則を採用するアメリカ法の影響下に制定されたことから素直に発想すれば、これらの解雇規制に抵触しない限り解雇は自由というのが当時の労働法制の立場であったといえる。実際、この考え方（解雇自由説）を採用した裁判例[3]も現れた[4]。しかしこの種の裁判例は比較的少数にとどまり、前述の労働法制の整備から5年も経たずに解雇を制限する裁判例が現れた。その解雇制限の論理には、解雇に正当事由を必要と解するもの[5]（正当事由説）と、解雇権を認める一方でその行使を権利濫用法理によって制約するもの[6]（権利濫用説）があったが、昭和30年代には後者が解雇権濫用法理として裁判例の主流を形成し、現在に至る。

判例が解雇権濫用法理を採用することを確固としたのは、日本食塩製造事件[7]と高知放送事件[8]の二つの最高裁判決においてである。日本食塩製造事件最高裁判決は、「使用者の解雇権の行使も、それが客観的に合理的な理由を欠き、社会通念上相当として是認することができない場合には、権利の濫用として無効となる」との一般原則を示し、労働契約上の地位確認を救済内容とした。高知放送事件最高裁判決は、この判断をふまえて、就業規則上定められた解雇事由に該当する事実が認められる場合でも、解雇を適法に行うためには、これが社会通念上相当であることが要請されることとした。

解雇権濫用法理の確立以降、一方では整理解雇法理[9]を代表例とする事案類型に応じた解雇法理が形成された。他方では、労働者が置かれた立場が解雇と類似することなどを背景に、雇止めに対する類推適用（以下、「雇止め法理」という）が認められる[10]など、適用対象が実質的に広がった。

解雇権濫用法理は、2003年の労基法改正時に労基法18条の2（当時）として、判例法理をそのまま明文化するという考え方の下に明文化された[11]。これにより適用対象事案において裁判所が解雇権濫用法理を適用することが法的に義務付けられ、解雇が実体的・包括的に規制されることが確定された[12]。この条文は、労契法制定時に労契法16条にそのまま移された（2007年）。同じタイミングでの整理解雇法理の明文化は見送られたが、解雇権濫用法理を類推適用する雇止め法理は労契法19条として明文化された。

2 解雇権濫用法理の理論的基礎
(1) 社会的背景

　このように解雇権濫用法理には、実体的・包括的解雇制限を持たない労働法制が整備されたわずか数年後にその原型が形成された経緯がある。この動きの背景には、当時は労使が必ずしも協調的ではなかった戦後直後の社会混乱が残り、相当性を欠く解雇を制限することにより労働者の生活危機を回避する必要性が高い実態があったことが指摘されている[13]。そもそも労働者が使用者に対して経済力や交渉力において劣位にあり、解雇の自由を維持したままでは労働者が飢える自由を享受するにすぎないという認識は古くから存在した。当時の裁判所は、解雇を制限する事実上の必要性が法的保護に値する程度に達していたと評価して、一般条項である権利濫用禁止規定（民1条3項）を用いて、この法的要請に対応する法の欠缺を埋めたのである。

　この経緯からは、解雇権濫用法理の合理性を支える論拠の中に、その社会において解雇が労働者に与えることが見込まれる不利益等の回避が含まれていることが分かる。そのため戦後の混乱期が過ぎた後も、終身雇用制度を内容の一つとする日本的雇用慣行が支配的だった時代は、解雇が労働者にもたらす不利益等が分かりやすく、解雇権濫用法理の合理性も説明しやすかった[14]。反面、日本的雇用慣行離れと労働市場の流動化が進み、衰退産業から成長産業への労働力移動の必要性が叫ばれるようになると、解雇権濫用法理の見直しが主張されるようになった[15]。労働市場の流動性を担保したうえで、特定企業との関係にとどまらず、労働市場全体で雇用安定や雇用保障を考える発想[16]はその典型例である。

(2) 法理としての柔軟性

　解雇制限の事実上の必要性の評価の仕方はひとまずおき、この必要性を司法の場で法的に表現する方法として、学説では前述のように正当事由説と解雇権濫用説が主張されてきた。解雇に内在的な制約があることについては労働法学界においておおむねコンセンサスが得られており、両説の間にも解雇制限の必要性を基礎付ける事実に関する認識について大差はない[17]。差があるのは、解雇制限の趣旨が主に具体化される場面、すなわち、市民法原理と

しての解雇の自由への制限としてか、あるいは解雇の自由は認めた上で、その自由の行使への制限としてか、という点にある。解雇権濫用法理は、名称によれば権利濫用説に分類されるが、その運用実態は正当事由説に近いことが繰り返し指摘されてきた[18]。その例証としてよく挙げられるのが、解雇権濫用法理では、解雇権行使について客観的に合理的な理由があることを主張立証する責任を、権利濫用を訴える労働者ではなく、実質的に使用者が負担する運用が行われていること[19]である。この運用は、解雇の適法性を審査するために必要な証拠が使用者側に偏在していることを受けて行われているといわれるが[20]、解雇権濫用法理を支える前述した社会的事実や後述する法理論的基礎が、実質的には解雇の自由自体を制限するものとして評価されていることを示している。使用者に解雇の自由が認められるとしても、それは労働者の基本的権利との調整を要すると考えれば[21]、この運用にも無理はない。

このような実態があるにもかかわらず、解雇権濫用法理が権利濫用形式を採用している理由については、憲法25条や憲法27条は使用者に具体的な義務を課すものではないとの理解の下に、正当事由説を採用する実定法上の根拠がないと考えられたという分析[22]や、正当事由説的な実質を有することと文言との不整合、そして解雇無効という特異な構造によって法理を構築したことに関する司法立法の過剰の自制あるいは批判の回避を意図したといった分析[23]がなされている。そもそも権利濫用説といっても、濫用性の判断の仕方については、解雇自由説に近いものから正当事由説に近いものまでバリエーションがある[24]。正当事由説を正面から採用するには解雇の自由を制約する論理を構築するというハードルがあるが、正当事由説に近い解雇権濫用説[25]を取りながら解雇権濫用の証明責任を使用者が負う仕組みを採用できるならば、無理に正当事由説を採用する必要性は低下する[26]。今日、民法上の権利濫用の禁止は柔軟に用いられている[27]。これを基礎とする解雇権濫用法理も、理論的不整合の影響が裁判に影響を与えないような柔軟性な運用が可能になっていると理解することができる。

（3）解雇権濫用法理の憲法的基礎

では、このような運用を可能にする法理論的根拠は何か。この点は、いわ

ゆる解雇権論の中で議論されてきた[28]。前述した正当事由説と解雇権濫用説の論争はその一部であり、この点について考えるにあたり、両説が解雇制限の根拠とした事柄が参考になる。この根拠の分類方法は論者によって異なり、ある論者が複数の根拠に言及することも多い。代表的なものを列挙してみると、①生存権や労働権、自己決定権・個人の尊重等の基本的人権や、②企業の公共性や社会的責任、③解雇制限による労働者の生産性の維持向上等、企業にとっての経済的合理性、④借地借家関係など他の継続的法律関係を規定する諸法律の「正当事由」に関する規定の類推・準用、⑤労働契約の継続的性質や、これに内在する契約関係の安定性の要請等がある[29]。

解雇が問題視されるのは、これの対象となる労働契約が一回的でなく、解雇によって終わらずに継続すべきとの価値判断があるからであるから、解雇制限の根拠には労働契約の継続的性質があることは否定できない。継続的契約について解約制限がかかる例は、市民法レベルでも存在する。例えば、継続的契約の解約に一定の理由を必要とする継続的契約の法理[30]は、契約形式上はいつでも解約の可能性がある契約関係でも、その関係を安定して継続させることについて法的保護に値する当事者の期待や利益が認められる場合、これの解約について一定の理由や解約予告期間を要するものとする法理である。

もっとも、契約関係の継続を保護する条件や保護の内容は、当該契約関係を継続することに認められる価値に応じて異なる。例えば前述した継続的契約の法理は、一方当事者が予期しない解約によって多額の初期投資を回収する目処が立たなくなるような、取引上の不測の損害を回避することに力点がある。労働契約も当事者の意思に根差した継続的関係であり、この関係が継続するという被解約者（労働者）の想定に反することを問題にする点では共通する。これに加えて、労働契約が解約されることの特徴、つまり労働契約関係の継続によって実現される働くことの価値（以下、「就労価値」という）の内実を探る必要がある。

労働契約全般を念頭においた就労価値については、多くの学説が労働者の基本的人権に根差す諸価値を既に挙げている。心身に負担のかかる苦痛であるにもかかわらず私達が働くのは、これが賃金の獲得等を通じた生存の手段

であるとともに、目的でもあるからである[31]。就労が新たな就労につながるキャリア形成のためのものであり[32]、就労自体が職業的能力の現れであり[33]、やりがいや自身の社会的有用性の認識に結びつく人間存在の本質に関わる行為である[34]。就労は職場のコミュニティに包摂され、これを窓口に社会と関わる価値を持ち、社会保障システムの一部分として社会にとっての価値も持つ[35]。就労が有するこうした価値は、生存権を基底として、その多義性、多層性に対応して、問題の労働契約の内容に即した労働権などの人権規定によって重畳的に保障される。ある労働者と労働契約関係にある使用者は、その労働契約に基づいて当該労働者を自身の事業に組み込み、当該労働者の労務提供の成果を自身に帰属させており、この限りにおいて当該労働者の就労価値を不当に侵害しないよう配慮する義務（就労価値配慮義務）を信義則（労契3条4項）上負う立場にある。解雇権濫用法理はこの義務の表れの一つとして位置付けることができる。

3 社会の変化に即した解雇権濫用法理の再構成

この理解に立てば、今日行うべきは、労働契約関係を維持して就労価値を保障することの今日的意義を、その背景にある労働者の基本的権利や社会状況を念頭に検討し、これを反映した解雇権濫用法理の形成や解雇法制の整備を行うことである。就労価値をいかに理解するか、という大きな論点がここに内包されていることは、解雇法制が労働法の要であることと整合する。紙幅の関係上、この論点に本格的に取り組むことはできないため、ここでは解雇権濫用法理の成立初期と対比してよく指摘される、就労を取り巻く近年の社会状況の変化の一例を挙げ、これが解雇権濫用法理に与える影響を部分的に試論するにとどめる。

解雇権濫用法理を取り巻く社会変化の中で特に注目すべきは、前述した、解雇権濫用法理の見直しを問題提起した、日本の雇用慣行のプレゼンスの低下と外部労働市場の成長、あるいはこれらを目指す政策的動機の高まりであろう。これらは、一般的には特定企業との雇用維持への期待の低下と、解雇後の再就職の容易化を意味し、解雇権濫用法理の根拠となっている解雇が労働者にもたらす不利益の縮小を示唆する。

ただ、この変化は解雇権濫用法理を不要とするものではない[36]。労働者が使用者よりも弱い立場に置かれるという労働契約の特徴は変わらないし、契約内容より労働契約関係の継続に高い価値を認めるべきケースは残る。労働市場が流動化しても現職を離れ、再就職先を探すなどの変化に付随するリスクは労働者が依然負担するのであり、現在の仕事を継続することと完全に同価値の仕事は存在しない。

　外部労働市場も含めて雇用保障を考えることは、その企業での仕事のさせ方が対象労働者の外部労働市場での競争力を高める程度が、解雇の適法性を審査するときの判断要素として重みを持つことを意味する。例えば、その労働契約関係において期待されるキャリアを積めるような教育を行い、業務に従事させ、自己啓発を可能にする生活時間を確保可能な雇用管理をしてきたか、といった事柄である。

三　解雇権濫用法理から見た労契法

1　労契法16条との関係性
（1）正当事由説を意識した文言への修正

　以上のように解雇権濫用法理を理解して、この法理と関連する労契法の条文の位置付けや相互関係を読み解くと、それぞれのあり方や解釈にいかなる問題提起をすることができるだろうか。

　解雇権濫用法理を明文化したという労契法16条については、その文言を、解雇理由の証明責任が使用者にあることがより明確になるように修正することが提言される。権利濫用という法形式を残すと労働者が解雇の合理的理由の不存在に関する証明責任を負うおそれを無くならないことを問題視して、「その権利を濫用したものとして」という文言を削ることが一つの方法である[37]。正当事由説でも権利濫用説でも結果は大きく変わらず、両説が両立し得たとしても[38]、法理と法文の乖離はできるだけ小さく[39]、表現もシンプルな方が望ましい[40]。解雇権濫用法理が、実質的に解雇権そのものを制限する法理として機能している実態を正面からとらえるべきである[41]。

（2）救済方法としての雇用関係の存在確認の必要性

また、解雇が違法と評価された際に労働契約上の地位確認という救済を認める現行制度は、解雇制限の趣旨に通じる部分がある。就労価値として、賃金等経済的利益だけでなく、金銭によって補償することが難しいキャリア形成や自己実現、社会的包摂等も認める場合、労働契約関係を維持することが当該労働者にとって望ましいこともあるからである[42]。現行の救済方法が採用された理由については、旧労組法が不当労働行為制度について科罰主義を採用していたことから、不当労働行為に該当する解雇も私法上無効とされたことが出発点となったとの説明や[43]、終身雇用制の下では転職が難しい等失職に伴う労働者の不利益が著しいことへの対応という説明[44]、不当解雇を無効とすることが恣意的解雇の牽制に役立つとの法政策的見地からの要請によるものとの説明[45]などがなされてきた。解雇権濫用法理が生まれた当時は就労価値に議論が及ぶ社会状況ではなかったが、現行の救済方法は近年の社会変化の下で新たな根拠を得たといえる。

就労にいかなる価値を認めるかは当該労働者の主観に依存する部分も大きいことから、労働者が自由意思により労働契約関係の維持ではなく、金銭による解決を図ることは否定されない。ただし、その金額は、解雇に伴う人格的利益にかかる損害分も考慮して算定されるのが筋である。裁判例では解雇無効判決により地位確認とバックペイの支払いが認められた場合、原状回復がなされたとしてこれ以上の損害賠償責任等の救済は認められない傾向にあるが、こうした現状は再考される必要がある。逆に使用者からの一方的申立てによる解雇の金銭解決は、就労について生存権等に基礎付けられた人格的利益が労働者に認められ、これの処分は労働者の選択に原則として委ねられるべきもので金銭では十分に補償することができないものであるから、認められるべきでない[46]。

2　労契法3条との関係性
（1）就労価値配慮義務と解雇の予防

本稿は、使用者は就労価値配慮義務を信義則（労契3条4項）上負うと解し、解雇権濫用法理をその表れの一つに位置付けた。この理解によれば、解

雇権濫用法理も権利濫用（労契3条5項）というより、信義則（労契3条4項）から構成すべきことになる。就労価値を保障すべきことは、労働契約の終了時も展開時も同じであり、これらを同一の基盤の下に理解することにも無理はない。

　論者によって詳細は異なるが、信義則に基づいて解雇を抑制する義務を使用者に認める見解は少なくない[47]。個人の尊重（憲13条）を基礎に、使用者は労働者個人の人格を傷つけないよう配慮する信義則上の義務を負い、個人の人格を損なう解雇においてもこの義務が機能するとする見解[48]や、労働契約はその人格的結合の強さ故に労使の信頼関係なくしては維持継続しがたいとの認識を基礎に、「被用者の雇用契約の維持のために雇用環境に配慮する義務」、「雇用契約の維持継続を困難にするような行為はしてはならないという消極的な配慮義務」を使用者が負うとする見解[49]がある。

　もう一歩踏み込んで、解雇制限の仕組み自体、信義則の観点から再構成すべきことを提言する見解もある。生計維持手段と職業能力維持・向上の契機として雇用を維持する信義則上の配慮義務が使用者にはあると解し、この配慮義務が当該労働契約関係の下でいかなる範囲と程度で認められるべきかを中心に解雇制限を考えるべきとする見解[50]や、解雇による生計維持手段を失う経済的不利益と人格の発現や幸福追求の場を失う人格的不利益、無期労働者については定年まで雇用される期待権の侵害、人間としての尊厳の保障の観点から使用者に雇用保障義務を認め、ここから解雇制限を説明する見解[51]である。

　解雇権濫用法理が実質的には権利濫用構成を採用しておらず、解雇の適法性がその社会的評価とともに、当該労働契約に基づいて働くことの価値やこれと関わる解雇以前の指揮命令、教育訓練、配置変更等当事者の相互関係を考慮して審査されることからすれば、権利濫用よりも、信義則を用いて解雇制限を講じる方が解雇の全体構造を把握しやすい。雇用継続を求める信義則上の付随義務については、既にこれを肯定する裁判例もある[52]。労契法16条が明文で権利濫用構成を規定していることで、信義則から解雇権濫用法理を再構成することが難しいとしても、解雇権濫用の基礎に信義則違反、就労価値配慮義務違反が内在すると理解することに大きな障害はない。この点で解

雇権濫用法理は、労契法3条4項（信義則）とも密接な関係にある。

判例は、解雇を最終手段とする立場を取り、解雇を回避するための措置を事前に講じることを使用者に求める。これは、就労価値をできるだけ侵害しないようにするものといえる。解雇が就労価値を侵害する側面があることを明確にすることで、これを許容する条件を明確化する要請も生じる。解雇に対する手続的規制の手薄さは以前から問題視されてきたところ[53]、これを整備すること[54]や、この手続や具体的な「客観的合理的理由」の例を施行規則やガイドラインに明示すること[55]等の対応が示唆される。

（2）権利濫用法理の展開可能性の拡大

解雇権濫用法理は、権利濫用構成を採用する点で権利濫用の禁止を定める労契法3条5項とも関連する。この条文は、民法の権利濫用の禁止（民1条3項）を労働契約関係について規定したものである。労契法16条はもともとこの民法の権利濫用の禁止を出発点としていたから、労契法3条5項との関係では、解雇という特定の雇用ステージにおける同条の用いられ方を明文化したものといえる。

ここで注目されるのは、労契法16条が明文化したという解雇権濫用法理が、一見権利濫用構成を採用しつつ実質的には正当事由説に分類可能な、一般的な権利濫用法理とは異質な法理であることである。これを素直に理解すれば、労契法16条をその一部に含む労契法3条5項も同様の解釈を許容していることを意味しており、その結果、解雇以外の領域においても類似の「権利濫用法理」が展開される可能性があることになる。これは、民法上の権利濫用の禁止が広い機能を果たしている実態とも整合する[56]。

解雇権濫用法理が一般的な権利濫用法理とは異なる仕組みを有するに至ったのは、使用者が当該労働契約関係の継続性を尊重しながら当該労働者の就労の価値に配慮すべき立場にあり、訴訟において労働者に過重な証明責任を課すことの不合理さを問題視したからであった。類似の問題構造が存在する場面では、このような解釈が認められる余地があろう。

3　労契法19条との関係性

（1）雇止め制限法理から見た解雇権濫用法理の理論的根拠

　解雇権濫用法理は、解雇に適用される法理だが、厳密には解雇とはいえない場面でも活用されてきた。解雇の意思表示には至らない休職命令[57]や休職期間の満了を理由とする自然退職扱い[58]等がその例であるが[59]、雇止めに対する類推適用という雇止め制限法理としての活用もその一つに挙げられる。このルールは労契法19条に明文化されたが、これは、解雇権濫用法理が厳密な意味での解雇よりも広く活用可能であることを法制度として承認したものである[60]。雇止めは、有期労働契約が期間満了により自動的に終了し、これが更新されないことであって、解雇のように使用者の意思表示によって行われるものではないし、労働契約を更新しないことの通知は観念の通知であって、解雇のような法律行為ではない。両者の法形式は異なるが、本稿のように労働契約関係の維持を通じた労働者の就労価値の保障を解雇制限の根拠と理解するならば、同じ価値が損なわれる雇止めにも同様の論理でこれを制限する法を用意すべきといえる。期間の定めはある時点で労働契約が終了することに当事者が合意したもので、これ以降の就労価値を保障する義務は使用者に生じないはずである。だが、雇止めの適法性が争われた数多くの裁判例が示すように、労働契約上の期間の定めが実際に有する法的意味が額面と同じでない場合もある。両者の差は極端に強調されるべきではなく[61]、解雇権濫用法理と雇止め法理は連続的・整合的に解釈されるべきである。

　法形式の違いを超えて雇止めに解雇権濫用法理が類推適用されたことは、解雇権濫用法理が重きを置いているのは、使用者が解雇権を有することや権利濫用の法形式ではなく、就労価値を保障しうる労働契約関係の継続性が損なわれた事実であることを裏付けている[62]。観念の通知を権利濫用と評価することは普通に考えれば難しいし、労契法19条には「濫用」という文言はない。

　また、日本的雇用慣行は解雇権濫用法理の適用の仕方に影響を与えるが、適用の有無自体を左右する事実ではないことを前述したが、労契法19条はこの理解にも合致する。雇止めの対象となる有期雇用労働者は、非正規労働者として日本的雇用慣行による雇用維持効果が及ばない、正規労働者の雇用や

労働条件を維持するための「雇用の調整弁」として優先的に雇用関係を終了させて良い労働者として位置付けられてきたからである。雇止めが認められる基準が、解雇が認められる基準よりも緩やかになる場合があることは否定されないが[63]、それはあくまで労働契約関係に認められる継続性の強度に関する事実関係を反映したにすぎない。

（2）解雇権濫用法理の理論的根拠から見た雇止め法理の位置付け

労契法16条を支える理論的根拠が労契法19条にも基本的に当てはまるということは、就労価値配慮義務に関する議論が、法形式の違いをふまえつつ有期労働契約との関係でも有効であることを意味する。

例えば、有期労働契約の使用目的とは異なる反復的更新を抑制することを求める労契法17条2項は、この義務の一部を具体化したものといえる[64]。同条の趣旨は、更新回数を減少させて雇止めに関する紛争を防止することにある[65]。同条の義務を適切に講じないことは、雇用継続に向けた労働者の合理的期待を肯定する方向に働く要素になると解されているが[66]、これも労契法16条と同じ配慮義務が労契法17条2項の基底にもあると考えれば当然である。

この見方によると、雇止めに対する救済として労働契約関係の維持を認めることの説明がより容易になる。この救済方法は最高裁判決[67]も認めるものだが、更新しないとの観念の通知に新たな契約関係を形成する根拠を探すことの難しさが指摘され[68]、その理論的説明が様々な方法で試みられてきた。労契法19条は、この課題を、労働者による「当該有期労働契約の更新の申込み」と、これに対して使用者が「従前の有期労働契約の内容である労働条件と同一の労働条件で当該申込みを承諾したものとみなす」という形式で合意を擬制することで一応解決した。この仕組みを一種の法定更新と理解することもできるが[69]、このように解するとしても、この法定更新の理論的基礎には就労価値配慮義務の影響や修正を受けた雇用継続に向けた当事者の意思が内在すると理解[70]した方が、「合意」の内容が実質化するうえ、「申込み」が形式的なもので足りると解されていることや[71]、民法629条1項により雇止めをする旨の意思表示をしなければ実際上雇止めをすることができない実態

があること[72]と連続的に論じやすい。

　また、雇止め法理が保障しようとするのが雇用の継続である以上、雇止めに対する救済は、直前に終了した有期労働契約が更新されることに限られない。労働契約の期間の定めを試用期間と読み替える神戸弘陵学園事件最高裁判決[73]が示すように、期間の定めの意味自体が問い直されるべき場合があることは既に最高裁が認めるところとなっている[74]。労働契約関係の継続という救済が、雇用継続により就労価値に配慮する信義則上の義務による修正を受けた当事者意思に根ざすのであれば、当該事案の事実関係に応じて、無期労働契約による雇用継続を救済内容とすることも排除されない。労契法19条2号の元となった日立メディコ事件最高裁判決は、「その雇用関係はある程度の継続が期待されていた」ことを手がかりにして解雇権濫用法理の類推適用を認めたが、この判示は、「柏工場の臨時員は、季節的労務や特定物の製作のような臨時的作業のために雇用されるものではなく、」という判示に続けて示されたものであって、ここでいう期待は、有期労働契約の更新というより、雇用関係の継続そのものにも向けられたものと理解することができる。救済内容については、「従前の労働契約が更新されたのと同様の法律関係」と指摘されているが、これは有期労働契約の更新を求めてきた同事案の事実関係によるものであって、無期労働契約による更新が当事者において想定・期待されているときに、この法理の適用を除外する趣旨ではない。この点、労契法19条は、同条による救済を「当該有期労働契約の更新の申込み」を受けた「従前の有期労働契約の内容である労働条件と同一の労働条件で当該申込みを承諾した」ことによる有期労働契約の更新に限っている。これは雇止めが制約される場合の法的効果を契約の更新として把握したことによるもので、雇用の継続性を問題にすること自体は否定するものではない[75]。同条は雇止め制限法理の部分的な明文化にとどまっているといえよう[76]。

1　土田道夫「解雇権濫用法理の正当性―『解雇には合理的理由が必要』に合理的理由はあるか？」大竹文雄・大内伸哉・山川隆一編『解雇法制を考える〔増補版〕』（勁草書房、2004年）95頁。
2　例えば、梅謙次郎『民法要義巻之三債権編（復刻版）』（有斐閣、1984年）

693頁、田中整爾「解雇をめぐる民法と労働法の交錯」阪大法学77・78巻（1971年）6頁、萩沢清彦「解雇の自由」石井照久・有泉亨編『労働法大系5　労働契約・就業規則』（有斐閣、1963年）233頁。裁判例では、富士通信機臨時工解雇事件（東京高判昭39・3・30労民集15巻2号193頁）等。

3　例えば、大津キャンプ事件（大津地判昭28・3・14労民集4巻1号52頁）。

4　解雇が争点となった裁判例を整理した研究は多い。後掲する文献のほか、戦後比較的初期の裁判例について、小西國友「解雇の自由（一）—判例理論を中心にして—」法学協会雑誌86巻9号（1969年）1頁。

5　東京生命事件（東京地決昭25・5・8労民集1巻2号230頁）、日本曹達事件（新潟地高田支判昭25・8・10労民集1巻5号835頁）、東京科学事件（東京地判昭44・7・15労判84号21頁）等。

6　電算岐阜事件（名古屋地決昭25・12・8裁判所時報75号7頁）等。

7　最二小判昭50・4・25民集29巻4号456頁。

8　最二小判昭52・1・31労判268号17頁。

9　東洋酸素事件（東京高判昭54・10・29労民集30巻5号1002頁）等。

10　東芝柳町工場事件（最一小判昭49・7・22民集28巻5号927頁）、日立メディコ事件（最一小判昭61・12・4労判486号6頁）。

11　2003年労基法改正時の付帯決議。この点を含む2003年労基法改正について、山川隆一「労基法改正と解雇ルール」ジュリスト1255号（2003年）48頁。

12　根本到「解雇規制と立法政策」西谷敏・中島正雄・奥田香子編『転換期労働法の課題—変容する企業社会と労働法』（旬報社、2003年）272頁以下。

13　野川忍「解雇の自由とその制限」日本労働法学会編『労働契約・講座21世紀の労働法第4巻』（2000年、有斐閣）156頁。

14　例えば、下井隆史「労働契約法における基礎理論的問題をめぐって」日本労働法学会誌42号（1973年）46-47頁は、社会的・経済的基礎に変動が生じることで、解雇権濫用法理が適用されないケースが出てくる可能性を指摘する。ここまで踏み込まずとも、社会実態の影響を指摘する研究は多い。例えば、土田道夫「日本的雇用慣行と労働契約」日本労働法学会誌73号（1989年）44頁、野川・前掲注(13)162頁、170頁。

15　裁判例においては、整理解雇法理の緩和として現れた。この点の批判として、日本労働弁護団「解雇権濫用法理と整理解雇法理を変質させる東京地裁労働部を糾す」労働法律旬報1478号（2000年）30頁、井上幸夫「整理解雇事件における東京地裁の重大な動向」労働法律旬報1478号（2000年）28頁。

16　例えば、諏訪康雄「キャリア権の構想をめぐる一試論」日本労働研究雑誌468号（1999年）55頁以下。

17 森戸英幸「労働契約の終了（一）」季刊労働法163号（1992年）161頁。
18 例えば、越山安久「批判」法曹時報30巻4号（1978年）643頁、荒木尚志・菅野和夫・山川隆一『詳説労働契約法〔第2版〕』（弘文堂、2014年）162頁。
19 山川隆一「解雇訴訟における主張立証責任」季刊労働法196号（2001年）50頁。2003年労基法改正の附帯決議は、このような運用をすべきとする。
20 野田進「2　解雇（付・労基法19・20条）」日本労働法学会編『現代労働法講座10　労働契約・就業規則』（総合労働研究所、1982年）216頁、山口俊夫「判批」別冊ジュリスト101号（1989年）57頁。
21 本久洋一「解雇制限の規範的根拠」日本労働法学会誌99号（2002年）17頁。民法627条1項は解雇の理由を問わない一般法理を積極的に言明したものではないとの研究（渡辺章「解雇の意義および解雇の自由とその制限に関する一般法理」青木宗也・片岡曻編『労働基準法Ⅰ・注解法律学全集44巻』（1994年、青林書院）250頁。米津孝司「解雇法理に関する基礎的考察」西谷敏・根本到編『労働契約と法』（旬報社、2011年）269頁も同条を解雇の自由を定めたものと読まない）の存在は、こうした理解をより容易にする。
22 小宮文人「判批」別冊ジュリスト134号（1995年）151頁。
23 野田進『労働契約の変更と解雇―フランスと日本―』（信山社、1997年）500頁。
24 西村健一郎「判批」別冊ジュリスト197号（2009年）157頁。
25 例えば、本田淳亮「解雇自由の法理」民商法雑誌35巻5号（1957年）45頁。
26 根本到「判批」別冊ジュリスト230号（2016年）147頁。
27 山野目章夫編『新注釈民法（1）　総則（1）』（有斐閣、2018年）183頁以下（平野裕之執筆部分）。
28 この点の学説状況については、米津孝司「解雇権論」籾井常喜編『戦後労働法学説史』（労働旬報社、1996年）657頁以下。解雇制限の規範的根拠をめぐる学説状況を整理した研究として、本久・前掲注(21)12頁等。
29 この点の整理分類について、萩沢・前掲注(12)238頁以下、森戸・前掲注(17)160頁、水町勇一郎「雇用調整の法―なぜ解雇規制は必要なのか」日本労働研究雑誌510号（2002年）72頁以下等。いくつかの研究の立場を示してみると以下のようになる（括弧内の丸数字は採用する根拠）。有泉亨「解雇の法的構造について」季刊労働法17号（1955年）27頁以下（②④）、下井・前掲注(14)50頁（①②）、野田・前掲注(20)214頁（②③）、村中孝史「日本的雇用慣行と解雇制限法理」民商法雑誌119巻4・5号（1999年）602頁以下（①）、吉田美喜夫「解雇法制と規制緩和」萬井隆令・脇田滋・伍賀一道編『規制緩和と労働者・労働法制』（2001年、旬報社）261頁（①）、土田・前掲注（1）100頁以下

（①③⑤）、小宮文人『雇用終了の法理』（信山社、2010年）11頁（①⑤）、米津・前掲注（21）265頁以下（①）。
30　サークルＫ事件（名古屋高判平14・5・23判時1798号86頁）、三光丸事件（東京地判平16・4・15判タ1163号235頁）等。継続的契約の解約に関する研究として、中田裕康『継続的売買契約の解消』（有斐閣、1994年）。継続的契約に関する裁判例を整理したものとして、升田純『現代取引社会における継続的契約の法理と判例』（日本加除出版株式会社、2013年）。
31　下井隆史『労働契約法の理論』（有斐閣、1985年）116頁以下。
32　諏訪・前掲注(16)56頁以下。
33　毛塚勝利「賃金処遇制度の変化と労働法学の課題」日本労働法学会誌89号（1997年）19頁以下。
34　西谷敏『人権としてのディーセント・ワーク』（旬報社、2011年）226頁。
35　有田謙司「「就労価値」論の意義と課題」日本労働法学会誌124号（2014年）111頁以下、長谷川聡「「就労価値」の法理論」日本労働法学会誌124号（2014年）125頁。
36　日本的雇用慣行の退潮が解雇権濫用法理の終了に結びつくことを否定する見解として、村中・前掲注(29)602頁、土田・前掲注（1）107頁、山川隆一「日本の解雇法制」大竹文雄・大内伸哉・山川隆一編『解雇法制を考える―法と経済学の視点〔増補版〕』（勁草書房、2004年）21-22頁以下。
37　浜村彰「解雇と合意解約・辞職」民商法雑誌135巻1号（2006年）38頁以下。根本・前掲注(12)273頁は、現行の定めでもこの点は明確であると主張する。
38　両者が論理的に併存可能であり、ほぼ同様の結果を導くこと等を理由にこの点の深掘りを不要とする指摘がある（小西國友「解雇の自由とその制限」季刊労働法別冊1号（1977年）122頁、野田・前掲注(20)203頁）。
39　法文に運用の実態を反映させることの重要性は、解雇権濫用法理の明文化のプロセスを見てもよく分かる。この点について、ハーバーマイヤー乃里子「労働基準法改正案・修正のプロセス―「第18条の2」の条文案を中心に―」季刊労働法203号（2003年）190頁。
40　山野目編・前掲注(27)191頁（平野裕之執筆部分）は、「その権利を濫用したものとして」の文言が抜けたとしても、要件としては足りると指摘する。
41　本久・前掲注(21)18-19頁。解雇権に制限はないのに、行使のみに制限があることのバランスの悪さを指摘する。
42　村中・前掲注(29)609頁。この点については、雇用契約上の地位確認が認められたとしても、現在判例は原則として認めない就労請求権が認められなければ、これらの権利の実現が担保されないとの批判がありうる。しかし就労請求

権をわざわざ主張しなくても現実の就労が実現されるケースは十分想定しうるし、筆者は就労請求権が認められる余地はより広くて良いと考えている。

43　田辺公二『労働紛争と裁判』（弘文堂、1965年）305頁、野田・前掲注(23) 506頁。
44　土田・前掲注(14)43頁。
45　野田・前掲注(20)216頁。
46　同旨、唐津博「2003年労基法改正と解雇・有期契約規制の新たな展開」日本労働研究雑誌523号（2004年）12頁以下、浜村・前掲注(37)49頁。
47　以下本文中に掲げるもののほかに、吉田・前掲注(29)257頁は、「本人の能力をつけること、能力が発揮できるための環境をととのえること、適切な配置を考えること、などをする協力義務、解雇回避ないし雇用継続・維持義務が信義則上、課せられる」とする。古川景一「解雇権濫用法理と要件事実・証明責任、及び解雇に関する正当事由必要説再構成試論」季刊労働法194号（2000年）88頁は、勤労権保障等を基礎とする職業の安定の要請を背景に継続性配慮義務を主張する。土田・前掲注（1）110頁も、信義則によって解雇制限法理を根拠付ける。
48　村中・前掲注(29)609頁。
49　道幸哲也・小宮文人・島田陽一『リストラ時代　雇用をめぐる法律問題』（旬報社、1998年）55頁（小宮文人執筆部分）、小宮・前掲注(29) 9頁以下。
50　野川・前掲注(13)172頁以下。
51　川口美貴「雇用構造の変容と雇用保障義務」日本労働法学会編『労働契約・講座21世紀の労働法第4巻』（2000年、有斐閣）236頁以下。
52　例えば、千代田化工建設（本訴）事件（東京高判平5・3・31労判629号19頁）。ただし、終身雇用への期待や再就職の困難等、社会実態を主な根拠としてこの義務を導いている。
53　例えば、野田・前掲注(24)503頁以下、水町・前掲注(29)75頁等。
54　米津・前掲注(21)290頁以下は、労働契約上の信義則に基づき、解雇に先立つ事前の注意・指導や説明等の手続を使用者が踏むことが解雇を適法と解する前提となると解する。
55　唐津・前掲注(46) 7頁、浜村・前掲注(37)40頁等。具体的には、島田陽一「解雇規制をめぐる立法論の課題」日本労働法学会誌99号（2002年）82頁以下。「今後の労働契約法制の在り方に関する研究会報告書」（厚労省、2005年）も、客観的に合理的な理由となる解雇事由を分類し、解雇に当たり使用者が講ずべき措置を指針等により示すことが適当とする。
56　ただし、このように権利濫用の禁止を広く用いることに批判があることに留

意する必要がある（例えば、山野目編・前掲注(27)183頁以下（平野裕之執筆部分））。解雇制限法理は、権利濫用の禁止というより、信義則を用いて構成されるべきとの本稿の立場からいえば、適切な法理・法制度が形成されるまでの代替的な法理として「権利濫用法理」が機能することも生じうると考えられる。

57　例えば、倉田学園事件（東京地判平9・1・29労判713号69頁）。

58　例えば、エール・フランス事件（東京地判昭59・1・27労判423号23頁）。

59　これらに関する事例及び解雇概念の整理について、野田進「解雇の概念について」法政研究68巻1号（2001年）129頁。

60　中田裕康「契約解消としての解雇」新堂幸司・内田貴編『継続的契約と商事法務』（商事法務、2006年）244頁以下は、解雇権濫用法理が特約店・代理店契約の解消など他の事案類型にも影響を及ぼしうることを指摘する。

61　川口美貴「人員整理の必要性を理由とする雇止めと有期・パートタイム契約の終了」日本労働法学会誌80号（1992年）121頁、米津・前掲注(28)685頁。唐津博「改正労働契約法第19条の意義と解釈―判例法理（雇止め法理）との異同を踏まえて」季刊労働法241号（2013年）13頁。

62　唐津・前掲注(61)8頁は、類推適用が行われる根拠を、解雇類似の規制をかけてよい就業関係、主に雇用の継続性の存在に求める。

63　日立メディコ事件・前掲注(10)、静岡県富士自動車学校事件（静岡地富士支決昭63・9・28労判528号61頁）、国鉄大阪工事局事件（大阪地判平元・11・13労判551号12頁）等。

64　使用者は、契約を1回以上更新し、かつ、1年を超えて継続して雇用している有期契約労働者との契約を更新しようとする場合は、契約の実態及びその労働者の希望に応じて、契約期間をできる限り長くするよう努めるものとする「有期労働契約の締結、更新及び雇止めに関する基準」4条も同様の位置付けにある。

65　「労働契約法の施行について」（平成24年8月10日基発2号）第5の3(1)。

66　奥田香子「有期労働契約」西谷敏・根本到編『労働契約と法』（旬報社、2011年）297頁以下、龔敏「法定化された雇止め法理（法19条）の解釈論上の課題」ジュリスト1448号（2012年）48頁。

67　東芝柳町工場事件及び日立メディコ事件・前掲注(10)。

68　例えば、野川・前掲注(13)158頁は、労契法19条2号タイプでの解雇権濫用法理の類推適用について、「あたかも就労継続の義務が使用者にあるかのような誤解にまで至っている」と批判する。

69　小宮・前掲注(29)143頁、菅野和夫『労働法〔第12版〕』（弘文堂、2019年）338頁。小宮は、1号事案については当事者間の労働契約に契約更新の意思を

読み込むことで、契約更新の法的効果を導く余地があることを指摘する。な
お、安枝英䇝「短期労働契約の更新と雇止め法理」季刊労働法157号（1990年）
93頁のように、2号事案についても黙示的に特別の事情がなければ契約を更新
するという合意を推認する余地を認める見解もある。

70 法定更新と理解することを否定した上で、信義則に基づく契約の補充的・修
正的解釈を根拠にこのような理解を採用するものとして、水町勇一郎『詳解労
働法〔第3版〕』（有斐閣、2023年）408頁。

71 前掲「労働契約法の施行について」は、雇止めに対する何らかの反対の意思
表示で足りるとする。

72 民法629条1項の存在がこのような実際上の必要性を導いていることについ
て、菅野・前掲注(69)335頁。

73 最三小判平2・6・5労判564号7頁。

74 川口・前掲注(51)246頁以下は、労働者が継続雇用への期待を有する場合は、
期間の定めを契約の存続期間では無く雇用の必要性の定期的検討期間とみて当
該労働契約を「解約権留保付き期間の定めのない労働契約」と理解し、そして
雇用保障義務も無期労働契約と同様に適用され、労働契約関係の継続という救
済を導く。当事者関係・意思の多様性をふまえればこの理解を一般化すること
には慎重であるべきだが、労働契約を締結することで雇用維持義務を負い、有
期労働契約の更新のあり方に当該有期労働契約の目的が考慮されること（労契
17条2項）をふまえれば、期間の定めの意味を問い直すこと自体は一般化する
必要がある。

75 西谷敏・野田進・和田肇編『新基本法コンメンタール　労働基準法・労働契
約法』（日本評論社、2012年）428頁（山川隆一執筆部分）、唐津・前掲注(61)
8頁。

76 労契法19条が適用されない当事者にも雇止め制限法理が適用される可能性が
あることを指摘する見解として、水町・前掲注(70)409頁。アンスティチュ・
フランセ日本事件（東京地判令4・2・25労判1276号75頁、東京高判令5・
1・18労判1295号43頁）では、雇止めされた原告らが有期労働契約ではなく、
無期労働契約による労働契約継続を申し込んだことを理由の一つとして、右雇
止めに対する救済が否定されたが、本稿の理解からいえば問題がある。

労働契約法と労働関係法制

労契法と労災保険法
―― 労働契約と災害補償 ――

水 島 郁 子

一　はじめに
二　労契法と労基法第8章の関係
三　労基法第8章と労災保険法の関係
四　労契法と労災保険法の関係

一　はじめに

　労働契約法（以下「労契法」という）は、労働契約の原則や労働契約に関する基本的事項を定める。労契法は、個別的労働法分野における基本的かつ最重要の法の1つである。労働者災害補償保険法（以下「労災保険法」という）は、業務災害に遭った労働者やその遺族に対して補償を行うことを主たる目的とする。労災保険は社会保険であり、労災保険法は社会保障法分野における法の1つである。このようにとらえると、労契法と労災保険法は異なる法分野に属し、法制度上の接点は無い。もっとも、社会保険のうち労災保険と雇用保険には労働者保護法としての性格があるから、労災保険法を個別的労働法分野にも分類することができる。このようにとらえた場合、労契法と労災保険法は個別的労働法分野に属する点で共通し、労働者の保護を図るという目的（労契法1条および労災法1条を参照）も共通する。ただし、両者が直接的な法的関係にあるわけではない。
　労契法は、労働契約の基本的事項の1つとして、使用者による労働者の安全への配慮（労契法5条）を定める。判例法理として確立した安全配慮義務法理の条文化である。安全配慮義務法理は、業務災害に遭った労働者やその遺族が使用者に対して責任を追及するための法理として、生成、発展した。労

災保険法も業務災害に遭った労働者やその遺族に対する補償を内容とする。この点で、労契法と労災保険法は共通する。もっとも、安全配慮義務法理が使用者に対する民事責任の追及であるのに対して、労災保険給付は社会保障による公的給付であり、両者の法的性格は異なる。

本稿は、労契法と労災保険法の関係を考察するにあたり、労働基準法（以下「労基法」という）第8章を媒介とする。労基法を媒介とするのは、労基法が個別的労働法分野における最重要の法の1つである点で労契法と類似するからであり、第8章を媒介とするのは、第8章が労災保険法と法的関係を有するからである（労基法84条1項参照）。労基法第8章を媒介とすることで、直接的な法的関係があるとはいえない、労契法と労災保険法の関係の考察が可能となる。

以下、労契法と労基法第8章の関係（二）、労基法第8章と労災保険法の関係（三）を検討したうえで、労契法と労災保険法の関係（四）を考察する。

二　労契法と労基法第8章の関係

1　労契法と労基法の対象

労契法、労基法のいずれも、個別の労働関係を規律する。その労働関係は、労働者と使用者が締結する労働契約関係である。

労契法、労基法はそれぞれ、「労働者」を定義し、「使用され」る者であり、「賃金を支払われる者」である点で、共通する（労契法2条1項、労基法9条）。「事業」に使用されることを労基法が要件とする点を除けば、両法の「労働者」の定義、両法の適用範囲、両法が対象とする労働関係は、同じである。労契法と労基法は基本的には同一の概念である労働契約の関係を適用対象とし、労基法については事業に使用されることが加重的要件とされる[1]。本稿で、労契法と労基法第8章の関係を検討するにあたり、事業に使用されるか否かは本質的な問題でないので、両者の対象は同一である、とする。なお、家事使用人は本稿で取り扱わない（後述四1参照）。

労契法が労働者と使用者の合意により成立した労働契約関係の存在を前提とした法であるのに対して、取締法規である労基法は、使用されて賃金が支

払われるという事実上の労働関係があれば、労働契約を締結していない場合であっても適用される。もっとも、労基法上の労働関係が認められる場合に労働契約が締結されていないとしても、労契法上の労働関係があると解釈することは可能である。あるいは、労働契約が存しないことを理由に労契法上の労働関係が認められないとしても、当該労働関係に労契法を類推適用することが可能である[2]。したがって、本稿が両者の対象を同一とすることに支障は無い。

2　労契法5条の安全配慮義務

労契法の各規定のうち、労基法第8章と関係するのは、使用者の安全配慮義務を規定する労契法5条である。労契法制定にあたり、最高裁判例により確立した安全配慮義務法理が条文化されたものである。

（1）安全配慮義務法理

最高裁判所は、陸上自衛隊八戸車両整備工場事件（最三小判昭50・2・25民集29巻2号143頁）において、「国は、公務員に対し、国が公務遂行のために設置すべき場所、施設もしくは器具等の設置管理又は公務員が国もしくは上司の指示のもとに遂行する公務の管理にあたつて、公務員の生命及び健康等を危険から保護するよう配慮すべき義務（以下「安全配慮義務」という。）を負う」と述べた。すでに下級審は、「労働者の安全を保護する義務」（伴鋳造所事件・東京地判昭47・11・30判時701号109頁）や、「安全保証義務」（門司港運事件・福岡地小倉支判昭47・11・24判時696号235頁、平田プレス工業池田事件・前橋地判昭49・3・27判時748号119頁）を認めており、使用者の業務災害についての責任を肯定していたが、最高裁判所として初めて安全配慮義務を認めたものである。

前掲陸上自衛隊八戸車両整備工場事件は公務災害事案であるが、同事件で最高裁判所は、「安全配慮義務は、ある法律関係に基づいて特別な社会的接触の関係に入つた当事者間において、当該法律関係の付随義務として当事者の一方又は双方が相手方に対して信義則上負う義務として一般的に認められる」と述べ、安全配慮義務が、国と公務員の関係にとどまらず、法律関係に基づく特別な社会的接触の関係当事者間に認められることを示した。

大石塗装・鹿島建設事件（最一小判昭55・12・18民集34巻7号888頁）は、民間企業における使用者の労働者（社外労働者）に対する安全配慮義務が下級審で認められ、最高裁判所に上告された事案である。最高裁判所は安全配慮義務があることを前提とした判断を行ったが、上告審では安全配慮義務の有無が争点にならず、安全配慮義務についての最高裁判所の見解は示されなかった。

最高裁判所は、川義事件（最三小判昭59・4・10民集38巻6号557頁）において、民間企業における使用者の労働者に対する安全配慮義務について、次のように述べた。「雇傭契約は、労働者の労務提供と使用者の報酬支払をその基本内容とする双務有償契約であるが、通常の場合、労働者は、使用者の指定した場所に配置され、使用者の供給する設備、器具等を用いて労務の提供を行うものであるから、使用者は、右の報酬支払義務にとどまらず、労働者が労務提供のため設置する場所、設備もしくは器具等を使用し又は使用者の指示のもとに労務を提供する過程において、労働者の生命及び身体等を危険から保護するよう配慮すべき義務（以下「安全配慮義務」という。）を負つている」。最高裁判所は、使用者が労働契約上、労働者に対して、報酬支払義務にとどまらず、安全配慮義務を負うことを明らかにした。

これらの最高裁判例により、安全配慮義務法理が確立した。

（2）労契法5条

労契法の制定により、安全配慮義務法理は条文化された。安全配慮義務は判例法理により承認されていたが、それが民法等の規定からは明らかになっていないため、使用者が当然に安全配慮義務を負うことを、労契法に規定したものである[3]。安全配慮義務法理は「第1章総則」に規定され、労働契約の基本的ルールの1つに位置づけられている。安全配慮義務は、信義則上、使用者が労働者に対して負う、労働契約上の付随義務であることから、信義則（労契法3条4項）と同じ章に、近接して配置されたと考えられる。「第1章総則」には訓示規定もあるが、安全配慮義務を規定する労契法5条は判例法理の明文化であり、裁判規範としての性格がある[4]。

労契法5条は、「使用者は、労働契約に伴い、労働者がその生命、身体等

の安全を確保しつつ労働することができるよう、必要な配慮をするものとする。」と定める。安全配慮義務法理の確立後、最高裁判所や多くの下級審による裁判例の蓄積があるが、安全配慮義務の具体的内容や、要件、効果等は、同条に規定されていない。それは、最高裁判所が「安全配慮義務の具体的内容は、労働者の職種、労務内容、労務提供場所等安全配慮義務が問題となる当該具体的状況によって異なるべきものである」（前掲川義事件）と述べるとおり、具体的内容を特定し、条文に記載することが困難であるからである。要件や効果を具体的に規定しなかった背景には、安全配慮義務が、結果が発生した後に債務不履行に基づく損害賠償請求を根拠づける義務として形成され、損害賠償請求を超えて安全配慮義務の履行請求が可能か否かについては裁判例の立場も確立していないとの事情があり、さらなる判例法理の発展を許容するとの考慮があったとされる[5]。

3　労基法第8章の災害補償

労基法「第8章災害補償」は、労働者の業務上の負傷や疾病といった業務災害につき、使用者の災害補償責任を規定する。

労基法第8章は、業務災害に遭った労働者やその遺族に対し、使用者の故意・過失の有無を問わず、使用者に療養補償や休業補償、障害補償、遺族補償等の責任を課す。労基法が適用される使用者すべてが補償責任を負う。補償の特徴として、戦前の制度と比較すると補償水準が大幅に引き上げられたこと、実際に生じた損害とは関係なく、平均賃金を基礎に算定される定率によって定型的な補償が行われることを指摘できる。使用者の補償義務の履行は罰則によって担保される。

4　労契法上の安全配慮義務と労基法上の災害補償の関係
（1）安全配慮義務と災害補償

安全配慮義務は、信義則上、使用者が労働者に対して負う労働契約上の義務である。使用者は、労契法5条に基づき、物的環境の整備や安全教育の実施、適切な労働条件の確保と労働者の健康状態の把握、また、健康状態が不良な労働者に対して労働量を軽減したり就労場所を変更したりする等の措置

等の、必要な配慮をしなければならない。これにより、労働者の生命、身体等の安全が確保されるが、それは業務災害を未然に防止することにもなる。他方、災害補償は、業務災害に遭った労働者や遺族に対して使用者が補償を行うものである。業務災害の未然防止を内容とする安全配慮義務に対し、災害補償は事後補償であり、いわば業務災害の前か後か、の違いがある。

　使用者の安全配慮義務違反は債務不履行を構成する。生命、身体等に被害を受けた労働者は債務不履行を理由に使用者に損害賠償を請求することができる（民法415条1項）。労契法5条の文言から引き出される安全配慮義務は、業務災害の未然防止であるが、安全配慮義務法理を形成した事案がそうであったように、法的紛争となるのはもっぱら使用者の安全配慮義務の不履行による損害が発生した場合であり、債務不履行を理由とする損害賠償は、業務災害の結果に対する賠償である。この点で、安全配慮義務違反を理由とする損害賠償は災害補償と近い関係にある。

　安全配慮義務は、現在は労契法5条に条文化されているが、労働契約における信義則上の義務であり、使用者の契約責任である。使用者がその責任を果たさず、損害が発生した場合に、使用者は民事上の損害賠償責任を負う。他方、災害補償は、労基法第8章によって義務づけられた法的責任であり、その責任を果たさないときには罰則の適用がある（労基法119条）。このように安全配慮義務と災害補償には、法的性格に違いがある。

　契約責任では債務者が免責される場合がある。使用者の安全配慮義務違反（債務不履行）についても、使用者の免責が認められる場合がある（民法415条1項ただし書）[6]。一方、労基法第8章にも使用者の免責を定める規定がある。労働者が重大な過失により業務上の負傷または疾病を引き起こし、かつ、使用者がその重大な過失について行政官庁の認定を受けた場合は、休業補償および障害補償にかぎり、使用者は免責される（労基法78条）。療養補償や遺族補償、葬祭料は、免責の対象ではない。

（2）安全配慮義務違反を理由とする損害賠償と災害補償の関係

　労働者は使用者の安全配慮義務違反を理由に、損害賠償を請求することができる。安全配慮義務違反となる行為が不法行為にあたるとして、不法行為

による損害賠償（民法709条）として請求することも可能である。また、労働者は労基法第8章の災害補償を使用者に請求することが可能である。

この点、災害補償制度の趣旨からして、同一災害について使用者に二重の賠償義務を課すことは妥当でないので、労基法は労基法による補償の価額の限度で民法上の責任を免除する（労基法84条2項）[7]。すなわち、安全配慮義務違反を理由とする損害賠償と災害補償は調整される。本項を適用する場面は多くないが、本項は労災保険給付に類推適用される（後述四4参照）。

5 小 括

労契法と労基法第8章の関係において、適用対象は基本的に同一である。

労契法5条の安全配慮義務と労基法第8章は、業務災害に関係する点で共通する。労契法5条の文言からは、業務災害の未然防止を内容とする安全配慮義務が引き出される。労契法5条に賠償に関する規定は無い。他方、労基法第8章の災害補償は、業務災害についての補償を規定する。

使用者の労契法5条違反は、民法の損害賠償に関する規定を通じて、労働者の損害賠償請求権と結びつく。業務災害に遭った労働者に対する賠償という点で、災害補償と近い関係にある。安全配慮義務が使用者の契約責任であるのに対し、災害補償は労基法によって義務づけられた法的責任であり、法的性格は異なる。

三 労基法第8章と労災保険法の関係

1 労基法と労災保険法の対象

労災保険法に「労働者」の定義はない。労災保険法の制定経緯（後述2（1）参照）、労基法の規定による災害補償の事由が生じた場合に保険給付を行うこと（労災法12条の8第2項）や、災害補償と労災保険法の給付の調整規定（労基法84条1項）等から、労災保険法の「労働者」は、労基法上の「労働者」（労基法9条）と同一と解される。最高裁判所も同一とする立場をとる（横浜南労基署長（旭紙業）事件・最一小判平8・11・28労判741号14頁、藤沢労基署長（大工負傷）事件・最一小判平19・6・28労判940号11頁）。労災保険法上の労働者性の判断は、

労基法上の労働者性判断と同じく、契約の名称や形式にかかわらず、その実態に基づき、使用従属関係の下での労務提供といえるかどうかという観点から行われる。労基法第8章と労災保険法の関係を検討するにあたり、本稿は両者の対象が同一とする立場をとる。

この立場をとるにあたり、以下の3点を述べておきたい。第1に、複数事業労働者の取扱いである。複数事業労働者が被災した場合、保険給付日数の算定基礎となる給付基礎日額は、被災した事業における賃金額のみを基礎とするのでなく、使用されている複数の事業の賃金額を合算した額を基礎とする（労災法8条3項）。複数事業労働者が被災した事業の使用者は労基法上の災害補償責任を負うが、他の事業の使用者は労基法上の災害補償責任を負わないにもかかわらず、他の事業における賃金額も合算されるのである。もっとも、これは対象の違いではなく、労働関係を前提とする労基法上の補償責任とのずれの問題であるので、本稿が労基法と労災保険法の対象を同一とすることに支障はない。

第2に、労災保険法における特別加入（労災法33条以下）の取扱いである。労災保険に特別加入し、業務災害等の際に保険給付を受けられる特別加入者の対象には、中小事業主や一人親方等、労働者でない者がいる。労働者に準じて労災保険により保護するにふさわしい者を対象とする点から、労災保険法は労基法よりも対象を拡大しているという見方もできないわけではないが、特別加入は任意であり、通常、特別加入者が保険料を負担する点でも、労災保険の本体と明らかに異なる構造である。そこで、労災保険本体に外付けされた特別の制度とみるのが妥当である。労基法第8章と労災保険法の関係を検討するにあたり、労災保険法本体の対象に限定し、両者の対象が同一であるとする。

第3に、雇用によらない働き方が多様化、拡大するのに伴い、労働者に準じて労災保険による保護がふさわしいと思われる者が増加していることである。特別加入者の対象拡大により対応が図られている。立法論としては労基法と労災保険法の対象を分ける組立ても考慮に値するとされる[8]。現行法の解釈としては、労基法第8章と労災保険法の関係を検討するにあたり、両者の対象が同一であるととらえるのが適切である。これに関し、社会政策もし

くは社会保障的視点から、使用者の責任は損害賠償訴訟において別途追及される時代になっており、労基法上の責任保険として労災保険があるとの考えは、労基法と労災保険法の労働者概念を統一的にみるべき根拠としては希薄であるとの指摘がある[9]。

2 労災保険法
(1) 労災保険法の制定

労基法が制定されたのは戦後の混乱期で、産業は未発展であり、使用者が現実に災害補償義務を履行できない場合や、履行が大幅に遅れる場合が予想された。業務災害発生に際し、使用者の一時的補償負担の緩和を図り、労働者に対する迅速かつ公正な保護を確保するために、1947（昭和22）年、労基法と同日に労災保険法が制定された[10]。

労災法は、業務上の事由等による労働者の負傷、疾病、障害、死亡等に対して迅速かつ公正な保護をするため、必要な保険給付を行うこと等を労災保険の目的とする（労災法1条）。災害が業務上であるとの認定がなされれば、労働者やその遺族に対して労災保険から療養補償給付、休業補償給付、障害補償給付、遺族補償給付等の保険給付（労災法12条の8）が行われる。業務災害に関する保険給付には補償の意義がある。

労災保険の保険料は、事業主が全額負担する。労災保険率は、事業主間の負担の公平を期するため、「事業の種類」ごとに災害率等に応じて定められるが、事業の種類が同一であっても、個々の事業ごとの災害率にはかなりの高低が認められることから、事業主の負担の具体的公平を図るとともに、事業主の災害防止努力を促進するため、一定規模以上の事業については、個々の事業の災害率の高低等に応じた保険料率が設定される（メリット制）[11]。なお、メリット制は、1951（昭和26）年の労災保険法改正により導入された。

(2) 労災保険の拡充

制定当初の労災保険法は、労基法第8章と同一の給付を行っていた。その後、現在に至るまで、労災保険は拡充しているが、拡充の方向性は以下の3点に整理できる。

第1に、保険給付の充実である。1960（昭和35）年の法改正により、重度障害にかかる障害補償給付が年金化された。あわせて、後にその障害の程度に変更があった場合、補償額を改定する旨の規定が置かれた。1965（昭和40）年の法改正により、障害補償年金の対象が拡大され、遺族補償給付が原則として年金化された。これにより長期補償体制が確立したが、これは労災保険の給付体系が労基法の補償体系から独自に発展したことの成果とされる[12]。1970年（昭和45）年の法改正では、遺族補償年金、障害補償年金および障害補償給付の額が引き上げられた。1995（平成7）年の法改正では、介護補償給付が創設された。これらの給付は労基法上の災害補償責任の考えに基づくものと解される。もっとも、労基法の災害補償の規定は変更せずに、労災保険法の改正により、保険給付を充実した。このことは、使用者に最低基準として労基法上の災害補償責任を負わせる一方で、労災保険により労基法の最低基準を上回る、保険給付の充実が図られている、と整理できる。

　第2に、労基法の災害補償からの逸脱である。1973（昭和48）年の法改正により、通勤災害保護制度が発足した。通勤災害のリスクは、通勤に内在ないし付随するリスクである。通勤は業務に必要な行為であるが、それは事実上の評価にすぎない。使用者からすれば労働者の業務外の行動である。使用者が通勤用のバスを提供しているような場合を除き、基本的に使用者の関与が認められず、使用者が補償責任を負うものではない。したがって、そもそも労基法の災害補償の射程にない。同様に、使用者の災害補償責任を前提としない保険給付に、2000（平成12）年の法改正により創設された二次健康診断等給付がある。また、2020（令和2）年の法改正により追加された複数業務要因災害は、1つの事業の業務では業務災害とならない場合において、すなわち、各使用者が単独では補償責任を負わない場合に、労働者の複数の事業の業務上の負荷を総合評価して、保険給付の対象とするものである。これは、労基法第8章の使用者の災害補償責任を超えるものである。

　第3に、労基法の適用を受けない者への、対象拡大である。1965（昭和40）年の法改正による、特別加入制度である。労基法の適用を受けず、使用者の災害補償とは無関係の者に対して、労災保険法は特別加入制度により、労働者と同様の保護を受ける機会を提供している。

3　労基法上の災害補償と労災保険法の関係
(1) 災害補償と労災保険
(a) 労基法上の災害補償からみた労災保険

労災保険法は、労働者を使用する事業すべてに適用される（労災法3条）[13]。労基法上の労働者と労災保険法の労働者は同一と解され、労基法の規定による災害補償の事由が生じた場合に保険給付が行われる（労災法12条の8第2項）。労災保険給付の内容や水準はほぼすべて災害補償の水準と同じかそれ以上である。労基法上の災害補償が労災保険によってカバーされないのは、労災保険の適用を受けていないごく一部の事業と、休業補償の最初の3日間である。労基法上の災害補償はほぼ労災保険によってカバーされる。

労基法第8章は、使用者に災害補償責任を課すが、実際には、労災保険法により被災労働者への補償が実現している。使用者が労基法上の災害補償責任を果たすための責任保険的な関係に、労災保険はある。

(b) 労災保険の"ひとり歩き"と「社会保障化」

労災保険の拡充にともない、労基法上の災害補償を超えた補償（保障）が行われるようになり、労災保険の"ひとり歩き"という名言が生まれる。労基法上の災害補償から乖離した労災保険の独自性を示す言葉である。

1970年代には、労災保険法の社会保障化をめぐる論争が起きた。高藤教授は、労災保険の展開を、「被保険者たる使用者の利便のための制度として、その責任負担による損失カバーを本来の目的とした責任保険の原理」から、「被災労働者保護を第一義的使命として、その労働能力の回復および生活危険の保障そのものを目的とする制度」と述べ[14]、労災保険法の社会保障化を主張した。もっとも、高藤教授の社会保障化説は学説の支持を得たわけではない。多数説は、使用者の労災補償責任の法理念を基礎にした、使用者の集団責任にその法的根拠をおいているという意味で、労働法上の労災補償としての実質を何ら喪失していない[15]、あるいは、労災補償制度の使用者責任という軸は変質しない[16]、等と述べ、労災保険が社会保障に転化せず、使用者の補償責任という実質が維持されていることを、強調した。

(c) 労基法上の災害補償と労災保険の関係

最高裁判所は、三共自動車事件（最三小判昭52・10・25民集31巻6号836頁）で、

労災保険「法に基づく保険給付の実質は、使用者の労働基準法上の災害補償義務を政府が保険給付の形式で行うもの」であるとの理解を示し、学校法人専修大学事件（最二小判平27・6・8民集69巻4号1047頁）では前掲三共自動車事件を参照しつつ、「業務災害に関する労災保険制度は、労働基準法により使用者が負う災害補償義務の存在を前提として、その補償負担の緩和を図りつつ被災した労働者の迅速かつ公正な保護を確保するため、使用者による災害補償に代わる保険給付を行う制度であるということができ、このような労災保険法に基づく保険給付の実質は、使用者の労働基準法上の災害補償義務を政府が保険給付の形式で行うものであると解するのが相当である」とした。

　形式的にも、労災保険法の「業務上」の概念は労基法第8章の「業務上」と同義とされ（労災法12条の8第2項参照）、業務上の疾病の範囲は労基則35条を受け、同別表第1の2に規定されている。この範囲は、新しい疾病の発生等に対処しうるよう医学専門家による検討会（労働基準法施行規則第35条専門検討会）により定期的に検討がなされる。2009年（平成21）年に同検討会は、労災認定基準や判断指針に基づく行政判断の積重ねや裁判実務を踏まえて、過重な業務による脳・心臓疾患および心理的負荷による精神障害を、労基則別表第1の2において具体的に例示列挙することが適当と報告した。これは労災保険の実態と医学的見地を踏まえて変更されたものである。このような同検討会の存在や役割は、労基法第8章と労災保険が一体的に運用されていること、そして労基法が形骸化しているわけではないことを示すものである。現在も労基法第8章は、労災保障制度の基本法として機能しており、労災保険の原点であるといえる。

　もっとも、労基法第8章と労災保険法の関係について、以上の説明があてはまるのは、労基法の災害補償責任が関係するかぎりである。労災保険は拡充し、労基法の災害補償から逸脱し、使用者の災害補償責任とは無関係な者に対する制度もある（前述2(2)参照）。労基法の災害補償から逸脱しているものとして、通勤災害保護制度や、複数事業労働者に対する補償がある。通勤災害保護制度は、通勤時の災害という「保険事故のリスク」所在に着目するのでなく、通勤を行う「労働者」を保護の対象にするという観点から労災保険に取り入れられたと考えられ、また、通勤災害保護制度の展開は、通勤

時に被災した「労働者」を広く保護すべきという、いわば社会保障法的解決に接近しているように見受けられる[17]。複数事業労働者は、以前は被災した事業の賃金額のみが保険給付の給付基礎日額の基礎とされたが、法改正により災害が発生していない事業の賃金額も合算されることになった。これも個々の労働関係における使用者の災害補償責任に基づく補償という観点から、被災した「労働者」の生活を保障するという観点へと転換したようにもみえる。このことは労災保険の保障についての基本的な考え方が、雇用関係ベースから労働者ベースに変容していると評価できる[18]。

　要するに、通勤災害保護制度も複数事業労働者に対する補償も、労災保険法が果たしてきた、使用者の災害補償責任の責任保険としての役割から離れ、被災した労働者に対して必要で適切な保護を行おうというものである。そうすると、労災保険法の役割が、責任保険から社会保障に変化しているとの評価もなされうる。このように評価する立場からは、労災保険法は労基法上の災害補償から独立した関係にあるとも指摘されよう。

　しかし、労災保険法はその拡充により、複数の役割ないし性格を有するようになったととらえるべきである。すなわち、労災保険法には、①労基法上の災害補償を迅速かつ公正に行うための保険給付（労基法上の災害補償を上回る内容を含む）、②労基法上の災害補償から逸脱して、労働者の保護の必要性の観点から行われる給付、③労災保険本体に外付けされた特別の制度がある。②と③は、労基法上の災害補償と切り離して、整理される。②の労災保険率について、複数業務要因災害、複数事業労働者の業務災害にかかる給付の非災害事業分、通勤災害、二次健康診断等給付に充てる保険料は、非業務災害率として、すべての業種で一律に設定され（労働保険徴収法12条3項参照）、当然、メリット制も適用されない。事業主（使用者）全体で労働者を保護する構図である。③の特別加入制度は任意加入の制度であり、保険料は通常、特別加入者自身が負担する。保険料率の設定や負担の点で、①、②、③は明確に区別される。

　労基法上の災害補償と労災保険の関係は、①について、労災保険が、使用者が労基法上の災害補償責任を果たすための責任保険としての関係にある。一方、労災保険における②と③は、労基法上の災害補償とは無関係である。

労災保険給付が労基法上の災害補償に代わるという側面は、労災保険法の多様な性格の一部を表したものにすぎない[19]。

（2）災害補償と労災保険給付の関係

労基法上の災害補償の事由について、労災保険法等に基づいて労基法上の災害補償に相当する給付が行われるべきものである場合には、使用者は補償の責を免れる（労基法84条1項）。労基法上の災害補償の事由は労災保険給付でほぼカバーされていること、保険給付を現実に受けたことを要件とせず、所定の事由が発生して保険給付を受けることができる場合をいうことから、使用者が労基法上の災害補償責任を自ら果たすべき場面はまれである。労基法上の災害補償は、事実上、労災保険給付により行われており、これにより労働者への補償が迅速かつ公正に行われる。

4　小　括

労基法と労災保険法の関係において、適用対象となる労働者は同一である。

労災保険法は、使用者の災害補償責任を担保し、労働者に迅速かつ公正な保護を行うために、制定された。労災保険法は、使用者の責任保険としての関係にあるといえる。労基法上の災害補償は、事実上、労災保険給付により行われている。

労災保険法はこれまで多くの改正がなされ、保険給付が大きく改善したのに加え、労基法が予定していなかった通勤災害保護制度や特別加入制度といった、新たな制度を創設した。通勤災害保護制度は、労基法上の災害補償から逸脱して、労働者の保護の必要性の観点から行われるものであり、特別加入制度は、労災保険本体に外付けされた特別の制度である。労災保険法におけるこれらの制度やこれに類するものには、使用者の責任保険としての役割は無く、労基法第8章との関係も無い。

四　労契法と労災保険法の関係

1　検討の対象と視点

　労契法と労災保険法の関係を論じるにあたり、検討の対象と視点を整理する。

　労契法と労基法第8章の関係において、適用対象は（家事使用人を除き）基本的に同一であり、労基法と労災保険法の関係において、適用対象となる労働者は同一と解されることから、本稿では労契法と労災保険法の関係において、適用対象を同一とする。なお、家事使用人は本稿で取り扱わない[20]。

　労契法と労災保険法は、労働者の保護を図るという目的で共通するが、それ以上に特筆すべき接点はない。そこで労契法については、以下、安全配慮義務を規定する労契法5条のみを検討対象とする。次に労災保険法はその拡充により、複数の役割ないし性格を有しているが（前述三3（1）参照）、本稿では使用者が労基法上の災害補償責任を果たすための責任保険としての労災保険法の部分、具体的には業務災害に対する補償を検討対象とする。労基法上の災害補償とは無関係である通勤災害保護制度等は、以下では扱わない。

　さて、業務災害に関する保険給付（労災法12条の8）には補償の性格がある。療養補償給付は現物給付が原則であるが、休業補償給付や障害補償給付、遺族補償給付は金銭給付である。これらからすると、業務災害に遭った労働者やその遺族にとって、使用者の安全配慮義務違反を理由とする損害賠償と労災保険法に基づく保険給付は、財産損害への金銭賠償・補償という点で共通する。安全配慮義務違反を理由とする損害賠償請求権と、労災保険給付の受給権は、その行使につき先後関係が無い。一方の権利を行使したからといって他の権利が行使できなくなるわけでもないし、労災申請と損害賠償請求の双方が行われることも少なくない。業務災害に遭った労働者やその遺族にとって、労契法5条と労災保険法は、金銭賠償・補償のための重要な法規定である点で、共通する。

　労契法5条が規定する安全配慮義務は、使用者の労働契約上の責任（契約責任）である。他方、労災保険給付は、社会保険制度である労災保険により

行われる。その保険料は事業主が全額負担し、保険料率の設定に災害率等が考慮される等、使用者の災害補償責任についての責任保険としての役割が、労災保険法にある。賠償・補償の方法も内容も異なるが、業務災害について使用者が負う責任という点で、労契法5条と労災保険法は、共通する。

2　使用者の安全配慮義務と災害補償責任

業務災害に遭った労働者は、使用者に契約責任である安全配慮義務の違反を追及することも、労災申請することも、可能である。ドイツやフランス、アメリカにおいては、被災した労働者は労災保険（補償）制度によってのみ救済を受け、民事上の損害賠償請求は原則としてできないとする、いわゆる非併存主義を採用している[21]。それに対して日本では併存主義が採用されているところ、労契法5条（安全配慮義務）と労災保険法にはそれぞれどのような意義があるのかが、問題になる。

まず、契約責任である安全配慮義務の意義は、使用者に対して直接、民事上の請求が可能であることにある。労災保険給付は被災した労働者に対して補償を行い、その生活を支えるが、使用者の責任を追及する手段とはならない。使用者の責任を追及するには、民事上の請求が有効である。

労契法5条が条文化される前から、信義則上、使用者が労働者に対して負う労働契約上の義務として、安全配慮義務が認められていたが、労契法に明記されることにより、使用者の責任がより明確になった。これにより、業務災害の未然防止も期待できる。

労災保険給付は、社会保険としての特性ゆえ、被災した労働者の損害のすべてを補償するものではない。労災保険給付でカバーできない損害については、民事上の請求をすることになる。たとえば、慰謝料は民事上の請求のみが可能である。なお、弁護士費用も安全配慮義務違反と相当因果関係に立つ損害と認められる（最二小判平24・2・24判時2144号89頁）。

労災保険法は、使用者の労基法上の災害補償責任の実現である。使用者は法的責任である災害補償責任を果たすため、労災保険の保険料を負担する。社会保険ではあるが、労災保険の保険料率には過去の災害率等が考慮される等、使用者の責任保険の性格がある。使用者は労災保険に加入していても、

被災した労働者から安全配慮義務違反を問われ、損害賠償を請求されることが少なくないが、仮に業務災害および安全配慮義務違反の存在が認められても、使用者の損害賠償は労災保険給付と調整されるので（後述4参照）、そのかぎりで使用者にとっての意義がある。

　労働者にとっての労災保険法の意義は、司法判断を経由せずに、迅速に確実な補償を受けられる点にある。労災保険給付によって損害の全部もしくは相当部分が補償されることもあるし、被災した労働者すべてが、使用者の責任を追及しようと考えるわけではない。労災保険給付により、使用者は労基法に由来する法的責任を果たしたといえ、それを超える賠償については、民事上の請求に委ねられることになる。このようにして、併存主義が維持されてきたといえよう。

3　安全配慮義務違反と労災保険法上の業務災害

　使用者の安全配慮義務違反により、労働者が生命、身体等に損害を受けた場合、そのほとんどは労災保険法の「労働者の業務上の負傷、疾病、障害又は死亡」にあたるであろう[22]。しかし、安全配慮義務違反と労災保険法上の業務災害は、以下に述べるとおり、同一でない。

（1）労災保険法上の業務上認定と使用者の安全配慮義務違反

　労災保険法上の業務災害というには、業務と負傷等との間に一定の因果関係が存することが必要である。因果関係は条件関係では足りず、業務と負傷等との間に相当因果関係の存在が認められること必要である。最高裁判所もその立場をとる（横浜南労基署長（東京海上横浜支店）事件・最一小判平12・7・17労判785号6頁、神戸東労基署長（ゴールドリングジャパン）事件・最三小判平16・9・17労判880号42頁等）。

　他方、使用者に安全配慮義務違反があるというには、使用者の安全配慮義務違反（「業務」ではない）と負傷等との間に相当因果関係があることが必要である。

　もっとも、使用者の安全配慮義務違反が問題となる事案において、とくに過労死等の事案では、業務と死亡等との間の因果関係を検討する裁判例がみ

られる。たしかに、使用者が労働者に月100時間超の時間外労働をさせたような場合は、そのこと自体がただちに安全配慮義務違反となりうることから、そのような場合は月100時間超の時間外労働という業務と死亡等との間の相当因果関係を認めれば足りるともいえる。このような場合はあるものの、原理的には、業務との因果関係ではなく、使用者の安全配慮義務違反との因果関係が判断されなくてはならない。このように解しないと、相当因果関係の判断が使用者の無過失責任を前提とする労災保険法上の業務起因性の判断と同一になり適切でないし、過重業務それ自体が安全配慮義務違反となり、使用者の行為規範を不明確にする結果をもたらすことにもなるからである[23]。負傷等との相当因果関係の存在を、業務との間でみるか、使用者の安全配慮義務違反との間でみるかの違いがあり、労災保険法上、業務上と認定されても、ただちに使用者の安全配慮義務違反が肯定されるわけではない。

　労働者の死亡等が労災保険法上、業務上と認定されたが、使用者の安全配慮義務違反が否定された事案として、前田道路事件（高松高判平21・4・23労判990号134頁）がある。裁判所は、遺族らが主張する、恒常的な長時間労働、計画目標の達成の強要、叱責、メンタルヘルス対策の欠如等の安全配慮義務違反を基礎づける事実を否定し、使用者に安全配慮義務違反がないとした。労働者の自殺の原因が業務にあることがうかがえる事案であるが、その業務に関して使用者側の違法が認められなかった（たとえば、上司の叱責等は社会通念上許容される業務上の指導の範囲を超えるものではなかった）ものである。マツヤデンキほか事件（大阪高判令2・11・13労判1242号33頁）は、同僚から注意や叱責にあたり暴行を受けたとしても、それ以前に上司や同僚から労働者に対する暴力を伴う指導や、その点につき当該労働者が使用者に苦情を申し出たり相談したりしたことをうかがわせる事情はなく、暴行が偶発的または咄嗟に行われたにすぎず、使用者が当該労働者の特性を理由に、上司や同僚から暴力を伴う指導や叱責等を受ける可能性があることを予見することができたとは認められないこと等から、使用者の安全配慮義務違反を否定した。

　これらの裁判例が示すとおり[24]、労災保険法上の業務上認定がなされたからといって、ただちに使用者の安全配慮義務違反が肯定されるものではない。労災保険法上の業務災害と使用者の安全配慮義務違反は、同一でない。

（2）労働者が疾患発症に至らない場合の使用者の安全配慮義務

　業務災害として、労災保険法上の保険給付が行われるのは、「労働者の業務上の負傷、疾病、障害又は死亡」である。労働者が疾患発症に至らない段階では、業務災害は発生しておらず、保険給付も行われない。

　労働者が疾患発症に至らない場合の使用者の安全配慮義務違反を肯定した事案として、狩野ジャパン事件（長崎地大村支判令元・9・26労判1217号56頁）がある。この事案では、適法な36協定なしに月90時間～160時間以上の時間外労働に従事させる等した使用者に安全配慮義務違反があったとした。労働者に長時間労働により心身の不調を来したことを認めるに足りる医学的な証拠はなかったが、使用者が安全配慮義務を怠り、当該労働者を「心身の不調を来す危険があるような長時間労働に従事させた」として、人格的利益の侵害を認め、慰謝料（30万円）を肯定した。このような事案も[25]、安全配慮義務違反と労災保険法上の業務災害が同一でないことを示すものである。

4　安全配慮義務違反を理由とする損害賠償と労災保険給付の関係

　被災した労働者は使用者の安全配慮義務違反を理由に、損害賠償を請求することができる。安全配慮義務違反となる行為が不法行為にあたるとして、不法行為による損害賠償（民法709条）として請求することも可能である。また、被災した労働者は業務災害であるとして、労災保険法による労災保険給付を請求できる。両者は業務災害により生じた損害を賠償ないし補償するという点で共通する。

　ところが、両者を調整する規定はなかったところ、最高裁判所は、前掲三共自動車事件で、労災保険給付の実質は、使用者の労基法上の災害補償義務を政府が保険給付の形式で行うものであって、受給権者に対する損害の填補の性質を有するとし、事故が使用者の行為によって生じた場合に、政府が保険給付をしたときは、労基法84条2項が類推適用されるとした。すなわち、安全配慮義務違反を理由とする損害賠償と労災保険給付は調整される。もっとも最高裁判所は、「政府が保険給付をしたことによつて、受給権者の使用者に対する損害賠償請求権が失われるのは、右保険給付が損害の填補の性質をも有する以上、政府が現実に保険金を給付して損害を補填したときに限ら

れ」るとし、保険給付が年金である場合、支給済みのものは調整の対象となるが、将来の給付が予定される年金は調整の対象とならない、とした。

　最高裁判所の判断にしたがうと、使用者が損害賠償を行った後は、二重填補・二重負担の事態を招き、事業主の有する労災保険の保険利益が失われることになる[26]。そこで、1980（昭和55）年の労災保険法改正により、損害賠償と労災保険給付との調整についての規定が設けられた（労災法附則64条）。これにより、使用者は、障害補償年金、遺族補償年金、障害年金、遺族年金の前払一時金の最高限度相当額まで損害賠償の履行をしないことができる。使用者に履行が猶予されている間に年金または前払一時金が支払われた場合は、その給付額の限度で損害賠償責任を免れる。この調整規定は裁判規範を定めたものとされ、両当事者が同意すればこの規定と異なる取扱いも許されるものと解されている[27]。したがって、この規定が適用されるのは使用者が規定の適用を主張する場合に限られる。

　さて、労基法は使用者が労基法による補償を行った場合、「同一の事由」について民法上の損害賠償責任を免除する（労基法84条2項）。この規定は、労災保険給付に類推適用され、安全配慮義務違反を理由とする損害賠償と労災保険給付は「同一の事由」について調整される。「同一の事由」とは、災害補償の対象となる損害と民事上の損害賠償の対象となる損害とが同性質であり、災害補償と損害賠償とが相互補完性を有する関係にある場合をいうと解される（青木鉛鉄事件・最二小判昭62・7・10民集41巻5号1202頁参照）。たとえば休業補償給付と同一の事由関係にあるのは、財産上の損害のうち消極損害（逸失利益）のみであり、積極的損害や精神的損害である慰謝料とは調整されない。

5　結　論

　労契法と労災保険法は、両者に法体系上の直接の関係はなく、両者の法的性格も異なるが、労契法5条と労災保険法は、労基法第8章の災害補償責任と関係するかぎりにおいて、相互に関係する。

　労契法5条の安全配慮義務は、使用者の契約責任であり、労災保険は社会保険制度であるが、業務災害について使用者が負う責任という点で共通す

る。業務災害に遭った労働者は、安全配慮義務違反を理由とする損害賠償請求権と、労災保険給付の受給権のどちらも行使することが可能である。被災した労働者は、使用者に対して司法上、契約責任を追及することも、労災保険法に基づき、司法判断を経由せずに、迅速に確実な補償を受けることも可能である。安全配慮義務違反を理由とする損害賠償と労災保険給付は調整される。

労災保険で業務上の認定がなされると、使用者の安全配慮義務違反が認められやすい傾向にある。しかし、労災保険の業務上認定と使用者の安全配慮義務違反は同じでない。労働者の死亡等が業務上のものであるとしても、その業務に関して使用者に不当な行為や違法がなければ安全配慮義務違反は否定される。

1 菅野和夫『労働法〔第12版〕』（弘文堂、2019年）174頁。
2 労契法のすべての条文について類推適用が可能であるかは、検討の余地があるが、少なくとも本稿が検討対象とする労契法5条は、その源となる安全配慮義務法理が労働契約関係に限定していないことからも、類推適用が可能である。
3 「労働契約法の施行について」基発0810第2号平24・8・10。
4 荒木尚志ほか『詳説労働契約法〔第2版〕』（弘文堂、2014年）93頁。
5 荒木ほか・前掲4) 書93頁。
6 平成29年民法改正以前は、使用者の帰責事由（故意・過失）の問題としてあらわれた。
7 厚生労働省労働基準局編『令和3年版　労働基準法　下』（労務行政、2022年）956頁。
8 菅野・前掲1) 書646頁。同旨、水町勇一郎『詳解労働法〔第3版〕』（東京大学出版会、2023年）840頁は、立法論として、労働安全衛生法制とあわせて、たとえば経済的従属性を重視したより広い労働者概念を採用することも考えられるとする。
9 日本社会保障法学会第77回大会ミニシンポジウム質疑応答の品田充儀発言。社会保障法38号（2022年）185頁。また、小西啓文「労災保険の特別加入制度と「労災保険の社会保障化」再論」同160頁以下は、解釈論として裁判所は、特別加入者を「労働者としてみなされた」者と認定されているとの認識にたち、救済に際しては労災保険本体からの給付もいとわないという姿勢が求められてくるのではないか、と述べ、品田発言と異なる趣旨で、労基法上の対象と

労災保険法の対象を同一に解することの見直しを提案する。
10 厚生労働省労働基準局労災管理課編『労働者災害補償保険法〔8訂新版〕』（労務行政、2022年）36頁。
11 労務行政研究所編『改訂14版 労働保険徴収法』（労務行政、2018年）255頁。
12 厚生労働省労働基準局労災管理課・前掲10）書51頁。
13 なお、常時5人未満の労働者を使用する個人経営の農林、水産業の事業の一部は、任意適用である。
14 高藤昭「労災保険における社会保障原理」社会労働研究17巻1号（1971年）14頁。
15 西村健一郎「労災保険の「社会保障化」と労災補償・民事責任」労働法40号（1972年）59頁。
16 佐藤進「労災事故と補償制度の『保障化』の課題」沼田稲次郎編集代表『労働法の解釈理論』（有斐閣、1976年）309頁。
17 水島郁子「日本型通勤災害保護モデルの評価と展望」社会保障法24号（2009年）227頁、229頁。
18 水島郁子「働き方の変化と社会保障」日本社会保障法学会編『講座・現代社会保障法学の論点［下巻］現代的論点』（日本評論社、2024年）103頁。
19 水町・前掲8）書837頁。
20 家事使用人は労契法上の労働者であるが、労基法は適用されず（労基法116条2項）、労災保険法の適用対象外である。ただし、家事使用人は自ら労災保険に特別加入できる。国・渋谷労基署長（山本サービス）事件（東京地判令4・9・29労判1285号59頁）を契機に、家事使用人に対する保護への関心が高まっている。2024（令和6）年には厚生労働省が「家事使用人の雇用ガイドライン」を策定した。
21 山本陽大ほか『労災補償保険制度の比較法的研究（労働政策研究報告書 No.205）』（労働政策研究・研修機構、2020年）151頁〔山本執筆部分〕。
22 もちろん、労働者の生命、身体等への損害が、使用者の安全配慮義務違反を原因とすることをもって、労災保険法の業務上の負傷等に該当する、というロジックは無い。
23 土田道夫『労働契約法〔第2版〕』（有斐閣、2016年）540頁（脚注92）。
24 業務上と認定されたケースで、使用者の安全配慮義務違反が否定されたものとして、本文中の裁判例のほか、北海道二十一世紀総合研究所ほか事件・札幌高判令元・12・19労判1222号49頁。また、注意義務構成の事案であるが、ウイルス性の劇症型心筋炎の発症について業務起因性が否定された一方、別訴で、使用者の注意義務違反および損害賠償請求が肯定されたものとして、国・大阪

中央労基署長（La Tortuga）事件（大阪高判令 2・10・1 判時2493号49頁）、La Tortuga 事件（大阪高判令 3・3・25判時2519号120頁）。
25 労働者が疾患発症に至らない場合の使用者の安全配慮義務を肯定し、慰謝料を認めたものとして、本文中の裁判例のほか、無洲事件・東京地判平28・5・30労判1149号72頁、アクサ生命保険事件・東京地判令 2・6・10労判1230号71頁。
26 厚生労働省労働基準局労災管理課・前掲10)書813頁。
27 厚生労働省労働基準局労災管理課・前掲10)書814頁。

労働契約法と労働安全衛生法
―― 労働契約と健康・安全 ――

小 畑 史 子

一　本章の目的
二　安全配慮義務
三　労働安全衛生法の法的性質
四　安全配慮義務と労働安全衛生法の関係

一　本章の目的

　労働契約法5条は「使用者は、労働契約に伴い、労働者がその生命、身体等の安全を確保しつつ労働することができるよう、必要な配慮をするものとする。」と規定している。労働安全衛生法は、労働災害の予防のための法である。平成19年に成立した労働契約法5条により使用者が負っている安全配慮義務と、昭和47年に成立した労働安全衛生法により使用者が負っている数々の義務とはいかなる関係にあるか。その問いに答えるためには、労働安全衛生法が私法的効力を有するか否かを明らかにする必要がある。
　なぜならば、労働安全衛生法が私法的効力を有するということは、労働安全衛生法の規定するところが直接安全配慮義務の内容となることを意味し、また、労働安全衛生法違反が直接安全配慮義務違反となることを意味するからである。労働安全衛生法が私法的効力を有さず、純粋に公法的性質の法律であるとすれば、同法の趣旨からして間接的に安全配慮義務の存在を根拠付け、また安全配慮義務の具体的内容を定める基準となり、あるいは具体的内容の検討に際して十分斟酌されるにとどまることとなる。
　わが国の労働法学説は、一般に、労働基準法を中心とした労働条件の基準を定める労働保護法規の法的性質について、それが、使用者に、国に対して

のみでなく労働者に対しても、その基準を守るべき義務を負わせるものであり、公法的法規であると同時に労働関係を規律する私法的法規でもあるとの基本的理解に立っていた[1]。労働安全衛生法は、労働基準法の中に定められていた安全衛生の規定を独立させる形で制定された法律であるが、労働法学説の中には、それが安全衛生という労働条件の基準を定める法律であることから、やはり、規制の対象である事業者に対して、規制の受益者である労働者との関係でも義務を負わせる私法的法規でもあると捉えているものがあった[2]。裁判例は、私法的性質は有していないと述べるものがある[3]が、労働安全衛生法が私法的効力を有しているとの立場に立っていると捉える余地があるように見えるもの[4]もある。

本章では、まず安全配慮義務を概観し、次に労働安全衛生法の私法的効力の有無を論じ、安全配慮義務と労働安全衛生法との関係を明らかにする。

二 安全配慮義務

1 安全配慮義務の登場

1960年代までは、労働災害に被災した労働者やその遺族が、当該労働災害に関する使用者の損害賠償責任を追及するための法的構成として、不法行為責任（民法709条、715条）や土地工作物責任（民法717条）の追及という手段がとられていた[5]。しかし、不法行為責任の追及という方法には、不法行為による損害賠償請求権が3年で時効消滅すること（民法724条）や、原告たる労働者またはその遺族に使用者の過失の立証責任があること等、いくつかの困難があると考えられていた[6]。そこで1970年代より、契約関係における債務不履行責任の追及という方法が試みられるようになった。1975年には最高裁が、自衛隊員の公務遂行中の事故による死亡に関し、遺族から国に対し行われた損害賠償請求につき、安全配慮義務という概念を用いた判断を行った[7]。これ以降この安全配慮義務という概念に基づく債務不履行責任の追及という方法がとられるようになった。

同最高裁判決によれば、安全配慮義務は「ある法律関係に基づいて特別な社会的接触の関係に入った当事者間において、当該法律関係の付随的義務と

して当事者の一方又は双方が相手方に対して信義則上負う義務として一般的に認められるべきもの」とされる。

最高裁はその後、民間の使用者についても「労働者が労務提供のため設置する場所、設備もしくは器具等を使用し又は使用者の指示のもとに労務を提供する過程において、労働者の生命及び身体等を危険から保護するよう配慮すべき義務」を負うとして、その雇用する労働者に対し、労働契約上の安全配慮義務を負うと明言した[8]。

もっとも、その後、不法行為構成と債務不履行構成で被災労働者にとってのメリット・デメリットにはそれほど違いはないとの見解が有力となった。たとえば、損害賠償請求権の消滅時効については民法改正により差がなくなっており、また、安全配慮義務の内容を特定し、義務違反の事実を立証する責任は原告にあるとされるため[9]、過失の立証が不要であっても、立証の困難さはさほど変わらないともいえる[10]。実際は、債務不履行責任の追及と不法行為責任の追及の両方が用いられている[11]。

2　労働契約法の条文へ

2007年の労働契約法制定の際、上記のようにして判例上確立された安全配慮義務法理は、総則の中に置かれることとなった。2006年6月13日の「労働契約法制及び労働時間法制の在り方について（案）」で労働政策審議会労働条件分科会から提示された案は、安全配慮義務より広い配慮を含みうる「安心して働くことができるように配慮する」旨を総則に相当する部分で規定し、判例法理に対応した具体的な安全配慮義務を各則に相当する部分で規定するというものであった。しかし、同年12月8日の報告案および27日の報告（答申）「今後の労働契約法制及び労働時間法制の在り方について」では、安心配慮という総則規定を置くことをやめ、判例上確立している安全配慮義務を、労働契約に関する原則的ルールと位置づける形で、各則から総則部分に移行して規定することとなった。こうした立法趣旨を踏まえ、本条は、判例法理で確立している安全配慮義務を各則部分で具体的に規定しておくという趣旨を維持しつつ、安全配慮義務の内容のさらなる発展をも阻害しない形で総則部分において労働契約の基本的ルールとして規定したものと解されてい

る[12]。

3 労働契約法5条の解釈
(1) 義務の主体

この義務の主体は労働契約法2条の「使用者」(雇用主)であるが、前述のように、雇用主以外の者であっても、特別な社会的接触の関係にあるとして信義則上労働者に対して安全配慮義務を負うことがあると解されてきている[13]。安全配慮義務法理が最高裁判決に登場してからは、下請労働者や社外労働者と元請人や受入企業との実際上の密接な関係を重視する裁判例が増加し、元請企業・受入企業が下請労働者・社外労働者に対し労働契約上の安全配慮義務と同様の義務を負うとして、その義務違反に基づく損害賠償請求を認める例が増えた[14]。

労働契約法のもとでも、本条の類推適用により同様の取扱いがなされると考えられる[15]。

(2)「労働契約に伴い」

「労働契約に伴い」とは、契約上の根拠規定がなくても安全配慮義務が発生することを示している。当初の政府提出法案においては「労働契約に伴い」ではなく「労働契約により」という文言が提案されていたが、これに対して、契約上の根拠規定がなければ安全配慮義務は発生しないのかという懸念が示された。そこで、衆議院において「労働契約に伴い」という規定ぶりに修正された[16]。

安全配慮義務は、特別な社会的接触の関係の付随的義務として信義則に基づき生ずるものであり、就業規則や個別契約上の定めのような契約上の根拠規定は特に必要とされない[17]。

(3)「必要な配慮」

安全配慮義務の内容は、個々の事案に応じて定まるものであり、労働契約法も特定の措置を講ずることをあらかじめ求めるものではない。安全配慮義務はいわゆる結果債務ではなく[18]、訴訟において、労働者側が使用者の具体

的義務の内容、すなわちその事案においてとるべきであった措置を特定した上、義務違反の事実を主張立証しなければならない[19]。

(4)「するものとする」

ところで本条は、要件・効果を具体的に定めるという規定になっていない。その理由は、安全配慮義務が、結果が発生した後に債務不履行に基づく損害賠償請求を根拠づける義務として形成されてきたもので、損害賠償請求を超えて安全配慮義務の履行請求が可能か否かについては裁判例の立場も確立していないからであるとされる[20]。すなわち立法者は、現時点で要件・効果を明定するのではなく、さらなる判例法理の発展を許容しつつ、現在確立している安全配慮義務について明文で規定するのが適切であると判断したのである。この点は、先に述べた労働条件分科会における安全配慮義務の位置づけの変遷からも裏付けられる[21]。

(5) 損害賠償責任の軽減

使用者に安全配慮義務違反や過失があったと判断できるケースでも、労働者側にも相当の寄与要因がある場合、過失相殺法理の類推適用や過失割合の按分等により、使用者の損害賠償責任は軽減される[22]。

過労自殺のケースについては、労働者自身の性格や家族の対応等が問題とされたケースがあったが、最高裁は、不法行為構成の事件において、性格については「個性の多様さとして通常想定される範囲を外れるものでない限り」斟酌することはできないとし、同居の家族の過失を問題にすることも適当でないと判示した[23]。この考え方はその後の債務不履行構成の裁判例においても踏襲されている[24]。

また、過重な業務による精神疾患発症に関する安全配慮義務違反に基づく損害賠償請求事件において、労働者が、通院、薬剤の処方等のメンタルヘルスに関する情報を使用者に申告しなかったことを理由に過失相殺をすることはできないとした判決がある[25]。

三 労働安全衛生法の法的性質

以上述べたように、使用者は労働契約法5条に規定されているように、労働者に対する安全配慮義務を負っている。労働安全衛生法が私法的法規でもあるならば、労働安全衛生法違反が直接安全配慮義務違反となる。そこで、労働安全衛生法が私法的法規でもあるのかを以下で検討する。

1 安全衛生規制の特殊性

まず、労働安全衛生規制が他の労働条件規制と異なっていることを確認しよう。

労働安全衛生法は、たしかに安全衛生という労働条件に関する規制を行う法律であるが、安全衛生規制は、労働基準法（以下「労基法」）の賃金や労働時間等の規制とは異なる性格を有している。すなわち、賃金や労働時間は、国が刑罰・行政罰や行政的監督により最低基準を確保するにとどまり、最低基準を超えた部分については、労働市場のメカニズムに委ねられている。しかし、安全衛生規制は、労働者の生命や健康という重大な法益の保護に直結する規制であり、労働市場のメカニズムに委ねるのは不適当である。安全衛生規制の目的である労働災害の防止のためには、刑罰・行政罰や行政的監督により最低基準を確保するにとどまらず、より高い目標を掲げ、多様な規制を行って、国が積極的に介入することが必要である[26]。このように、安全衛生規制は、他の労働条件の規制とは異なる性格をもつので、労働安全衛生法が労働関係という私人と私人の関係をも直接規律するか否かについては、他の労働保護法規と同時に論ずるのではなく、独自の検討が必要である。

2 旧労基法の安全衛生規定の性質

労働安全衛生法は、従来の労基法第5章を中核として、労働災害防止団体等に関する法律の第2章（労働災害防止計画）および第4章（特別規制）を統合したものを母体とし、その上に新規の規制事項、国の援助措置に関する規定等を加えたものである[27]。

旧労基法の安全衛生規定（42条〜55条）の内容は、危害の防止、安全装置、性能検査、有害物製造禁止、危険業務の就業制限、安全衛生教育、病者の就業禁止、健康診断、安全管理者及び衛生管理者、監督上の行政措置であった。これらのうち、安全装置、性能検査、有害物製造禁止の規定の義務主体は特に掲げられていないが、その他の義務規定の義務主体は使用者（危害防止の主体には労働者も含まれる）と明記されていた[28]。それゆえ、旧労基法の安全衛生規制は、直接の労働契約関係を前提にした規制であるということができ、その意味では、他の労基法の規定と同様、労基法13条の契約直律効により労働契約を直接規律する規定となると解する余地がある。

　しかし、旧労基法の安全衛生規定の定める基準の性格に照らすと、契約直律効により私法的な規定となると解することに疑問が生ずる。終戦直後労基法の制定を担った学者の著作の危害の防止に関するコメントによれば、45条の基準は国が行政的な判断の上で各状況に合わせて設定し適用する政策的基準であるとされており、純粋に公法的な性質の規定と性格付けられていると解される[29]。

　また、基準の具体的内容を見ると、職場の施設や作業環境の基準（施設的基準）であり、当時の学説も基準局の見解も、このような基準の履行を労働者個人が私法的に請求することはできないと考えていた[30]。

3　旧労基法の安全衛生規制からの脱却

　旧労基法の安全衛生規制は、戦前の規制に比べればはるかに進んだものであったが、必ずしも十分有効なものではなかった。旧労基法の規制にもかかわらず、高度成長期には労働災害の発生件数が飛躍的に増加した。そこで、労基法の規制以上の又はそれとは異なった総合的かつ計画的な労働災害防止対策の樹立を企図して、昭和39年の46回国会で労働災害防止団体等に関する法律（災防法）が制定された[31]。

　同法の基となった労働省の問題意識は主に次の四点である[32]。第一に、行政は常に全産業を対象とするために、業種による特殊性に応じてきめの細かい監督ないしは指導を行うことが困難である。第二に、監督行政あるいは指導行政というような上からの一方的な働きかけだけでは安全衛生について直

接の責任を持つ事業主の労働災害防止活動を推進させる原動力としては不十分である。第三に、労基法の規制は原則として直接の使用従属関係が存在する範囲に限られるので、多くの企業が複雑な関係の下に同一の場所で共働する場合における労働安全衛生に関する責任の所在を明確にすることができない、第四に、法令という硬直的な手段のみをもってしては、刻々進歩する技術を用いる産業の実態に即応する効果的な災害防止措置を講ずることが困難である。

労働省は、これらの問題点を解決し、一層効率的に労働災害防止対策を推進するために、災防法を制定し、この活動の中心母胎となる事業主の団体を組織させ、これに対して政府が所要の助成措置を講じて、特に技術的な面から協力かつきめの細かい指導及び援助を行わせるとともに、労働災害防止計画を公表してこれに基づいて国及び労使が一致協力して労働災害防止に対処することとし、更に、元方事業主の統括安全衛生管理義務、多数の労働者が共用する建設物等の施設についての注文者の安全衛生保持義務を法定した[33]。

同法の成立により労災防止団体が労災防止活動において大きな役割を果たすようになったが、産業の複雑化が更に進み、国自身が最低基準確保以上のあるいは最低基準確保とは異なる行政を行う根拠を法律で明確化する必要が増大した。すなわち、労働安全衛生法は、昭和47年に、この労基法の第5章「安全及び衛生」を労基法から独立させる形で立法されたが、その理由は、労働安全衛生法の昭和47年の成立に向けて昭和45年に発足した安全衛生小委員会の昭和46年7月の労働大臣宛の研究会報告によれば以下の通りである[34]。

第一に、労基法を中心とする現行法制が現下の産業社会の急速な進展に即応していないこと、第二に、危険な機械類の製造許可等国民の権利義務と直接関係のある事項について根拠規定を明確化する必要があること、第三に、安全衛生活動を直接に担当し推進する関係者が不足していることである。より具体的には、第一に、労基法を中心とする現行法制に基づく労災防止対策が総合的予防的施策の面で不十分であること、第二に、有効な防止対策を講ずるためには最低基準による規制のみでは不十分であり指導勧告を含む幅広

い行動を展開する必要があること、第三に、安全衛生を担当する技術者が行政部門において著しく不足していること、第四に、労働災害が多発している中小企業、構内下請企業に対する対策が不十分であることとされていた。

4　労働安全衛生法の構造

この研究会報告を出発点として国会で成立した労働安全衛生法は、12章からなり、安全衛生に関し多角的に施策を講じることを可能にする多くの条文を有する法律であった。

同法は、使用者以外にも多様な義務主体を規定し、それら関係者の一般的責務の宣言（第1章）と、安全衛生管理体制を整える義務（第3章）、労働者の危険または健康障害防止のために必要な措置を講じる義務（第4章）、機械等及び有害物に関する規制に服する義務（第5章）、労働者の就業にあたり安全衛生教育等必要な措置を講じる義務（第6章）、作業環境測定や健康診断等健康管理に関する義務（第7章）、法令の周知等の義務（第11章）等の具体的義務を設定し、その履行確保方法として、罰則（第12章）や命令等（第10章）を定めた。第4章、第6章、第7章、第7章の2で講ずべきとされた措置は、職場の設備や作業環境に関するものが多いが、それらの多くは、特定の労働者にのみ講ずることは出来ない集団的性格をもつ[35]。

また、同法は、第2章の労災防止計画策定等、第5章の製造禁止や許可、検査、検定等、第8章の免許、第9章の安全衛生改善計画の作成指示等、第10章の事前に届出させた計画の審査等の行政施策を規定し、様々な角度から労働安全衛生の促進を図る。このような多彩な行政施策の定めは、労基法には見られない[36]。

労働安全衛生法は、多くの条文を有し、その下に多数の規則を従えている。同法の内容を概観すると、多様な義務主体が登場し、また多様な行政手法が採用されていることが知られる。労基法が、使用者のみを義務主体とし、使用者に労働条件の最低基準を遵守するよう罰則をもって義務づけ、その履行確保のために行政監督を行うのとは、多くの点で異なっている[37]。

そもそも労災の根絶のためには、労基法の、使用者のみに対する上記の最低基準規制を行うのみでは不十分である。それゆえに、労基法から独立する

形で労働安全衛生法が立法されたのであり、同法は、労災防止のために義務を負担させるべき多様な主体に義務づけを行い、労災防止のための多面的な方策として、事業者自らに安全衛生改善計画を作成させる（第9章）、快適な職場環境の形成のために努力義務を課す（第7章の2）等ソフトな行政手法をも駆使し、厚生労働大臣による労働災害防止計画作成（第2章）や、免許行政（第8章）等の制度等を規定している[38]。

　このような労働安全衛生法の中でも、特に異彩を放っているのが第5章第2節の危険物及び有害物に関する規制である。製造者・譲渡者等の義務主体に対し、労働者に健康障害を生ずるおそれのある物等がそれを用いて作業に従事する者の生命や健康を害することを防ぐため、製造等を禁じる（55条）、許可なく製造することを禁じる（56条）、危険性につき情報を伝達せずに譲渡・提供することを禁じる（57条）等の内容であり、河川の源を断つことや上流・中流に規制をかけることにより、最下流で当該物を用いて作業に従事する者の被災を防ぐ仕組みで、最下流で当該物により被災しうる作業従事者が、誰であるかを問わず保護されるという特徴もある[39]。

　そもそも有害物質規制の代表である黄燐マッチの製造等禁止は、保護対象が労働者に限られない、1921年制定の黄燐燐寸製造禁止法により行われていた[40]。その後時代がくだり、労働者保護法の代表である旧労基法による規制によって担われた。労働者保護法による保護へと移行した際に、労働者以外の作業従事者に対する保護が国によって除外されたのかという点の議論はひとまずおくとしても[41]、労働者と使用者の関係に特化した労基法の中に有害物質規制を位置づけることは不適切であることが、労働安全衛生法が立法された理由の一つであった[42]。

5　労働安全衛生法の義務規定の性格と履行確保方法

　労働安全衛生法の義務規定の性格に着目すると、健康の保持増進のための措置や快適な職場環境の形成のための措置の規定を中心に、努力義務規定が存在し、また、法的に強制されない実際的なマニュアルを示す指針が多用されている[43]。これらの多様な義務規定により、国は望ましいと考える措置を推奨し、より安全で快適な職場づくりへと誘導を行う。このような規定が、

労働者がその内容の実現を直接義務主体に請求することの出来る私法的な規定であるとは考えにくい[44]。

さらに、職場の施設や作業環境に関する集団的性格の規定は、その多くが労働者個々人によって取扱を変えることのできる性質のものではなく、それに関する義務の実現を、労働者個人が直接権利として要求することが想定されていたのか疑問がある[45]。むしろ労働者代表等を通じて又は労使委員会において対処するのが適当な集団的な性質のものである。

労働安全衛生法の義務の履行確保方法に着目すると、罰則を科す・命令を発するといった方法の他に、勧告、要請、勧奨、指導等、ソフトな行政手法が多用されている[46]。このような柔軟で弾力的な行政の手法は、同法が私法的規定でもあるとすることとは両立しにくい。また、労災防止計画は、国が総合的見地から作成した計画の実現のために勧告、要請により協力を仰ぐものであり、私法的権利義務関係を設定するものではない[47]。また、事業者は、都道府県労働基準局長の指示により安全衛生改善計画を作成するが、これは法違反の有無とは関係なく作成を指示されるものであり、労働者が事業者等に対しその遵守を私法的な権利として請求できるとすることは困難と思われる[48]。

以上のように、同法の諸々の規制は、多様で柔軟な幅広い総合的行政を定めた純粋に公法的な性質のものであり、私人間の権利義務関係を規律する私法的性質のものではない[49]。

6　ドッキング規定の意味

上述のように、労働安全衛生法は労働基準法と異なる性質を帯びているが、両法を結ぶ労働安全衛生法1条の「労基法と相まつて」というドッキング規定をどのように解するかが問題となる。

すなわち、労働安全衛生法の趣旨、目的は労働災害の防止であり、同法1条は、「この法律は、労働基準法と相まつて、労働災害の防止のための危害防止基準の確立、責任体制の明確化及び自主的活動の促進の措置を講ずる等その防止に関する総合的計画的な対策を推進することにより職場における労働者の安全と健康を確保するとともに、快適な職場環境の形成を促進するこ

とを目的とする」と規定している。

同条の冒頭の「この法律は、労働基準法と相まって」については、昭和47年9月18日の行政通知[50]は、「労働基準法第42条等の規定により、この法律と労働条件についての一般法である労働基準法とは、一体としての関係に立つ」と説明していた[51]。「一体としての関係に立つ」とは、労基法の労働憲章部分（1-3条）が労働安全衛生法の施行に当たっても基本とされることと、賃金、労働時間、休日などの一般的労働条件の状態が労働災害の発生に密接な関係を有することに鑑み両法が一体的運用がなされなければならないことを意味するとされる[52]。

このように、労働安全衛生法1条には「労基法と相まって」との文言があるが、これは、必ずしも労働安全衛生法と労基法の法的性質が同一であることを意味しない。労基法は、労基法の規制的手法により、長時間労働を防ぐ等して労働者が被災することから保護する。それに対し、労働安全衛生法は、免許制度を運用し、安全衛生改善計画を立案させる等多角的な手法により、また規制的手法にとどまらずソフトな行政手法も用いて、多様な義務主体とその相手方との関係に着目して規制をかけ、労働災害を防止する。最高裁が、労働安全衛生法57条につき、取り扱う者に健康障害を生ずるおそれがあるという物の危険性に着目した規制であり、その物を取り扱う者であって労働者に該当しない者も保護する趣旨のものと解するのが相当であると判示したことも記憶に新しい[53]。労働基準法が労働者以外の者を保護対象としていないのとは大きな違いである。

労働基準法と労働安全衛生法をそれぞれ機能させることにより相乗効果も生まれ、総合的に労災を防止する効果を上げることが目指される。これを指して労働安全衛生法が「労基法と相まって」労働者の安全と健康を確保し快適な職場環境の形成を促進することを目的としていると表現することに問題はない[54]。

7 私法的効力の規定の不存在

労働基準法の中で、ある事柄に関して他の法の定めるところによるとした条文は、安全衛生に関する42条と、最低賃金法に関する28条のみであるが、

最低賃金法には最低賃金の効力に関する規定（4条2項）が存在し、そこには「最低賃金の適用を受ける労働者と使用者との間の労働契約で最低賃金に達しない賃金を定めるものは、その部分については無効とする。この場合において、無効となった部分は、最低賃金と同様の定めをしたものとみなす。」という労働基準法13条の強行的・直律的効力規定に相当する規定が置かれている[55]。

昭和34年に制定された最低賃金法にこのような規定が設けられたにもかかわらず、労働安全衛生法には設けられなかったことは、労働安全衛生法が労働基準法のように労働契約の直律的効力を持たないことを示すものと考える[56]。

8　履行請求を認めることの可否

労働安全衛生法を純粋に公法的な法規であると解する説に対しては、使用者に対し最低基準を課している罰則付きの義務規定については、労働者が裁判所にその確認請求や履行請求をなしうるとすべきではないかとの反対説が考えられる[57]。

しかし、旧労基法の安全衛生規定のもと定められた基準も労働安全衛生法のもと定められる基準も、国が行政的な判断の上で各状況に合わせて設定し適用する政策的な基準であるので、裁判所にその履行請求をなしうるような私法的規定でもあると性格付けることは適当でない[58]。また、明確な基準を罰則付きで強制しておりその履行請求を認めても不都合がないように感じられる規定も、それのみで存在するのではなく、他の努力義務や指針等と有機的に関連付けられて意味を持つ。それゆえことさら一部を取り出して、他の部分と異なる性質を認めることは、そうした行政の一体性、総合性を損なう恐れがある[59]。

国の定める規格を充たすこと、国の要求する措置を講じることは、国との関係での私人の義務である。このような義務を定める規定に基づき私法的履行請求を認めるには、労働安全衛生法がそのような請求を認めたことを窺わせる根拠規定が必要であるが、7で述べたように、同法中にはそうした趣旨の規定はない[60]。

9 結論

以上の1から8の検討から、労働安全衛生法は私法的効力を有さず、純粋に公法的性質の法律であると結論する。

労働安全衛生法は、公法的性質の法律であるので、同法の趣旨からして間接的に安全配慮義務の存在を根拠付け、また安全配慮義務の具体的内容を定める基準となり、あるいは具体的内容の検討に際して十分斟酌されるにとどまる[61]。

四　安全配慮義務と労働安全衛生法の関係

以上のように、労働安全衛生法には私法的効力はないが、同法の趣旨からして間接的に安全配慮義務の存在を根拠付けると言える[62]。

また、公法的性質の法規である労働安全衛生法の内容が、安全配慮義務や不法行為の注意義務の具体的内容を確定する際に基準となり、あるいは斟酌されることはあり得る[63]。労働安全衛生法およびその下に設けられた諸規則は、労働災害を防止するためにいかなる措置をとる必要があるか又は取ることが望ましいかを規定している。他方で安全配慮義務に関しては、当該労働災害を防止するためには具体的に何をする必要があったのか、それをする必要があったにもかかわらず使用者が行わなかったのか、が問題となる。それゆえ、安全配慮義務の具体的内容を確定するためには、当該労働災害の防止のためにとるべきだった措置を、労働安全衛生法の規定を参照しながら検討することが有益なのである[64]。実際、被災労働者やその遺族が使用者に対し行った損害賠償請求に関する裁判例の多くで、労働安全衛生法の規定の内容が斟酌・参照されている[65]。

労働契約法5条の安全配慮義務と労働安全衛生法は、以上のような関係にあると結論する。

1　詳細は小畑史子「労働安全衛生法規の法的性質―労働安全衛生法の労働関係上の効力（一）」法学協会雑誌112巻2号（1995年）214-215頁参照（文献等につき215頁の注2）。代表的なものとして片岡曻『新版労働法［改定版］』（1986

年、有斐閣）390頁以下、西村健一郎・西村他『労働法講義3・労働者保護法』（1981年、有斐閣）2頁以下も労働安全衛生法も労働者保護法（労働保護法）の中心的法規である労基法の法源としてあげながら、労基法の特色を「使用者に対して公法上の義務を課すにとどまらず使用者の労働者に対する私法上の義務内容をも形成する点」としている。荒木誠之『労働条件法理の形成』（1981年、法律文化社）10頁以下は、公法上の義務にして私法上の義務を生ずるものという性格をもつ労働保護法理の萌芽が、既に戦前の立法、学説に見られ、戦後の労働立法において現実化されたことを説くが、同時に昭和35年以降統一的・包括的な労働条件の最低基準立法という労基法の当初の姿は、関連立法の進出・拡大により実質的に分解・拡散されたと指摘する。

西谷敏「労働法規の私法的効力—高年齢者雇用安定法の解釈をめぐって」法律時報80巻8号80-83頁。

2　小畑・前掲注1論文240頁（文献等につきその注2・3）。

論者は、ジンツハイマーやヒュックの議論を検討し、「労働者保護法は、一定事項に関して使用者（例外的に労働者）に対し公法上の義務を課すことによって労働者に対する保護＝生存権の確保の目的を実現しようとする」ものであるが、「労働者保護法が市民法的自由の原理を修正するものとしての生存権の原理により基礎付けられることにより、国家が労働者保護の立場から本来私的自治の領域とされた労働関係に対して直接間接の制約を加える」という本質的性格からすれば、「単に国家対使用者の関係をのみ規律するものとする見解は、一面的と言わざるを得ない」としている。そして、具体的には、①労働者保護法の内容は労働条件の最低基準であり、かかる基準に達しない労働契約の内容は無効とせられるのはもとより、無効となった部分は保護法の基準通りの内容のものとして扱われる、②保護法違反があれば使用者の債権者遅滞として、労働者は賃金請求権を失うことなく労働を拒否しうる、③労働者保護法が使用者に一定の義務を命じている場合、労働者はかような義務の履行を直接使用者に対して請求しうる、④使用者の保護法上の義務違反は、労働契約上の義務違反として損害賠償、契約解除の問題を生ずることはもとより、使用者に不法行為に基づく損害賠償責任が認められる、とする。「我国の労働基準法並びにその附属法規が以上述べた意味における労働者保護法に属することは言うまでもない」として、まさにドイツの議論に基づいてわが国の労働保護法の性質を論じているのである。片岡・前掲注1書5-15頁。

渡辺章「労働判例研究：労働災害に契約責任を認め、損害を分担控除した事例」ジュリスト564号（1974年）116頁、西村健一郎「判例解説：安全配慮義務と損害賠償—陸上自衛隊事件を中心に」労働判例222号（1975年）4頁、井上

浩『労働安全衛生法』(1978年、中央経済社) 405頁、松岡三郎『労災補償・安全衛生』(1980年) 89頁、片岡・前掲注1書392頁以下、和田肇「雇用と安全配慮義務」ジュリスト828号 (1985年) 122頁、下森定編『安全配慮義務法理の形成と展開』(1988年、日本評論社) 144・241頁、渡辺章・渡辺章＝小西國友＝中嶋士元也『労働関係法』(1992年、有斐閣) 290頁、西谷・前掲注1論文80-83頁、川口美貴『労働法第7版』(信山社、2023年) 362頁、野川忍『労働法』(2018年、日本評論社) 721頁。

3　東京地判平28・9・12労判1206号65頁〈参考収録〉、東京地判平30・7・2労判1195号64頁等。詳細につき小畑・前掲注1論文235頁。

4　東京地判平20・11・13労判981号137頁、東京地判平23・3・28ウエストロー2011WLJPCA03288034、東京地判平24・12・10ウエストロー2012WLJPCA12108002、名古屋地判平25・2・7労判1070号38頁、三菱重工業下関造船所事件・広島高判平26・9・24労判1114号76頁、大阪地判平28・4・28ウエストロー2016WLJPCA04288002等は、労働安全衛生法が安全配慮義務の具体的内容を確定する際に参照されたとも見うるが、労働安全衛生法違反が直接安全配慮義務違反とされたと見る余地もないではない。小畑・前掲注1論文235頁参照。京和タクシー事件・京都地判昭和57・10・7労働判例404号72頁も参照。

5　菊池酸素工業事件・東京地判昭和40・1・29判時423号42頁、三東工事事件・東京地判昭和45・7・6判時614号67頁等。小畑・前掲注1論文233頁、小畑史子「労働契約法5条」西谷敏ほか編『基本法コンメンタール労働基準法・労働契約法第2版』(2020年、日本評論社) 365頁参照。

6　水町勇一郎『詳解労働法第3版』(2023年、東京大学出版会) 876頁、荒木尚志『労働法第5版』[有斐閣、2022] 307頁、土田道夫『労働契約法第2版』[有斐閣、2016] 518頁、野川・前掲注2書753頁、山川隆一『労働紛争処理法第2版』[弘文堂、2023] 333頁、小畑・前掲注5論文365頁。

　2020年4月1日施行の改正民法では、生命・身体の侵害による損害賠償請求権の消滅時効は、債務不履行・不法行為のいずれも、主観的起算点から5年、客観的起算点から20年に統一され（166条、167条、724条、724条の2）、両者の差異はなくなっている（荒木・前掲書308-309頁、西谷敏『労働法第3版』[日本評論社、2020] 423頁、水町・前掲書880頁、井村真己「安衛法と民事訴訟」日本労働法学会誌136号86、97頁等）。

7　自衛隊車両整備工場事件・最三小判昭和50・2・25民集29巻2号143頁において最高裁は「国は、公務員に対し、国が公務遂行のために設置すべき場所、施設もしくは器具等の設置管理又は公務員が国もしくは上司の指示のもとに遂行する公務の管理にあたって、公務員の生命及び健康等を危険から保護するよ

う配慮すべき義務［以下「安全配慮義務」という。］を負つているものと解すべきである。もとより、右の安全配慮義務の具体的内容は、公務員の職種、地位及び安全配慮義務が問題となる当該具体的状況等によつて異なる。…右のような安全配慮義務は、ある法律関係に基づいて特別な社会的接触の関係に入つた当事者間において、当該法律関係の付随義務として当事者の一方又は双方が相手方に対して信義則上負う義務として一般的に認められる…。」と判示した。時効の関係で不法行為責任を追及することができない事例であった。

8 　川義事件・最判昭59・4・10民集38巻6号557頁。
9 　航空自衛隊芦屋分遣隊事件・最二小判昭56・2・16民集35巻1号56頁、土田・前掲6書542頁、野川・前掲2書754頁、山川・前掲6書337頁、西谷・前掲6書423頁、水町・前掲6書880頁等。小畑・前掲注5論文366頁も参照。
10 　西谷・前掲6書423頁、荒木・前掲6書308頁、土田・前掲6書538頁、野川・前掲2書754頁、菅野和夫『労働法第12版』［弘文堂、2019］672頁、小畑・前掲注5論文366頁。
11 　山川隆一『雇用関係法第4版』［新世社、2008］287頁、小畑・前掲注5論文366頁。
12 　以上の経緯につき荒木尚志・菅野和夫・山川隆一『詳説労働契約法第2版』［弘文堂、2014］93頁以下参照。小畑・前掲注5論文366頁も参照。
13 　三菱重工事件・最判平3・4・11労判590号14頁等。小畑・前掲注5論文366頁。
14 　大石塗装・鹿島建設事件・最一小判昭和55・12・18民集34巻7号888頁も、元請人の安全配慮義務違反は「雇傭契約ないしこれに準ずる法律関係上の債務不履行」と判示している。小畑・前掲注5論文366頁。
15 　荒木・菅野・山川・前掲注12書94頁、山川・前掲注6書288頁。
16 　以上につき、荒木・菅野・山川・前掲注12書94頁。
17 　小畑・前掲注5論文367頁。
18 　荒木・前掲注6書308頁、菅野・前掲注10書672頁、山川・前掲注6書338頁。結果債務であるとする反対説として岡村親宜「使用者・事業主の民事責任」現代講座（12）304頁。詳細につき小畑・前掲注5論文367頁。
19 　菅野・前掲注10書671-672頁、荒木・前掲6書308頁、土田・前掲注6書542頁。小畑・前掲注5論文367頁も参照。
20 　荒木・菅野・山川・前掲注12書93頁、野川・前掲注2書755頁。
21 　荒木・菅野・山川・前掲注12書93頁以下参照。
22 　土田・前掲注6書543頁、山川・前掲注6書344-346頁。
23 　電通事件・最判平12・3・24判時1707号87頁。

24 もともと精神疾患に罹患していた労働者の自殺のケースでは、素因や家族が適切な対応をとらなかったことを考慮して減額したものもある（前掲さいたま市環境センター事件・東京高判平29・10・26労働判例1172号26頁等）。小畑史子・本件評釈・ジュリスト1534号118頁参照。
25 東芝［うつ病・解雇］事件・最判平26・3・24労判1094号22頁。
26 小畑・前掲注1論文215頁、小畑史子「第5章　安全及び衛生」荒木尚志ほか編『注釈労働基準法・労働契約法2』（2023年、有斐閣）4頁。
27 昭和47・9・18発基91号。小畑史子「労働安全衛生法規の法的性質─労働安全衛生法の労働関係上の効力（三・完）」法学協会雑誌112巻5号（1995）616頁。
28 小畑・前掲注27論文616頁。
29 寺本廣作『労働基準法解説』（1948年、時事通信社）261頁、小畑・前掲注27論文617頁。
30 寺本・前掲注29書261頁、小畑・前掲注27論文617頁。
31 労働調査会編『労働安全衛生法の詳解改定5版』（2020年、労働調査会）53頁)、小畑・前掲注27論文618頁。
32 労働調査会編・前掲注31書52頁、小畑・前掲注27論文618頁。
33 小畑・前掲注27論文619頁。
34 労働調査会編・前掲注31書57頁、小畑・前掲注27論文619頁。
35 小畑・前掲注27論文627頁。
36 小畑・前掲注27論文639-643頁。
37 小畑・前掲注27論文625頁。なお、労働安全衛生法の主たる義務主体は「事業者」すなわち「事業を行う者で、労働者を使用するもの」（2条3号）である。労基法10条が「事業主又は事業の経営担当者その他その事業の労働者に関する事項について、事業主のために行為をするすべての者」と定義する「使用者」と異なり、事業活動の主体のみを指し、事業主のために行為をするすべての者は含まれない。
38 小畑・前掲注27論文639頁、井村・前掲注6論文90頁、三芝丈典「安衛法の来し方行く末」日本労働法学会誌136号14頁。
39 小畑・前掲注27論文635頁、小畑史子「労働安全衛生法57条の規制権限不行使に関する一人親方による国家賠償請求」論究ジュリスト37号195頁。石崎由希子「これからの化学物質管理と法」日本労働法学会誌136号（2023年）31-32頁。
40 小畑・前掲注1論文224頁、小畑・前掲注39評釈195頁。
41 小畑・前掲注39評釈195頁。
42 労働調査会編・前掲注31書57-58頁、小畑・前掲注27論文619頁。

43　小畑・前掲注27論文627-635頁。
44　小畑・前掲注27論文635頁。
45　小畑・前掲注27論文635頁。人的体制の整備につき労働者に対する関係で直接行為規範を設定するものではないとするものに山川隆一「労働政策の実現方法の動向と課題」武井寛ほか編『労働法の正義を求めて』(2023年、日本評論社) 29頁。
46　小畑・前掲注27論文639頁、井村・前掲注 6 論文90頁、小畑・前掲注26論文22-24頁。
47　小畑・前掲注27論文637頁。
48　小畑・前掲注27論文637頁。
49　小畑・前掲注27論文646頁、水町・前掲 6 書812頁。
50　小畑・前掲注27論文620頁。
51　小畑・前掲注27論文621頁。
52　小畑・前掲注27論文622頁。
53　建設アスベスト訴訟・最判令 3 ・ 5 ・17民集75巻 5 号1359頁。
　　労働安全衛生規則等の改正で、作業を請け負わせる一人親方等や、同じ職場で作業を行う労働者以外の人に対しても、労働者と同等の保護が図られるよう、新たに一定の措置を実施することが、事業者に義務づけられた(令和 4 年 4 月15日基発0415第 1 号「労働安全衛生規則等の一部を改正する省令の施行について」参照)。
　　北岡大介「雇用類似と労働安全衛生法」日本労働法学会誌136号40頁、三芝・前掲注38論文12・20頁も参照。
54　小畑・前掲注39評釈197頁、小畑・前掲注26論文 4 頁、大内伸哉「歴史から『いま』を知る(3)」労務事情1205号51頁。
55　菅野和夫『労働法[第 3 版補正版]』(1994年) 271頁では、労働安全衛生法が、その規制内容に鑑み、労基法や最低賃金法のような労働契約に対する直律的効力を規定していないという指摘がなされていた。小畑・前掲注 1 論文245頁。
56　小畑・前掲注 1 論文245頁、菅野・前掲注10書580頁、水町・前掲 6 書812頁。
57　川口・前掲注 2 書363頁等。反対説につき小畑・前掲注27論文649頁参照。なお、井村・前掲注 6 論文95頁は、労働安全衛生法に基づく安全管理体制の整備全般を安全管理体制整備義務と呼び、事業者がその事業を転換していく中で生じる可能性のあるリスクに対し、それを適切に評価管理するために労働安全衛生法に定められた仕組みの整備を尽くす義務と説明した上で、その履行請求を含めた民事救済の可能性を論じている。

58　小畑・前掲注27論文649頁。履行確保における問題点につき井村・前掲注6論文87-90頁。
59　小畑・前掲注27論文649頁。
60　同法97条は、事業者等の義務違反に対し労働者のとりうる手段として申告権を規定し、申告をしたことを理由とする不利益取扱を禁止している。法律上、申告に対応すべき職務上の義務が規定されていないため、労働者の申告権行使による労災予防は限界があると指摘するものに井村・前掲注6論文89-90頁。
61　小畑・前掲注27論文656頁、水町・前掲注6書775頁、土田・前掲注6書515頁。
62　小畑・前掲注27論文666-668頁。
63　小畑・前掲注27論文668-673頁、水町・前掲注6書812頁、土田・前掲注6書515頁、荒木・前掲注6書277頁、水島郁子「労働契約法5条」荒木尚志ほか編『注釈労働基準法・労働契約法2』（2023年、有斐閣）278頁。
64　小畑・前掲注27論文669頁。
65　中国電力事件・鳥取地判昭和53・6・22判時920号198頁、中国ピアノ運送事件・広島地判平元・9・26労判547号6頁、内外ゴム事件・神戸地判平2・12・27判タ764号165頁。
　　三菱重工難聴1次・2次訴訟事件・神戸地判昭和59・7・20労判440号75頁、同控訴審・大阪高判昭和63・11・28判タ684号57頁、三菱重工難聴3次訴訟事件・神戸地判昭和62・7・31判タ645号109頁。
　　前橋地沼田支判平17・11・28労判935号67頁、札幌高判平20・8・29労判972号19頁、東京地判平22・2・19ウエストロー 2010WLJPCA02198011、大津地彦根支判平22・5・27金商1388号38頁、横浜地判平22・6・29労経速2097号22頁、さいたま地判平23・1・21判時2105号75頁、大阪高判平23・2・17金商1388号34頁、大阪地判平23・3・28交民44巻2号450頁、大阪高判平24・5・29判時2160号24頁、東京地判平24・8・23判判1061号28頁、さいたま地判平24・10・10ウエストロー 2012WLJPCA10109008、大阪高判平24・12・13労判1072号55頁、東京地判平25・2・18ウエストロー 2013WLJPCA02188005、大阪地判平26・2・7判時2218号73頁、東京地判平27・4・27ウエストロー 2015WLJPCA04278003、東京地判平27・7・31ウエストロー 2015WLJPCA07318012、東京高判平29・10・26労判1172号26頁、東京地判平30・7・2労判1195号64頁等。
　　石崎・前掲注39論文29-30頁。

［付記］この研究はJSPS科研費23K01129の助成を受けたものである。

労契法と性差別禁止立法（雇用機会均等法・労基法4条）
——憲法上の性差別禁止規範を基底に——

井 川 志 郎

一　はじめに
二　基底的性差別禁止規範
三　労働契約関係をめぐる性差別禁止と労契法
四　おわりに

一　はじめに

　戦後日本国憲法14条で性差別が禁じられ、労基法4条を含め男女平等実現のための国内法上の諸種の立法・改正がなされてから、既に三四半世紀が経っている。国連女性差別撤廃条約の批准に合わせて（勤労婦人福祉法の改正法として）制定された男女雇用機会均等法も、概ね10年程度の節目ごとにその内容を成長させてきて[1]、人間でいえばいわゆるアラフォーの年齢に達している。

　ところが、実態として男女間の平等が十分に達成されているとは、未だに言い難い。賃金水準および管理職比率には歴然とした格差がある[2]。後者は前者に強く影響するが[3]、その他これらを直接的に左右している要因としては、日本特有の雇用慣行であるコース別人事管理[4]、勤続年数および非正規比率の違い[5]、そして昇進意欲の低さ[6]などが挙げられる。しかしそうした直接的要因の背景には、家事育児参加における男女格差や長時間労働の悪弊といったより構造的な問題が横たわっているものと思われる[7]。そしてここでいう「構造」の中核的部分は、おそらく、女性に一定の生き方を要求するジェンダー規範（本稿では「男」と「女」という二分された類型に応じた評価をこのように呼ぶこととする）によって支えられている[8]。労基法4条や均等法が十分

にかかる構造的な問題に対応できていないのではないか、という懸念がある[9]。

また、「性別」に関わる伝統的な課題といえる男女格差が残されたままであることに加えて、近年では、LGBT に代表されるような、「性別」に関わって困難を抱える性的マイノリティの人々の保護も関心を集めている。性的マイノリティの人々の置かれた状況や抱える具体的困難は多様であり、そうした多様性を捨象した議論には慎重でなければならないし、ましてや、これまで論じられてきた男女格差とまったく同じような問題として論ずることはできない。しかしここでも、生じている困難の背景には、身体的な特徴に応じて「男」と「女」とに性別を二元的に理解した上での、ジェンダー規範の作用が存在するはずである。

本稿は、性別に関わって人々が直面する困難の背景にあるジェンダー規範の存在に着目して、労働契約関係における性差別にかかる規律体系を整理して提示しようと試みるものである。まず、憲法14条の解釈により基底的な性差別禁止規範を明らかにし、次いで、それを労働法領域で具体化するツールとしての均等法・労基法4条と民法・労契法との関係を整理する。これらの検討の過程で、労契法が性差別について果たしうる先進的役割を、若干の具体例を挙げて論ずることも試みたい。

二　基底的性差別禁止規範

労基法4条が国際労働憲章を意識したものであり[10]、上記のように均等法が国連女性差別撤廃条約を契機としたものであったとしても、わが国国内法体系上は、これらの法規定は憲法14条1項後段の性差別（「性別」に基づく「差別」）の禁止を基盤とするものである[11]。後述（三の3）のように労契法もまた、かかる憲法上の性差別禁止規範に照らして解釈されなければならない。このように憲法14条1項後段は、いわば、労働法における基底的な性差別禁止規範といえる（以下「基底的性差別禁止規範」という場合、憲法14条1項後段の性差別禁止を指す）。それゆえ労働法における性差別禁止規範の規律体系を整理して提示しようとすれば、必然的に、同条の解釈に踏み込まなければならな

い。以下まずは、憲法14条1項後段で禁じられている性差別とは何かを定義しよう。

1　性差別とは

そもそも法的に非難されるべきものとしての「差別」とは、類型的評価によって個人の特性をみずに合理的理由のない異別取扱いをすることを指すと考えられる[12]。それゆえ、何らかの類型的評価に基づく異別取扱いであれば、広い意味で差別として問題となり得る。

では、憲法14条1項後段があえて性別を含めたいくつかの事由を明記しているのは何故か。憲法学において有力な解釈は、後段列挙事由に基づく差別は、「民主主義の理念に照らし、原則として不合理なものであるから」、その憲法適合性が厳しく審査されるべきことを示している、というものである[13]。後段列挙事由は、歴史的に形成された特定の類型的評価が人類の経験に基づき特別に抽出されたものであり、それらの事由に基づく社会的差別は、その強固さと広範さゆえに、個人尊重の原理を基礎とした国民の自由と平等を前提とする民主主義[14]の理念に反するものとして、強く禁じられたと理解できる[15]。

それゆえ、性差別の非難可能性の契機を理解しようとする場合には、非選択的属性であるということだけでなく[16]、そこで問題とされている、歴史的に形成されてきた類型的評価の正体を捕捉することが必要となる。この点は、当たり前のことのようであるが、「男であればこうあるべき、女であればこうあるべき」というような類型的評価と理解できる。重要なのは、「男」と「女」という二分された類型に応じた評価すなわちジェンダー規範に、規範的な非難が向けられているということである。

それではここでの「男」と「女」（憲法14条の文言としては「性別」）というのは、どのような意味か。日本国憲法が制定された年代を考えれば、身体的な特徴から（ないし生物学的に）男と位置付けられる者と女と位置付けられる者を指していると思われる[17]。しかし繰り返しのようでもここで強調しておきたいのは、規範的非難の契機はそうした身体を有する者に対する不利益そのものよりも、そのように位置付けられたがゆえの類型的評価（ジェンダー規

範）にある、ということである。

　以上から、憲法14条1項後段が禁止する性差別とは、身体的な特徴に応じて割り当てられた（ないし生物学的）性別に基づく評価（ジェンダー規範）によって、個人の特性をみることなく行われる、合理的理由のない異別取扱い、と定義付けることができる[18]。このようにジェンダー規範に着目して性差別を定義付けることに、いったいどのような意味があるのかは、以下（2、3）において論じよう。

2 射程

　上記のように憲法14条にいう「性別」を、身体的な特徴に応じて割り当てられる性別に限って解釈することは、基底的性差別禁止規範の射程を狭めるものと感じられるかもしれない[19]。しかし、性差別の非難可能性をジェンダー規範に見出せば、基底的性差別禁止規範の射程は広範なものと理解できる。すなわち、ここで問題となっているのは、性別を身体的な特徴に応じた「男」と「女」という二元的なものと理解し、その分類に応じてなされる類型的評価である。それゆえ、かかる性別二元的な評価枠組みから逸脱する者に対する異別取扱いは、広く性差別として禁じられるべきことになる。

　かかる解釈は、とりわけ性的指向または性自認（SOGI）にかかる差別にとって重要である。ここでは分かりやすく国家公務員を想定するが、例えば、性的指向との関係でいえば、「男であれば女を好きになり、パートナーとして選ぶはずだ」という類型的評価に基づき、扶養手当のような給付につきゲイ労働者をヘテロセクシャルのグループと比べて不利益に取り扱うことは、性差別としての違法性を問われる。また性自認との関係でも同様で、例えば、「生物学的に男と位置付けられる者は、男らしい容姿・服装で生活すべき」との類型的評価に基づき、トランス女性に対してシス女性に認めている容姿・服装での勤務を認めないことは、性差別として違法性を問われる[20]。以上のように、ジェンダー規範に着目して性差別を定義づけることで、SOGI差別も憲法14条1項後段の性差別禁止規範の射程に入ってくる[21]。

3 規範内容

(1) 性差別回避義務

基底的性差別禁止規範は、上記のような意味での性差別をしてはならないことを国家に命じている（性差別回避義務ないし狭義の性差別禁止規範）。性差別の定義は別として、かかる命題自体には異論がないであろう。

しかし本稿の立場からすれば、これを単に直接的な差別を回避するという意味での狭い義務とは理解し難い。前述のように、性別等の事由が憲法14条1項後段で特別に列挙されたのは、歴史的に形成されてきた当該事由に基づく類型的評価が、社会において広範かつ強固に特定のグループに不利益をもたらしてきたために、その排除を強く要請するためである。そうとすれば、これから生ずる差別的意図による異別取扱いだけでなく、既に構築されている障壁による不利益への対処も求められている[22]、と解することができる。基底的性差別禁止規範のもとでは、被差別グループに不利益をもたらすジェンダー規範またはジェンダー規範を反映した社会構造（以下これを「性差別的構造」とも呼ぶ）への対処が要請されよう。

それゆえ、国家は単に直接的に性別を理由として異別取扱いを行うことだけでなく、性差別的構造を反映した基準により異別取扱いを行うことも差し控えなければならない。したがって、例えば国家公務員については、別途法律が用意されなくても間接差別が禁じられていると解することができる。憲法14条1項が求める性差別回避義務は、この意味でも射程の広いものといえる[23]。

(2) 性差別是正義務

また同じ理由から、基底的性差別禁止規範が国家に消極的義務のみを課しているとの解釈にも与しがたい。同規範においては、性差別排除のためにジェンダー規範または性差別的構造に対処する、国の積極的な措置も求められていると解すべきである（性差別是正義務）[24]。

積極的な差別是正措置には、様々な次元・程度のものが考えられる[25]。問題は、そのすべてが義務とまでいえるのか、また、義務違反の効果は何かである。思うに、有効性や社会的コンセンサスを見極める必要があろうから、

実際に採用する措置には国に一定の裁量を認めるべきである。ただ、少なくとも状況に応じて有効と考えられかつ実行不可能でもない措置のいずれかを講ずる義務があり、かかる義務を果たさなかった場合には、国自身の行う処遇上の格差を差別と認定すべきである。要するに、性差別是正義務といっても、国に裁量を認め、違反の効果も間接的なものにとどめるのが私見である。

もっとも国の当該裁量は、国自身が拘束される一定の法規がある場合にはそれにより制約を受けると解すべきであるし、違反それ自体について責任追及も可能と解すべきである。例えば国連女性差別撤廃条約11条2項の諸措置は、もし仮にこれを実行せずに労働市場において男女間格差が残存していた場合には、国は自ら直接に作出したものではなくても、当該格差につき憲法14条違反ゆえに国賠法上の責任を問われるべきである。他の例としては、経済的、社会的および文化的権利に関する国際規約（社会権規約）の解釈としてSOGI差別禁止が確立されており、そのもとでは、性的マイノリティの人々がその性的指向や性自認等につき十分に尊重されることの権利も保障され、また、締約国にはホモフォビアやトランスフォビアと闘う義務があるともされていることを挙げることができる[26]。かかる国際法上の要請に照らせば、ジェンダー規範または性差別的構造に対処する措置として、国には少なくとも、性的マイノリティに対する理解促進および偏見・嫌悪感情除去のための積極的な措置を講ずる義務（「理解促進／偏見・嫌悪感情除去措置義務」）があると解される[27]。公務の職場において、SOGIに基づくハラスメントが同僚間で行われていたような場合に、それが放置されたとすれば、同義務違反ゆえに国賠法上の責任を問いうる。

(3) 憲法学へ

なお憲法学では、憲法14条1項の規範内容として間接差別を明示的に認める見解は伝統的に少ないといわれるし[28]、アファーマティブ・アクションやポジティブ・アクションを求める権利までは平等権に含まれないという理解が一般的との指摘もある[29]。しかし、上記のように裁量を認めたうえで、義務違反の効果も間接的なものにとどめれば、十分に受け入れ可能なのではないだろうか。いやむしろ、本稿冒頭で示したように憲法14条の登場から三四

半世紀にわたる時が経過しているにもかかわらずジェンダー平等が大幅にもたらされていない現実に鑑みれば、憲法学の通説にも重い腰を上げてもらわなければなるまい[30]。

三 労働契約関係をめぐる性差別禁止と労契法

それでは、以上の基底的性差別禁止規範のもとで、労働契約関係における性差別についてはいかなる規律体系が存在するか。また、そのような規律体系のなかで、労契法が果たしうる／べき役割とは何か。

1 均等法および労基法4条の性格

憲法14条1項の基底的性差別禁止規範を受けて、労働関係における性差別の排除の役割を担うものとしては、まずは均等法および労基法4条を挙げることができる[31]。

（1）限定性

しかしよく指摘されるように、その規制対象は限定的である。均等法は、直接差別の禁止についてすら対象事項を限定列挙しており（5条、6条）、間接差別についてはその対象は極めて限定的である（7条および均等則2条）[32]。労基法4条は、「賃金について」の「女性であることを理由として」の差別のみを禁ずる。

均等法にかかる限定的な規制しか置かれなかったことの背景には、同法が主として行政取締り立法として構想されている[33]という事情があるものと思われる[34]。もちろん、同法の禁止規定違反の法律行為が私法上無効であり、また違反につき不法行為責任が問われうることに、今日では異論はないであろう[35]。しかし均等法の実体的ルールの執行形態として同法自体に明文で用意されているのは、紛争解決援助制度[36]と法違反に対する是正指導[37]という、行政を主体とした2本立て[38]の手続である。

労基法が賃金についてのみ差別的取扱いを禁じているのは、同法の性格ゆえというよりも歴史的な経緯によるものであるが[39]、「賃金について」や「女

性であることを理由として」という同条の文言が厳格に解されることがあるのは[40]、やはり、刑罰と行政取締を念頭においた規定であるからではないかと考えられる[41]。

（2）誤った解釈：保護の上限たる均等法および労基法4条？

それでは、均等法または労基法4条によって禁じられていない事項につき、労働関係上の性差別は規制されないことになるのであろうか。結婚退職制や男女別定年制をめぐる判例の展開経緯から自明なように、これは修辞疑問文である。しかし、かかる自明の理がかならずしも裁判実務を支配していない現実があるため、ここで改めて確認しておきたい。

周知のように、均等法制定前に既に、結婚退職制をめぐる住友セメント事件・東京地判昭41・12・20労民集17巻6号1407頁を嚆矢として公序則を用いた判例法理の発展がみられた。そして男女別定年制をめぐる日産自動車事件・最三小判昭56・3・24民集35巻2号300頁にいたって、性別のみによる不合理な差別が「民法90条の規定により無効であると解するのが相当である（憲法14条1項、民法1条の2参照）」とされたのであった。

その後1985年に制定された均等法は、当初は極めて限定的な範囲であったとはいえ、公序則に頼るまでもなく違法な女性に対する差別を、明確にする意義を有するはずであった。また、かかる禁止規定とあわせて置かれた努力義務規定も、努力義務を使用者に明示的に課すことを趣旨としたものであって、対象事項については差別が許されるということを意図したものではないはずであった[42]。

ところが均等法制定後、男女別雇用管理につきそれが憲法14条の趣旨に合致しないということを認めながら、「雇用機会均等法……においても労働者の募集及び採用については女子に男子と均等の機会を与えることが使用者の努力義務であるとされているにとどまる」ということを理由の1つとして、その公序違反性を否定する裁判例が登場する（日本鉄鋼連盟事件・東京地判昭61・12・4労判486号28頁）。その後も、同様の男女別雇用管理またはそれを引き継いだコース別人事制度について、原告労働者らの採用当時の性別役割分業意識を根拠にしたいわゆる「時代制約説」や統計的差別の合理性を認める

判示[43]と並んで、均等法の規制が努力義務規定にとどまっていたことが、公序違反を否定する論拠の1つとして繰り返し持ち出されることになる[44]。またこれらの裁判例のなかには、労基法4条により禁じられる賃金差別でないことも、公序違反を否定する論拠の1つとして挙げる例がみられた[45]。

しかし、均等法の努力義務規定を根拠に公序違反を否定するのは、上記のような規定趣旨からすれば「背理的」解釈[46]であり、「法の常識に反する」[47]。また、労基法4条も当時顕著な弊害のあった賃金差別を特に罰則付きで禁じたものであって、対象外の事項につき反対解釈をすべき性質のものではない[48]。このことは、上記の均等法制定前の判例でも前提とされていたはずである。均等法および労基法4条は、「床」であって「天井」ではない[49]のである。

2　公序としての性差別禁止

以上要するに、公法的規制の側面が強い均等法および労基法4条の射程が及ばない領域が、私法規定によってなお規律されうることを確認してきた。では、かかる性差別禁止についての契約法上の余白を埋めうるのは、いかなる法理か。この点まず重要な役割を果たすのが、民法90条の公序であり、同条の解釈においては、民法2条が憲法上の基底的性差別禁止規範との間での媒介項として機能する。

かかる法律構成は、労働法学においては既に和田肇によって示されている[50]。和田は、憲法14条1項の性差別禁止規範を民法上の公序（90条）に反映させることに消極的な一部裁判例に対して、民法学説も参照したうえで、その媒介項として民法2条の意義を再確認する。すなわち、「雇用・労働契約も民法の典型契約であり、民法2条の適用を当然に受ける」のであり、同条は「民法90条の公序良俗の内容を考える際に、〔一部裁判例が論拠とする—井川〕社会意識よりも優先して考慮されなければならない。実定法の特定の条文が明示的に憲法的価値を受容していることを認識することによって、憲法的価値の適切な調整が図られることになる」[51]。

民法学説では、民法2条は憲法24条にそくした文言にはなっているが、より一般に憲法13条および14条に対応する規定と理解できるにもかかわらず、

財産法はおろか家族法においてさえ「消えてしまったかのごとく」取り扱われてきたとも評される[52]。しかしその積極的位置づけも模索されている[53]。

また憲法学においても、私人間効力の問題一般に関して、「民法 2 条を共有財産として、個別具体的な事案の解決のための議論を……積み重ねていく必要がある」[54]との指摘がある。

1947年改正で本条の前身たる 1 条ノ 2 が挿入された立法経緯に鑑みれば[55]、本条により民法ひいては民事法全体において少なくとも憲法13条の個人の尊厳および14条の性差別禁止が解釈・運用の指針となることが示されていると解すべきであろう[56]。したがって、上記和田説は支持されるべきものと考える。

3 性差別回避是正義務

以上のように民法90条は、同法 2 条を媒介項として、私法領域において憲法14条の基底的性差別禁止規範を具現化する役割を果たす。しかし公序則のような契約外在的な規律のほかに、労働契約関係においては基底的性差別禁止規範が内在化されるべきとも思われる。かかる内在的規律は、同じく民法 2 条を媒介項としつつも、労契法 3 条 4 項を解釈することで導くことができる。

（1）付随義務としての性差別回避是正義務

労働法学において、性差別を含む憲法14条 1 項後段の禁ずる社会的差別につき、かかる契約内在的な規律を構想するのが、毛塚勝利である。毛塚は、憲法14条 1 項後段が禁ずる社会的差別につき、使用者は、「社会的差別をしない消極的な不作為の義務」と「差別の発生を回避し、存在する差別を是正していく積極的義務」を含む「差別回避是正義務」を労働契約上の付随義務として負っていると論ずる[57]。その際に法的根拠とされているのは、憲法14条 1 項後段の直接適用[58]（または間接的な私人間効力）である。毛塚は、2022年に改めてかかる直接適用説を主張しているが、（おそらく間接適用のための媒介項として）労契法 3 条 4 項に定められる信義則も法的根拠として挙げている[59]。

思うに、ことに性差別に関しては、使用者は労働契約上の付随義務として
かかる差別回避是正義務を負っていると解するのが、適切な解釈である。ま
ず労契法3条4項は、単に民法1条2項を引き写したというものではなく、
労働契約の特質を踏まえた信義則を定めたものと解される。それゆえ、労働
関係という使用者の支配する生活空間における差別に関しては、使用者に何
らかの付随義務の負担を求めていると解されるべきである[60]。そしてこの点
あわせて考慮されるべきは、前述のように民法2条により民事法全体におい
て憲法14条1項後段の基底的性差別禁止規範が解釈指針とされるべきという
ことである。当然、民法90条だけでなく、労契法3条4項にもこのことがあ
てはまる。以上から私見は、民法2条に照らした労契法3条4項の解釈によ
り、労働契約上の付随義務として、憲法14条1項の基底的性差別禁止規範が
国家に求めるのと類似の義務、すなわち、性差別回避義務と性差別是正義務
(以下まとめて「性差別回避是正義務」という)が使用者には発生すると解す[61]。

(2) 差別認定上の意義

使用者に付随義務として性差別回避是正義務が課されていると解すること
は、まず、差別をめぐる立証責任の転換を理論的に容易にする意義がある。
裁判例においては、男女間格差を労働者側が立証した場合に、それを性に
よって生じた差異または不合理な差別と一応推定し、使用者に合理的理由の
立証を求めるものがしばしばみられる[62]。そもそも差別の是正回避が使用者
の契約上の義務とすれば、労働者がその不履行についての責任を問うている
場合には、使用者が差別的でない合理的理由で処遇格差を生じさせているこ
との立証責任を負うと解することに困難はない[63]。

またこれとの関連で、間接差別についても使用者が一般的に責任を負うべ
きといえる。既述のように、基底的性差別禁止規範においては、性差別的構
造への対処も名宛人に対して求められる。性差別的構造への対処のために
は、使用者は、かかる構造を反映する基準の不採用という形での性差別回避
義務も負うべきである。それゆえ、間接差別は、均等法7条により(また解
釈次第では労基法4条によっても)禁じられている一部のものに限られず、違法
な性差別となりうる[64]。より具体的にいえば、使用者は、処遇格差を正当化

する合理的理由として、一見して中立的だが性差別的構造を反映しているため避けるべき基準を主張することはできない。

さらに似たような発想で、使用者が何らかの積極的是正措置をとらないことについても、責任追及が可能となる。国家についてそうであったように、使用者も労働契約上の付随義務として、性差別的構造に対処すべく、期待しうる範囲でその是正のための積極的措置を求められる。労働関係において、使用者に期待されるべき積極的措置が講じられなかった結果として処遇格差が発生または放置された場合、当該格差は合理的理由のないものとして性差別と認定されるべきである[65]。近時、不作為によって「職種が性別によって例外なく分かれている現状を追認、固定化」させたことを問題視して、違法な男女差別があったと認定する裁判例が登場しているが[66]、性差別回避是正義務の観点からは理論的に説明がつく。

なおこの性差別回避是正義務の積極的側面として、国の義務として前述した性的マイノリティにかかる理解促進／偏見・嫌悪感情除去措置義務が、論拠とした国際条約に直接拘束されない民間の使用者にも認められるべきかについては、検討の余地がある[67]。もっとも、性的マイノリティに対する無理解や偏見・嫌悪感情も、性差別の原因となっている類型的評価（ジェンダー規範）に起因するものと考えられる。それゆえ、かかる無理解や偏見・嫌悪感情ゆえに職場や顧客関係でトラブルがあったまたはありえたとしても、それを理由として性的マイノリティに対する異別取扱いを正当化することはできないというべきであり、このことは、理解促進／偏見・嫌悪感情除去措置義務が付随義務の内容として認められるかどうかに左右されない（もっとも、同義務が認められれば、かかる正当化の抗弁の不当性がより明らかになろう）。

四　おわりに

以上の検討結果の要点をまとめれば、以下の通りとなる。
1. 労働契約関係における性差別にかかる規律体系は、憲法14条1項後段の基底的性差別禁止規範のもとに、労基法4条および均等法、ならびに、民法2条を媒介項として民法および労契法によって構成されている。

2．基底的性差別禁止規範（憲法14条1項後段）において禁止される性差別とは、身体的な特徴に応じて割り当てられた（ないし生物学的）性別に基づく評価（ジェンダー規範）によって、個人の特性をみることなく行われる、合理的理由のない異別取扱いのことである。このもとでは、差別の原因となっているジェンダー規範および性差別的構造への対処が求められており、それゆえ、間接差別を含めた性差別回避と、積極的な性差別是正が、国に義務付けられる（性差別回避是正義務）。

3．労基法4条および均等法は、基底的性差別禁止規範の要請を具現化すべく、限られた範囲で公法的性格の強い規制を行うものであり、保護の上限を示すものと解されてはならない。

4．より一般的に基底的性差別禁止規範の要請を労働関係において具現化するのは、民法90条や労契法3条4項のような私法規定であり、かかる解釈は民法2条を媒介項としてもたらされる。

5．民法2条を媒介項として労契法3条4項を解釈すれば、使用者は労働契約上の付随義務として国家と類似の性差別回避是正義務を負う。それゆえ使用者は、差別的でない合理的理由で処遇格差を生じさせていることの立証責任を負う。

冒頭に指摘した差別的な構造に関していえば、以下の結論が重要である。

6．基底的性差別禁止規範から導かれる性差別回避是正義務のもとでは、間接差別が一般的に禁じられ、また、積極的な性差別是正措置も義務となる。

7．積極的な性差別是正措置として具体的にいかなる措置を講ずるかは、原則として国／使用者の裁量に委ねられるが、期待しうる措置を何ら講じていない結果として処遇格差が発生しまたは放置された場合、当該格差は性差別と認定される。

8．国／使用者の上記裁量は、国／使用者を拘束する一定の法規がある場合にはそれにより制約され、性差別是正義務違反それ自体につき損害賠償請求のような責任追及が可能と解される。

同じく冒頭に指摘した性的マイノリティの人々の保護に関していえば、以下の結論が重要である。

9. ジェンダー規範に着目して性差別を定義づけることで、SOGI差別も基底的性差別禁止規範の射程に含まれる。かかる解釈は国際法の要請にも適う。

10. 性差別是正義務の一部として、国には性的マイノリティにかかる理解促進／偏見・嫌悪感情除去措置義務があると解すべきである。かかる解釈は国際法の要請に照らして導かれる。

11. 性的マイノリティへの無理解や偏見・嫌悪感情ゆえに職場や顧客関係でトラブルがあったまたはありえたとしても、それを理由として性的マイノリティに対する異別取扱いを正当化することはできない。この点は、公務部門か民間部門かにかかわりない。

なお本稿では、均等法の規制の限定性を指摘し、労契法が果たしうる先進的役割を強調したが、均等法が必然的に後進的なものであるとか、また一方的に労契法によって不足部分を補ってもらう関係にあるわけではないであろう。例えば、立法の努力によって均等法が先進的な規制を行うことも、また、均等法の規制内容が契約法理の発展を促すことも、十分に考えられる[68]。こうした均等法と労契法との間の相互作用関係を十分に描き切れていない点で、本稿の検討が不十分なものであることは認めざるをえないが、今後の検討課題としたい。

また、付随義務としての差別回避是正義務については、本稿で論じた差別認定上の意義のほか、救済面でどのような意義を有するかも検討を要するが、この点についても他日を期することとしたい[69]。

＊本稿の脱稿日は2022年12月1日であり、可能な範囲で情報を更新した。注に掲げるURLはいずれも2024年2月27日に最終確認している。

1　1997年改正（福祉法からの脱却、差別禁止規定の拡充、ならびに、ポジティブ・アクションの許容やセクハラ対処規定の導入といった内容的豊富化）、

2006年改正（両面的差別禁止への転換など）、2016年改正（マタハラ関連規定導入）。2019年にもハラスメント関連規定が強化されている。

2　賃金水準については、厚労省「令和4年度賃金構造基本統計調査の概況」の各調査結果をみれば、ほとんどの区分において男女賃金格差を確認できる。最近でも、女性活躍推進法に基づく開示情報の分析結果として、男女間に平均3割の賃金格差があったと報道されている（日本経済新聞2023年7月14日朝刊3面）。

　　管理職比率の格差については、厚労省『令和4年度雇用均等基本調査』の結果概要」7-10頁参照。

3　厚労省「令和4年版 働く女性の実情」29-30頁参照。

4　やや古いが、コース別雇用管理制度のもとでの男女の採用割合等の差につき、厚生労働省「平成26年度コース別雇用管理制度の実施・指導状況（確報版）」参照（https://www.mhlw.go.jp/file/04-Houdouhappyou-11902000-Koyoukintoujidoukateikyoku-Koyoukintouseisakuka/kakusoku2.pdf）。コース別雇用管理制度の有無に関わらず行われた採用区分調査ではあるが、総合職・一般職といった区分ごとの採用状況の男女の差につき、厚労省「『令和4年度雇用均等基本調査』の結果概要」2頁も参照。

5　勤続年数につき、厚労省「令和3年版 働く女性の実情」19-20頁、非正規比率につき、同18頁参照。

6　国立女性教育会館「令和元年度男女の初期キャリア形成と活躍推進に関する調査（第5回調査）報告書」(2020年) 70頁（https://nwec.repo.nii.ac.jp/?action=repository_uri&item_id=18858&file_id=22&file_no=1）、マイナビ「マイナビ ライフキャリア実態調査2023年版（データ集）」(2023年) 583頁（https://career-research.mynavi.jp/wp-content/uploads/2023/10/mynavi-life-career-jittaityousa2023nen-3sho.pdf）参照。

7　例えば女性の昇進意欲の低さには、男性と比較して、特に家庭生活との両立の困難への懸念が大きく影響しているが（国立女性教育会館・前掲注6報告書71頁、マイナビ・前掲注6データ集594頁）、実際、家事・育児に割いている時間には歴然とした格差が存在する（総務省統計局「令和3年社会生活基本調査 生活時間及び生活行動に関する結果 結果の概要」4-5頁参照）。

8　内閣府「令和4年度男女共同参画社会に関する世論調査」（https://survey.gov-online.go.jp/r04/r04-danjo/2.html）によれば、「夫は外で働き、妻は家庭を守るべきである」という考え方については、未だに33.5％の者が「賛成」と回答している。

9　浅倉むつ子＝山川隆一「趣旨と総括」日本労働法学会誌126号（2015年）101頁〔浅倉〕は、「労働における構造的な性差別に切り込めずにいる均等法自体

に〔も〕問題がある」と指摘する。
10 寺本廣作『労働基準法解説』(時事通信社、1948年) 161頁参照。
11 労基法4条については、同法立法過程における立案当局者の考え方を示すものとして重要な資料である厚生省労政局労働保護課「労働基準法案解説及び質疑応答」において、「一般的に性別による差別的取扱については、憲法が之を禁止してゐる」ところ、「特に賃金に関する差別的取扱の禁止をここに明文化した」ものであると説明されており、やはり憲法14条を受けてのものでもあると認識されていた(渡辺章ほか編『日本立法資料全集53 労働基準法〔昭和22年〕(3)―上』(信山社、1997年) 131頁。同文書の立法資料としての重要性については、同書3頁〔土田道夫〕参照)。また、判例も同条を憲法14条に基づくものと理解しているとされる(西谷敏ほか編『新基本法コンメンタール労働基準法・労働契約法〔第2版〕』(日本評論社、2020年) 20頁〔新屋敷恵美子〕)。

　均等法はその第1条において、明示的に日本国憲法の理念にのっとるものであることを示している。ただそこではかなり一般的に、「法の下の平等を保障する日本国憲法の理念」とされており、憲法14条1項後段に限定されているわけではない。
12 毛塚勝利「労働法における差別禁止と平等取扱」山田省三＝石井保雄編『労働者人格権の研究 下巻 角田邦重先生古稀記念』(信山社、2011年) 5-6頁、同「平等取扱法理の深化にのぞむこと」労旬1999・2000号(2022年) 45頁参照。
13 芦部信喜(高橋和之補訂)『憲法〔第8版〕』(岩波書店、2023年) 141頁参照。芦部信喜『憲法学Ⅲ 人権各論(1)〔増補版〕』(有斐閣、2000年) 23-24頁も参照。同様に「民主制のもとで通常は許されないものと考えられるから、その差別は合理的根拠を欠くものと推定される」とし、14条1項後段の裁判規範としての重要性を説いていたものとして、伊藤正己『憲法〔第3版〕』(弘文堂、1995年) 249-250頁も参照。
14 芦部・前掲注13書(2023年) 17頁参照。
15 毛塚・前掲注12論文(2011年) 8頁参照。
16 それ自体は正当であるが、性差別の特徴としてよく指摘される点である。例えば、長谷川聡「男女雇用機会均等法を育てる」労旬1994号(2021年) 4頁。
17 憲法学説でも、性別とは身体的ないし生物学的な性差を指すと解されているように見受けられる。明示的にかかる立場を示すものとして、木下智史＝只野雅人編『新・コンメンタール憲法〔第2版〕』(日本評論社、2019年) 167頁〔木下〕がある。

　本来的には身体的・生物学的性差を指すとしつつも、「社会的」・「文化的」

な性差も含まれると解する見解もある（辻村みよ子『憲法［第7版］』（日本評論社、2021年）165頁、長谷部恭男編『注釈日本国憲法（2）国民の権利及び義務（1）』（有斐閣、2017年）178頁〔川岸令和〕）が、かかる解釈から具体的な射程がどの程度拡大するのかは不分明である。このうち少なくとも川岸説においては、性的指向や性自認は「社会的身分」の問題であり、性差別禁止規範の射程に含まれるわけではなさそうである（同書90頁参照）。

18　同旨、中里見博「性差別」愛敬編・前掲注17書129頁。また、中野麻美「性的マイノリティに対する根拠のない危険視と処分の違法性」日本労働法学会誌136号（2023年）170頁も同旨ではないかと思われる。

19　憲法学説において、性的指向や性同一性障害をめぐる問題を「社会的身分」にもとづく差別禁止の文脈でしか語らないもの（渡辺康行ほか『憲法Ⅰ基本権』（日本評論社、2016年）136-137頁〔渡辺〕）は、そうした理解と思われる（同旨の指摘として、春山習「基本権としてのジェンダー・アイデンティティ」早稲田法学96巻1号（2020年）82-83頁参照）。シス女性・トランス女性間、シス男性・トランス男性間の比較において憲法14条違反が生じうることを認める齋藤笑美子「性的マイノリティの人権」愛敬浩二編『講座立憲主義と憲法学〈第2巻〉人権Ⅰ』（信山社、2022年）171-173、189-190頁も、これを「性差別」とは別の問題と捉えているようである（やはり「社会的身分」該当性は可能性として承認されている）。

20　なおこの際に比較されるべきは、性自認にもとづく職場生活の利益への制約が問題となっていることに鑑みれば、基本的には、「トランス女性」と性自認の共通する「シス女性」と考えるべきと思われる。この意味では、民間の労働関係の例ではあるが、淀川交通（仮処分）事件・大阪地決令2・7・20労判1236号79頁において裁判所が、「男性乗務員」が化粧をして勤務したことをもって身だしなみ規定に違反したものと取り扱うことにつき、「女性乗務員」との関係でその必要性や合理性を慎重に検討する必要があるとして、おそらく生物学的な性別を基準とした男女グループ間の異別取扱いのみを問題としているようであるのは、物足りない。

21　憲法学の立場からドイツ法にかかる知見も踏まえて同旨を論ずるものとして、春山・前掲注19論文83-84頁。本稿とは論理構成が異なるようだが、アメリカ法上も生物学的な区別としての「性（sex）」に基づく差別禁止に、SOGI差別が含まれうると解釈されている（中窪裕也「タイトル・セブンにおける『性』差別の禁止とLGBT」ジュリスト1551号（2020年）90頁以下参照）。

　かかる解釈は、国際法上の要請にも裏打ちされる（この点、拙稿「トランス女性の性自認に基づくトイレ使用に対する制限等の違法性」季労279号（2022

年）198-199頁を参照されたい）。
22　植木淳「憲法14条と間接差別禁止法理」島田陽一ほか編『「尊厳ある社会」に向けた法の貢献』（旬報社、2019年）37-40頁は、「不公正な障壁」を是正するためのものとして、「地位に起因する不利益」を禁止する法理としての間接差別法理を展開している。本文における解釈はこれに着想を得た。
23　本稿脱稿後に刊行された日原雪恵「カナダにおける実質的平等思考の差別概念の展開と差別の救済」日本労働研究雑誌751号（2023年）138頁以下は、歴史的・社会的背景が異なるために直ちに日本法の議論に直結させることに慎重な姿勢も示されているが（145頁）、差別禁止規範に間接差別も含めうることを比較法的に示唆しており興味深い。
24　毛塚・前掲注12論文（2011年）15-16頁は、憲法14条1項に列挙される社会的差別に関しては、市民社会の生活関係一般において差別の状況を回避是正する責務が国にあり、積極的是正措置も差別禁止規範ゆえに求められると論ずる。
　　中窪裕也「男女の雇用平等―法制の現状と課題」日本労働研究雑誌727号（2021年）15頁は、わが国の男女雇用平等法制につき、2015年女性活躍推進法によりマイルドながら積極的是正措置が事業主に（許容ではなく）義務付けられたことにより「法システムが一応の完成を見た」と評している。その背景には、「差別の禁止だけでは、過去の不均等の結果を直ちに除去することはできず、また、差別の結果とは必ずしもいえない様々な問題も残ってしまう。そこにポジティブ・アクションの意義がある」（同論文19頁）という認識がある。
25　内閣府男女共同参画局ポジティブ・アクション研究会「ポジティブ・アクション研究会報告書」（2005年10月）4-6頁参照。
　　例えば、妊娠・出産等の女性に特有の状況にかかる保護規定は、「女性は妊娠・出産したら家庭に入るべきだ」というジェンダー規範はもちろん、妊娠・出産した女性がそれ自体に伴う身体的精神的負荷だけでなく育児責任を実際上多く負わされているという性差別的構造に着目し、女性を強く保護しようという趣旨のものと理解できる。これは、上記の憲法上の性差別禁止規範の要請に適うものといえる（中窪・前掲注24論文17頁は、均等法9条3項について、男女の性差別の禁止と一体であり、両者が相まって真の平等が実現されると指摘している）。
　　また、男女ともに保障される育児休業も、少なくとも当初は女性の社会進出をサポートすることを趣旨としていたのであり、やはり性差別的構造に対処しようとした、「均等取扱い型」のポジティブ・アクションといえる（長谷川聡「差別的構造と性差別禁止法の法的性質」山田＝石井編・前掲注12書42-45頁参照）。

26　この点について詳しくは、拙稿・前掲注20論文198-199頁を参照されたい。
27　拙稿・前掲注21論文200頁参照。このような発想からすれば、性的マイノリティに対する無理解や偏見・嫌悪感情ゆえに国が行おうとする措置にトラブルがありえたとしても、国がなすべきはかかる無理解や偏見・嫌悪感情を解消する努力である。ましてや、現存する異別取扱いの継続の理由として、かかるトラブルの可能性を持ち出すことは許されない。そもそもジェンダー規範に着目して性差別禁止規範を理解する私見からすれば、無理解や偏見・嫌悪感情を異別取扱いの正当化理由として認めることは背理であり容認できない。これらのことについては、国・人事院（経産省職員）事件・東京高判令3・5・27労判1254号5頁や、本稿脱稿後に下された同事件・最三小判令5・7・11労判1297号68頁をめぐって拙稿で論じているので、あわせて参照されたい（拙稿・前掲注21論文201-203頁、同「経産省事件で問題とすべきは『配慮』のバランスか」労旬2049号（2024年）6頁以下）。
28　植木・前掲注22論文35頁。
29　佐藤幸治『日本国憲法論［第2版］』（成文堂、2020年）223頁。実際、芦部・前掲注13書（2000年）52頁は、憲法14条の「差別されない」とは「権利のうえで平等に取り扱われるということであるから、たとえば、現実の経済的不平等を是正して実質的平等を実現するよう国家に要求しうる権利が存することを意味するのではない」としている。
30　むろん、憲法学の側でも既に同旨の指摘はあるし（中里見・前掲注18論文131頁）、いわゆる形式的平等としての性差別の理解が抱える問題も明らかにされ（同135-137頁）、そして、先行研究を踏まえ「反従属」の観点から構造的差別是正のための法理が模索されている（同154-157頁）。また間接差別について、先行研究を踏まえ「地位に起因する不利益」を禁ずる法理論として憲法14条1項上の位置づけを与えようとする論文として、植木・前掲注22論文37-40頁がある。本稿脱稿後には、これらの論考が先行研究として参照している論者による研究成果として、高橋正明『平等原則解釈論の再構成と展開』（法律文化社、2023年）が刊行されており注目される（特に憲法14条1項後段の解釈については60-65頁参照）。
31　前掲注11を参照されたい。
32　均等法の間接差別規制の不十分性を指摘するものとして、例えば、浅倉むつ子『雇用差別禁止法制の展望』（有斐閣、2016年）310頁、中窪・前掲注24論文16頁、山田省三「労働法とジェンダー」ジェンダー法研究2号（2015年）3-4頁。
33　神尾真知子「男女雇用機会均等法の立法論的課題」日本労働法学会誌126号

(2015) 127頁、相澤美智子「雇用平等法の課題」日本労働法学会編『講座労働法の再生 第4巻 人格・平等・家族責任』(日本評論社、2017年) 216頁参照。

34　長谷川・前掲注16論文5頁参照。

35　均等法9条3項については広島中央保健生活協同組合事件・最一小判平26・10・23民集68巻8号1270頁が、私法上の強行規定性を認めている。また、かつて均等法の私法上の効力を否定する見解を示していた学説は、努力義務規定が解消されるまでの暫定的な解釈として主張されていたものであった(浅倉むつ子「雇用の分野における男女の均等な機会及び待遇の確保等に関する法律」島田陽一ほか編『戦後労働立法史』(旬報社、2018年) 321頁参照)。

36　紛争調整委員会による調停(18条)。

37　都道府県労働局長による助言・指導・勧告(17条)、厚労大臣(または委任を受けた都道府県労働局長)による報告徴収・助言・指導・勧告(29条)、勧告に従わない場合の制裁としての企業名公表(30条)。

38　神尾・前掲注33論文132頁。

39　労基法4条が包括的に性差別を禁じなかったのは、制定当時の労基法が女性労働者を特別に保護すべき「女子」として位置付けて諸種の保護規定を置いていたこと、つまり労基法自身が男女を同一に扱っていなかったこととの整合性を図ったものだと理解されている(有泉亨『労働基準法』(有斐閣、1963年) 78頁)。しかし、とりわけ弊害が顕著である賃金差別については、女子労働者の経済的地位を向上させることを目的として、罰則付きで禁止規定を設けた(寺本・前掲注10書161-162頁)。

40　労基法4条が採用・配置・昇進・教育訓練などの差別に由来する賃金格差を規制対象としないとする見解として菅野和夫『労働法［第12版］』(弘文堂、2019年) 266頁(参考裁判例として社会保険診療報酬支払基金事件・東京地判平2・7・4労判565号7頁)、性別に中立的な基準による賃金格差が基本的には女性であることを理由とした差別にはあたらないとする見解として水町勇一郎『詳解労働法［第2版］』(東京大学出版会、2021年) 326頁(参考裁判例として日産自動車(家族手当)事件・東京地判平元・1・26労判533号45頁)。世帯主基準を労基法4条違反とした裁判例(三陽物産事件・東京地判平6・6・16労南651号15頁)もあるが、これは使用者側における性差別の意図が明らかであったという事案的特殊性がある。

41　神尾真知子「男女賃金差別の法理」日本労働法学会編『労働者の人格と平等 講座21世紀の労働法第6巻』(有斐閣、2000年) 196頁は、取締規定としての労基法4条の適用は、「明確に女性を差別する賃金格差に限定される」と指摘する。また、「違反する使用者に対し刑罰を科することとしており、罪刑法定主

義の見地からその拡張解釈は謙抑すべきである」とした裁判例もある（日本鉄鋼連盟事件・東京地判昭61・12・4労判486号28頁）。もっとも土田道夫「労働基準法とは何だったのか？」日本労働法学会誌95号（2000年）180-182頁は、労基法3条および4条については、立法史を踏まえて、その私法的効果を柔軟に解しうることを論じている。

42　浅倉・前掲注35論文320-321頁、和田肇『人権保障と労働法』（日本評論社、2008年）59頁参照。

43　住友電気工業事件・大阪地判平12・7・31労判792号48頁、住友化学工業事件・大阪地判平13・3・28労判807号10頁、野村證券（男女差別）事件・東京地判平14・2・20労判822号13頁、兼松（男女差別）事件・東京高判平20・1・31労判959号85頁。なお同様の発想は、昇格差別にかかる裁判例でもみられるところである（芝信用金庫事件・東京地判平8・11・27労判704号21頁および同事件・東京高判平12・12・22労判796号5頁）。

44　前掲・住友電気工業事件、前掲・野村證券事件、兼松（男女差別）事件・東京地判平15・11・5労判867号19頁、岡谷鋼機（男女差別）事件・名古屋地判平16・12・22労判888号28頁。なおこれらのうち、1997年の均等法改正により努力義務規定が禁止規定に強化（1999年施行）された後の処遇も問題になっている事案では、同改正法施行後については均等法違反で公序違反との判断もなされている（野村証券事件、岡谷鋼機事件）。

45　前掲・岡谷鋼機事件、前掲・野村證券事件。

46　浅倉・前掲注35論文321頁。

47　和田・前掲注42書59頁。

48　寺本・前掲注10書162頁参照。この点、前掲注39も参照されたい。

49　文脈は異なるが、1980年代のアメリカでのカルフェド事件をめぐる表現を参考にした（ジリアン・トーマス（中窪裕也訳）『雇用差別と闘うアメリカの女性たち』（日本評論社、2020年）157頁以下参照）。

50　和田・前掲注42書36頁以下。

51　和田・前掲注42書55-56頁。

52　大村敦志『民法読解 総則編』（有斐閣、2009年）22-23頁。

53　例えば大村・前掲注52書23頁以下がそうである。また、その他の見解も含めて山野目章夫編『新注釈民法（1）総則（1）』（有斐閣、2018年）262以下〔宮澤俊昭〕参照。

54　愛敬浩二「基本権の私人間効力論」愛敬編・前掲注19書36頁。

55　谷口知平＝石田喜久夫編『新版注釈民法（1）総則（1）〔改訂版〕』（有斐閣、2002年）225頁以下〔山本敬三〕参照。

56 憲法24条の文言にそった規定ぶりであるが、そのことから本条の意義が限定されないことにつき谷口＝石田編・前掲注55書227頁〔山本敬三〕参照。
　　また、1947改正が新憲法に民法規定を適合させるために行われたものであることは、「日本国憲法の施行に伴う民法の応急的措置に関する法律」（昭和22年法律74号）の存在自体に端的に表れているとするものとして、大村・前掲注52書7頁参照。
57 毛塚・前掲注12論文（2011年）19頁。加えて、社会一般（労働市場）において差別的状況を解消するために、例えば国の定める雇用率等の規制に応じる、「協力義務」も観念されている（同論文19-20頁）。
58 この点、毛塚・前掲注12論文（2011年）14-15頁も参照。
59 毛塚・前掲注12論文（2022年）46頁。
60 毛塚は自身が差別禁止とは峻別する平等規範において使用者の空間支配者たる地位を強調するが、差別禁止規範においても意味がないと解しているわけではない（例えば、毛塚・前掲注12論文（2022年）45頁：「雇用関係という生活空間の支配者たる使用者も当然にその生活空間の入口から差別を回避是正する責務を負う」）。
61 なおこのように私見は毛塚の付随義務としての差別回避是正義務の主張に賛成するものであるが、その法律構成に修正・加筆を加えたものといえる。憲法14条直接適用説には、なお理論的な検討の必要があり、ただちにこれに与することはできないので採用せず、他方で、労契法3条4項の解釈を補強するために民法2条を参照している。
62 立証責任の公平の観点からかかる判示を行うものとして、昭和シェル石油（男女差別）事件・東京地判平21・6・29労判992号。そのほか、入社時期・年齢・学歴・職務等の近似性・同質性が条件とされているようだが、前掲・野村證券事件、前掲・岡谷鋼機事件、日本オートマチックマシン事件・横浜地判平19・1・23労判938号54頁、前掲・兼松事件東京高判。
63 毛塚・前掲注12論文（2011年）25頁参照。人事考課の結果としての男女間賃金格差につき、使用者に基準の中立性・合理性の立証責任を負わせる見解として、斎藤周「差別の救済」日本労働法学会編・前掲注33書197頁。
64 同旨のものとして、毛塚・前掲注12論文（2011年）26頁参照。富永晃一「差別とは」日本労働研究雑誌681号（2017年）59頁は、間接差別が問題となるのはもっぱら人種・国籍、信条・宗教、社会的身分といった「人権的差別禁止事由」についてであると指摘している。憲法14条1項後段で禁じられるような差別禁止事由についてこそ、差別的構造への対処の法理が求められているという趣旨であれば、賛同する。

なお、2006年均等法改正における間接差別禁止の法制化に際しては、たしかに、意識的に対象が絞り込まれた経緯がある（21世紀職業財団『詳説男女雇用機会均等法』(2007年) 25頁以下参照)。しかしそのことが、対象外の事項につき間接差別が司法上問題になりえないことを意味しないことは、既に論じたところであるし、施行通達でも認められている（平18・10・11雇児発101002号の第2の2(2))。

65　社会的差別一般につき合理的配慮との関連で同旨を論ずるものとして、毛塚・前掲注12論文 (2011年) 25-26頁参照。

66　巴機械サービス事件・東京高判令4・3・9労判1275号92頁。原審判決につきかかる特徴を指摘するものとして、長谷川聡「コース別雇用管理制度における性差別の証明と職種転換制度の位置付け」労判1250号 (2021年) 93頁参照。両角道代「コース別人事制度における男女の処遇格差と性差別」ジュリスト1575号 (2022年) 150頁も、格差是正義務違反が男女差別に当たるとの解釈を示したと理解可能としたうえで、「控訴審判決ではその趣旨が一層明確になっている」と指摘する。

67　山田省三「性別二分論の限界」日本労働研究雑誌735号 (2021年) 14頁は、使用者がSOGIに関し従業員等の法的利益を保護する「配慮義務を負っていることも否定できない」としたうえで、「企業内研修等において社会的偏見の除去を図」るなどの措置が当該配慮義務の内容を構成することを示唆する。

　なお、均等法上のセクハラがSOGIにかかわらず認められる概念と解されるに至っていること（平18厚告615号の平28厚労告314号による改正により明記）、さらに、労働施策総合推進法のもとでのパワハラ概念にいわゆるSOGIハラが含まれると解されていること（令2厚労告5号）を踏まえると、少なくともそこで課されている措置義務の範疇では民間使用者にも理解促進／偏見・嫌悪感情除去措置義務があるといえそうである。

68　例えば退職の意思表示の認定をめぐっては、妊産婦のそれにつき「均等法1条、2条、9条3項の趣旨」に照らして自由意思に基づくものと認めることができるかを審査すべきとした例がある（TRUST事件・東京地立川支判平29・1・31労判1156号11頁。これを参照して類似の解釈を示すものとして医療法人社団充友会事件・東京地判平29・12・22労判1188号56頁)。また、職種転換にかかる取扱いが均等法1条の「趣旨に鑑み、違法な男女差別」だとして不法行為が認められた例として、前掲・巴機械サービス事件。

69　毛塚・前掲注12論文 (2011年) 26-29頁は、差別回避是正義務が救済において有する意義を論じている。

労契法と育児介護休業法
――労働契約とワーク・ライフ・バランス――

長谷川　聡

一　本稿の目的
二　育介法等と WLB に係る労契法の概要
三　育介法等と労契法 3 条 3 項の相互関係
四　むすびにかえて

一　本稿の目的

　労働契約は、労働者が使用者に対して負う労務提供義務の内容を決定し、本来自由である労働者の生活から、使用者の命令を受ける生活（職業生活）を切り分ける働きをする。労働者は、自身のライフプランや人生観に合った労働契約の締結を求めるが、これがいつも可能とは限らない。仮にこのような労働契約を結べたとしても、使用者の指揮命令が取り置いておいた自由な生活を侵食することもあるし、時間の経過により両当事者が置かれた立場や社会環境が変化することによって、当初適切であった職業生活とこれ以外との境界が適切ではなくなることもある。

　労働法はこのような問題への対応を任務の一つとする。いわゆるワーク・ライフ・バランス（以下、「WLB」という）[1]の実現を目指す議論は、この概念の定義の仕方は様々であるものの、一般的には、この労働者の拘束と労働者の私的領域に係る自由との境界設定や関係性の適正化を、特に労働者の私的領域に係る自由やそこで実現される事柄の価値を意識して行おうとする点に特徴がある。育児介護休業法（以下、「育介法」という）は WLB の実現に関わる法律の代表例であり、労働者が育児及び介護に関わるための主に時間に関する自由を確保しつつ、雇用の継続と再就職の促進（以下、「雇用継続等」という）

を目指す。同法は、WLBの実現に徐々に高い価値を認める時代の変化とともにその内容を着実に充実させ、特に育児に関するWLBについては、次世代育成支援対策推進法（以下、「次世代法」という。育介法と合わせて、「育介法等」という）による実効性確保の強化が図られている。

労働契約法理においても、例えば、転勤命令権行使の濫用性判断において労働者の家庭の事情を考慮するという方法[2]でWLBが実現されてきた。労働契約法（以下、「労契法」という）には、労働契約の原則の一つとして、労働者及び使用者が仕事と生活の調和にも配慮しつつ労働契約を締結し、または変更すべきことが定められた（3条3項）。

本稿の目的は、WLBの実現という目的の下に、育介法等と、労働契約法理を含む労契法との関係性を整序し、そこから導かれる両者の展開可能性を試論することにある。労働契約法理の形成に対する育介法等の影響は、育介法等が明示的に労働契約上の取扱いを規律している部分を除いては明確に論じられてこなかった。その逆も、労働契約法理を育介法等の中に取り込んだ部分を除けば論じられることが少なかった。育介法等と労契法は共にWLBの実現という共通の目標を有しており、関連付けて整備、解釈されるのが本来の姿である。本稿の作業は、WLB実現に係る法制度・法理を体系化する際の手がかりを得ることにもつながろう。

II 育介法等とWLBに係る労契法の概要

1 育介法等の概要と性質
（1）育介法の概要

検討を開始するにあたり、予め育介法等とWLBに係る労契法の概要と相互の位置関係に関する一般的な理解を確認しておくことにしよう。

まず育介法は、様々な事柄が実現される労働者の職業外生活のうち、特に育児と介護に関わるための職業外生活を保障することで、雇用継続等の実現を図る法律である（1条）。具体的には、育児休業（5条以下）や介護休業（11条以下）によって雇用を継続しながらの長期的な休みを、看護休暇（16条の2以下）や介護休暇（16条の5以下）によって一時的な休みを保障する。また、

所定外労働の制限（16条の 8 ）、時間外労働の制限（17条）、深夜業の制限（19条）によって、労働時間の長さや時間帯に関する労働者の希望に対応することを使用者に義務付ける。ほかに労働者の配置にあたりその育児介護責任に配慮することを事業者に義務付ける規定（26条）や、育児介護等により退職した者（育児等退職者）の再雇用にあたり特別な配慮を講じること（再雇用特別措置）を事業者の努力義務とする規定（27条）もあるが、育介法の職業外生活の保障は、主に時間の保障として実施されている。

これらの制度の実効性を確保するために、事業者に対して、妊娠または出産についての申出があった場合の育休制度等の周知（21条）や育児休業に係る研修の実施等（22条）の義務等が課されている。行政も、対象労働者の雇用管理等についての国からの援助（30条）や、都道府県労働局長による助言、指導、勧告等の紛争解決の援助（52条の 4 以下）といった方法で実効性確保に関与する。

（ 2 ）育介法の立法目的と展開の背景

このように育介法の目的は、職業生活と育児及び介護に関する職業外生活との両立を実現することによる雇用継続等にある（ 1 条）が、この目的の内実はもう少し複雑である。

育介法は、もともと育児休業等に関する法律（以下、「育休法」という）として1991年に制定されたが、これに規定されていた育休制度は1972年に制定された勤労婦人福祉法に既に規定されていた同制度を引き継いだものである。同法は、勤労婦人の「職業生活と育児、家事その他の家庭生活との調和の促進」を目的の一つに掲げ（ 1 条）、勤労婦人がこの調和を図れるように配慮されることを基本理念とした（ 2 条）。この配慮の一つが、女性のみを対象とした事業主の努力義務としての育休制度であった（11条）[3]。同法の育休制度は徐々に社会進出が進みつつあった女性の雇用継続等を実現するための便宜供与として位置付けられ、この性質は、同法の改正法として1986年に成立した均等法の育休制度にも基本的に引き継がれた（ 1 条、 2 条、28条）。

育休法は、この育休制度を、男女双方が形成権として利用可能な制度へと発展させた。これは、女性に偏る育児責任を男性も負担する道を広げた点

で、男女平等の実現に資する動きであった。しかし、同法制定を強く後押ししたのは、むしろ前年の「1.57ショック」に象徴される少子化への歯止めや労働力不足への対策としての期待であった[4]。この期待が育介法展開の主な原動力となるという構図は、今日も残っている[5]。

もっとも、少子化・労働力不足対策以外の面からも説明可能な制度の展開もある。育休法制定当初、配偶者が常態として育休に係る子を養育することができる労働者を、労使協定により産後休業期間を除いて育休制度の適用対象外とすることを認める仕組みがあったが、2009年に廃止されたことはその1つである。これは、次世代育成に最低限必要な育児のニーズを上回る育休取得を認めたものと評価できる。配偶者出産休暇や入園式等行事参加に用いることができる多目的休暇を想定した育児目的休暇制度の導入（2017年）も、同様の位置付けが可能である。これらは、労働者が育児に関わること自体の実現を視野に入れている。

育介法のもう一つの柱である介護休業制度は、1994年に、社会の高齢化の進行に伴う要介護者の増加や女性の社会進出、核家族化による介護ニーズの増大が、労働者の雇用継続を阻害しないようにするために整備された。93日という取得可能期間は、発症から症状が安定するまで、あるいは長期的対応方針を立てて介護施設等の公共・社会サービスにより対応が講じられるまでの緊急避難的な対応に必要な期間として設定されたものである[6]。この意味で介護休業制度は常態的な介護ニーズに労働者が対応することを保障しようとするものではなく、このニーズには他の短時間労働制度等、あるいは公共・社会サービスなどにより対応される建て付けになっている。育児休業には存在した労使協定による適用除外制度が介護休業には始めから存在しなかったが、これは、24時間介護が必要な場合のように、介護ニーズを満たすために複数人が必要である場合があることを受けたもので[7]、最低限必要な量を超える介護への従事を積極的に保障しようとしたものではない。

（3）次世代育成支援対策推進法の概要

2003年に制定された次世代法は、育介法よりさらにはっきりと少子化対策の手段として職業生活と家庭生活の両立を位置付けている。

次世代法は、「次代の社会を担う子どもが健やかに生まれ、かつ、育成される社会の形成に資することを目的」とする（1条）。同法は、事業主に「職業生活と家庭生活との両立が図られるようにするために必要な雇用環境の整備を行うことにより自ら次世代育成支援対策を実施する」努力義務を課した（5条）うえで、一定範囲の国及び地方公共団体以外の事業主に実施を予定する次世代育成支援対策等を定めた一般事業主行動計画（以下、「行動計画」という）の策定義務を課し（12条）、この目標を達成した事業主にその認定を行い（13条）、その表示を認める（14条）等のメリットを付与するという方法でその行動計画の実施可能性を担保する。事業主の団体や連合団体である次世代育成支援対策推進センターに主にノウハウのない事業主の行動計画策定の支援を担わせ（20条）、次世代育成支援対策地域協議会の設置を認めて、地域における次世代育成支援対策の推進に関し必要となるべき措置について協議させ、その構成員に協議内容を尊重する義務を課す（21条）。

2　WLB に係る労契法の概要

他方、労契法に目を転じると、WLB に係る労契法の規定として第一に目に付くのは3条3項であろう。3条3項は、「労働契約は、労働者及び使用者が仕事と生活の調和にも配慮しつつ締結し、又は変更すべきものとする」。同条では、「家庭生活」より広義の「生活」という文言が用いられ、その対象範囲が自己啓発や地域との交流等の私的生活に広がることが示されるとともに、「両立」ではなく、「調和」という文言が用いられている。育介法等にいう育児や介護のための職業生活と家庭生活の両立の保障は、3条3項が適用される場面の一つである。

労契法3条3項の法的性質については、これを具体的な権利義務を当事者に設定しない理念規定と理解する立場が有力である[8]。もっともこの立場によっても、合意内容の確定や就業規則の合理性（労契7条）の判定等、労働契約の解釈が行われる場面で本条を判断指針とすることは排除されないし[9]、こうした解釈は、労契法3条3項の明文化以前から信義則（労契3条4項）を媒介にして使用者に労働者の家庭生活に配慮する義務を課すなどの形で実際に行われてきた[10]。労契法3条3項はこうした解釈を裏付けるととも

に[11]、仕事と生活の調和の実現に法的価値と要保護性があることを確認した規定といえる。

労契法3条3項が労働契約の基本原則として規定されていることからすれば、労働契約に関する法整備にあたっても同条の趣旨は尊重される必要がある。短時間労働者及び有期雇用労働者の雇用管理の改善等に関する法律（以下、「パート・有期法」という）の、パート・有期雇用労働者について、「生活との調和を保ちつつその意欲及び能力に応じて就業することができる機会が確保され、職業生活の充実が図られるように配慮されるものとする」との規定（2条の2）は、この関係性を具体化したものである。行政解釈[12]によれば、この規定は、パート・有期雇用による就業が柔軟な就業のあり方という特長を有することをふまえたものであり、労契法3条3項と同様、仕事と生活との調和に価値があることを確認したものといえる。

3　両者のWLBとの関わり方の整理と本稿の分析視角

こうして並べてみると、育介法等も労契法もWLBと関わる部分を有するものの、その内容が異なることが分かる。

比較的分かりやすいのは、適用対象とするライフの違いである。労契法3条3項は「生活」やここでの諸活動を意味するが、育介法はこの「生活」の一部である「家族生活」に含まれる育児と介護に関わるもの、次世代法は育児に関わるものを意味する。

また、WLBの実現への関わり方も異なる。労契法3条3項はWLBの実現に関し、労働契約の解釈の指針等を示すに止まるが、育介法等は労働者が持つ権利や事業者が行うべき措置を特定して定型化し、行政を巻き込んだ実効性確保の仕組みを備える。

そしてWLBの実現を支える価値に違いがある。労契法3条3項は、同法制定以前の労働契約法理もふまえると、労働者の生活における多様な権利利益に価値を認め、これを労働契約法理の解釈において考慮、保障する機能を持つ。他方で育介法は、労働者が育児や介護に関わること自体を保障する機能を徐々に有しつつも、主に少子高齢化・労働力不足への対応という政策的目的に根拠付けられている。次世代法には、同様の傾向が一層顕著に見られ

る。
　WLBの実現は、労働法以外の領域からの取組みも不可欠な広がりのある課題であり、そこには様々な問題構造が存在するから、労働法領域でさらに問題対象が絞り込まれ、これの特徴に合わせた実現の仕組みが設けられるのは不思議ではない。しかしどの領域でもWLBの実現という基本的価値と目的を共有しているのであるから、この価値と目的に則して制度や法理を体系的に構築することが必要である。こうすることでそれぞれが展開すべき方向性も明確になる。
　この視角をふまえ、WLBがそもそもいかなる理論的基礎の下にあり、そこに異なる価値からWLBの実現を図る育介法等と労契法を関連付けて位置付けた場合、相互にどのような展開可能性がもたらされるか。以下、この点に注目して検討を進めてみよう。

三　育介法等と労契法3条3項の相互関係

1　育児・介護に関するWLBの憲法上の基礎
（1）WLB概念の多義性
　育介法等と労契法3条3項が共にWLBの実現という目的の下にあることには異論はないだろうが、そのWLBの意味は一義的ではなく、法的に定義されてもいない。育介法や「ファミリー・フレンドリー」[13]という用語では、ライフとして育児・介護、家庭責任が想定される一方、労契法3条3項ではこれら以外の自己啓発や地域との交流等の私的生活も想定されることは前述したとおりである[14]。育介法や労契法は労働契約を締結している労働者を対象とする法だが、WLBでいうところのワークは雇用労働に限られない[15]。
　労働法学では、WLBについて論じるにあたりライフとワークを時間的・場所的に区別することを前提としていたことが多かったと思われるが、ライフが意味する事柄の広がりを考慮するとこの区別が曖昧になる場面もある[16]。例えば、治療が必要な疾病を抱える労働者が、業務によって疾病を増悪させることなどがないよう、事業場において適切な就業上の措置を行いつつ、治療に対する配慮が行われることを目指す「事業場における治療と仕

の両立支援のためのガイドライン」は、労働者の心身の状態（生命・健康）を ライフと理解して、勤務にあたりこのライフに配慮することを事業者に求めるものということもできる。従来の一般的な考え方によれば、この論点は労契法では5条（安全配慮義務）の守備範囲にあると理解されるだろう。だがライフ（life）という言葉が、生活だけでなく、生命や人生も意味する「生」を原義とすることを想起すれば、このような場面をワークの場でもライフが関わるWLBの問題の一つとしてとらえることも奇妙ではない[17]。WLBが実現されないことによって生まれる、仕事の役割と生活の役割の葛藤（ワーク・ライフ・コンフリクト）は、抑うつや疲労をもたらすストレス要因である。逆に、ICTの発達によって社会に浸透した自宅で要介護状態の親や子どもを見守りながらテレワークに従事するようなケースは、以前から把握されてきた生活の場に、ワークが時間的・場所的に侵出、混在し、労働時間の中での配慮を求められる場面である。

　WLBという概念は、ワークやライフの実態や価値観の変化に応じて変化する広がりのある概念である。労契法3条3項は、これを労働契約関係において実現することを目指すのであるから、場面ごとの他の関連法制度や問題状況に合わせた解釈をすることを前提としつつ、同様に広がりをもって解釈されるのが筋である。

（2）WLBの憲法的基礎
（a）国の視点

　育介法等や労契法3条3項は、こうした広がりのあるWLBの実現を、各々の対象領域と方法で実現するための規範的根拠であるが、これらを包括するWLBの憲法的基礎はどこにあるだろうか。

　両者の立法過程では、少なくとも関連する行政文書を見る限り、憲法的基礎はあまり意識されてこなかった。育介法等が、雇用継続や女性の雇用促進を考慮しつつも、少子高齢化・労働力不足対策としての期待を原動力に展開されてきたことは前述のとおりであり、労契法制定の国会審議の終盤で追加された労契法3条3項についても、その趣旨は、国会審議において、少子化対策や生産性の向上、労働力の確保などの観点からWLBが重要であること

を認識してもらうこと、と説明されたにとどまる[18]。政府レベルでは、WLBはおおむね政治的・政策的スローガンにとどまっていた。

その中でWLBの実現により保護される利益について、多少踏み込んだ指摘をしているものとして、関係閣僚、経済界・労働界・地方公共団体の代表等からなる「官民トップ会議」が取りまとめた「仕事と生活の調和（ワーク・ライフ・バランス）憲章」がある（以下、「WLB憲章」という）。WLB憲章は、持続可能な社会を実現するために、「誰もがやりがいや充実感を感じながら働き、仕事上の責任を果たす一方で、子育て・介護の時間や、家庭、地域、自己啓発等にかかる個人の時間を持てる健康で豊かな生活ができる」ことの必要性を指摘し、①就労による経済的自立が可能な社会、②健康で豊かな生活のための時間が確保できる社会、③多様な働き方・生き方が選択できる社会を目指すべきとする。この憲章は、労働者・使用者に具体的な法的権利・義務を設定する力は持たないが、比較的広くWLB概念を把握して法整備・法解釈を行うことを後押しする点で留意する必要がある。

(b) 学説の議論

他方、学説ではWLBの憲法的基礎について論じる研究がいくつかある。

一つには、WLBの実現が女性の社会進出や男女平等の実現を目指して主張されてきたこと等を背景に、法の下の平等（憲14条）に言及する見解がある。例えば浅倉は、WLBが労働者の生活に関する自己決定権を一定範囲で保障すること、女性に対する特別保護を不要として「すべての労働者の全般的な労働条件の改善」という意味を持つこと等を基礎に、WLBを憲法13条や労使対等決定の原則（労基2条1項、労契3条1項）、そして憲法14条によって根拠付ける[19]。

また、ワークの継続や質の確保に関わる面に着目して、憲法27条に言及する見解もある。根岸は、WLBは自らが行いたい活動に重点を置くことができるようにする理念であり、労働権の保障には生活手段としての労働機会の保障と、労働そのものの権利の保障が含まれるとの考え方を基礎に、憲法13条と憲法27条1項にWLBの憲法上の基礎があると主張する[20]。高畠は、根岸とは異なり、憲法27条1項ではなく、同条2項を憲法上の基礎として挙げる[21]。さらに名古は、自立した労働者像を措定する必要性を意識して憲法13

条に憲法上の基礎を求め、この自己決定が国家による最低基準の設定により実現されることを理由に、憲法27条と憲法14条を憲法上の基礎として挙げる[22]。

ほかにWLBの私的生活を保障する側面に注目する主張として、個人の尊重・幸福追求権（憲13条）を根拠に、労働者が私生活一般の形成のあり方を決定する「私的生活形成権」を有することを論じる和田の議論[23]がある。自己決定権（憲13条）を根拠に「労働者の私的領域を不当に侵害しない義務」としての「私的領域確保の法理」を提言する島田の議論[24]は、前掲したライフの意味を広くとらえる考え方に通じる部分がある。

（c）WLBの憲法的基礎

各見解が前提とするWLBやライフが異なりうることは留保しなければならないが、労働者が自身で自身のワークとライフのあり方を決める権利（憲13条）がWLBの基礎にあると一般的に理解されているとは言ってよいだろう。

さらに学説の対立は、WLBの実現が多様な価値と関わることを示唆する。ワークの保障は労働権に基づくと表現できるが、その内容は育介法が目指す雇用継続にとどまらないし、ライフで実現される価値は労働者の生き方そのものに関わるためにワークで実現されるそれ以上に多岐にわたる。労働法学におけるWLBの議論は、ワークの側から把握されがちだった労働者の拘束と私的領域に係る自由との境界や関係性の設定の適正化を、その自由やそこで実現される価値等、ライフの内実に着目して実施しようとする点に特徴がある。ライフが日本語の「生活」という言葉が普段持つ意味を超えて理解される動きが進んでいることは、まさにこの特徴が機能していることの現れである。ワークはライフからより相対化され、ライフの一部であることがより強く認識されているWLBの実態には、ライフを直接的に保障する憲法的根拠からWLBを説明することが馴染む。

他方でWLBが、少子高齢化・労働力不足対策等、政策的手段として用いられてきた事実から見れば、WLBが労働者の生活のために最低限保障されなければならないものであると同時に、社会の持続に不可欠な社会的要請でもあることが分かる。本稿が扱う育児や介護については、労働者がこれらに

従事することが子どもや要介護者の生存の保障に不可欠である。この点でWLBに関する労働者の選択権行使の有無や程度は、一定の社会的制約を受ける。

このような生活者としての労働者を軸としたWLB概念の広がりをふまえると、WLBをワークとライフを区別して個別の憲法的価値で単層的に説明するのではなく、むしろ、生存権（憲25条）を基底に置いて、場面に応じて憲法的価値を加味して重層的にWLBの実現を根拠付けた方がこの概念が用いられる場面の問題構造に合う。ライフとワークをどのように調和させ、ライフにいかなる価値を認めるか、というWLBの実現において行われる判断は、ライフに関する一般的自由の保障として自己決定権から説明しやすい。だが、必ずしも自由でないこの自己決定を支える仕組みが前提として必要であり、特定の目的のためのライフ利用を重視してそのライフ利用を強制・促進する場面の存在することは、WLBが自己決定権のみでは説明しきれないことを示唆している。

（3）育児介護ためのWLB保障の特徴

以上の考え方から育介法等と労契法との関係性を論じるにあたっては、ライフの保障を通じて実現される価値の中で、育児や介護に関わる機会を保障されることの価値がいかなる特徴を持つか確認しなければならない。

この点について本格的に論じる紙幅の余裕は本稿にはないが、少なくとも、子どもや要介護者との関わりを通じた当該労働者の自己実現の機会としての価値は認めて良いだろう。例えば次世代法は、「子育ての意義」や「子育てに伴う喜び」という言葉を用いて、子育ての経験が自己の成長や子どもの存在を実感しながら生きることの幸福感を労働者にもたらすことを指摘する[25]。介護にはこのような性質は相対的に弱いが、それでも家族による介護が要介護者にとっての情緒的な支えになると同時に[26]、その家族にとっての満足となる部分があることは否めない。この種の育児や介護の価値は、労働者本人がこのための時間や場所を保障されなければ実現されない、経済的保障になじまない代替困難なものである。また、人により仕事や生活にいかなる価値を認め、いかなる状態をバランスが取れていると評価するかが異な

ることから、保障すべきWLBの内容の決定が当該労働者の主観に依存する部分があり、特定の調和のさせ方を労働者が強要されてはならない。この意味で育児や介護に関するWLBの保障も、画一的な基準・内容設定になじまず、個別労働者の判断を考慮して動的に行われるべきである。

　他方、育介法等が人口・労働力問題への対処方法として展開されてきた経緯は、育児や介護は社会の再生産に不可欠な行為であり、これらへの関与は私たちの社会的責務であることを示唆する[27]。親の子どもに対する監護や教育（民820条、教育基本法10条1項）の義務[28]や、子どもの親に対する扶養義務（民877条）は、子どもや要介護者がその生活を家族に依存せざるを得ないことを念頭に置いている。

　この社会的責務は、保育所や老人福祉介護施設等に部分的に肩代わりしてもらうことが可能であり、そのための諸制度が整備されている。介護についてはその社会化が提言され、要介護者が判断能力を有する場合も多く、育児も、子ども基本法において、保護者の子どもの養育に関する十分な支援（同条5号）、子育てに伴う喜びを実感できる社会環境の整備（同条6号）の基本理念が定められ、その雇用する労働者の職業生活及び家庭生活の充実が図られるよう、必要な雇用環境の整備に努める義務が事業主に課されている（6条）。だが、介護の社会化は着実には進んでおらず、むしろ介護保険法は家族介護を前提とするともいわれていて[29]、労働者は介護との関わりの有無や内容の決定についてそれほど自由ではない。育児については、子どもの判断能力は不十分で人格的な成長や教育の機会の保障を要するため、介護以上に外部化や集約化が難しい。むしろ育児責任は、第一義的にはその子どもの親である労働者が担うべき（次世代法3条、児童の権利に関する条約18条1項）とされ、子どもと関わりを持つこと自体が求められている。育児や介護に関するWLBには、前述した個人の選択・自己実現に関わる側面の他、これが強制される側面や、最低基準として保障されるべき側面もあることを指摘することができる。

　そして育児や介護に関する価値や負担が男女で不均衡に配分されていた実態を前提とすると、育児や介護に関するWLBを実現する施策が、間接的に男女平等の実現に資する効果をもたらす。

2　労働契約法理の展開可能性
（1）労契法3条3項の機能範囲
　労契法3条3項は、理念的規定であるうえ、その文言も抽象的であることにより、WLB実現に内在する多様な価値を比較的広く労働契約の解釈等に反映する力を有している。WLBの憲法的基礎から発想すれば、同条にいう「生活」は生命や人生も含むものとして解されてよい。同条が「仕事と生活の調和にも配慮」すべきとする機会は、労働契約の「締結」と「変更」に限られているようにも読めるが、同条は労働契約全般を視野に入れる憲法的基礎の裏付けの下に労働契約の原則を定めるものであるから、労働契約が展開する全ステージを対象とすると解釈することができよう。
　このように労契法3条3項はWLBの実現を広く後押しする力を有する。もっとも本稿の課題は、育介法等と労契法との関係性を論じることにあるから、ここでは、育児や介護との関わりのために労契法3条3項が機能する場合で、育介法が関わる労働条件—労働時間と勤務地—が問題となる場面を念頭に置いて論述を進める。

（2）労働条件変更請求権と育児介護を目的とするその行使
　育介法の育児及び介護休業制度は、対象労働者が、所定の期間、育児及び介護のために労働義務の免除を受けることを認めるものである。これらは労働者に各休業を取得する形成権を付与したものと解されており[30]、この限りで労働者に労働契約上の労働条件を変更する権利を認めたものといえる。
　労働条件の変更は、労使の力の格差から、使用者のイニシアチブで行われることが多い。労働条件変更法理に関する論争も、就業規則による労働条件変更法理（労契10条）や変更解約告知など、基本的に使用者による変更を前提に行われてきた。労働者からの労働条件変更法理は未形成であり、法律や就業規則等によって労働者の労働条件変更権が認められている場合を除けば、労働者からの労働条件変更の要望に使用者が応じるか否かは原則として使用者の自由に委ねられている。
　本来守られるべき労働契約の変更が認められるのは、労働契約関係を継続させるためには、その展開過程で生じた当該労働契約を取り巻く社会の変化

を一定範囲で当該労働契約内容に反映せざるを得ないからである。この種の事情の変化は使用者だけでなく労働者にも生じるが、にもかかわらず労働者から労働契約変更を求めるときのルールが存在しない現状はバランスを欠いている。

この観点からいえば、当事者に従前の労働条件を維持することを期待しがたい事情が認められる場合に、当該当事者に労働条件変更請求権を認めるという主張が説得的である。例えば毛塚[31]は、この権利を「労働契約関係において事情の変更にもとづく契約内容の変更の申入れに対し相手方が承諾しないことが権利の濫用となり結果的に承諾義務が認められるような権利」と定義し、この権利を、労働契約関係では契約内容一般の流動的形成が不可避であるとの前提の下に労使対等決定の原則（労基2条）から根拠付け、信義則上の権利として構成する。また唐津[32]は、この権利を認めることを支持しつつ、法システムとしての集団的および個別的な労働条件決定・変更の法的ルールの確立の必要性という別の論拠から、労使双方の個別的労働関係における権利としてこれを承認すべきとする。継続的な労働契約関係においては、時間の経過による当事者・社会の変化に対応することが当然の前提となっており、この対応としての労働条件変更請求権が少なくとも信義則上、当事者に認められるとみるべきであろう。

本稿が問題としている、労働者に育児や介護に関わる必要が生じていることは、この労働条件変更請求権を行使可能な典型的場面である。いずれも一定の期間や時間を要する活動で、これらに従事したならば、従前の契約内容を維持することに困難が生じることが容易に予想される。育児や介護は労働者の基本的権利・責務であり、要介護者の発生は労働者にとって非選択的であって、育児や介護に関わるために労働条件を調整する必要性は高い。

仕事と生活の調和を要請する労契法3条3項は、この要請の観点から生活をデザインする手段として労働条件変更請求権を重ねて根拠付けるとともに、この権利の行使の有効性判断に、育介法が対象としない場面も含め、仕事と生活の調和という価値を反映することを容易にする効果を持つ。いわゆる正社員と多様な正社員との間の転換にも労契法3条3項の原則が及び、相互転換の仕組みを設けることが望ましいとする通達[33]は、同条が育介法とは

別の形で労働条件変更請求権の制度化を要請するものと読むことができる。同条はこうした取組みを使用者が行うことを行政が支援することも容易にする[34]。労働条件変更請求権を行使することによって実現される労働条件には限定はないが、例えば、所定労働時間の短縮や所定労働日数の減少、職場勤務から在宅勤務（テレワーク）への変更等もケースバイケースで視野に入る[35]。

労働条件変更請求権は、もともと使用者側が事情によりこの請求を拒否することも可能なものであり、予め当該使用者の下で労働条件を変更する要件や回数、実施時期等を規定すること自体は否定されない。ただ、事情によりこれらに該当しない場合に変更を認める余地はなお残るし、こうした制度を構築するにあたって労働者との協議を行なっていたことがこのルールの強制力に影響を与えることになる。

（3）WLB配慮義務

労働契約に基づく使用者の権利行使も労働者の生活との調和の下に行われるべきとの考え方は、労契法3条3項の制定を待たずに、裁判例においても、使用者が労働者の生活に係る事情に配慮したことを配転命令権行使の有効性判断の要素としたり[36]、使用者が労働者に対して転勤に伴う不利益を軽減、回避するために社会通念上求められる措置を講じる信義則上の義務を負うと判断[37]したりする形で見られてきた。WLBに配慮する義務を使用者に課すことを支持する学説は複数あるが[38,39]、労働者の生活に係る選択や立場を一定範囲で使用者が受け入れるべきことを明確にする労契法3条3項は、前述の憲法上の基礎に根ざしたこうした信義則上のWLB配慮義務の具体化を後押しする効果を持つ。この配慮は、労働者が労働条件変更請求権を行使した際にも要請される。

3 育介法等の展開可能性
（1）育介法の位置付け

労契法の議論から育介法等を見直すことは、少子高齢化・労働力不足対策を意識して展開されてきた同法に、憲法的基礎と労働契約法理との関連性を

意識した新たな位置付けを与える意味がある。労働契約法理の領域では、信義則等を根拠に新たな法理を構築する試みが活発に行われており、この動きを育介法に明文化、あるいは同法の解釈に反映する道も拓ける。実際、育児・介護責任を果たすことに困難を生じさせる転勤命令にあたり、事業主に配慮を行うことを義務付ける育介法26条はこの連携が反映された例である。

前節の議論をふまえると、育介法の育児・介護休業制度等は、労働者の労働条件変更請求権を一定範囲の育児や介護との関わりについて定型化し、形成権化したものと位置付けることができる。育介法は、労働条件変更法理と同様に、雇用の継続を目指す（1条）という共通の基盤を持つ。

育介法に育児・介護休業制度等が明文化されたことは、これらが労働者の生存権等保障及び社会の持続のために労働者の必要に応じて最低限実現されるべき労働条件であることを明示した意味がある。これにより、使用者が応じなければならない労働条件変更の類型を具体化してこれらの労働条件変更請求、使用者の事前対応や個別対応を容易にするとともに、この権利行使を社会保障制度等による社会的な支えや行政による実効性確保の対象とすることを可能にしている。

（2）育介法の展開の方向性
（a）労働者のWLBに係る権利の保障

育介法の諸制度の背景に、憲法の裏付けのある育児・介護に係る労働条件変更請求権が存在すると考えると、同法に設けられる諸制度はその内容や利用について可能な限り労働者の選択の幅が広いものが望ましい。育児や介護のニーズは各労働者で異なり、このニーズを満たすための労働者の選択は同時にキャリアの停滞や所得減少をももたらしうるため、ワークと育児や介護との調和のさせ方は、第一には当該労働者の選択に委ねられるべきだからである。育児や介護に関する企業内制度の整備にあたっても、他の労働条件と同様、労働者の意見を聴取、協議してこれを行うことが、整備された制度の合理性を高めることになる。

また、育児や介護に関わることが労働者の権利として保障されるという点で言えば、育児や介護に関わるための時間の確保等と仕事上の利益の獲得が

トレードオフの関係になる部分があるにせよ、トレードオフ後に残る労働者の利益を使用者の負担が大きく変わらない範囲で最大化する要請も働く。育児休業・介護休業取得期間中に支給される育児休業給付・介護休業給付は、このトレードオフによる労働者への経済的不利益を、一定範囲で社会が肩代わりする役割を担っている。

さらには、労働条件変更請求権行使を通じて具体化されうる労働条件変更のうち、広く実施が求められる変更を、私法的効力を認めつつ育介法に明文化して権利行使とその実効性確保を容易にする、という展開の方向性も示唆される。この視角からいえば、育介法の所定労働時間の短縮（育介23条）を労働者から請求可能な仕組みにすることや、労働条件変更請求権行使について蓄積された判例法理を明文化するという展開がありうる。

(b) 育休等の柔軟な取得の促進

以上の視角は、例えば育休の分割取得（柔軟な取得）をいかなる範囲で認めるか、という論点の解決の仕方に反映される。育休の取得は、次第に柔軟に認められる傾向にある。特に2021年の育介法改正では、男性の育休取得の促進を目的として[40]、産後休業期間に対応する期間について父親が育児のための休みを合計4週間まで計画的に取得することを認める出生時育休制度が導入され、細切れの育休取得に一歩踏み込んだ。

出生時育休制度自体の男女平等の視点からの妥当性[41]や、制度利用時の育休取得日・日数に関する労働者の自由な選択を確保する仕組みの整備といった点については別途検討を要するが、計画的取得を認めた点は、本稿の視点からは、労働者によるワークと育児との調和の取り方の選択肢を増やした点で望ましい。育休制度創設当初、これを2回以上に分割して取得することが原則として認められていなかった理由は、これを認めることによって生じうる、適切な代替要員の確保の困難等、人事・労務管理面等で事業主に過度の負担をかける可能性を回避することにあった[42]。育休の計画的取得は、この負担可能性を低下させる制度的対応と評価することができる。

同じ観点から言えば、最長2年まで延びた通常の育児休業期間についても、不断に存在する育児責任を適切に果たしうる範囲で計画的分割取得を認める余地がある。長期的な休業は、その期間中の仕事内容・環境の変化に

よって復職やキャリアの継続的形成のハードルを高めるが、同じ休業期間でも仕事から連続的に離れている期間が短ければ、このハードルは相対的に高くなりにくい。所定外労働の制限（育介16条の8）、時間外労働の制限（育介17条）、深夜業の制限（育介19条）は、全面休業のみが雇用の継続に資するわけではなく、職業生活を継続させることにより、職業能力の低下を防止できる、職場の情報に絶えず接していられる等のメリットがあることから明文化されたが[43]、これらの制度と連続的に理解される仕組みを構想するわけである。このように雇用継続という目的が雇用の質の継続も含むものと考えれば、休業期間中キャリアを維持するための労働者からの要請、例えば業務の動きに関する情報共有の依頼についても、事業主は一定範囲で応じるべきといえる。

（c）介護休業取得の柔軟化と看取り休暇の整備

他方介護休業については、現在要介護者ごとに通算93日まで、最大3回に分割して取得することが認められている。これは、介護休業が、労働者の家族が要介護状態になったときに介護に関する長期的方針を決めるまでの間、当面家族による介護がやむを得ない期間について休業ができるようにすることにより、雇用の継続を図るための制度として位置付けられていることによる[44]。

本稿の立場からは、育児休業と同様の理由で介護休業についても取得の柔軟度を高めること、例えば分割可能回数を増加させることは肯定的に評価される。介護のニーズは育児のニーズより多様であり、年休による対応に代替されない仕組みが望ましい。

もっとも、介護のニーズが多様であることは、育介法による定型的な制度的保障に馴染みにくい特徴を持つことも意味する。要介護者には高齢者も子どもも含まれるし、要介護状態になった要因は育介法は問題にしておらず、必ずしも労働者一人で対応できる場合ばかりではないし、休業可能とすべき期間の一般化も難しい。その意味で、介護休業を社会サービスの利用準備や今後の長期的な方針の決定のための期間として位置付ける現行法の考え方には合理性がある。

ただ、逆に考えれば定型的な制度的保障に馴染みやすい介護のための権利

保障なら制度化が可能である。要介護者を自身で介護するという選択自体にも価値があり、家族による介護が要介護者の情緒的支えになる点から考えれば、例えば、要介護者が近く亡くなることが見込まれる場合等に取得可能な看取り休暇を制度化する余地はあろう[45]。

（3）配慮義務設定の範囲の拡大

育介法26条は、勤務地の変更により育児や介護に困難が生じうる労働者に配慮を講じることを事業主に義務付ける。この定めの基礎にWLB配慮義務があるならば、配慮すべき場面を勤務地変更に限る必要は無く、労働契約関係が展開される場面全体に対象を拡大すべきである。労契法3条3項と規定ぶりは似ることになるが、育児・介護責任の性質を踏まえたより強い程度の労働者の権利保障を内容としてよいし、これにより同法所定の実効性確保制度の対象になる意義がある。

（4）次世代法の位置付け

育介法は労働者が育児・介護に関する労働条件変更請求の具体化を助けるが、この請求をあえて促すことまでは行っていない。これには、WLBの実現が原則として労働者個人の選択に委ねられていることの影響もあるだろう。これに対し次世代法は、この請求を引き続き労働者に委ねつつも、行動計画達成にくるみん認証の獲得等の企業利益を付与することで、特に育児のための家庭生活を確保する選択をより行いやすくする環境を事業主に創出させることを狙っている。

こうした次世代法の積極的性質は、社会政策的には法律名にもある「次世代育成」の社会的重要性を反映したものと説明することができるが、法的には、育児に関するWLB実現の背景にある権利の積極的保障を目指したものと説明することができる。育休等の取得にあたっては、使用者だけでなく仕事の肩代わりをしてもらう同僚への気兼ね等のハードルがある一方で、ある程度の取得が社会的に期待されており、確実な取得が見込まれるか否かが子どもを持つか否かの選択に影響する。また、育児に関わる機会を確保することができるか否かは、労働者に依存する子どもの養育に直接影響を与える点

で、確保できない場合に公的機関等の関与によりこれを改善する対応が講じられたとしても救済が時間的に間に合わない可能性が高く、トラブルを未然に防ぐ予防的対応が講じられなければ子どもの利益が守られないおそれがある。育介法が育児介護責任負担の男女間不均衡を是正して雇用の場における社会構造的性差別を是正する機能も持つことから発想すれば、同法の実効性を向上させる次世代法は、社会構造的性差別の積極的是正を後押しする意義も有する。

WLBの実現が、生存権等諸権利に支えられたワークとライフの調和のさせ方に関する労働者の選択権の適切な具体化を意味すると理解すると、行動計画の策定やその運用等次世代法の実践にあたっての労働者の関与の制度化が視野に入る。行動計画等と関連して講じられた企業内制度は、労働者のWLBに関する選択を規定するからである。行動計画の策定は、典型的には、自社の現状や従業員のニーズを把握し、これをふまえた行動計画を策定し、従業員に周知し、都道府県労働局雇用環境均等部（室）へ届出し、実施するというプロセスで行われる。このプロセスで行われる従業員のニーズ把握や行動計画の策定作業に、例えば適宜の従業員への調査・コメントの募集や行動計画策定会議への多様な立場の労働者の参加が講じられていることを、行動計画の策定手続として制度化することが考えられる。行動計画の策定・運用における労働者の関与の有無は、WLBのための労働条件変更請求権行使を使用者が許容すべきか否かの判定や、労働者のWLBの実現に影響を及ぼす人事処遇の適法性の判定に影響を及ぼすことになる。

次世代法や育介法、労契法3条3項が相互に類似の憲法的価値に根ざすという考え方からは、行動計画の内容に盛り込まれている事柄——妊婦のWLB実現のための環境整備や不妊治療を受ける労働者への配慮措置、時間外・休日労働の削減や、年休取得の促進、多様な正社員制度の導入・定着等[46]——は、労契法3条3項や信義則等を媒介にしたWLB実現に資する労働契約法理の形成とこれに基づいて使用者が講じるべき取り組みの参考になる。また、次世代法は育児への関与の保障にフォーカスした法制度だが、こうした積極的関与を根拠付けることができる他の目的のための職業外生活の実現についても、類似の仕組みがあってもよい。

四　むすびにかえて

　育介法等は少子化対策としての役割を意識して展開されてきたが、育児や介護への関わりを保障する法としての側面も意識して位置付け直すと、WLBの憲法上の基礎の下に労働契約法理も含めて相互に有機的に関わり合う関係性にあることが見えてくる。育介法は、労働条件変更請求権等労働契約法理の一部を形成権化して、行政による実効性確保や社会保障給付の対象となるよう枠付けをした法であり、次世代法は、次世代育成のための家庭生活保障のより積極的な実現を図った法である。労契法3条3項は、これらの法制度の内容も取り込みながら、育児や介護との関わり自体も含めた新たな労働契約法理や、今後の育介法等を展開させる力を有している。

　本稿は、本書の中での役割に応じて労契法と育介法の関係性に限定して論じたが、WLBにおけるライフは前述のように育児や介護を目的とするものに限定されるわけではなく、これ以外の目的のためのワークとライフの調和のさせ方についても検討を要する。ライフで実現される事柄には、地域活動への参加や余暇、キャリア形成のための自己啓発など、極めて多様なものがあり、労働者あるいは社会にとって不可欠なものもある。そもそも現状において育児介護への従事が無償労働であり、非選択的であると考えれば、労働者の「自由な」ライフの保障への条件整備はまさにこれからということもできる。育介法が、WLB法として展開したり、労働契約に関するルールを組み込んだりすることも視野に入る。労働契約法理においては、労働者の職業外生活を損なう労働条件の設定の適法性について、損なわれる職業外生活の質や量の内実に即した丁寧な判断が求められることになる[47]。

1　WLBという用語は、ワークとライフを対照的な位置に置くニュアンスを持つ点で適切ではなく、むしろ「ワーク・ライフ・ハーモニー」等、両者の調和や関連性を意識した用語を用いるべきとの指摘がある（例えば、上林憲雄「働く人の人権とワーク・ライフ・バランス―ワークとライフの二項対立を超えて」研究紀要（兵庫県人権啓発協会）19輯（2017年）100頁）。ワークはライフ

の一場面であり、労契法3条3項では「調和」の文言が用いられ、後述するように、筆者はWLB論の意義の一つがワークをライフの一場面として相対化して評価する視座をもたらす点にあると解していることから、筆者もこの指摘に説得力を感じる。ただ、現状ではWLBという用語が広く用いられていることから、本稿でも調和や関連性の意味も含む用語として、この用語を用いる。

2　例えば、帝国臓器製薬事件（東京高判平8・5・29労判694号29頁、東京地判平5・9・29労判636号19頁）。

3　育介法の展開について、菅野淑子「日本の育児休業法・育児介護休業法制定過程にみる理念の変容―ワーク・ライフ・バランスの時代に」小宮文人・島田陽一・加藤智章・菊池馨実編『社会法の再構築』（旬報社、2011年）139頁、柴田洋二郎「育児介護休業法の課題」日本労働法学会編『講座労働法の再生〔第4巻〕人格・平等・家責責任』（日本評論社、2017年）290頁。ワーク・ライフ・バランス政策全体の流れも視野に入れたものとして、濱口桂一郎『日本の労働法政策』（労働政策研究・研修機構、2018年）825頁以下。

4　松原亘子『よくわかる育児休業法の実務解説』（労務行政研究所、1992年）11-12頁、藤井龍子「育児休業法制定の背景とその概要」季刊労働法163号（1992年）31頁以下、堀江孝司『現代政治と女性政策』（勁草書房、2005年）306頁以下。

5　例えば、「少子化対策推進基本方針」（1999年）や「少子化対策プラスワン―少子化対策の一層の充実に関する提案―」（2002年）でWLBに言及されている。「今後の仕事と家庭の両立支援に関する研究会報告書」（2015年）や「働き方改革実行計画」（2017年）でも、WLBの実現による雇用継続等労働者の利益にも触れつつ、少子高齢化・労働力不足対策の側面にも触れられている。この動きに批判的な研究として、斉藤周「労働者の家族責任と育児介護休業法の役割」労働法律旬報1503号（2001年）17頁、水島郁子「改正育児・介護休業法の意義と課題」ジュリスト1282号（2005年）143-144頁。

6　芋谷秀信「介護休業制度の法制化について」ジュリスト1077号（1995年）100頁。

7　芋谷秀信「介護休業制度の法制化について」労働法学研究会報2023号（1995年）6頁。

8　荒木尚志・菅野和夫・山川隆一『詳説労働契約法〔第2版〕』（弘文堂、2014年）86頁、水町勇一郎『詳解労働法〔第3版〕』（東京大学出版会、2023年）243頁。

9　西谷敏・野田進・和田肇編『新基本法コンメンタール　労働基準法・労働契約法』（日本評論社、2012年）332頁（道幸哲也執筆部分）、水町・前掲注（8）

243頁。
10 例えば、使用者は転居や別居を伴う転勤命令にあたり、労働者の経済的・社会的・精神的不利益を軽減、回避するために社会通念上求められる措置をとるよう配慮すべき義務を信義則上負うことが認めた帝国臓器製薬（単身赴任）事件（東京高判平8・5・29労判694号29頁）。
11 例えば、一般財団法人あんしん財団事件（東京高判平31・3・14労判1205号28頁）。
12 基発0130第1号・職発0130第6号・雇均発0130第1号・開発0130第1号（短時間労働者及び有期雇用労働者の雇用管理の改善等に関する法律の施行について）。
13 この概念の意味も一義的ではないが、労働省女性局編『「ファミリー・フレンドリー」企業をめざして─「ファミリー・フレンドリー」企業研究会報告書』（大蔵省印刷局、1999年）では、おおまかにいえば、「労働者の家族的責任に配慮した」という意味を持つと説明されている（3頁）。
14 本稿は労働法学的見地からWLBを論じているが、WLBは他の学問領域でも論じられる。例えば、仕事を中心に思考する傾向があった労働法学とは逆に、家庭生活を中心に人と仕事を含めた諸環境との調整を論じる家政学の領域では、「ライフ」の意味を、生命、暮らし、人生の3つの面から捉えられる「人間が生まれてから死ぬまでの営み」と把握する議論（森田美佐「家政学における「仕事と生活の調和」概念の検討」高知大学教育学部研究報告68号（2008年）202頁）があるなど、ライフの意味をめぐる研究の蓄積がある。本来、こうした他の学問領域における議論を無視すべきでないが、紙幅に限界のある本稿では、この点の議論はひとまずおき、さしあたり生活概念を広く解して分析対象の漏れをなくす対応をしておきたい。
15 いわゆるフリーランスを対象とする特定受託事業者に係る取引の適正化等に関する法律も、妊娠、出産、育児、介護と両立しつつ特定受託事業者が業務に従事することができるよう、その育児介護等の状況に応じた必要な配慮をすることを一定範囲の特定業務委託事業者に義務付けている（13条）。
16 この流れの概略について、佐藤博樹「ワーク・ライフ・バランス」日本労働研究雑誌717号（2020年）43頁以下。
17 WLBの一場面として労契法5条が適用される場合、労働者の生活、生命、人生（ライフスタイルに関する選択等）に係る事情が就業に伴う心身の不調の発生に一定程度寄与していたとしても、この不調に関する使用者の安全配慮義務違反の成立を妨げないものとして扱われることになろう。
18 第168回国会参議院厚生労働委員会第6号（平成19年11月20日）議事録（細

川律夫発言)。子どもの権利の擁護を図る子ども基本法ですら、その法案の趣旨説明では、子どもに関する施策が少子化の進行や人口減少への歯止めとして不十分であったことが第一に指摘されている。

19　浅倉むつ子「労働法におけるワーク・ライフ・バランスの位置づけ」日本労働研究雑誌599号（2010年）48頁。

20　根岸忠「ワーク・ライフ・バランスにおいて労働者の家族の利益は保護されるべきか」古橋エツ子・床谷文雄・新田秀樹編『家族法と社会保障法の交錯　本澤巳代子先生還暦記念』（信山社、2014年）377頁。

21　高畠淳子「ワーク・ライフ・バランス」土田道夫・山川隆一編『労働法の争点［第4版］』（有斐閣、2014年）14頁。

22　名古道功「ワーク・ライフ・バランスと労働法」日本労働法学会編『講座労働法の再生〔第4巻〕人格・平等・家族責任』（日本評論社、2017年）245頁。

23　和田肇「業務命令権と労働者の家庭生活」日本労働法学会編『講座21世紀の労働法〔7巻〕健康・安全と家庭生活』（有斐閣、2000年）217頁。

24　島田陽一「労働者の私的領域確保の法理」法律時報66巻9号（1994年）48頁。

25　次世代育成支援対策研究会監修『次世代育成支援対策推進法の解説』（社会保険研究所、2003年）53頁。

26　労働省婦人局編『介護休業制度専門家会合報告書　介護休業制度について』（大蔵省印刷局、1994年）6頁は、介護が社会的サービス等によって担われるようになったとしても、情緒的な支えの部分は、家族介護に委ねられることを前提とする。

27　育児がもつ「社会的利益」あるいは「社会的性格」は広く承認されている（野田進『「休暇」労働法の研究』（日本評論社、1999年）18頁、水島郁子「育児・介護休業給付」日本社会保障法学会編『講座社会保障法〔第2巻〕所得保障法』（有斐閣、2001年）255頁、浅倉むつ子「労働法と家族生活―『仕事と生活の調和』政策に必要な観点」法律時報78巻11号（2006年）27頁、高畠淳子「ワーク・ライフ・バランス施策の意義と実効性の確保」季刊労働法220号（2008年）23頁）。労働者が育児・介護責任を果たすことを企業が受け入れることをCSRの一つととらえる見解もある（池本美香「職業生活と育児との両立―育児支援政策の展開と課題」ジュリスト1282号（2005年）132頁）。

28　子どもの権利条約には、子どもは、人格の全面的かつ調和の取れた発達のための家庭環境を保障され（前文6段）、親に養育され（7条）、家族関係を含むアイデンティティを保全する権利を有する（8条）と定められている。

29　藤崎宏子「「介護の社会化」―その問題構成」法律時報78巻11号（1996年）37頁、伊藤周平「高齢者福祉と介護保険法―制度改革のゆくえと課題」賃金と

社会保障1727号（2019年）25頁。
30 矢邊學「育児休業をめぐる諸問題」比較法制研究17巻（1994年）44頁、神尾真知子「育児・介護休業法改正の意義と立法的課題─2009年改正が残したもの─」季刊労働法227号（2009年）11頁。
31 毛塚勝利「就業規則理論再構成へのひとつの試み（二・完）」労働判例430号（1984年）7頁。
32 唐津博「長期雇用慣行の変容と労働契約法理の可能性─解雇・整理解雇の法理と労働条件変更の法理─」日本労働法学会誌87号（1996年）141頁。
33 平成26年7月30日基発0730第1号。
34 野川忍『わかりやすい労働契約法』（商事法務、2007年）86-87頁。
35 なお、労働条件変更請求権を認めたとして、変更後の労働条件の決定をどのように行なうべきか、という論点が次に生じる。紙幅の都合上、この点の検討は別稿に譲る。
36 例えば、川崎重工業事件（神戸地判平元・6・1労判543号54頁）、ブックローン事件（神戸地判平2・5・25労判583号40頁）。
37 育介法26条を参照して転勤命令権の権利濫用性を判定した裁判例として、明治図書出版事件（東京地決平14・12・27労判861号69頁）。
38 例えば、渡辺章「労働法理論における法規的構成と契約的構成─法理論構成における事実と擬制─」日本労働法学会誌77号（1991年）31頁、山田省三「配転命令権の濫用と使用者の配慮義務」労働判例643号（1994年）10頁。
39 この義務を認めることにより、労働者が関連する自身のプライバシーを開示しなければならなくなることについては問題性が指摘されている（例えば、和田・前掲注(23)217頁）。職業外生活において実現される事柄に応じてWLB保障の考え方を区別すべきとする本稿の立場においては、開示は配慮とトレードオフの関係にある。もっとも労働契約上の権利の設定の段階で、労働者のプライバシーへの配慮を考慮することを否定するものではない。
40 「男性の育児休業取得促進策等について（建議）」（令3・1・18労政審発1251号）。
41 例えば、所浩代「女性のワーク・ライフ・バランスと育休の分割取得─2021年育介法改正の課題」季刊労働法274号（2021年）65頁は、この仕組みが、産後休業期間中の父親の育児が「腰掛け」や「つまみ食い」でよいとのメッセージを社会に送るものと批判する。男女平等の観点からの2021年改正の評価については、長谷川聡「男女平等から見た2021年育児介護休業法改正の意義と課題」季刊労働法274号（2021年）54頁以下。
42 奥山明良『育児休業法Q&A』（経営書院、1992年）74頁。

43 濱口・前掲注（3）834頁。
44 濱口・前掲注（3）851頁。
45 保原喜志夫「介護休業法制の検討（下）」ジュリスト1065号（1995年）109頁。
46 「行動計画策定指針」六。
47 例えば、職業外生活に時間的、場所的に影響を及ぼす時間外労働命令権や転勤命令権の設定を認めるにあたり、就業規則に抽象的にこれらの命令を行う根拠を記載すれば足りるとする判例の立場に疑問が生じることになる。

労働契約とパート・有期雇用労働法制
――良質な働き方への課題――

緒　方　桂　子

一　はじめに
二　パート労働の意義、有期労働の意義
三　パート有期労働法制の実効性と課題
四　まとめ

一　はじめに

　パート労働とは、一週間の所定労働時間が同一の事業主に雇用される通常の労働者の一週間の所定労働時間に比し短い就業形態をいい（パート有期法2条1項）、有期労働とは、その締結する労働契約に期間の定めが付されている就業形態をいう（同条2項）。いずれも労働契約に基づいて展開される労働関係であるから、フルタイム（フルタイム雇用）もしくは期間の定めが付されていない雇用（無期雇用）と同様に、労働関係に適用される労働基準法[1]や労働組合法、労働契約法、男女雇用機会均等法、最低賃金法等の適用がある。

　それに加えて、パート労働ないし有期労働であるがゆえに生じる諸問題から労働者を保護するために、日本では、パート・有期雇用労働法（「短時間労働者及び有期雇用労働者の雇用管理の改善に関する法律」平成30年7月6日法律第71号。以下、「パート有期法」という。）が制定されており、また民法、労働基準法（以下、「労基法」という。）、労働契約法（以下、「労契法」という。）において特別な法規定が設けられている。

　本章は、これらの特別な法規定による規整の構造（以下、状況に応じて「パート労働法制」、「有期労働法制」、あるいは、「パート有期労働法制」と呼ぶ）を、労働契約との関係を意識しながら検討することを目的とする。この検討を通じて、

パート労働及び有期労働に関する労契法もしくは労働契約法理論の課題を明らかにし、今後に向けた展望を示したいと思う。

本章では、まずパート労働と有期労働の位置づけとそこから導かれる課題について論じたうえで（二）、パート労働及び有期労働をめぐるもっとも重要な課題である労働契約期間に関する法規制をめぐる問題と均等・均衡処遇をめぐる問題を取りあげて論じることにする（三）。

二　パート労働の意義、有期労働の意義

本章で検討するパート労働と有期労働は、フルタイム・無期雇用を特徴とする正規労働とは異なるという意味で「非正規労働」というカテゴリーのなかにまとめられる。また、パート有期法もパート労働と有期労働を統合して規整しており、実態としてもパート労働で就労する労働者が期間の定めが付いた労働契約のもとで就労している場合、つまりパート労働と有期労働の両方の性質を備えたパート有期労働者として就労している場合は少なくない。

しかし、両者の持つ（社会的な）機能には差があるというべきである。そして、それぞれの機能をどのように捉えるかは、法規整の方向性を決定づける重要な要素となる。まずはこの点を明らかにし、それぞれの抱える課題を抽出することにする。

1　パート労働の意義と法規整の方向
（1）パート労働の有用性

日本社会において、パート労働は低賃金で不安定な働き方のひとつとして認識されることが多く、それはたしかに社会の実態に即している場合が多い。しかし、パート労働という雇用形態は賃金の低さや雇用の不安定さを必然的に伴うわけではない。通常よりも労働時間が短いというその特徴に着目するならば、むしろ社会的に有用な機能を有する雇用形態でもある。

パート労働という雇用形態に対するこのような認識は、現在では、ほぼ定着しているといってよい。たとえば、西谷敏教授は以前から、ヨーロッパ諸国の例を挙げつつパート労働が持つワークシェアリング機能、そして、労働

者に生活形態を選択する自由を付与するという機能の観点から、パート労働を積極的に認めるべきとの見解を示している[2]。また、厚生労働省のもとに設置された「今後のパートタイム労働対策に関する研究会」(座長：今野浩一郎)が2011年に出した報告書でも、パート労働は「様々な事情により就業時間に制約のある者が従事しやすい働き方として、また、ワーク・ライフ・バランスを実現しやすい働き方として、位置付けることができる」と述べられている[3]。さらに、パート有期法1条は、「少子高齢化の進展、就業構造の変化等の社会経済情勢の変化に伴い、短時間・有期雇用労働者の果たす役割の重要性が増大している」とする。同条からはパート労働が政策的にどのように位置づけられているか必ずしも明確ではないが[4]、少なくともその重要性は承認されているといえる。

(2) 克服すべき課題

パート労働に対するこうした位置づけを前提とするならば、法規整の方向としてはパート労働がより良質な働き方になるように展開していくことが重要となる。そのために克服すべき課題として、さしあたり、雇用の不安定さ、賃金水準の低さ、性別による偏りの大きさの3点を指摘できる。

まず、パート労働につきまとう雇用の不安定性の問題は、パート労働という雇用形態自体から生じるものではなく、パート労働契約が、多くの場合、期間の定めの付された有期契約であるという実態から生じるものである。これについては有期労働の項で検討する (二2)。

次に、賃金水準の問題についてであるが、もちろん高度に専門的な知識・技能を活かしてパート労働で働く労働者であれば、その生活を十分に成り立たせていくことができる水準の賃金を得る場合もあるだろう。しかし多くの場合、パート労働者の賃金水準は低い。

その原因は大きく2つある。ひとつは、パート労働であるということが一種の「身分」のように作用し、同一の使用者の下で働くフルタイム労働者の賃金水準と比べてバランスを欠くほどに低い水準で賃金額が設定されることが少なくないからである。この問題については、現在、フルタイムではたらく通常の労働者との均等・均衡処遇の実現という方向で法規整が進められて

いる。問題はその実効性である。パート労働をフルタイム労働よりも一段低い「身分」のように捉え、相対的に低い労働条件で処遇することが通常となっている現実は必ずしも克服できていない。この問題については、後に詳しく検討する（三4）。

　もうひとつの原因は、パート労働者の労働時間の絶対的な短さに起因する。それは労働者側の事情（育児や介護など家族的責任との調整）による場合もあれば、使用者側の事情（たとえば細やかな顧客対応のため）により労働力を必要とする時間が細分化され、それに併せて労働者を短時間でのみ採用しているという場合もある。いずれにせよ、大部分のパート労働者の賃金が時給制であるという事情のもとでは、労働時間の短さはそのまま収入の少なさに直結する。賃金水準を下支えするのは最低賃金であるが、現行の最低賃金額によるパート労働のみで生活を成り立たせることはほぼ不可能である[5]。

　また、2020年に発生した新型コロナウイルス感染症によるパンデミックへの対応策として日本でも緊急事態宣言等の諸施策が実施されたが、そのなかで、シフト制労働をめぐる問題、とりわけシフトカットあるいはゼロシフト[6]の場合に休業手当（労基法26条）が支給されないといった問題が深刻化した[7]。シフト制労働で働く労働者はパート労働の形態で就労していることが少なくないが、シフトカットは時給制で働くパート労働者の収入に非常に大きな打撃を与える。しかし、現行法は労働時間の上限規制（労基法32条）は行うが、下限規制はしていない。そのためたとえばゼロシフトの違法性を直接的に問うことは難しく、契約書や就業実態から労働時間を確定できない場合、休業手当による補償が受けられないという事態が生じる。

　そこで、最近では、労働条件明示義務の対象事項（労基法15条）や就業規則の必要的記載事項（同89条）に「最低保障労働時間」ないし「最低保証賃金」の条項を加えるべきであるといった議論も出てきている[8]。また、ほかにも、労基法において労働時間の下限を定め、労働者本人の同意ないし請求がある場合など一定の条件の下で適用除外とするといった仕組みも考えられる。

　労基法が典型的には工場労働者の過重労働を制限しその健康と安全を守ることを任務としていた時代には労働時間の下限規制の必要性は想定されていなかった問題であろう。しかしいまや労働時間の下限規制も現代社会に生き

る労働者が人たるに値する生活を営むために必要（労基法1条1項）な課題として顕在化している[9]。

　最後に、パート労働における性別による偏りが大きいという問題についてである[10]。総務省統計局による2022年（令和4年）労働力調査[11]によれば、非正規労働者数は2022年平均で2101万人であるが、そのうちの7割にあたる1474万人がパート・アルバイトとして就労している。そしてその1474万人のうち男性の占める割合は約24％、女性の占める割合は約76％である。また、年齢階層別に見た場合には、パート・アルバイトで働く者の数がもっとも多いのは45歳〜54歳の年齢層（318万人）であるが、当該年齢層では男女の割合は男性8％弱（25万人）、女性92％強（293万人）とその差は著しい。

　こういった性別による著しい偏りの原因は、男性に比べ、女性が家族的責任を負担することが多いという性別役割分業意識に起因するものであることはいうまでもない。女性労働者は、育児や介護を中心とした家族的責任と仕事との両立のためにパート労働を選択し、あるいは、家族的責任等のためいったん離職した後に再び就業を希望した際にパート労働以外の選択肢を見つけることがなかなか難しいという現実のもとでパート労働に就く。

　法的には、女性労働者らは自らの意思でパート労働者としての労働契約を締結しているのであるから問題とすべき点はない。しかし現実のパート労働が上述した2つの問題を内包し、またパート労働を選択するに至る女性労働者の行動が社会における性別役割分業意識や家族的責任を一方的に負担しているという状況から生じているのであれば、そこに何らかの法的な解決が求められる。もちろんその解決はそれほど容易ではない。教育等により日本社会における性別役割分業の意識の改革を進めていくことはいうまでもないが、法制度的な保障としては、フルタイム労働とパート労働との相互移行を実現すること[12]、それを容易にするためにフルタイム労働とパート労働間の均等待遇を実現すること、併せて、男女間での平等な賃金の実現を目指していくことが考えられる。そして、これらの制度的保障はいずれかだけでは十分ではなく、同時的に進めていく必要がある[13]。

2 　有期労働の機能と法規制の要請
（1）使用者側のニーズ

　法的にいえば、労働者にとって有期労働という雇用形態は本来不要なものである[14]。労働者には辞職の自由が保障されているから、無期契約を結んでいたとしても、任意の時点で労働契約を終了させることができる（民法627条）。たしかに、有期労働契約の場合、使用者はやむを得ない事由がなければ労働者を解雇することができないので（労契法17条1項）、無期労働契約に比べ有期労働契約の方が当該契約期間中の雇用保障機能は強い。しかし、その機能も整理解雇の場面では作動しないとされる[15]。そうであれば、労働者にとって有期労働契約を締結するメリットはそれほど大きくはない。

　これに対して使用者にとって有期労働を利用する意味は大きい。大内伸哉教授は、使用者が有期労働を利用する理由を、①臨時的な業務なので長期的に雇用するに適さない（臨時業務型）、②臨時的な業務ではないが、単純労働なので、正社員としての熟練を要しない（単純労働型）、③臨時的な業務ではないし、必ずしも単純労働ではないが、景気変動の調整弁としたい（バッファーストック型）、④労働者の技能が高度で稀少であるので、一定期間の拘束をしたい（高技能型）の4つに区分した。そして、有期労働の本来的な利用のあり方である臨時業務型（①）、労働者の交渉力が強い高技能型（④）については、法規制がなくても基本的には保護に欠けることはないが、単純労働型（②）及びバッファーストック型（③）については、客観的には無期労働契約を締結することが可能であり、また労働者もそれを望んでいるにも関わらず有期労働で雇用するために紛争が生じやすくなると分析した[16]。

　大内教授が提示したこの分析は現実を的確に反映したものと考えられ、妥当であり有用である。有期労働契約の本来的な機能は拘束機能（契約期間中当事者の解約の自由は制限される）と終了機能（契約期間が満了したら終了する）にあるが[17]、上記①及び④はこれらの本来的機能に合致している。この場合、拘束機能を確実なものとすること、そして長期にわたる拘束の弊害（労働者の人身拘束、身分的隷属状態の発生）を回避することが重要な課題となる。そこで法は契約期間中の解雇について「やむを得ない事由」を求め（労契法17条1項)[18]、また契約期間の上限を定める（労基法14条1項）。

他方、②及び③ではこれらの機能（拘束機能と終了機能）が恣意的に使い分けられ、その効果からみれば解雇権濫用規制を潜脱するような事態（有期労働契約の濫用）が生じる。そのためさらなる法的規制が要請されることになる。2012年の法改正により労働契約法は有期労働契約の期間の定めのない契約への転換（18条）と雇止め法理の明文化（19条）を規定した。それらが有期労働契約の濫用を禁止ないし抑制する手段として充分に機能するものであるか、検討を要する（三2および3）。

（2）有期労働であることを理由とする労働条件格差の問題

先に挙げた有期労働の区分のうち、高技能型（④）はその技能の高さや稀少さ、そして相対的な交渉力の強さゆえに、無期労働契約で就労する通常の労働者（いわゆる正社員）と同等かそれよりも高い水準の労働条件で就労できる可能性がある。

しかし、それ以外の型（①②③）では、仮に正社員と同様ないしは類似の職務内容で働いていたとしても、労働条件が大きく相違することの方が多い。パート労働に見られる現象とも共通するが、有期労働者であるということがある種の「身分」として扱われ（会社内において、名前ではなく、「契約社員」「準社員」「嘱託」などの名称で呼ばれることも少なくない）、そのことが労働条件や処遇にも反映している。たとえば、同僚である正社員が受け取っている賞与や退職金が支給されない、家族手当や住居手当等福利厚生的な手当が支給されない、有給の病気休暇が保障されない、昇進・昇格の可能性がないかあるいは制限されているといったことである。

こういった状況は非正規労働者が量的・質的に拡大した1990年代頃から深刻な社会問題（ワーキングプア［働く貧困層］の問題など）を引き起こす大きな要因となった。そこで、労契法は2012年改正において期間の定めがあることによる不合理な労働条件を禁止する規定（20条［2018年改正前］。旧20条と呼ぶ。）を新設し、有期契約労働者と正社員との間の労働条件格差の問題に立法的に対処することにした。旧20条の制定は、パート労働及び派遣労働にも波及し、パート労働については2014年のパート法（パート有期法に改正される前の法律）改正（2015年4月施行）により、派遣労働については2018年の労働者派遣

法改正（2020年4月施行）により正社員（派遣労働者の場合には派遣先企業における正社員）との不合理な待遇の相違の禁止が規定された。その後、2018年パート有期法制定により、旧20条はパート有期法8条に統合され、労契法からは削除された。

深刻化する社会問題に切り込んでいった点において、この一連の法改正の動きは重要な法的及び社会的意義を有する。問題はその実効性である。この問題については項を改めて検討していくことにする（三4）。

3　小　括

二ではパート労働及び有期労働について検討すべき点を明らかにした。大きくいえば、パート労働については良質な働き方へ向けた法規整を、有期労働については使用者による濫用を禁止もしくは抑制する法規制を行うことが求められる。

これらの課題にパート有期法及び労契法を中心とするパート有期労働法制がどのように対応しているか、その実効性はどのように評価されるか、そして今後に向けていかなる課題を抱えているかといった問題についてさらに検討を進めていくことにする。

三　パート有期労働法制の実効性と課題

1　有期労働濫用回避政策の方向

二2(1)において、使用者が有期労働契約のもつ拘束機能と終了機能を恣意的に使い分けることにより、有期労働という雇用形態が濫用され、解雇権濫用規制を潜脱する効果をもたらすことを指摘した。

またそれだけでなく、有期労働という雇用形態は本来的に労働者の雇用生活を不安定にし、契約更新の不確実性ゆえに使用者に対する労働者の立場をより一層弱くするという現象を伴う。契約更新を望む労働者が使用者の歓心を買おうとする、あるいは意に沿わない行動を抑制するといったことはごく自然なことである。そのことが、法的に保障された権利利益を主張できない、法的義務を超えた労働を強いられる、セクハラやパワハラを受けても声

をあげられないといった事態を引き起こす危険をはらむ[19]。こういった危険は有期労働契約が構造的に抱えるものであり、その解決を使用者の良心に委ねて済ますことのできる性質の問題ではない。

　そこで何らかの法的規制が必要となる。法規制政策の方向として、大内伸哉教授の表現を借りれば、大きく禁圧型と濫用防止型がある[20]。禁圧型とは、労働契約の基本的理念を無期労働契約とし、有期労働契約を例外的にのみ認める政策であり、有期労働契約の利用可能事由を限定する法政策（いわゆる「入り口規制」。ドイツ、フランス、スペイン、イタリアなどが採用する有期労働法制）[21]がこれにあたる。これに対して、濫用防止型は、有期労働契約と無期労働契約との間に優劣をつけず、ただ有期労働契約が継続的に利用され濫用とみられる場合に規制を加えるという法政策（いわゆる「出口規制」）である。

　現在の日本の有期労働法制は禁圧型ではない。禁圧型を採用しない理由として、当該有期労働契約が利用可能事由に該当するか否かをめぐる紛争が多発することや雇用機会が縮小することへの懸念が挙げられ[22]、また有期労働のもつ「踏み石」効果（安定雇用への移行の基礎となる効果）の観点から禁圧型を否定し、より積極的に濫用防止型の規制に賛同する見解もある[23]。

　一般に、労働から得られる賃金に依存して生活する労働者は長期間にわたって雇用されることを期待する。また安定した雇用は労働者の将来へ向けた計画（家族の形成、住宅の購入等）の実現を容易にし、そういった労働者の状況は社会をも安定させる。また、長期にわたる労働関係のなかで職業能力を育成することが通常である日本の雇用慣行において、有期労働という働き方は労働者のキャリア形成を妨げかねない。それは労働者の人生にマイナスの影響を与える可能性が高い。無期雇用を雇用形態の原則と位置づけることには積極的な意味がある。

　有期労働は本質的に雇用の安定と相反する就業形態である。日本において禁圧型の法政策を採用しない上記理由はそれぞれ間違いであるとは思わないが、禁圧型を採用しながらその短所を補う措置を講ずる余地もあるように思われ、決定的な理由とも思われない。このように考えるならば、日本の現在の有期労働法制が有期労働契約の濫用を防止するのに十分かを検討することと併せて、禁圧型の法政策へ転じる可能性も引き続き検討していくことが求

2 有期労働契約の期間の定めのない契約への転換——労契法18条の意義と課題

(1) 労契法18条の趣旨

労契法18条は、有期労働契約が少なくとも1回以上更新され、通算契約期間が5年を超えた場合に、当該労働者が使用者に対し無期労働契約締結の申込みをしたならば、使用者は当該申込みを承諾したものをみなすと規定する。これにより無期契約締結の効果が発生するから、有期契約労働者は自らの意思で有期労働契約を無期労働契約に転換することができる。これは「5年ルール」「無期転換ルール」とも呼ばれている。

同条は、一定期間を超えて有期労働契約を利用することを有期労働という雇用形態の濫用的利用と把握し、そのような利用がなされた場合には、労働者に無期雇用を選択する途を認めることで安定した無期雇用を促進するという法政策を採用したものとされる[24]。

(2) 労契法18条の功罪と評価

三1で論じたように有期労働が労働者に及ぼすマイナスの効果に鑑みれば、有期労働を無期労働へと誘導する発想自体は肯定的に評価できる。また2022年3月に公表された「多様化する労働契約のルールに関する検討会報告書」[25]によれば、常用労働者5人以上の事業所において2018年度及び2019年度に無期転換ルールにより無期転換した労働者は約118万人と推計されており[26]、一定の効果もみられる。

しかし、立法当初から予想されていたように、同条が実質的にその効果を発揮した2018年4月以降[27]、無期転換前の雇止めやその他の無期転換回避策を講じた使用者も少なくない[28]。また実際、労契法18条の存在を雇止めの理由とする事件も出てきており[29]、今後、同種の紛争がなくなっていくとも思われない。

労契法18条をどのように評価するかは難しい。有期労働の濫用を規制するために更新年数ないし回数に上限を設定するのは穏当な方法である。またそ

の実効性確保の方法として労働者への金銭賠償や無期契約への転換といった方策が考えられるが、雇用の安定という観点からは後者が望ましい場合は多いだろう。同条の無期転換ルールは濫用規制と雇用の安定という２つの要請を充足しうる方法である。しかし５年に到達する前の雇止めを誘発しているのもまた事実である。同条の手法を維持するか否かの判断はいましばらく社会的な評価を待つしかない[30]。

　もっとも現時点においても以下の３点について制度改善の必要性を指摘することができる。

　第１に５年という期間は長すぎる。労基法14条が定める有期労働契約の最長期間は３年であり、2004年労基法改正以前には原則１年であった。同条は長期の有期労働契約が締結されることによる人身拘束、身分的隷属などの弊害を除去する趣旨・目的で定められている。労契法18条の効力が発生するためには１回以上の契約更新が要件とされているが、それによって労基法14条が回避しようとした事態は消失しているのだろうか。そうでないのであれば、たとえば労基法14条と平仄を合わせて無期転換ルールの期限を３年とし（もちろんそれより短い期間で設定することがあってもよい）、特別な事情[31]がある場合にのみ一定期間（たとえば５年）までの延長を認めるといった制度の修正を検討すべきである。

　第２に、労契法18条の「踏み石」効果を高めるために５年要件を derogation（個別の合意を通じた適用除外）することや無期転換権の事前放棄を認めるべきとする見解[32]があるが、これには賛成できない。同見解は、労働者が有期労働契約のままでよいと考えていたとしても、使用者が同条ゆえに５年経過前に雇止めを試みる場合には、労使双方にとって望ましくない結果となることを主張の根拠とする[33]。しかしこれは問題を正しく捉えているとは思われない。問題とすべきなのは、なぜ労働者が有期労働のままで長期にわたる就労を希望しているかである。それがたとえば無期労働契約に転換した場合の労働条件によるのであれば（配転命令応諾義務の発生など）、それへの対応を考えていくべきであって、有期労働契約の濫用を防止するという同条の本来の趣旨を歪めることで対応すべき問題ではない[34]。

　第３に、労契法18条の実効性を高めるためには、有期契約労働者（パート

労働で就労も含む）と通常の労働者（無期契約、フルタイムで就労するいわゆる正社員）との間の賃金や教育訓練等に関する均等・均衡取り扱いの実現が重要となる。有期契約労働者に教育コストをかけ、また通常の労働者とバランスのとれた労働条件が実現しているならば、人材としての有用性の観点や育成や人件費コストの回収の観点から使用者には継続雇用のインセンティブが生じる。均等・均衡待遇の実現は、有期労働の濫用を回避するための重要な要素となる[35]。

3 雇止め禁止法理について——労契法19条
（1）労契法19条の意義

労契法19条は、同条1号または2号に該当する事情がある場合に、労働者からの労働契約更新の申込みに対して、使用者がこれを拒絶することに客観的に合理的な理由と社会通念上の相当性がなければ、当該申込みに対して承諾をしたものとみなすと規定する。

労契法19条は、判例法理となっていたいわゆる雇止め法理を成文化したものである。同条1号は東芝柳町工場事件最高裁判決[36]が確立した有期労働契約が実質的に無期契約と異ならない状態で存在している場合（実質無期契約タイプ）に、同2号は日立メディコ事件最高裁判決[37]にいう雇用継続への保護すべき期待が生じている場合（合理的期待タイプ）に適用される。

労契法19条もまた同18条とともに有期労働契約の濫用を回避することを目的とした規定であり、2012年の労働契約改正法の際に導入された。19条が18条に加えて立法化された理由として、5年を超えない期間において多数回更新されうる有期労働契約に対しても保護を及ぼす必要があること、19条は更新回数規制に代わる機能を営みうること、必要以上の短期契約の反復更新をしない配慮義務を定める同17条2項の実効性を確保しうること、そして18条の5年直前の雇止めに対しても一定の抑止効果を持つこと等が挙げられている[38]。

労契法19条が上記の効果を持つとの指摘は妥当である。また、19条という形で成文化されたことによって一般的、社会的に認知されにくい形で存在していた雇止め法理を社会に普及させる効果も有すると思われる。その意味で

は同条の制定は積極的に評価できる。

しかし他方、労契法19条が制定されたことによって引き起こされた問題もあるように思われる。それは、労契法19条が二段階審査を行う構造を採っており、第1段階審査の対象を1号及び2号の2つの場合に限定しているという事情から生じる。この点についてもう少し敷衍して述べていこう。

（2）労契法19条と残された雇止め法理

労契法19条は、第1段階として1号または2号の事情が存在するか否か、そして、第2段階として当該雇止めに客観的に合理的な理由と社会通念上の相当性が備わっているか否かを審査するという二段階審査の構造を採っている。

ところで、次のような問題を考えてみて欲しい。ある有期契約労働者が明らかに違法な理由で雇止めされたとする。たとえば女性であることを理由に雇止めされた、組合員であることを理由に雇止めされたといったことである。これは均等法6条4号や労組法7条1号に抵触し当然に違法である。このとき当該有期契約労働者が労契法19条1号ないし2号を満たすか明らかでないとしたら、当該労働者に対する法的救済はどのようなものになるのだろうか。

同条の構造に照らせば、第2段階目の審査において違法とされるのは明らかであったとしても、第1段階目の要件を満たさない限り、第2段階目の審査に進むことができない。そうすると同条が規定する更新申込みへの承諾みなしという効果は生じないことになる。もちろん、当該労働者に対する性差別や不当労働行為の取扱いを不法行為（民法709条）の問題として損害賠償による救済のみ認めるという考え方もできるだろう。しかしそれでは差別や不当労働行為等によって当該労働者を職場から排除しようとする使用者の行為を認めるに等しい。もちろん損害賠償額が莫大なものであれば異なる評価もありうるが、現実的な想定ではない。また何よりも、一般的に想定される客観的に合理的な理由がない場合より一層悪質な雇止めに対して雇用の継続という効果が発生しないことは重大な矛盾であり、この結論の妥当性には大いに疑問がある。

そもそも、労契法19条の1号及び2号の設定にあたっては、2000年9月に発表された、労働省「有期労働契約の反復更新に関する調査研究会報告」(座長：山川隆一)の影響が非常に大きい[39]。同報告書は、東芝柳町事件最判及び日立メディコ事件最判とその後1999年までの裁判例36件を分析し、有期労働契約を①純粋有期契約タイプ、②実質無期契約タイプ、③期待保護(反復更新)タイプ、④期待保護(継続特約)タイプの4つのタイプに分けたうえで、①以外については雇止め可否に関する判断が行われていることを明らかにした[40]。しかし、筆者が2000年以降労契法改正時である2018年までの裁判例約50件を雇止め事由に関する原告側の主張とそれに対する判断枠組みに着目して分析したところ、裁判所における「雇用継続への合理的期待」の判断には相当なブレがあり、雇止めの理由に客観的な合理性や社会通念上の相当性が認められないと判断する場合には雇用継続への期待を積極的に認める傾向にあることがうかがわれた[41]。

もちろん、労働者の有する雇用継続への期待が合理的か否かの判断は裁判所の規範的評価に委ねられており、裁判がより妥当な結論を志向することはありうる。しかしそういった曖昧さがここでの問題ではない。重要なのは、労契法19条1号ないし2号を満たすかどうかが不明な場合でも、雇用継続という法的救済を行われなければならない事態が存在することへの認識であり、かつ、同条の解釈がそういった事態を法的救済の対象から除外するものであってはならないということである。

この点については、さしあたり、判例によって形成されてきた雇止め法理を、①実質無期契約の場合、②合理的期待が存在する場合、③差別や法律上の権利行使への報復、脱法行為等から保護する必要がある場合の3つの場合に使用者に責任を追及する法理であると理解し、現行法上、①②については労契法19条を根拠に、③については法理としての雇止め法理はなお存在し続けているとして、同法理を根拠に労働者の雇用継続という形で法的に救済されると考えるべきである[42]。

しかしこういった(やや不自然な)解釈上の操作を必要とするのは、結局立法の不備というべきである。雇止めが差別や法律上の権利行使への報復、脱法行為等[43]として行われうること、それは決して稀な状況ではないこと、そ

してそれはより一層法的保護の必要性が高いことを正面から認め、そういった事態を救済することのできる法規定へと修正すべきである。また、その際の法的効果は無期労働契約への転換とすべきである[44]。

4　均等・均衡処遇の実現
（1）パート有期法8条以下と均等・均衡処遇実現の意義

　パート有期法は、パート労働者及び有期労働者と通常の労働者との間の均等・均衡処遇を実現するための諸規定を置く。すなわち、不合理な待遇の禁止（8条）、通常の労働者と同視すべきパート労働者、有期労働者に対する差別的取扱いの禁止（9条）、通常の労働者との均衡を考慮した賃金決定を行う努力義務（10条）、教育訓練の実施ないし努力義務（11条）、福利厚生施設利用の機会付与（12条）である。

　二1（2）及び2（2）で述べたように、通常の労働者いわゆる正社員との均等・均衡処遇の実現は、パート労働に関してはより良質な労働形態とするための必要条件であり、ジェンダー格差を解決する契機のひとつとなりうる。また、有期労働に関してはその濫用を防止するための有効な手段となりうるとともに、無期契約への移行のためのインセンティブとしても機能するだろう。そしてなにより、均等・均衡処遇の実現は、日本社会のなかに根強く残る、パート労働ないし有期労働で就労する労働者に対する「身分」的な扱いを解消していくことが期待される。

　以下では、上記諸規定の一般原則的な位置づけにある同法8条を取りあげて述べていく。

（2）パート有期法8条について
（a）制定までの経緯

　まず、パート有期法8条制定までの経緯をごく簡単に確認しておく。

　いわゆる正社員との間の労働条件格差の問題を解消すべきとの機運は、まずパート労働の領域で生じた。1993年に制定されたパート労働法は、事業者の責務として「その就業の実態、通常の労働者との均衡等を考慮して」必要な措置を講ずるよう努めるものとする（3条）と規定した。同法は2007年に

改正され、「通常の労働者と同視すべき短時間労働者に対する差別的取扱いの禁止」（8条［当時］。以下「旧8条」という。）及び賃金、教育訓練、福利厚生施設についての均等処遇の努力義務、配慮義務等（9条～11条［当時］）が制定された[45]。このうち旧8条は、一定の条件の下にあるパート労働者と正社員との間の労働条件格差を「差別」と位置づけ、当事者間の労働契約に踏み込んでその解決を目指そうとした点で法政策上のひとつの大きな転換点となるものであった。また、同法改正にやや先行するタイミングで、2007年労働契約法が労働契約のルールとして均等処遇の理念を規定した（3条2項）。

しかし、旧8条は差別的取扱いとされるための要件を厳格に設定していたため、実際に同条の適用を受けるパート労働者はごく少数であった。それ以外の諸規定も理念規定であったり、努力または配慮義務規定にとどまるものであったため、労働条件格差問題について強制的効果が期待できないものであった。このような状況下で、正社員と非正規労働者の労働条件格差の問題に本格的に介入すべく、2012年の労契法改正により、有期労働契約を対象に無期契約労働者との間の不合理な労働条件の相違を禁ずる規定（旧20条）が設けられた。その後、パート労働については2014年のパート法改正により、派遣労働については2018年の労働者派遣法改正により同趣旨の規定がそれぞれの法律のなかに導入された。そして、2018年パート有期法制定により、旧20条はパート有期法8条に統合され、労契法からは削除された[46]。

(b) 労契法旧20条の到達点

以上の経緯から明らかなように、パート有期法8条は旧20条をベースにしている。そこで、旧20条の到達点を確認しておこう[47]。

旧20条に関しては、2018年に出された2つの最高裁判決[48]（以下、「2018年最判」という。）の示した一般論がベースとなり、その後2020年に出された5つの最高裁判決[49]（以下、「2020年最判」という。）を通じてその射程が明らかになった。これら最高裁判決から導かれる一般論を法の趣旨、法適用の要件、不合理性の判断、法的効果の4つの観点からまとめると、次の7点に要約できる。

すなわち、第1に同条の趣旨として、①労契法20条は職務の内容等の違いに応じた均衡のとれた処遇を求める規定であること、第2に法適用の要件に

関して、②同条にいう「期間の定めがあることにより」とは、有期契約労働者と無期契約労働者との労働条件の相違が期間の定めの有無に関連して生じたものであることを意味すること（高年齢者雇用安定法9条に基づき定年退職後有期労働契約の下で継続雇用された者も、正社員との間の労働条件の相違が期間の定めの有無に関連して生じたものであるならば、同条の対象となること）[50]、③比較対象者はその違法性を主張する原告労働者側の選択に委ねられること[51]、第3に不合理性の判断に関して、④同条は労働条件の相違が不合理と評価されるか否かを問題とするものであること、⑤不合理であるか否かの判断は規範的評価を伴うものであり、当該相違が不合理であるとの評価を基礎づける事実については当該相違が同条に違反することを主張する者が、当該相違が不合理であるとの評価を妨げる事実については当該相違が同条に違反することを争う者が、それぞれ主張立証責任を負うこと、⑥個々の賃金項目に係る労働条件の相違の不合理性判断に当たっては、賃金の総額を比較することにのみよるのではなく、当該賃金項目の趣旨を個別に考慮すべきであること、また、ある賃金項目の有無及び内容が他の賃金項目と関連する場合、当該事情は個々の賃金項目に係る不合理性判断のなかで考慮されること、第4に同条に違反する場合の法的効果に関して、⑦同条の効力により、有期契約労働者の労働条件が比較の対象である無期契約労働者の労働条件と同一のものとなるものでないことである[52]。

(c) パート有期法8条と労契法旧20条の異同とその意味

パート有期法8条は、事業主に対し、その雇用するパート及び有期労働者の基本給、賞与その他の待遇のそれぞれについて、当該待遇に対応する通常の労働者の待遇との間において、①業務の内容及び責任の程度（「職務の内容」）、②当該職務の内容及び配置の変更の範囲、③その他の事情のうち、当該待遇の性質及び当該待遇を行う目的に照らして適切と認められるものを考慮して、不合理と認められる相違を設けてはならないと規定する。

パート有期法8条に定められている規定は、2013年に導入された労契法旧20条をベースにしたものである。しかし両規定を比べると、旧20条では不合理性審査の対象が「労働条件」となっていた部分がパート有期法8条では「基本給、賞与その他の待遇」となり、旧20条では労働条件相違の原因が

「期間の定めがあることによ」る場合を適用の要件としていたのに対しパート有期法8条では削除され、さらに不合理性審査は上記①②③の考慮要素のうちから「当該待遇の性質及び当該待遇を行う目的に照らして適切なものを考慮して」行うこととされるなど相違点も見られる。

また従前は有期契約労働者には適用のなかった差別的取扱いの禁止が、2018年のパート有期法制定によるパート労働法制と有期労働法制の統合によって有期契約労働者をも対象とすることになった（9条）。さらに事業主が講ずる措置の内容等の説明に関して、従前は不合理な待遇の禁止に関わる事項はその対象とされていなかったが、2018年のパート有期法制定により事業主は同8条に関わる措置についても雇入れ時に説明するとともに、労働者からの求めに応じ当該措置を講ずるにあたって考慮した事項について説明する義務を課されることになった（14条）。

こういった相違はパート有期法8条の位置づけにどのような影響を与えるだろうか。

まず、同条の意義についてである。先述したように最高裁は、旧20条を均衡処遇を求める規定と位置づけた（上記①）。学説においては、旧20条が均衡処遇（バランスのとれた処遇）を求める規定なのか（均衡説）、それとも給付の性質によって均等処遇（同一の処遇）を求める場合と均衡処遇を求めるものの双方を含んだ規定なのか（均等・均衡説）で見解の対立がある。この2つの見解の違いは、職務内容など前提となる事情が同じ場合にも一定の格差を許容するか否か（均衡説であれば肯定、均等・均衡説であれば否定）、職務内容など前提となる事情が異なる場合でもその違いに応じた待遇を求めるのか（均衡説であれば肯定、他方、均等の考え方に立てば前提が異なるとして規制の対象とならない）といったところに生じる。

最高裁の見解はあたかも均衡説に立つようにも思えるが、実際の判断においては、有期契約労働者に対する精皆勤手当や給食手当等の諸手当の不支給に関しては均等な取扱いの要請に基づいた救済を行っているのであるから[53]、必ずしもそうとはいえない。また、現行法ではパート有期法8条の後ろに差別禁止規定（9条）が置かれているが、9条は同一事情のもとでは同一の取扱いをすべきという均等処遇の要請を定めたものである。この場合、

8条と9条との関係について、8条を不合理な待遇格差を一般的に禁止する規定と位置づけ、9条を不合理な待遇格差のうち典型的な類型を取り出して明示的に禁止したものと解するのであれば、8条は均等と均衡処遇の要請の両方を含んだ規定と解する見解（均等・均衡説）が妥当ということになる[54]。

次に、旧20条とパート有期法8条の文言の相違についてである。基本的には旧20条についての法解釈と変わるところはないと考えられる。しかし、労働条件格差の不合理性判断に際し、8条が定める3つの考慮要素のうちから、当該待遇の性質及び当該待遇を行う目的に照らして適切と認められるものを考慮して行うとしている点は、不合理性判断を精緻化することに多少なりとも寄与することが期待されるし、考慮要素が適切に選択されるならば、均等・均衡処遇実現の要請という同条の趣旨を実現するのにも役立つだろう。

さらに、パート有期法14条が使用者の説明義務を強化したことは、パート労働及び有期労働に対する均等・均衡処遇を実現するための有効な装置となり得る可能性がある。

（3）均等・均衡処遇をめぐる現状と評価

問題は、日本における均等・均衡処遇の現状をどのように評価するかである。

前述したように、2007年にパート法に差別的取扱い禁止の規定が導入されて以来、パート及び有期契約労働者に対する均等・均衡処遇を実現するための法規定の整備が進んできた。たしかに、精皆勤手当等の諸手当の支給や有給の病気休暇の付与などの点では一定の改善がみられる。しかし、パート及び有期契約労働者と正社員との間の均等・均衡処遇の実現を阻む大きな要因となっている、賞与及び退職金の支給またはその金額、そして基本給の相違を是正するには至っていない[55]。

この事態をどのように評価するかは、パート有期法8条に何を期待するかによる。ある見解は、労働条件格差の問題は「正社員の長期雇用慣行（内部労働市場）を中心にしつつ周辺に非正規労働者の柔軟な雇用関係（外部労働市場）を配するわが国企業の雇用システムに根ざす問題であって、民事労働紛

争の法的解決装置のみによって是正することを期待できる規模・性格の問題ではない。…[旧20条は]むしろ主としては、産業と企業の労使に対し雇用システム（労働市場）の上記構造を是正する取組みを促す行為規範として立法されたもの」と述べる[56]。このような立場に立つならば、徐々に進む待遇の改善はまさに均等・均衡処遇を定めた旧20条その他の効果として好意的に評価することができよう。

　しかし、旧20条及びその後のパート労働法、派遣労働法、そしてパート有期労働法8条の定めによって、非正規労働者と使用者との間の労働契約の内容が法的に是正され、非正規労働者に対する不合理な労働条件格差の問題が解決に向けて大きく前進することを期待した立場からすれば、基本給、賞与、退職金の格差是正が達成できていない現在の状況はあまりに残念である。この状況に対しては、不合理性判断のあり方を精緻化したり[57]、職務評価制度の導入などの議論[58]が展開されているが、決定的な転換を促すに至っていない。

　この問題は、結局、パート労働や有期労働を社会的にどのように位置づけるかということについて明確な方向性が定まっていないことに起因すると考えられる。これらの雇用形態を良質な雇用形態として、そこから得られる収入で労働者が生活をしていくことのできる社会を想定するのであれば、そしてそれを早急に実現しなければならない日本社会の課題であると認識するのであれば、均等・均衡処遇実現に向けたより強力な取組みが必要であることは明らかであるし、EU諸国など諸外国の例のなかにその方途を見出すこともできよう。しかし、人件費コストを抑制し、使い勝手の良い労働力を求める使用者側の要望に配慮し続ける限り、パート及び有期労働者に対する均等・均衡処遇の実現は遅々として進まず、いずれ停滞するだろう。

　こういった日本の現状に鑑みるならば、非正規労働者の均等・均衡処遇に関する問題については、個々の具体的な事案の解決を積み重ねていくことで、パート有期法8条以下が定める均等・均衡取り扱いの要請を労働者の権利として確立することを目指しつつ、同時に、労働者そして労働組合が使用者に課された説明義務（パート有期法14条）等を有効に活用しながら労使間の協議を通じた解決をより積極的に求めていくことが、現行法のもとで採りう

る最善の道かもしれない。

　また、それに関連して、2022年に女性活躍推進法省令・告示改正により新たに導入された男女の賃金格差等の公表義務のなかで、男女正規労働者の賃金格差のみならず、男女非正規労働者の賃金格差の公表が義務づけられたことに注目しておきたい。この公表義務は従業員301人以上の企業に課されるものであり、またそこで得られるデータは格差是正の手がかりとするにはかなり大括りのものであって、有用性もそれほど期待できない。しかし、今後、公表すべき内容をより詳細にしていくことは不可能ではないし、なによりもそういった公表の準備をする過程で、使用者が自社内の現状に意識を向け、改善に向けた行動を開始する契機となりうることも期待できる[59]。

　日本のパート有期労働法制における均等・均衡処遇の実現は、このような仕組みをも組み込んだ総合的なメカニズムのなかで達成する途を探し出していくことが現実的な方向かもしれない。

四　まとめ

　以上、検討してきたことをまとめよう。

　パート労働に関してはより良質な労働へ導くための法政策が必要である。具体的には、均等・均衡処遇の実現、労働時間の下限規制、パート労働とフルタイム労働との相互移行を権利として保障することなどが考えられる。

　有期労働に関してはその濫用を回避するための法政策を継続して検討する必要がある。

　ひとつは濫用防止型の法規制を禁圧型に転換する必要性を検討すること、労契法18条の無期転換ルールに関してはその実効性に関する評価はひとまず置くとしても、転換までの期間の短縮化等の点で改善が図られるべきであること、同19条に関してはそのベースにある雇止め法理がなおも存在することを確認し、また法規定のあり方を再検討することである。また、均等・均衡処遇の実現に関しては、パート有期法8条以下の実効性を高めていくとともに、労働者及び労働組合の取組みをより一層活発化させること、それを助ける手段として説明義務（同14条）や女性活躍推進法による賃金格差公表義務

を活用することで、多面的にアプローチしてその実現を目指すことが挙げられる。

1　年次有給休暇の比例的付与（労基法39条3項）など、所定労働時間が短いというパート労働の特性に照らした特別規定もある。
2　西谷教授の主張は、以前にドイツで展開された、労働者の働き方は「標準的労働関係」（週4～5日のフルタイム労働）に収斂させパート労働は規制されるべきだというドイツの労働法学者ドイブラーの議論（西谷敏〈労働と法・私の視点〉『2000年の労働』をめぐる論議」労旬1457号（1999年）4頁以下）に対峙する形で展開されている。すなわち、たしかに介護や家事・育児の男女平等負担の考え方を徹底し、またパート労働による生活不安を排除できるという点からはドイブラーのような議論にも一理あるとしながら、パート労働を制限・禁止してすべての労働関係を「標準的労働関係」に収斂させるというのは法政策としてかなり無理があること、フルタイム労働者について大幅な時間短縮がそれほど容易に進むとは期待できない状況下では家族的責任を負いながら働く労働者のニーズに応えられないこと、そして労働時間の長さは個人がおかれている条件や人生観に従って選択できる方が望ましいことをその主張の根拠とする（西谷敏『人権としてのディーセント・ワーク』（旬報社、2011年）216-218頁）。
3　厚生労働省雇用均等・児童家庭局「今後のパートタイム労働対策に関する研究会報告書」（平成23年9月）https://www.mhlw.go.jp/stf/shingi/2r9852000001pr8j-att/2r9852000001pty7.pdf
4　たとえば、ドイツのパート有期法1条（§1 TzBfG）は、パート労働の促進を法の目的として明示的に掲げている。
5　たとえば、近年、全国労働組合総連合（全労連）が時給1500円への引き上げを求める運動を展開している。この金額は25歳の若者が人間らしく生活するための費用（月額23万円）から逆算して算出された額であるが、そこでもフルタイムでの働き方が前提とされている。
6　単位期間（たとえば1か月）にシフト労働に組み入れられず、結果的に当該期間の労働時間が0時間となり、賃金が発生しないという事態を指す。
7　たとえば契約書ないし就労実態等から単位期間の就労日数や労働時間が確定可能な状況下でシフトが減少した場合には減少分を休業として評価し、その間の賃金ないし休業手当を請求することは可能であると解される。しかし、そういった労働時間の特定が困難な場合には「休業」を観念することが困難とな

り、結果的に賃金ないし休業手当を請求することができないことになる。そのほか、シフトカットをめぐっては、労働者に対する制裁（嫌がらせ）として行われる事例などもある。この点に関しては、首都圏青年ユニオン・首都圏ユニオン顧問弁護団「シフト制労働黒書」（2021年5月公表）、https://www.seinen-u.org/post/シフト制労働黒書　参照。また、栗原耕平「飲食産業におけるシフト制労働の実態と『シフト制労働黒書』」労旬No.1992（2021年）7頁、川口智也「シフト制労働者の法律問題」同15頁参照。こういった事態を受けて、2022年厚生労働省は「いわゆる『シフト制』により就業する労働者の適切な雇用管理を行うための留意事項」（令和4年1月7日付）を発している（https://www.mhlw.go.jp/content/11200000/000870905.pdf）。

8　「［特集］シフト制労働の法的課題」労旬No.2013（2022年）掲載の各論文（たとえば、脇田滋「シフト制労働に関するあるべき法改正の検討」22頁）参照。

9　毛塚勝利「生活主権と労働時間法制改革」和田肇・緒方桂子編著『労働法・社会保障法の持続可能性』（旬報社、2020年）86頁は、労働時間規制のもつ賃金決定要素としての性格から最低労働時間保障の必要性に言及する。

10　非正規労働の「女性」性の問題を論じるものとして、緒方桂子「女性の労働と非正規労働法制」根本到・奥田香子・緒方桂子・米津孝司編『労働法と現代法の理論－西谷敏先生古稀記念論集上』（日本評論社、2013年）457頁。

11　総務省統計局「労働力調査（詳細集計）」2023年2月14日公表。
https://www.stat.go.jp/data/roudou/sokuhou/nen/dt/index.html

12　それを制度的に保障するものとして、ドイツにおける架橋的パートタイム制度（§9a TzBfG）などが参考になる。同制度の概要については、フランツ・ヨーゼフ・デュヴェル「架橋的パートタイム制の導入とパートタイム労働の権利の展開」（緒方桂子訳）橋本陽子編『EU・ドイツの労働者概念と労働時間法』（信山社、2020年）147頁以下参照。

13　その理論的試みとして2022年度第139回日本労働法学会ワークショップ（2022年10月30日・法政大学）「多様化するライフコースにおける労働と公正性の保障について考える－ドイツにおける架橋的パートタイム制度と賃金透明化法を中心に」（浅倉むつ子・緒方桂子・橋本陽子）、その概要をまとめたものとして緒方桂子・橋本陽子・浅倉むつ子「多様化するライフコースにおける労働と公正性の保障について考える」日本労働法学会誌136号（2023年）129頁以下。

14　西谷敏「労働契約法改正後の有期雇用」労旬1783＋84号（2013年）9頁参照。
15　日立メディコ事件・最判昭和61・12・4労判486号6頁。
16　大内伸哉編『有期労働契約の法理と政策』（弘文堂、2014年）12頁以下［大内執筆部分］。

17　大内前掲注16) 9頁。
18　労働者に対しても、契約期間途中の恣意的な契約解除を間接的に制限するために、やむを得ない事由があることと事情によっては損害賠償責任を負うことが求められている（民法628条第2文）。ただし、現在は経過措置として労働契約期間が1年を超える場合には当該契約期間の初日から1年を経過した日以後においてはいつでも退職できるとされている（労基法附則137条）。
19　荒木尚志「有期労働契約規制の立法政策」荒木尚志・岩村正彦・山川隆一編著『労働法学の展望　菅野和夫先生古稀記念論集』（有斐閣、2013年。以下「菅野古稀」）174頁、荒木尚志・菅野和夫・山川隆一『詳説労働契約法［第2版］』（弘文堂、2014年。以下「詳説」）174頁、西谷敏『労働法［第3版］』（日本評論社、2020年）487頁も同様の問題意識を示す。
20　大内前掲注16) 299頁［大内執筆部分］。
21　有期労働に関する各国の法規制の状況を比較法的に概観するものとして、やや古いが、大内前掲注16) 104-243頁や「特集：欧州における非正規・有期雇用－最近の動向と課題」ビジネス・レーバー・トレンド2010年6月号（https://www.jil.go.jp/kokunai/blt/backnumber/2010/06.htm）などが参考になる。
22　現在の有期労働法制を導いたのは厚労省の委嘱を受けて開催された有期契約研究会「有期契約研究会報告書」（2010年9月。https://www.mhlw.go.jp/stf/shingi/2r9852000000uowg-att/2r9852000000uq8t.pdf）及び2010年10月より開始された労働政策審議会労働条件分科会（分科会長：岩村正彦東京大学教授）での審議である。同分科会では、入り口規制、出口規制、内容規制の3点セットによる規制でなければならないとする労働側とそれに反対する使用者側の対立がなり長期にわたり続いた。その事情については詳説前掲注19) 67頁以下参照。また、有期労働は中長期の労働需要に対応しているという現実があり、それを利用可能事由に挙げるならば、ほとんど入り口規制の意味がないという立場から禁圧型の法規制を否定する見解もある（島田陽一『有期労働契約法制の立法課題』（独立行政法人経済産業研究所、2011年）10頁及び注19（https://www.rieti.go.jp/jp/publications/dp/11j060.pdf）。
23　大内前掲注16) 300頁［大内執筆部分］。
24　詳説前掲注19) 175頁、荒木・菅野古稀174頁、菅野和夫『労働法［第12版］』（弘文堂、2019年）312頁。
25　https://www.mhlw.go.jp/content/11201250/000928269.pdf　これは、労契法附則［平成24年法律第56号］3項において、同法施行後8年を経過した場合において労契法18条に基づく無期転換ルールにつき検討すべきとされたことを受けて設置された「多様化する労働契約のルールに関する検討会」による報告書

である。

26　前掲注25) 2頁。
27　労契法18条にいう5年の起算は同条の施行日である2015年4月1日以降とされた（労契法附則［平成24年法律56号］2項）。
28　前掲注25)は、有期労働契約の更新上限を設定している事業所の割合は2011年調査時点において12.3％、2020年調査時点において14.2％であり微増と評価しているが（4頁）、就業規則や雇用条件通知書への対応が遅れているというだけのようにも思えるし、無期転換ルールの内容を知らない労働者が約6割いるように、同制度について適切に理解していない企業も少なくないように思われる（7頁）。
29　たとえば、公益財団法人グリーントラストうつのみや事件・宇都宮地判令2・6・10労判1240号83頁では労契法18条を理由に契約更新を行わない旨の発言があったことが認定されている。
30　和田肇『労働法の復権』（日本評論社、2016年）185頁は、同条が現実には5年以下の短期雇用促進法であるとして、5年を超えて勤務する有期雇用労働者には試験等による転換実施を義務づける政策を採るべきとする。
31　たとえば、ドイツのパート有期法14条（§14 TzBfG）に列挙される有期労働契約締結のための正当な理由を参照して、①1年を超える経営上の必要がある場合、②常用労働者の疾病や育児休業などを理由とする一時的な代替要員として利用する場合、③芸術分野での講演など労務給付の特性から期間設定が許容される場合、④試用目的でありかつそのために1年以上の期間を要する場合、⑤大学卒業まで期間一時的に就労するなど労働者の個人的な理由から正当化できる場合、⑥雇用創出を目的とした公的な財源に基づいて賃金支払いがなされる場合等を列挙事由として設定することが考えられる。また、こういった観点から、研究開発システム改革推進法15条の2が定める10年の特例も整理されるべきである。
32　大内前掲注16)296-298頁［大内執筆部分］。
33　大内前掲注16)298頁［大内執筆部分］。
34　同様に、無期転換権の放棄に反対する見解として毛塚勝利「改正労働契約法・有期労働契約法制をめぐる解釈論的課題」労旬1783号（2013年）20頁など。なお、2012年8月10日付基発0810第2号「労働契約法の施行について」は無期転換権の放棄は公序良俗に反し無効であるとし（第5の4（2）オ）、また転換後の労働条件の低下も望ましくないとする（同カ）。
35　この点を指摘するものとして、緒方桂子「改正労働契約法20条の意義と解釈上の課題」季労241号（2013年）19-20頁。

36　東芝柳町工場事件・最判昭和49・7・22民集28巻5号927頁。
37　日立メディコ事件・最判昭和61・12・4労判486号6頁。
38　詳説前掲注19)203頁。
39　同報告書が示した分析・提言をベースにした労働政策審議会の厚生労働大臣宛の建議（平成23年12月「有期労働契約の在り方について（建議）」を経て、現在の有期労働契約法制として結実した。
40　なお、同報告書は、労働省労働基準局監督課編『有期労働契約の反復更新の諸問題』（労務行政研究所、2000年）としてまとめられている。
41　その典型例として、協栄テック事件・盛岡地判平成10・4・24労判741号36頁。雇止め裁判例の分析をベースに労契法19条について論じたものとして緒方桂子「有期労働契約の更新限度条項に関する一考察」季労266号（2019年）116頁以下。
42　緒方前掲注41)119-121頁。この問題を指摘するものとして、西谷前掲注19)495頁。
43　たとえば、特に合理的理由がないにも関わらず5年の更新上限を付した有期労働契約については労契法18条が定める無期転換ルールを回避するという脱法行為に該当すると評価できる可能性もある。この点について、緒方前掲注41)122-127頁。
44　なお、本文では言及していないが、労基法14条違反の効果について現行法上は同条に定める年数に縮減される（労基法13条）と解するのが通説であるが、当該契約に合意した労働者の意思及び違反行為を行った使用者への効果的なペナルティという点から考えるならば、同条違反の効果を無期契約への転換とする立法上の対応をすべきである（ドイツのパート有期法16条（§16 TzBfG）参照）。
45　この間の経緯については、髙﨑真一『コンメンタールパートタイム労働法』（労働調査会、2008年）11-173頁に詳しい。また阿部未央「改正パートタイム労働法の政策分析」日本労働研究雑誌 No.642（2014年）45-47頁も参照。
46　この間の経緯については、詳説前掲注19)227頁以下、水町勇一郎『「同一労働同一賃金」のすべて［新版］』（有斐閣、2019年）5-65頁に詳しい。
47　旧20条及び有期パート法8条以下について包括的に検討するものとして、水町前掲注46)、また詳細な裁判例分析を最近の研究として山本陽大「労働契約法（旧）20条をめぐる裁判例の理論的到達点（2）」季労274号（2021年）113頁。そのほか、「［特集］労働契約法20条・最高裁判決の検討」季労263号（2018年）及び「［特集］最高裁5判決とパート有期法8条」季労273号（2021年）掲載の各論文。

48 ハマキョウレックス事件・最判平30・6・1労判1179号20頁、長澤運輸事件・最判平30・6・1労判1179号34頁。
49 メトロコマース事件・最判令2・10・13民集74巻7号1901頁、大阪医科薬科大学事件・最判令2・10・13労判1129号77頁、日本郵便（大阪）事件・最判令2・10・15労判1129号67頁、日本郵便（東京）事件・最判令2・10・15労判1129号58頁および日本郵便（佐賀）事件・最判令2・10・15労判1229号5頁。
50 なお、定年退職後の有期嘱託職員の労働条件に関する不合理性判断に関して検討したものとして、緒方桂子「定年退職後の有期嘱託職員の労働条件と労契法旧20条の不合理性」新・判例解説 Watch No.118（2022年）http://lex.lawlibrary.jp/commentary/pdf/z18817009-00-101182212_tkc.pdf
51 水町前掲注46)81頁、大竹敬人「メトロコマース事件調査官解説」ジュリスト1555号（2021年）58頁等。これに対し山本前掲注47)はメトロコマース事件最判と日本郵便（東京）事件及び日本郵便（大阪）事件最判の判旨を分析し、たしかに前者は原告労働者の選択に委ねる選択説に立つが、後者は比較対象者は客観的に定まるとする客観説に立つと指摘する（120-122頁）。
52 以上の点に関して学説、判例を分析するものとして緒方桂子「有期契約労働者の公正処遇をめぐる法解釈の現状と課題」季労263号（2018年）2頁及び同「旧労契法20条をめぐる2020年最高裁判決を考える－契約社員等への賞与、退職金及び福利厚生的な手当のゆくえ」法セミ66巻3号（2021年）40頁、同「有期契約労働者に対する退職金不支給の適法性－不合理性判断の枠組みと限界」法時93巻7号114頁。
53 前掲注48)ハマキョウレックス事件最判。
54 西谷前掲注19)510頁。
55 この点を争点としたメトロコマース事件及び大阪医科薬科大学事件では、基本給の格差、退職金または賞与不支給のいずれについても原告労働者らの主張は認められなかった。
56 詳説前掲注19)229頁。
57 その試みとして、緒方桂子「労働契約法20条の『不合理』性の立証とその判断の方法―基本給格差をめぐる問題を中心に」労旬1912号（2018年）25頁。
58 たとえば、遠藤公嗣「正規・非正規の『同一労働同一賃金』と職務評価について」労旬1988号（2021年）6頁。
59 使用者に賃金レビューの義務を課すこと等を通じて公平な賃金制度の実現を目指す構想として、浅倉むつ子・森ます美編著『同一価値労働同一賃金の実現』（勁草書房、2022年）。

＊本稿は、2024年度南山大学パッヘ研究奨励金 I-A-2［研究代表者　緒方桂子］の助成によるものである。

労働契約法と労働者派遣法
――派遣労働契約の法規制――

有　田　謙　司

一　はじめに
二　派遣労働者・派遣元間の労働契約と労働契約法・労働者派遣法
三　派遣労働者・派遣先間の労働契約の成立および権利義務関係と労働契約法・労働者派遣法
四　おわりに

一　はじめに

　労働者派遣事業の適正な運営の確保及び派遣労働者の保護等に関する法律（昭和60年法律第88号）（以下、労働者派遣法）は、労働者派遣を「自己の雇用する労働者を、当該雇用関係の下に、かつ、他人の指揮命令を受けて、当該他人のために労働に従事させることをいい、当該他人に対し当該労働者を当該他人に雇用させることを約してするものを含まないものとする」と定義し（2条1号）、派遣労働者を「事業主が雇用する労働者であつて、労働者派遣の対象となるものをいう」と定義する（2条2号）。これらの規定から、労働者派遣においては、派遣元から派遣される労働者と派遣元との間に雇用関係、すなわち労働契約関係が存在することが前提とされている。
　このような労働者派遣についての規制立法である労働者派遣法は、労働者派遣事業が適正に運営されるように、派遣元および派遣先に公法上の義務を課し、これに違反する場合には、行政による指導・改善命令等が発出される根拠となることから、行政的取締法規である、とされている。しかしながら、労働者派遣法は、労働者派遣契約の契約内容について必要記載事項を定めて派遣労働者の就業条件の整備を行い、派遣労働者への均等待遇を義務づ

け、また、労働者派遣契約の中途解除における派遣先・派遣元間の派遣労働者に対する義務を定め、派遣労働者と派遣元との間の労働契約を直接的に規律する規定や、派遣労働者と派遣先との間に労働契約を成立させる労働契約の締結申込みみなし規定を有しており、そうした面では労働契約を規律する私法法規としての側面を併せ持っている[1]。労働法規の私法的効力の有無、内容は、法律ごとにではなく、それぞれの条項ごとに具体的に判断されるべきと解すれば、労働者派遣法に私法法規としての規定が含まれていることは、行政的取締規定が大多数であることと何ら矛盾はないといえよう[2]。

　労働者派遣法の上記のような労働契約を規律する私法法規の側面でみれば、労働契約を規律する一般法と位置づけられる労働契約法に対して、労働者派遣法は、派遣労働関係における労働契約を規律する特別法と位置づけられる。すなわち、労働契約法が労働者と使用者という二当事者間の一般的な労働契約を想定したものであるのに対して、労働者派遣法は、派遣労働者、派遣元および派遣先という三当事者関係における労働契約を規律する特別法とみることができるのである。労働契約法と労働者派遣法は、このような関係にあるものと解することができる。労働契約法の目的規定（1条）および労働者派遣法の目的規定（1条）が、共通して、労働者の保護と労働関係・雇用の安定をその目的としていることも、両法が一般法と特別法の関係にあるとの理解を可能とするものといえよう。さらに言えば、労働者派遣法は、労働契約法にはない事業規制の規定によって派遣労働者と派遣元との間の労働契約を間接的に規律し、それを通じて労働者保護を図ることも行っている点においても、労働契約法に対する特別法として位置づけられるべきものである[3]。

　そうすると、派遣労働関係において派遣労働者が締結する労働契約に対して、一般法たる労働契約法上のルールは、どの範囲で、またどのように修正され、派遣労働者の労働契約を規律するものとなるのか、また、特別法としての労働者派遣法における労働契約に関わるルールは、十分かつ適切なものか、そうでなければいかなるルールを考えるべきか、検討すべきこととなろう。本稿は、上記のような理解と視角から、派遣労働関係における労働契約の法を考察することを目的とするものである。

二 派遣労働者・派遣元間の労働契約と労働契約法・労働者派遣法

1 労働契約法における労働契約

労働契約法が規制対象とする労働契約は、その契約当事者として労働者と使用者の二当事者を前提とした契約であると解される。このような理解は、労働基準法等により使用者が負う法定責任については契約当事者に限定されないものの、契約責任は契約当事者に限定されるのが原則であること、かつ、労働契約は一身専属的性格を持つこと(民法625条)から、通常は、労働者も使用者も1人である、と解されることによる[4]。

ただし、二重の労働契約と理解されている出向のように、1人の労働者を2人の使用者が使用する三当事者間の労働契約も、労働者の保護に欠けるところとならないよう、2人の使用者が連帯して使用者責任を負う限りは、排除されない[5]。しかしながら、使用者の義務(使用者責任)を分割することは、「当事者の一方が相手方に対して労働に従事する」(民法623条)という雇用契約(労働契約)の双務契約性と一身専属性(民法625条)からして、原則的に認められないと解される[6]。

本稿は、労働契約法が規制対象とする労働契約について、以上のような理解を前提としている。この理解の前提の下に、次に、派遣労働者と派遣元との間に締結される労働契約についてみていくこととする。

2 労働者派遣法における派遣労働契約
(1) 派遣労働契約の意義

労働者派遣法は、派遣労働関係を創出する労働者派遣について、「自己の雇用する労働者を、当該雇用関係の下に、かつ、他人の指揮命令を受けて、当該他人のために労働に従事させることをいい、当該他人に対し当該労働者を当該他人に雇用させることを約してするものを含まないものとする」と定義し(2条1号)、その規制対象とすることを定めている。この定義規定からは、派遣労働関係においては、派遣労働者は、派遣元とのみ労働契約を締結

し、派遣先の指揮命令に従って派遣先で就労する、という三者間の関係となる。

労働者派遣法は、派遣労働者と派遣元との間に労働契約が締結されるものとした上で、労働者派遣契約に基づき、派遣先に対し、一定範囲において、派遣労働者に対する指揮命令権を設定することを認め、派遣先が派遣労働者に対して指揮命令権を行使することができるものとする。すなわち、労働者派遣法によって、派遣労働者と派遣元との間の労働契約関係に加えて、派遣労働者と派遣先との間の指揮命令関係が設定され、派遣労働者と派遣元との間の労働契約は、派遣先による指揮命令権の行使が行われる三当事者間の特殊な労働契約関係を創出することになる。

このような三当事者間の特殊な労働契約関係が許容されるのは、あくまで労働者派遣法の規制の枠内に限られる、と解すべきである。労働者派遣法に基づく三当事者間の労働契約関係においては、使用者の義務（使用者責任）は派遣元と派遣先との間で分割されるものとなっているが、前述のように、労働契約においては、使用者の義務（使用者責任）を分割することは、原則的に認められないことからすれば、派遣労働における派遣労働者と派遣元との間の労働契約は、使用者の権利義務を分割して負うことを認めた法律（労働者派遣法）による例外といえる[7]。そうであれば、派遣労働における三当事者間の特殊な労働契約関係は、そのような例外を許容する労働者派遣法の規制を遵守することが前提となっているものと解すべきこととなろう[8]。

このように解するとき、労働者派遣法が派遣元および派遣先に対して加えている規制は、事業法としての性格のものであるが、その規制内容は、上述のような特殊な労働契約関係の成立にあたり、その一方の当事者である使用者としての適格性について定めたものと解すべきこととなる。すなわち、労働者派遣法による規制を遵守する派遣元のみが労働契約の当事者として労働契約を派遣労働者と締結できる者となるのである。このような理解は、本稿の「一　はじめに」において示した、労働契約法が労働契約を規律する一般法であるのに対して、労働者派遣法は派遣労働関係における労働契約を規律する特別法として位置づけられるとの本稿の立場に基づくものである。

以上に述べてきたことから、派遣労働者と派遣元との間の労働契約は、原

則である二当事者間の労働契約とは異なる、労働者派遣法により特別に認められた、派遣先を加えた三当事者間の関係を前提とする特別な労働契約であるから、通常の労働契約とは区別する意味で、「派遣労働契約」と呼ぶこととする[9]。ただ、派遣労働契約は、労働者派遣法により特別（例外的）に認められたものではあるが、労働契約の一種であると解すべきであるから、労働契約法の諸規定や労働契約に関する一般原則は、派遣労働契約の性質に反しない限り適用されるべきである[10]。このように解することは、労働契約法が労働契約を規律する一般法であるのに対して、労働者派遣法が派遣労働関係における労働契約を規律する特別法として位置づける、本稿の立場からは当然のことである。派遣労働関係において派遣労働者が締結する労働契約に対して、一般法たる労働契約法上のルールは、どの範囲で、またどのように修正され、派遣労働契約を規律するものとなるのか、という本稿の課題は、派遣労働契約についての上記のような理解を前提にしていることを、ここで改めて確認しておきたい[11]。

（2）派遣労働契約の特質

上述のように、派遣労働契約は、労働者派遣法に基づく三当事者間の特殊な労働契約関係となっている。このような三当事者間の特殊な労働契約関係である派遣労働契約は、以下のような特質を持つものとなる[12]。

第1に、派遣労働者と派遣元との間に締結される労働契約の契約内容は、労働者派遣契約において約定された内容を前提に、その制約の中で決められる構造となっているため、二者間労働契約とは次のような点で本質的な違いがある。

二者間労働契約の場合、理論的には、労働者による労働条件決定への関与の仕組みが不十分ながら用意されているのに対して、派遣労働契約の場合、後述のように、派遣元と派遣先との間で締結される労働者派遣契約（労働者派遣法26条）における約定内容が、派遣労働者と派遣元との間に締結される派遣労働契約における再現または派遣元による明示を通じて直ちに派遣労働契約の契約（労働）条件となり、派遣労働者による関与の仕組みを欠くものとなっている（個々の派遣先での就労を前提とした派遣元の就業規則は抽象的なも

のとならざるを得ない)。このように、派遣元および派遣先との間で締結される労働者派遣契約の存在から、派遣労働者と派遣元との間に締結される派遣労働契約においては、契約の内容決定が他者間の契約（労働者派遣契約）により決まるという「他者間契約（労働者派遣契約）への附従」という特質がある[13]。

そして、契約内容の「一方的決定」の問題について、二者間労働契約では「合意の虚偽性」の問題とされ、契約当事者間の「合意の実質化」を目的とした法規制のあり方が問われるのに対して、派遣労働契約においては、上記の「他者間契約（労働者派遣契約）への附従」の特質の存在から、契約の当事者を越え、他者間契約（労働者派遣契約）との関係が主要な問題となる。

第2に、有期雇用派遣労働者（いわゆる登録型派遣）の場合には、派遣労働者と派遣元との間に締結される派遣労働契約は、その存続においても、労働者派遣契約の存続に依存する「他者間契約（労働者派遣契約）への附従」の特質がある[14]。この場合、二者間労働契約を対象とした労働契約法（法理）は、派遣労働者と派遣元との間に締結される派遣労働契約の構造的特質を十分に捉えきれない可能性があり、その単純な適用では派遣労働者の保護を十分に果たすことができない恐れがある。

こうした派遣労働者と派遣元との間に締結される労働契約の特質を踏まえて、派遣労働関係において派遣労働者が締結する労働契約に対して、一般法たる労働契約法上のルールが、どの範囲で、またどのように修正され、派遣労働契約を規律するものとなるのか、また、特別法としての労働者派遣法における労働契約に関わるルールは、十分かつ適切なものか、そうでなければいかなるルールを考えるべきかについて、以下において検討していく。

(3) 派遣労働契約の成立

派遣労働者と派遣元との間に締結される派遣労働契約の成立については、通常の労働契約と基本的に異なるところはないため、労働契約法6条が適用されることとなり、労働者（派遣労働者）が使用者（派遣元）に使用されて労働し、使用者（派遣元）がこれに対して賃金を支払うことについて、労働者（派遣労働者）および使用者（派遣元）が合意することによって成立する[15]。派遣労働契約の成立に関しては、労働者派遣法上に特別なルールは存しない。

このことは、派遣労働者と派遣元が期間の定めのない派遣労働契約を締結している常用型については、明らかである。これに対し、登録型派遣の場合には、通常、派遣元が登録している労働者に対し派遣先を紹介し、これに労働者が応じた後、派遣元は派遣先との労働者派遣契約の成立を見込んで、当該労働者と労働契約書を作成・受付するという手続をとることから、登録型派遣におけるこの一連の過程をどのように解すべきかが、問題となる。この場合、登録労働者に対する派遣元による派遣先の紹介は、派遣労働契約の申込みの誘引であり、これに応じて労働者が派遣元に派遣労働契約の申込みを行い、派遣元が承諾することによって、派遣労働契約が成立する、と解すべきである[16]。このように解すれば、通常の労働契約と同様に、内定により派遣労働契約が成立したものとされる場合があり得る[17]。

(4) 派遣労働契約における労働 (契約) 条件

では、前述の派遣労働契約の内容決定における「他者間契約（労働者派遣契約）への附従」という特質に由来する問題についてみていくことにしたい。この問題は、登録型派遣についてだけではなく、その程度は登録型よりは小さいものの、常用型派遣の場合にも、生じるものである。

通常の二当事者間の労働契約では、労働 (契約) 条件は、多くの場合、就業規則により定まる（労働契約法7条）。これに対して、三当事者関係の派遣労働契約においては、派遣元の就業規則は派遣労働者の労働条件の一部についてその枠組みおよびその決定方法を記載することにとどまる（昭61・6・6基発333号）。それは、派遣労働関係においては、派遣労働者が派遣先の事業場において派遣先の指揮命令に従って就労するため、例えば、派遣中の始・終業時刻、休憩、休日、休暇等の労働条件は、派遣先のものに合わせることになるが、これが派遣元のものと同一であるとは限らないので、派遣就業ごとの具体的な労働条件を派遣労働契約（個別合意）によって定める必要があるからである[18]。

派遣労働者が派遣先で従事する業務の内容、派遣就業の場所・組織単位、派遣就業をする日、派遣就業の開始及び終了の時刻、休憩時間、休日・時間外労働の有無とその上限時間については、労働者派遣契約に定めるべき事項

とされている（労働者派遣法26条1項1・2・4・5・10号、同法施行規則22条3号）。そして、労働者派遣法は、派遣元に対し、派遣労働者が従事すべき業務の内容等の労働者派遣契約に定めるべき事項の派遣労働者への明示を義務づけているので（34条1項2号）、これにより明示された事項は、労働者から異議がなければ、派遣元と派遣労働者の間における派遣労働契約の内容にもなり得るが、「労働条件通知書」（労働基準法15条）における定めを参照しつつ具体的に判断されることになろう[19]。

このような解釈を前提に考えれば、現行法上は労働者派遣契約の記載事項とされていない[20]、派遣先均等待遇原則[21]の実施のために必要な派遣先における労働者の賃金等の待遇に関する事項を記載すべき事項にすることを検討すべきであろう[22]。さらには、「他者間契約（労働者派遣契約）への附従」という派遣労働契約の構造的特質から、派遣労働者の労働条件は労働者派遣契約の内容により規定されることに鑑み、これを単なる商取引の契約とするのではなく、労働者派遣法による規律を受ける契約として、その規制内容を考えるべきであろう[23]。例えば、法の規定に違反して、上記のような派遣労働契約の内容（労働条件）となり得る重要な記載事項を欠く場合には、労働者派遣契約を無効とする等のルールを規定することを検討すべきである[24]。こうした規定の見直しを行うことにより、適正な派遣労働契約に基づく労働者派遣のみを法的に許容することを期すべきと考える。

派遣労働契約内容について直接規律する私法上の効力規定として、派遣先均等・均衡待遇原則について定める労働者派遣法30条の3第1項・2項がある[25]。同規定は、短時間労働者及び有期雇用労働者の雇用管理の改善等に関する法律（以下、「パート・有期法」という）8条・9条に対応した規定とされ、それらの規定と同様に、私法上の効力規定であり、同条に違反する待遇を定める派遣労働契約の部分は無効となり、当該違反行為は違法な権利侵害となることから、それが故意または過失による場合には、不法行為（民法709条）に基づく損害賠償請求が認められ得る、と解されている[26]。

労働者派遣法の派遣先均等・均衡待遇原則は、パート・有期法の均等・均衡待遇原則とは異なり、同じ雇用主に雇用されている労働者間の待遇における均等・均衡を図るのではなく、異なる雇用主に雇用されている派遣労働者

と派遣先の通常の労働者との間における待遇の均等・均衡を図るものとされている。こうした労働者派遣法における派遣先均等・均衡待遇原則の目的・趣旨として、派遣労働者の待遇格差の是正を図ることがあるのは間違いないであろう[27]。しかしながら、上記のように、派遣労働者の場合は、パート・有期雇用労働者の場合とは異なり、派遣先という就労場所は同じであるにしても、派遣先は派遣労働者の雇用主ではなく、派遣労働者の労働条件を直接決定しているわけではないにもかかわらず、労働者派遣法が、派遣元に対し派遣労働者と派遣先の通常の労働者との間の均等・均衡待遇を法的に義務づけていることから、そこには待遇格差の是正を図ることの他に別個の法政策的な意義がある、と考えざるを得ない[28]。

この点について、どのように考えるべきか。派遣先均等・均衡待遇原則は、派遣労働者の職務が同一であっても、派遣先いかんにより賃金が異なることを許容する、換言すれば、使用者たる派遣元内の平等取扱いを犠牲にしても派遣先の労働者と同一賃金（待遇）であることを求めるものである。それは、派遣元間の派遣料引き下げ競争による派遣労働者の賃金の引き下げを防止することのみならず、派遣先に派遣労働投入のインセンティブを与えないこと、すなわち、常用代替を防止することにこそ、その目的があるからである[29]、と考えられる[30]。常用代替防止原則は、2015年の改正により、労働者派遣法の条文に明記され（25条）、労働者派遣法制定時から一貫して労働者派遣制度の基本原則とされてきたものである[31]。

このような理解の上に立てば、派遣先均等・均衡待遇原則を定める労働者派遣法30条の3は、一般法である労働契約法3条2項の特別ルールとみることができよう。労働契約法3条2項の均衡考慮原則は、労働市場の適正さの確保という公的価値の実現に応えることを要請する規定と理解すべきであるところ[32]、労働者派遣法30条の2は、派遣先均等・均衡待遇原則を通じた常用代替防止原則の実現により、労働者全体の雇用の安定が図られる適正な労働市場の確保を目的としたものであるから[33]、その目的の共通性の面において、一般法である労働契約法3条2項の特別ルールとみることができるのである[34]。

このように、労働者派遣法30条の2が定める派遣先均等・均衡待遇原則

は、常用代替防止原則の実現のためのものとの理解の上に立てば、均衡処遇の余地はなく、派遣先均等待遇原則とされるべきである[35]。したがって、パート・有期法8条・9条とほとんど同じ構造の現行の規定は、派遣先均等待遇原則として、派遣労働者が派遣先で従事する業務をなすために派遣先が同人を直接雇用した場合の労働条件としなければならない、といった規定とするよう見直しをすべきである。この場合、上述のように、派遣先均等待遇原則の実施のために必要な派遣先における労働者の賃金等の待遇に関する事項を労働者派遣契約の記載事項とし、その記載のない労働者派遣契約を無効とする見直しを行うことで、その実効性を高めるべきである。

このような法改正が必要であると考えるが、現行法の解釈により、上述のような派遣先均等待遇原則の実現を図ることは、可能であろうか。労働者派遣法26条7項は、①比較対象労働者の職務の内容、当該職務の内容及び配置の変更の範囲並びに雇用形態、②当該比較対象労働者を選定した理由、③当該比較対象労働者の待遇のそれぞれの内容（昇給、賞与その他の主な待遇がない場合には、その旨を含む）、④当該比較対象労働者の待遇のそれぞれの性質と当該待遇を行う目的、⑤当該比較対象労働者の待遇のそれぞれについて、職務の内容、当該職務の内容及び配置の変更の範囲その他の事情のうち、当該待遇に係る決定をするに当たって考慮したものについて（同法施行規則22条の4第1項）、派遣先が派遣元に対し情報提供することを義務づけている。そして、同条8項と同法施行規則24条の5は、比較対象労働者について、派遣先の通常の労働者であって、(ア) 職務の内容並びに当該職務の内容及び配置の変更の範囲が派遣労働者と同一であると見込まれる通常の労働者、(イ) 前(ア)に該当する労働者がいない場合には、職務の内容が派遣労働者と同一であると見込まれる通常の労働者、(ウ) 前(イ)に該当する労働者がいない場合には、(イ)に掲げる者に準ずる労働者、と定めている。また、同法26条9項は、派遣元が派遣先から上記の情報提供がないときは、労働者派遣契約を締結してはならない、と定めている。

そうすると、比較対象労働者が上記の③であれば、派遣労働者が派遣先で従事する業務をなすために派遣先が同人を直接雇用した場合に近いものとなろうが、現行法は、派遣先均衡待遇原則を許容するものであるから、必ず派

遣先均等待遇原則が実現されるものとはならない[36]。加えて、現行法では、派遣先均等・均衡待遇原則を定める労働者派遣法30条の3の適用除外を認める例外規定が定められている。同法30条の4は、過半数組合かそれがない場合には過半数代表者との間で、所定の要件を充たす労使協定を締結すれば、個々の派遣労働者と派遣先の通常の労働者との間での均等・均衡待遇を図る方式の適用を除外される。この「労使協定方式」と呼ばれるものについては、「同種の業務に従事する一般労働者の賃金」と同等以上であることが要件とされているが、これは、派遣労働者の待遇について、派遣先に雇用される通常の労働者との比較ではなく、様々な派遣先に雇用される通常の労働者一般との比較において一定の水準を確保しようとするものであり、実質的に、派遣労働者に対する最低賃金制度の機能を果たしている、とされている[37]。このような労使協定方式では、常用代替防止原則の実現という目的を果たすことはできないにもかかわらず[38]、派遣元が選択している待遇決定方式の割合は、労使協定方式が88.6％と圧倒的に多く、派遣先均等・均衡方式は5.2％にとどまっている（両方式の併用が6.2％)[39]。このようなことから、現行法の解釈により派遣先均等待遇原則を実現することは困難であるため、労使協定方式の廃止を含め、上述のような法改正を検討すべきと考える。

（5）派遣元の講ずべき措置と私法上の権利義務

労働者派遣法が派遣元に講じることを義務づけている措置を定める規定（30条～38条）が、私法上の権利義務を導き出すものとなるか、という問題について検討する。それらの中で、私法上の権利義務を導き出すものと解することができるものがあれば、それは、労働契約法に対する特別法としての労働者派遣法が派遣労働契約に対して設けた特別ルールということができよう。

一般的には、これらの措置を講じる義務は、前項で検討した派遣先均等・均衡原則に関する規定（30条の3、30条の4）のような私法上の効力規定であることが明らかなものとされている一部のものを除き、適正な雇用管理の観点から派遣元に課された公法上の義務であり、派遣元と派遣労働者との間に直接、私法上の権利義務関係を設定するものではない、とされている[40]。例

えば、派遣元に雇用安定措置を講ずることを義務づける規定（30条2項）は、国が事業主に講じることを命じる行政取締法規であること、および、本雇用安定措置の選択肢は複数ありその特定が難しいことからすると、同規定そのものから私法上の権利義務を導き出すことは困難である、と解されている[41]。

しかし、労働法規の私法的効力の有無、内容は、法律ごとにではなく、それぞれの条項ごとに具体的に判断されるべきであるから、労働者派遣法30条2項が私法上の権利義務を導出できないと解される理由は、同規定では講じるべき雇用安定措置の選択肢は複数ありその特定が難しいことにある、と解される。

そこで、このような理解に基づいて、講じるべき措置内容の特定の問題を、派遣元に教育訓練等の実施を義務づける規定（30条の2）について検討する。教育訓練等を実施する義務の内容は、いかなる教育訓練とするかについては、派遣元に大幅な裁量があるから、その義務内容を特定することはできない。しかしながら、同規定による教育訓練等の実施は、厚生労働大臣が定める基準により派遣元が教育訓練の実施計画を策定し、それに沿って行われることとされている[42]。そうすると、この教育訓練の実施計画は、派遣元が派遣労働者に対して実施する教育訓練の内容等を具体的に定めているものと考えられるから、この実施計画が定められている場合には、義務内容の特定性を認めることができよう。この場合には、派遣元に教育訓練等を実施することを義務づける規定は、その義務内容が特定されたことから、私法上の権利義務を導き出す根拠たり得るものとなる、と解されよう[43]。派遣元がその履行をしない場合、派遣労働者は、義務内容として特定された教育訓練等の履行（実施）を請求するか、債務不履行による損害賠償請求をすることができる。

労働者派遣は、労働者が自らに適した良好な雇用機会としての正規雇用に就くまでの一時的なつなぎまたは橋渡しの働き方として、それと同時に派遣という働き方を通して労働者の職業能力を育成し、キャリアアップをはかる機会を提供する人材育成機能を持つものとして、はじめて労働者供給事業としての禁止対象から抜き出され、法的に許容されたものと意義づけることが

できる、という労働者派遣法の正当性についての見解を踏まえれば[44]、労働者派遣法の教育訓練等の実施に関する規定について上記のような解釈をとるべきは、当然のことといえよう[45]。

問題は、派遣元が教育訓練等の実施義務の内容を特定する教育訓練の実施計画を作成していない場合である。この場合は、派遣元が教育訓練等の実施義務の内容が特定されないから、上記のような解釈の前提を欠くこととなる。したがって、この場合は、派遣労働者は、派遣元が教育訓練等を実施しないとき、その履行を請求し、あるいは債務不履行による損害賠償請求をすることはできないこととなる。ただし、この場合においても、教育訓練等の実施についての派遣労働者の期待利益は法的保護に値するため[46]、期待権侵害の不法行為による損害賠償責任は生じ得るものと解する[47]。これと同様に、派遣元が雇用安定措置を実施しなかった場合についても、不法行為による損害賠償責任が生じ得る、と解する[48]。

本稿におけるこのような労働者派遣法のキャリアアップ措置の規定についての解釈は、一般法たる労働契約法にはない権利義務を、特別法としての労働者派遣法が、労働者派遣契約について、労働者派遣制度の本質に根ざした不可欠のものとして、特にその権利義務を定めたものである、という理解の上に立つものである[49]。また、それは、派遣元に対する事業規制を通じて派遣元がとるべき措置の具体的内容を特定させる仕組みであり、労働者派遣法が、派遣労働契約を規律する特別法として用いている規制手法のひとつである、と理解すべきである[50]。こうした規制手法を用いて、労働者派遣法が、派遣労働契約の内容を規律し得る、労働契約に関する特別法としての役割をより果たせるような法改正が、今後も必要と考える。

（6）派遣労働契約の終了

派遣労働契約は、通常の労働契約と同様、使用者（派遣元）による解雇、労働者（派遣労働者）の一方的意思表示による労働契約の解約（辞職）、および当事者間の合意による労働契約の解約（合意解約）によって、終了する。また、派遣労働契約は、それが有期のものである場合には、期間満了によっても終了する。ただし、前述の派遣労働契約関係の特質から、解雇（労働契約

法16・17条)、合意解約、有期労働契約の期間満了による終了(雇止め)(労働契約法19条)について、特有の解釈上の問題がある。以下、それぞれについて、検討する。

まず、期間の定めのない派遣労働契約を派遣元と締結している無期雇用派遣労働者の労働契約の終了については、基本的に、通常の労働契約に適用される辞職、合意解約に関する判例法理と労働契約法16条の適用による。裁判例においても、派遣元が待機中の派遣労働者に対して新たな派遣先を確保できないような場合、整理解雇のいわゆる四要件を用いて判断されており、派遣労働に特有の判断枠組みが用いられてはいない[51]。

次に、有期の派遣労働契約の終了にかかわる問題について検討する。前述のように、有期雇用派遣労働者(いわゆる登録型派遣)の場合には、派遣労働者と派遣元との間に締結される派遣労働契約は、その存続においても、労働者派遣契約の存続に依存する「他者間契約(労働者派遣契約)への附従」という特質がある。この特質は、「派遣型有期雇用契約は、……労働者派遣契約を前提としているのであるから、その派遣契約が終了した以上、派遣元使用者において上記雇用契約の更新を拒絶しこれを終了させたとしても、それ自体はやむを得ない行為であって何ら不合理な点はない」と判示する裁判例に見て取ることができる[52]。この裁判例の考え方は、有期派遣労働契約にも労働契約法19条に定める雇止め法理が適用されるとしながら、労働者派遣法は、派遣労働者の雇用の安定だけでなく、常用代替防止、すなわち派遣先の常用労働者の雇用の安定をも目的としているものと解されるのであるから、この解釈の下では同一労働者の同一事業所への派遣を長期間継続することによって派遣労働者の雇用の安定を図ることは、常用代替防止の観点から労働者派遣法の予定するところではないとの理解によっている[53]。

しかしながら、こうした裁判例の考え方に対しては、有期派遣労働契約を更新して同一の派遣先に長期間継続して派遣就業している派遣労働者について雇用の安定を図ることも、労働者派遣法の法目的であり、この場合に常用代替防止を援用すべきではないとして、裁判例の考え方に反対する学説は多い[54]。また、前述のように、常用代替防止原則は、裁判例が示すような派遣先の常用労働者の雇用の安定を目的としたものではなく、労働者全体の雇用

の安定が図られる適正な労働市場の確保を目的としたものと解すべきあること[55]、有期労働契約の無期労働契約への転換ルール（労働契約法18条）は有期派遣労働契約にも適用されること[56]、特定有期雇用派遣労働者に対する雇用安定措置を講じる派遣元の（努力）義務（労働者派遣法30条）の存在から考えると、有期雇用派遣労働者が、別の派遣先等において派遣就業が継続することなど派遣元との雇用の継続を期待することに合理的な理由があると認められる場合は、十分に考えられる[57]。

このように、一般法である労働契約法19条の適用において、特別法である労働者派遣法上の特別ルール（30条）の趣旨を考慮した解釈を行うことは、派遣労働契約の存続における労働者派遣契約の存続に依存する「他者間契約（労働者派遣契約）への附従」という特質から生ずる雇用の不安定の問題に対処する方法のひとつといえよう。

もうひとつ検討しておかなければならないのは、労働者派遣契約の中途解約を理由とする有期雇用派遣労働者の解雇の問題である。有期派遣労働契約の期間満了までの途中で労働者派遣契約が中途解約されたことを理由に、有期雇用派遣労働者を解雇できるか、という問題である。これについては、次のように考えるべきである[58]。第1に、労働者派遣契約と派遣労働契約は、法的には別個の契約であるから、その終了についても、連動するものではなく、別個に判断すべきである。そして第2に、派遣労働契約にも一般法である労働契約法17条1項の適用があることから、「やむを得ない事由」がある場合でなければ、有期派遣労働契約の期間満了前の間に有期雇用派遣労働者を解雇することはできない。この場合の「やむを得ない事由」とは、期間満了まで雇用を継続することができないほどの重大な事由とされていることから、派遣先による労働者派遣契約の中途解約は、そうした「やむを得ない事由」とは直ちに認められることにはならない。派遣先による労働者派遣契約の中途解約を理由とする有期雇用派遣労働者の解雇は、整理解雇の問題として前出のいわゆる四要件に照らして判断するものとなるが、この場合は、無期雇用派遣労働者の場合に比べてより厳格な判断となる[59]。

このような解釈によって、労働者派遣契約の中途解約を理由とする有期雇用派遣労働者の解雇の問題については、派遣労働契約の存続における労働者

派遣契約の存続に依存する「他者間契約（労働者派遣契約）への附従」という特質から生ずる雇用の不安定の問題に対処することができるのであるが、さらに立法的対応として、前述のような、労働者派遣契約を単なる商事契約とみるのではなく、労働者派遣法により規律を受ける契約として、労働者派遣契約の中途解約について、労働契約法17条1項に準ずる「やむを得ない事由」を求める規制を検討すべきであろう[60]。

三　派遣労働者・派遣先間の労働契約の成立および権利義務関係と労働契約法・労働者派遣法

1　派遣労働者と派遣先との間の労働契約の成立

　労働者派遣法は、一定の労働者派遣法違反（①派遣禁止業務に従事させた、②無許可事業主から派遣労働者を受け入れた、③派遣可能期間を超えて労働者派遣の役務の提供を受けた、④組織単位ごとの業務に3年を超えて同一の派遣労働者を受け入れた、⑤いわゆる偽装請負）の場合に、その行為を行った時点において「善意無過失」の場合を除き、労働者派遣の役務の提供を受ける者（派遣先）が、派遣労働者に対して、労働契約の申込みをしたものとみなし、派遣労働者の承諾によって、労働者派遣の役務の提供を受ける者（派遣先）と派遣労働者との間に従前の労働条件での労働契約を成立させることを定める（労働者派遣法40条の6第1項）。

　この派遣労働者と派遣先との間に労働契約を成立させる申込みみなし制度の趣旨は、善意無過失の場合を除き、違法派遣を受け入れた者にも責任があり、そのような者に対する契約締結強制という形での民事制裁を科すことにより、法の規制の実効性を確保することにある、とされている[61]。このような制度趣旨の理解から、労働者派遣法40条の6の規定の適用に関して、非常に制限的な解釈が裁判例において示されている。

　申込みみなし規定の適用が多くの場合で問題となる、いわゆる偽造請負については、労働者派遣法等の規定の適用を免れる目的で、請負その他労働者派遣以外の名目で契約を締結し、26条1項各号に掲げる事項を定めずに労働者派遣の役務の提供を受ける場合と定められている（40条の6第1項5号）。こ

の5号の偽装請負について、裁判例は、労働者派遣の指揮命令と請負の注文者による指図等の区別は微妙な場合があり、請負契約を締結した者が労働者派遣におけるような指揮命令を行ったというだけで、直ちに民事制裁を与えることが相当ではないと考えられることから、消極的要件である「善意無過失」に加えて、特に偽装請負等の目的（免脱目的）という主観的要件が付加されたのであるため、請負その他の名目の契約を締結した者が、他人が雇用する者に対して自ら指揮命令し、自らのために労働に従事させていた客観的事実があったことをもって直ちに免脱目的があったということはできない、と解している[62]。

このような理解の上に、「免れる目的」は、派遣先が法人である場合には法人の代表者、または、法人から契約締結権限を授権されている者の認識として、これがあると認められることが必要である、として申込みみなしの規定の適用を非常に制限的に解する裁判例がある[63]。他方で、日常的かつ継続的に偽装請負等の状態を続けていたことが認められる場合には、特段の事情がない限り、労働者派遣の役務の提供を受けている法人の代表者又は当該労働者派遣の役務に関する契約の契約締結権限を有する者は、偽装請負等の状態にあることを認識しながら、組織的に偽装請負等の目的で当該役務の提供を受けていたものと推認するのが相当であるとする裁判例[64]や、役務の提供を受ける者が、労働局等の関係機関等から指導等を受けるなどした事実や、従前は労働者派遣契約を締結していたのに、就業実態を何ら変えることなく請負契約を締結した事実といった、客観的、外形的事実から推認することが可能であるとの解釈を示す裁判例[65]のように、主観的要件である「免れる目的」の要件の充足をやや容易にするような判断も示されている[66]。

ただ、このような解釈をとる裁判例も、派遣先からのみなし申込みに対する労働者の承諾の意思表示について、制限的な解釈を示す。具体的には、派遣先が労働契約の申込みみなし制度が対象とする違法な労働者派遣の受入れを既に解消した場合には、それ以後はもはや民事制裁を加える理由はないとして、派遣先がみなし申込みの効力が消滅するまで当該みなし申込みの存在を知らせず、結果として、当該みなし申込みに対する承諾の意思表示をするか否かという労働者の選択権を行使する機会を喪失させたという事情がある

にもかかわらず、承諾の意思表示が違法な労働者派遣の受け入れを解消した日から1年経過後になされたため、承諾の効果を認めない判断を示す裁判例である[67]。こうした解釈と判断は、申込みみなし制度を労働者派遣法の実効性確保のための同法違反に対する民事制裁とする理解が強く反映されたものといえよう[68]。

　また、派遣労働者がみなし申込みの存在や内容を認識することには困難を伴うから、申込みの内容と承諾の内容とが一致することを厳密に求めることは、現実的ではなく、派遣労働者の希望を的確に反映させるために派遣先との新たな労働契約の成立をその承諾の意思表示に係らしめた趣旨にも合致しないから、みなし申込みに対する承諾の意思表示は、それが派遣先との間の新たな労働契約の締結を内容とするものであり、かつ、その内容やそれがされた際の状況等からみて、それがみなし申込みに対する承諾の意思表示と実質的に評価し得るものであれば足りると解するのが相当であるとしながら、みなし申込みに対する承諾の意思表示といい得るためには、少なくとも、使用者が変わることに伴って必然的に変更となる労働条件等があったとしてもなお派遣元との従前の労働契約の維持ではなく派遣先との新たな労働契約の成立を希望する（選択する）意思を派遣労働者が表示したと評価し得るものでなければならず、そうでなければ派遣労働者の希望を的確に反映することにはならないとして、労働者の承諾の意思表示を厳格に審査する裁判例がある[69]。こうした判断は、申込みみなし制度の特殊性を反映したようでいて、一般契約法の考え方を反映させたものといえよう[70]。

　さらに、二重派遣については、指揮命令をしているＡが契約を締結している相手方であるＢは、Ｃが雇用する労働者とは雇用関係にはないため、ＡとＢは、労働者派遣法2条1項にいう労働者派遣関係には立たないから、Ａは、Ｂから職業安定法4条7項の労働者供給を受けているものとして同法44条に違反しているといい得るものの、労働者派遣法40条の6の申込みみなしの対象には当たらないとし、また、労働者派遣法40条の6は、違法派遣を受け入れた者に対して契約の締結を強制するという民事制裁をもって、規制の実効性を確保しようとするものであるから、これを労働者派遣の定義に当てはまらない労働者供給にまで準用ないし類推することは予定されていないと

の解釈を示す裁判例もある[71]。こうした裁判例の解釈は、申込みみなし制度を労働者派遣法の実効性を確保するための同法違反に対する民事制裁と理解した上で、文言解釈を行ったものといえよう[72]。

以上にみてきたように、裁判例の労働者派遣法40条の6についての非常に制限的な解釈は、申込みみなし制度を労働者派遣法の実効性を確保するための同法違反に対する民事制裁と理解するところに起因するものといえよう。ここで考えるべきは、民事制裁は、制裁（サンクション）の機能とともに、民事救済の機能を併せ持つものである、ということである。この労働者の救済という観点からは、現行の労働者派遣法40条の6は、限界を有するものと評価せざるを得ない[73]。それは、上述のことに加えて、次のようなことにもよる。

派遣元との間の労働契約に期間の定めがあった場合、労働者派遣法40条の6により成立する労働契約には、当該派遣元との労働契約に存在した期間の定めがそのまま存在することになる[74]。また、労働契約法18条の適用に関して、承諾時点までの派遣元と派遣労働者との労働契約期間と、当該派遣労働者が承諾して派遣先で直接雇用となった場合の派遣先と当該労働者との労働契約期間は、同条が同一使用者について通算契約期間を算定するものであるため、通算されない[75]。そして、申し込みみなし制度の適用によって成立した労働契約の雇止めの効力が争われた場合、その効力の有無については、労働契約法19条に基づき個別具体的に司法判断されるべき、とされている[76]。こうした現行法の解釈を前提に考えると、派遣先は、派遣労働者と派遣元との間の労働契約に定められた契約期間の経過を待てば、成立した労働契約は終了し、直用化した労働者との関係を解消できる。このことは、派遣先が、直用化のリスク回避策として、できるだけ短期の派遣労働契約の派遣労働者を受け入れようとする事態をもたらし[77]、派遣労働者の雇用を不安定なものとするものとなり得る。

さらに、次のようなことも問題となる。労働契約の期間以外の賃金等の労働条件についても、派遣元との労働契約に定められたところのものが、労働者派遣法40条の6により成立する労働契約において、そのまま契約内容となるところ、派遣元との労働契約における労働条件・待遇は、労働者派遣法30

条の3または30条の4に従って、定められていなければならない。しかしながら、偽装請負の場合には必ず問題になることであるが、労働者と派遣元との労働契約の賃金等の労働条件・待遇が、法30条の3、30条の4に従って定められていない場合、労働者は、申込みみなしにより成立した労働契約の労働条件について、上記の条項に従って定まることを主張して、裁判によって確定しなければならない。また、派遣元が、30条の4に基づく協定方式を導入している場合（偽装請負の場合でもこのパターンは十分にあり得る）は、前述したように、その基準は派遣労働の最低賃金を定める水準とされているものである。

　以上のような問題については、労働契約申込みみなし制度が、派遣労働者の保護を法目的に明記する2012年の改正によって、派遣労働者の雇用の安定を図るために導入された[78]、という点からも考える必要がある[79]。換言すれば、派遣労働者に対する救済・保護を通じて、労働者派遣法の実効性を確保するものとして、申込みみなし制度を理解すべき、ということである。

　そこで、この点から考えると、労働者派遣法40条の6の申込みみなし規定は、労働者派遣法が例外的に認める三当事者関係の特殊な労働契約が、それを認める労働者派遣法の規制を遵守しない場合に、原則となる安定的な二当事者間の通常の労働契約関係へ移行させ、労働者の保護を図るための制度と捉え直すべきである[80]。そして、労働契約の成立を派遣労働者と労働者派遣の役務の提供を受ける者（派遣先）との間とすべきは、派遣元との間の労働契約をそのまま維持する場合には、就労の場を有しない派遣元では雇用の安定を確保することはできないから、雇用の安定を確保しようとすれば、就労の場を有する派遣先との間に労働契約を成立させることが必要となるからである[81]。

　このように労働者派遣法40条の6の申込みみなし制度を捉え直せば、現行法にみられる派遣先均衡待遇や労使協定方式を廃止し、派遣先均等待遇原則に一元化する法改正を行った上で、みなし申込みの内容は、派遣労働者が派遣先で従事する業務をなすために派遣先が同人を直接雇用した場合の労働条件とし、契約期間に関しては無期とする法改正をすべきである[82]、と考える[83]。このような法改正は、労働契約法に対する特別法としての労働者派遣

法が、「他者間契約（労働者派遣契約）への附従」という特質に由来する問題に対応するために必要なものといえよう[84]。

2 派遣先の派遣労働者に対する私法上の権利義務

労働者派遣法は、派遣労働者の受入に関わって所定の措置を講じる義務を課しているが、そうした措置義務について、基本的には行政上の取締や指導等によりその実効性を確保するしくみを採用していることから（40条の6の直接雇用申込みみなし規定は、例外的に私法上の権利義務関係を定めたものである）、同法上派遣先に課された義務が、ただちに派遣労働者に対する私法上の義務となるわけではない、とする見解がある[85]。

しかしながら、労働者派遣法は、適正な派遣就業の確保等のための措置を講じる義務（40条）のように、その義務の履行の相手方が派遣労働者とされている、と解されるものがある。そこで、それらの派遣先の措置義務が、派遣労働者に対する私法上の義務となるか、検討することとする。

第1に、派遣先の教育訓練実施義務である（同条2項）。派遣先は、その指揮命令の下に労働させる派遣労働者に対して、派遣労働者が従事する業務と同種の業務に従事するその雇用する労働者が従事する業務の遂行に必要な能力を付与するための教育訓練を実施する等必要な措置を講じなければならない[86]。この規定についても、前述のように、その実施すべき訓練の内容が特定できる場合には、同規定を根拠として、派遣労働者がその履行を請求できるものと解し得るが、この派遣先の教育訓練の実施義務は、当該派遣労働者を雇用する派遣元からの求めに応じて実施することとされているため、仮に教育訓練内容の特定ができた場合においても、派遣元からの求めがなされていない場合は、全ての要件を充たすことができないことから、その履行を請求することはできない。

ただ、この義務は、安全配慮義務と同様に、指揮命令権行使に付随する義務として、派遣先が派遣労働者に対して負う労働契約上の義務である、と解することができる[87]。このように解すれば、派遣労働者は、実施すべき訓練の内容が特定できる場合には、同義務の不履行に対し、その履行を請求するか、または債務不履行による損害賠償請求をすることができる。

上記のような解釈により、派遣労働者が派遣先に対して教育訓練の実施を求めることができるようにするためには、教育訓練内容の特定を可能とする仕組みを労働者派遣法に設ける必要がある。その方法として、労働者派遣契約に定める事項に、労働者派遣法40条2項に基づき実施する教育訓練等の内容を追加すべきである[88]。前述のように、労働者派遣法は、派遣元に対し、派遣労働者が従事すべき業務の内容等の労働者派遣契約に定めるべき事項を、派遣労働者に明示することを義務づけているので（34条）、これにより明示された事項は、派遣元と派遣労働者の間における派遣労働契約の内容にもなり得るものと解される。この解釈を敷衍して考えれば、労働者派遣法40条2項に基づき実施する教育訓練等の実施義務は、指揮命令権行使に付随する義務として、派遣先が派遣労働者に対して負う労働契約上の義務と解されるのであるから、派遣元との関係と同様の解釈が可能となる。

第2に、福利施設の利用機会の付与義務である（40条3項）。派遣先は、当該派遣先に雇用される労働者に対して利用の機会を与える福利厚生施設であって、業務の円滑な遂行に資するものとして厚生労働省令[89]で定めるもの（給食施設、休憩室、更衣室）については、その指揮命令の下に労働させる派遣労働者に対しても、利用の機会を与えなければならない、としている。この措置義務については、施行規則によってその対象が明確にされていることから、前述の教育訓練の措置義務と同様に、指揮命令権行使に付随する義務として、派遣先が派遣労働者に対して負う労働契約上の義務である、と解することができる。

四　おわりに

以上、本稿は、労働契約を規律する一般法である労働契約法に対し、労働者派遣法が、その派遣労働契約を規律する私法法規の部分において派遣労働契約を規律する特別法であるとの認識の下、この視点から、派遣労働者の民事救済を図ることを企図して、労働者派遣法の規定を可能な限り、私法的効力を有するものと解する解釈論を試みた。しかしながら、現行の労働者派遣法の規定の解釈によっては限界のあることについても、本稿の検討から明ら

かとなった。現行の労働者派遣法は、三当事者関係の派遣労働契約の特質を踏まえた、派遣労働契約を規律する特別法として、十分にその役割を果たせるものであるとはいえない。

　今後において検討すべきは、私法法規としての側面がより明確になるように労働者派遣法を再編成する立法論であるといえよう[90]。それは、「私人による権利実現型法規制」[91]を志向するものといってもよいであろう。その際、派遣労働者の権利を保障するという構成をできる限りとること、および、そうした権利が侵害された場合に派遣労働者が受けられる救済方法を具体的に規定することが、必要である[92]。そうすることによって、派遣労働者の保護の実効性をより高めることができるであろう。このことは、一般法である労働契約法にもいえることである。

1　鎌田耕一・諏訪康雄編著『労働者派遣法〈第2版〉』（三省堂、2022年）36頁〔鎌田耕一〕。
2　西谷敏『労働法の基礎構造』（法律文化社、2016年）138頁参照。
3　西谷・前掲注（2）138頁は、労働者派遣法も、たしかに2012年に目的規定と名称が変更されるまでは、派遣事業の規制という色彩が強かったが、何のために事業を規制する必要があったのかといえば、派遣労働者の保護という目的を抜きには考えられないから、労働者派遣法は、2012年に改正される前から労働者保護を重要な目的とする法律であったと解すべきである、とする。
4　西谷敏ほか編『新基本法コンメンタール　労働基準法・労働契約法〔第2版〕』（日本評論社、2020年）356頁〔毛塚勝利〕。
5　西谷ほか・前掲注（3）356頁〔毛塚〕。
6　西谷ほか・前掲注（3）357頁〔毛塚〕。
7　西谷ほか・前掲注（4）357頁〔毛塚〕。
8　西谷ほか・前掲注（4）357頁〔毛塚〕は、いわゆる直接雇用原則は、使用者の権利義務の分割を認めない原則にほかならない、とする。
9　鎌田・諏訪・前掲注（1）162頁〔鎌田〕等。
10　西谷敏「労働者派遣の法構造」和田肇ほか編著『労働者派遣と法』（日本評論社、2013年）75頁、鎌田・諏訪・前掲注（1）〔鎌田〕162-164頁。
11　派遣元事業主が講ずべき措置に関する指針（平成11年労働省告示第137号・令和2年厚生労働省告示第346号）も、派遣労働契約に対して労働契約法の適用があることに留意すべきとしている（第2の8（3）イ）。しかしながら、それ

は、労働者派遣法をもっぱら事業法とみることから、同法が契約ルールを定めるものではないとの認識に基づくものと考えられる。

12　鄒庭雲『派遣労働契約法の試み』（日本評論社、2018年）19-22頁参照。派遣労働契約の特質に由来する問題という視点は、同書より得たものである。

13　本稿では、「他者間契約（労働者派遣契約）への附従」としている労働者派遣契約の特質について、鄒・前掲注(12)は、「第三者支配」と表現している。

14　鄒・前掲注(12)では、派遣労働契約の特質について、上記（本稿注(13)）のように契約内容の決定に関しては「第三者支配」とし、登録型派遣にみられる派遣労働契約の存続に関しては「附従性」として、異なる表現を用いている。それは、おそらく、両者は異なる特質とみているためと思われるが、本稿では、本文で述べているように、2つの特質ともに、「他者間契約（労働者派遣契約）への附従」の表れる側面の違いとの理解に立っている。

15　鎌田・諏訪・前掲注（1）173頁〔鎌田〕。

16　鎌田・諏訪・前掲注（1）174頁〔鎌田〕。

17　鎌田・諏訪・前掲注（1）174頁〔鎌田〕、裁判例として、パソナ（ヨドバシカメラ）事件・大阪地判平16・6・9労判878号20頁。

18　鎌田・諏訪・前掲注（1）202-204頁〔鎌田〕。

19　山川隆一「労働者派遣関係の法的構造―私法上の権利義務の観点から―」野川忍ほか編著『変貌する雇用・就労モデルと労働法の課題』（商事法務、2015年）385頁、鄒・前掲注(12)76頁、鎌田・諏訪・前掲注（1）205頁〔鎌田〕。

20　現行法では、派遣先が必要な情報の提供をする等の協力をする配慮義務を定めるだけとなっている（40条5項）。

21　本稿では、現行法の用語法としては、鎌田・諏訪・前掲注（1）186頁〔鎌田〕に従い、派遣先均等・均衡原則としているが、後述のように、派遣労働関係においては、派遣先均衡待遇原則は用いるべきではなく、派遣先均等待遇原則のみによるべき、と考えていることから、そうした見直しを念頭に置いた記述の部分では、派遣先均等待遇原則としている。

22　鄒・前掲注(12)337頁参照。

23　有田謙司「非正規雇用労働者をめぐる法的諸問題」ジュリスト1337号（2009年）30頁。

24　鄒・前掲注(12)337頁参照。

25　菅野和夫『労働法〔第12版〕』（弘文堂、2019年）403頁、荒木尚志『労働法〔第5版〕』（有斐閣、2022年）612頁、厚生労働省職業安定局『労働者派遣事業関係業務取扱要領（令和5年4月）』172頁。

26　鎌田・諏訪・前掲注（1）192頁〔鎌田〕、小西康之「派遣先均等・均衡待遇原

則と労働者派遣」日本労働研究雑誌701号（2018年）34頁。
27　鎌田・諏訪・前掲注（1）186-187頁〔鎌田〕。
28　浜村彰「改正労働者派遣法による派遣労働者の均等・均衡待遇」季刊労働法268号（2020年）105頁。
29　毛塚勝利「同一労働同一賃金の政治と法理〜規範的根拠の明確化を」季刊労働者の権利315号（2016年）24頁。
30　鎌田・諏訪・前掲注（1）188-191頁〔鎌田〕は、派遣労働者の待遇改善とともに、ジョブ型雇用社会への転換を見据えて派遣先均等・均衡待遇原則が導入されたとの見方を示す。
31　鎌田・諏訪・前掲注（1）83頁〔橋本陽子〕。
32　石田信平「労働契約法の『合意原則』と合意制限規定との衝突関係―労働契約法は契約当事者の利益調整だけを目的としているのか―」日本労働法学会誌115号（2010年）45頁。
33　浜村・前掲注(28)106頁。
34　武井寛「労契法旧20条と無期契約労働者間の均等待遇原則」沼田雅之ほか編『社会法をとりまく環境の変化と課題　浜村彰先生古稀記念論文集』（旬報社、2023年）235頁も参照。
35　緒方桂子「雇用形態間における均等待遇」日本労働法学会誌117号（2011年）45頁、毛塚勝利「非正規労働政策と同一労働同一賃金論の問題点〜労働市場の特殊性は法論理の特殊性を求めない〜」WORK & LIFE 世界の労働2019年1号15頁。
36　沼田雅之「派遣労働者の『同一労働同一賃金』の課題――派遣先均等・均衡方式を中心として――」季刊労働法272号（2021年）98頁参照。
37　鎌田・諏訪・前掲注（1）191、197頁〔鎌田〕。
38　緒方・前掲注(35)45頁。労使協定方式のその他の問題点について、浜村・前掲注(28)111-112頁、橋本陽子「労働者派遣における同一労働同一賃金原則―とくに労使協定方式（派遣法30条の4）に関するドイツ法との比較―」季刊労働法272号（2021年）111頁。
39　厚生労働省「労働者派遣事業報告書に添付される労使協定書の賃金等の記載状況について」（一部事業所の集計結果（令和4年度））（https://www.mhlw.go.jp/content/11650000/001027367.pdf）。
40　鎌田・諏訪・前掲注（1）219-220頁〔鎌田〕等。
41　水町勇一郎『詳解労働法〔第3版〕』（東京大学出版会、2023年）448頁。
42　労働者派遣事業の適正な運営の確保及び派遣労働者の保護等に関する法律施行規則第1条の5第1号の規定に基づき厚生労働大臣が定める基準（平成27・

9・29厚労告391号、令1・9・13厚労告116号）四。
43　土田道夫『労働契約法〔第2版〕』（有斐閣、2016年）834頁は、教育訓練が派遣元就業規則等で制度化されていれば、派遣労働者は制度の適用を請求できる、とする。
44　浜村彰「労働者派遣法の立法・改正論議から見た労働者派遣の基本的意義づけと政策原理」大原社会問題研究所雑誌712号（2018年）37頁。
45　また、教育訓練等を実施するために作成すべき教育訓練の実施計画の要件のひとつとして、「実施する教育訓練がその雇用する全ての派遣労働者を対象としたものであること」が定められているが（平成27・9・29厚労告391号、令1・9・13厚労告116号四イ）、この要件は、キャリアアップのための措置として実施される教育訓練等が、派遣労働契約が存している状態で行われなければならないことを意味する。登録型の有期雇用派遣労働者や日雇派遣労働者も対象となるため、登録型の者については、労働契約が締結された状態で教育訓練が実施されることから、労働契約の締結・延長等の措置を講ずる必要がありうる、とされている（労務行政研究所編『改訂2版　労働者派遣法』（労務行政、2021年）452頁）。このことからも、派遣元に教育訓練等を実施することを義務づける規定から私法上の権利義務が導き出されるとの解釈は、ごく自然なものといえよう。
46　キャリアアップを目的とした派遣労働者に対する教育訓練等の実施は、派遣労働が正当化されるために本来不可欠なものであると解すべきことからも、派遣労働者の期待利益は当然のものと考える。
47　同様の問題を生じる高年齢者雇用安定法9条に関する解釈論が参考になる（荒木・前掲注(25)369頁、水町・前掲(41)1057頁、土田・前掲注(43)642-643頁等）。
48　土田・前掲注(43)834頁。
49　教育訓練等の措置に関する規定は、2015年改正によって設けられたものであるが、本文に述べたように、派遣労働が正当化されるために本来不可欠なものであると解すべきことから、その規定化は、当然に必要なことであったのであり、むしろ遅きに失した感がある。
50　萬井隆令『労働者派遣法論』（旬報社、2017年）90-91頁は、実際に教育訓練を実施しているか、確認する体制があるか、許可基準の現実的な効果も疑問である、と教育訓練等の措置の実効性に疑問を呈している。本稿のような解釈は、派遣労働者による派遣元に対する民事責任の追及を可能とするから、私人による実効性の確保を期待するものともいえる。ただ、派遣労働者が訴訟を提起することは、実際にはなかなか難しいと思われるが。

51　シーテック事件・横浜地判平24・3・29労判1056号81頁、テクノプロ・エンジニアリング事件・横浜地判平23・1・25判タ1343号86頁。鎌田・諏訪・前掲注（1）244-245頁〔鎌田〕、紺屋博昭「待機派遣労働者の整理解雇――テクノプロ・エンジニアリング事件」増刊ジュリスト平成23年度重要判例解説1440号（2012年）238頁。

52　マイルストーン事件・東京地判平22・8・27労経速2085号25頁。

53　伊予銀行・いよぎんスタッフサービス事件・高松高判平18・5・18労判921号33頁（最二小決平21・3・27労判991号13頁〔上告不受理〕）、マイルストーン事件・東京地判平22・8・27労経速2085号25頁等。

54　鎌田・諏訪・前掲注（1）241-242頁〔鎌田〕、西谷敏『労働法［第3版］』（日本評論社、2020年）343-346頁、水町・前掲注(41)440-441頁等。

55　浜村・前掲注(28)106頁。

56　水町・前掲注(41)462頁。

57　有期雇用派遣労働者の雇止めについて、雇用継続に対する合理的期待を認め、雇止めを効力を有しないとした裁判例として、資生堂ほか1社事件・横浜地判平26・7・10労判1103号23頁。

58　鎌田・諏訪・前掲注（1）235-239頁〔鎌田〕等。

59　プレミアライン（仮処分）事件・宇都宮地栃木支決平21・4・28労判982号5頁。

60　島田陽一『雇用システムの変化と労働法政策の展開』（旬報社、2023年）203頁参照。

61　平27・9・30職発0930第13号、労務行政研究所・前掲注(45)660頁、鎌田・諏訪・前掲注（1）336頁〔山川隆一〕。

62　東リ事件・大阪高判令3・11・4労判1253号60頁、ハンプティー商会ほか1社事件・東京地判令2・6・11労判1233号26頁、国（大阪医療刑務所・自動車運転手）事件・大阪地判令4・6・30労判1272号5頁。勝亦啓文「今後の派遣労働法制のあり方」菊池馨実ほか編著『働く社会の変容と生活保障の法　島田陽一先生古稀記念論集』（旬報社、2023年）155頁。

63　ハンプティー商会ほか1社事件・東京地判令2・6・11労判1233号26頁。

64　東リ事件・大阪高判令3・11・4労判1253号60頁、日本貨物件数協会（日興サービス）事件・名古屋地判令2・7・20労判1228号33頁、日本貨物件数協会（日興サービス）事件・名古屋高判令3・10・12労判1258号46頁。

65　国（大阪医療刑務所・自動車運転手）事件・大阪地判令4・6・30労判1272号5頁。

66　鎌田・諏訪・前掲注（1）341頁〔山川〕は、こうした裁判例と同旨の理解を

示している。これに対して、偽装請負の状態があれば、原則として、「免れる目的」の要件の充足が認められるとする学説もある（萬井・前掲注(50)313頁、沼田雅之「2021年改正労働者派遣法の概要とその検討」和田肇ほか編著『労働者派遣と法』（日本評論社、2013年）53頁）。また、信義則に基づく第三者労働力適正利用義務から、偽装請負の状態が発生している以上は同義務の懈怠が推認され、この態様および期間等を考慮して、発注者（派遣先）がこれを把握、改善することを回避できない場合を除き、「免れる目的」が認定されるべきとする見解もある（小林大祐「労働者派遣法における労働契約申込みみなし規定の偽装請負への適用可能性―東リ事件大阪高裁判決を素材として―」労判1264号（2022年）16頁）。

67　日本貨物検数協会（日興サービス）事件・名古屋地判令2・7・20労判1228号33頁、日本貨物検数協会（日興サービス）事件・名古屋高判令3・10・12労判1258号46頁。こうした解釈に対し、塩見卓也「偽装請負事案における労働者派遣法40条の6の適用」民商法雑誌157巻3号（2021年）601頁は、派遣労働者が労働者派遣法に定められる法的保護を受けることができない内容の契約関係を構築していること自体が、適用潜脱目的をもって偽装的契約関係を構築しているものとして、5号の適用対象となると解すべきとする。

68　松井良和「労働者派遣法における労働契約申込みみなし制度の適用と労働者の承諾の有無」法律時報93巻9号（2021年）155頁は、労働者派遣法は派遣労働者の保護も目的に掲げられていること、違法派遣状態を労働者が認識することは困難であることから、同法の規定の柔軟な解釈が必要である、と裁判例の解釈を批判する。

69　日本貨物検数協会（日興サービス）事件・名古屋高判令3・10・12労判1258号46頁。同判決は、労働者が加入する組合からの直接雇用を要求する団交では、労働条件等が特定されておらず、労働者からの個別授権もないことから、これをもって労働者の承諾の意思表示とは認められないとした。

70　國武英生「派遣法40条の6第1項5号による契約締結申込みみなしの適用と労働者の承諾」法律時報94巻12号（2022年）150頁は、労働者の意思表示を厳格に審査した点において理論的に問題がある、と同判決を批判する。同事件の地裁判決に対してであるが、同旨の批判をするものとして、萬井隆令「派遣法40条の6の適用要件と労働者の『承諾』」労働法律旬報1970号（2020年）41-42頁。

71　竹中工務店ほか2社事件・大阪地判令4・3・30 判タ1508号146頁、労判1274号5頁。

72　橋本陽子「二重派遣と労働者派遣法40条の6―竹中工務店事件」ジュリスト

1576号（2022年）5頁は、職業安定法は、労働市場を規制する基本法であるが、労働者派遣法はその特別法であり、職業安定法違反に対しては、労働者派遣法よりも重い罰則が科され得るのであるから、職業安定法違反である労働者供給に対して、労働者派遣法に定める民事制裁を準用することも許容される、とする体系的解釈や労働者保護という目的的解釈が可能とする。

73　鄒・前掲注(12)125-126頁も、同旨の評価を示す。
74　萬井隆令「派遣法40条の6適用限定・否定論の批判的検討」労働法律旬報1957号（2020年）59頁、東リ事件・大阪高判令3・11・4労判1253号60頁。
75　労務行政研究所・前掲注(45)664頁。
76　労務行政研究所・前掲注(45)664頁。
77　本庄淳志『労働市場における労働者派遣法の現代的役割』（弘文堂、2016年）160頁。
78　鎌田耕一「労働法における契約締結の強制―労働者派遣法における労働契約申込みみなし制度を中心に―」山田省三ほか編『労働法理論変革への模索―毛塚勝利先生古稀記念』（信山社、2015年）551頁。
79　小宮文人「労働者派遣法の『労働契約申込みみなし』の一考察―40条の6第1項5号の偽装請負に関する判例を素材として―」専修ロージャーナル17号（2021年）12頁は、直接雇用の理念を踏まえた法解釈が必要である、とする。
80　申込みみなし制度は、労働者派遣の期間制限が2015年改正以前程度の一時的な利用だけを認める制度に戻されることが前提となる（勝亦・前掲注(62)159頁参照）。
81　鎌田・前掲注(78)543-544頁は、労働契約申込みみなし制度は、第一義的に、労働者の就労の確保、就労価値の実現を図る制度として評価されるべきとする。それは、就労価値の実現をその規範内容とする労働権が規範的に要請するところに適うものである（有田謙司「『就労価値論』の意義と課題」日本労働法学会誌124号（2014年）111頁以下、同「労働法における労働権の再構成」山田省三ほか編『労働法理論変革への模索』（信山社、2015年）18-23頁を参照）。
82　有田謙司「有期契約労働と派遣労働の法政策」日本労働法学会誌121号（2013年）18頁。
83　野田進「有期・派遣労働契約の成立論的考察―労働契約の合意みなしと再性質決定との対比をめぐって」荒木尚志ほか編著『労働法学の展望　菅野和夫先生古稀記念論集』（有斐閣、2013年）219頁は、合意みなし制度は、非正規労働者の不安定雇用の是正と保護のための、単純な政策的処置にとどまるとは言いがたく、無期・直接雇用原則に接近するためのファーストステップ、少なくともその控えめな第一歩ということは言えそうである、と評価しているが、本稿

は、それをさらに一歩進める立法論といえよう。
84　こうした法改正がなされれば、黙示の労働契約論等は必要なくなることになろうか（有田謙司「労働者派遣と偽装請負―パナソニックプラズマディスプレイ（パスコ）事件」沼田雅之ほか編『労働法における最高裁判例の再検討』（旬報社、2022年）269頁以下参照）。
85　山川・前掲注(19)386頁。
86　この派遣元が行う教育訓練等は、派遣労働者が当該業務に必要な能力を習得することができるようにするため、当該派遣労働者が既に当該業務に必要な能力を有している場合その他厚生労働省令で定める場合（施行規則32条の2）を除くものとされている。
87　土田・前掲注(43)834頁。
88　具体的には、労働者派遣法26条1項10号の厚生労働省令（施行規則22条）で定める事項の中に追加する。
89　労働者派遣法施行規則32条の3。
90　その際、事業規制ルールが私法的規制の実効性を高めるものとしての役割を有することに、留意すべきである。
91　和田肇「労働者派遣の法規制に関する総括的検討」和田肇ほか編著『労働者派遣と法』（日本評論社、2013年）379頁。
92　有田謙司「『労働者派遣制度の改正について』（建議）の検討―労働者派遣法の見直しはどうあるべきか―」季刊労働法244号（2014年）74頁、同「労働立法と救済方法」労働法律旬報2031号（2023年）4-5頁。

労働施策総合推進法と労働契約法

石　田　信　平

一　問題の所在
二　雇対法と労契法
三　労施法と労契法
四　結語——構造的・制度的脆弱性の解消に向けて

一　問題の所在

　2018年の働き方改革関連法は、労働者がそれぞれの事情に応じた多様な働き方を選択できるような社会を実現する働き方改革を総合的に推進するため、長時間労働の是正、多様で柔軟な働き方の実現、雇用形態にかかわらない公正な待遇の確保等のための措置などを講じるものであった。労働施策総合推進法（以下、労施法という）は、こうした働き方改革関連法の一環として、その基本的な考え方を明らかにするとともに、国が改革を総合的かつ継続的に推進するための基本方針を定める法律として、雇用対策法（以下、雇対法という）の改正を通じて制定された。

　一般に、労働法は個別的雇用関係法、集団的労使関係法、雇用保障法（労働市場法）の三分野に分類され、労施法の前身である雇対法は、このうちの雇用保障法（労働市場法）の基本法の役割を果たす法律であると位置付けられてきた[1]。伝統的な労働法体系理論では、雇用保障は、労働力の全体に向けられる国の計画的・総合的な施策を通じて初めて達成される課題であり、この意味で雇用保障法の規制は個々の労使関係を超えた労働市場の場を中心として展開されるものであるとみられ、個別的雇用関係法や集団的労使関係法と明確に区分されてきたのである。労基法等の個別的雇用関係法は、個々の

労働者に関する労働条件の保護あるいは労働過程にある労働者の労働条件保護にその目的があり、法規制の対象は、労働市場とは切り離された個別的労使関係であって、法規制の対象と場が、雇用保障法と労働者保護法とでは相違していると論じられた[2]。個別的雇用関係を超えた外部労働市場と個別的雇用関係である内部労働市場を区分し、このうち雇対法の対象は、外部労働市場であると考えられてきたところがあったといえよう。

しかし、雇対法は、次第に、外部労働市場と内部労働市場の相互補完的な関係に着目するようになってきた。雇対法施行規則1条に基づいて作成された2016年第2次雇用政策基本方針では、全員参加型社会の実現という観点から、労働市場参加のボトルネックとなっている内部労働市場の障壁を除去する必要があるとされ、多様な正社員の普及、恒常的な長時間労働の解消、公正な処遇の実現などが指摘されたのである。

上記のとおり、労施法は、労働者がそれぞれの事情に応じた多様な働き方を選択できる社会を実現する働き方改革を総合的に推進するため、長時間労働の是正、多様で柔軟な働き方の実現、雇用形態にかかわらない公正な待遇の確保等のための措置などを講じる基本法としての制定されたものであり、内部労働市場の規制を視野に入れるようになってきた雇対法の視点をいっそう推進する立法規制であるということができる。

労施法は、具体的には、次のような点において、雇対法と異なっている。第一に、その目的として「労働者の多様な事情に応じた雇用の安定及び職業生活の充実並びに労働生産性の向上」の促進とそれを通じた能力発揮が定められたことである。さらに第二に、基本的理念として、労働者が「職務の内容及び職務に必要な能力、経験その他の職務遂行上必要な事項の内容が明らかにされ、並びにこれらに即した評価方法により能力等を公正に評価され」る配慮を受ける（法3条）という規定が置かれたこと、である。また第三に、国が講ずべき施策として、㋐「各人が生活との調和を保ちつつその意欲及び能力に応じて就業することを促進するため」の「労働時間の短縮その他の労働条件の改善、多様な就業形態の普及及び雇用形態又は就業形態の異なる労働者の間の均衡のとれた待遇の確保に関する施策」、㋑「疾病、負傷その他の理由により治療を受ける者の職業の安定を図るため、雇用の継続、離職を

余儀なくされる労働者の円滑な再就職の促進その他の治療の状況に応じた就業を促進するために必要な施策」(法4条1号、9号) が新たに加えられ[3]、加えて第四に、事業主の責務として、「事業主は、その雇用する労働者の労働時間の短縮その他の労働条件の改善その他の労働者が生活との調和を保ちつつその意欲及び能力に応じて就業することができる環境の整備に努めなければならない」(法6条) ことが規定されたこと[4]、である。

以上のうち、国の講ずべき施策とされている㋐は、労働基準法 (以下、労基法) における労働時間規制の改正や不合理な待遇格差解消のための労契法やパートタイム労働法改正を基礎付ける規定であるが、これと併せて基本理念として定められた公正評価への配慮、新たに加えられた上記事業主の責務も考慮すれば、労施法は、外部労働市場だけではなく内部労働市場をいっそう規制し、働き方自体の改革を進めることを通じて、「労働者の多様な事情に応じた雇用の安定及び職業生活の充実並びに労働生産性の向上」を志向する法規制であるとみることができるところ、こうした労施法が、内部労働市場を規制している労契法とどのような関係に立っているのかが問われているといえよう。

本稿の目的は、内部労働市場への規制を視野に入れた以上の労施法と労契法との理論的関係を模索し、労施法が労契法の解釈にどのような影響を及ぼすのかについて検討を加える点にある。

一方において、労施法は、労契法とは区別されるべき政策立法であり、労契法については、合意原則、契約自治などの観点から政策立法とは区分して解釈されるべきであるという見方があろう。上記のとおり、伝統的な労働法体系理論では、法規制の対象と場が雇用保障法と個別的雇用関係法とでは相違していることが指摘されてきた[5]。労契法が個別労使の契約関係を規制する立法であるとすれば、雇用保障法としての雇対法は、労契法とは明確に区分されるべきであり、したがって、雇対法改正を通じて制定された労施法もまた、労契法とは明確に区分されるべきことになる。労契法は合意の原則や契約自治を目的とする一方、労施法は政策立法として、明確な法規制が整備されている限りにおいて労働契約関係を規制するものであるということになる。労施法やそれに基づく立法規制は、政策目的を達成するために労使合意

を制約するものであって、労使合意と対立するものと把握されることになろう。そのため、労施法による立法介入には、当該目的が正当なものか、当該目的を達成するために適切な手段であるかどうかという観点から限定的に解釈されなければならないという視点が生じる。

　しかし他方において、労施法は、労働者の多様な事情や事業主の雇用管理の自主性に対する尊重を前提しつつ（同法1条）、公正な評価制度の確立や労働時間短縮など個別的労使関係への介入を視野に入れている、ということができる。また、労施法4条1号に規定されている前記㋐「各人が生活との調和を保ちつつその意欲及び能力に応じて就業することを促進するため」の「労働時間の短縮その他の労働条件の改善、多様な就業形態の普及及び雇用形態又は就業形態の異なる労働者の間の均衡のとれた待遇の確保に関する施策」は、労契法3条2号、3号の均衡の考慮や仕事と生活の調和への配慮と連動しており、労施法と労働契約関係のこのような密接な関係をみると、「労働者の多様な事情に応じた雇用の安定及び職業生活の充実並びに労働生産性の向上」という労施法の目的が労契法の解釈にも投影されるべきであるということもできる。「労働者の多様な事情に応じた雇用の安定」は、内部労働市場（労働契約関係）か外部労働市場かを問わず実現されるべき規範的要請であり、またこうした労施法の目的が憲法27条1項の労働権あるいは同22条1項の職業選択の自由を受けたものであるとすれば、労契法についてもこうした基本権との適合的な解釈が要請されるとみることもできるのである。合意の原則は労契法の目的ではない。それは「労働者の多様な事情に応じた雇用の安定」を達成するための手段として位置付けられることになる。

　本稿では、労施法と労契法に関する上記の二つの対立的な見方を念頭に置きつつ、労施法と労契法の密接な関係を強調する後者の視点の可能性について立ち入った考察を加えることとしたい。以下ではまず、労施法の前身である雇対法がどのような趣旨で設けられ、どのような性格を持つものであり、どのように改正されてきたのか[6]を確認したうえで、労契法と労施法の関係[7]について検討を行うこととする。

二　雇対法と労契法

1　雇対法とは

　戦後後の労働法制としては、労基法や労組法によって労働者の労働条件保護やその維持改善が目指された一方、1947年に職業紹介法に代えて制定された職業安定法とそれに続けて設けられた失業保険法などによって失業対策が手当されたのであるが、このうち失業対策については、職業安定法による労働力需給の調整や失業者に対する失業手当の支給といった消極的な政策が中心であり、職業訓練や失業者の就職促進を促すという積極的な政策はとられてこなかった[8]。しかし日本経済が成長期に入り、これに伴って労働力不足の問題が浮上してきたことを背景として、次第に、失業者の就職促進や職業訓練などの積極的な政策へと移っていった[9]。1966年に設けられた雇対法は、深刻な労働力不足問題を受けて、積極的な雇用政策が必要性であるという認識に基づいて制定された積極的雇用政策の基本法であり、国による総合的な施策を通じて労働力需給の質量両面にわたる均衡を促進して、労働者がその有する能力を有効に発揮することができるようにし、これを通じた労働者の職業の安定と完全雇用とを目的としつつ、①能力と職種を中心とする職業紹介体制への切り替え並びに求職者・求人者に対するサービスの拡大、②現場労働力、技能労働力の確保難への対応とその養成、③中高年齢者及び身体障がい者の雇用対策、④不安定雇用の是正対策、⑤その他労働者がその有する能力を有効に発揮することができるようにするために必要な施策を充実すること等を定めたものであった[10]。こうした雇対法の制定に伴い、1969年に職業訓練法も改正され、技能系の労働者について職業生活を通じて体系的に行う訓練体制が整備された。

　以上のうち、中高年齢者の雇用対策については、1963年職業安定法改正により同法に「中高年齢失業者等に対する就職促進の措置」が規定され、いくつかの就職促進措置が講じられ、1965年には閣議決定に基づいて官公庁の職員採用に関する中高年齢者の目標雇用率が定められていたが、上記雇対法では、民間企業の事業主に対する雇用率に関する規定が置かれた。1971年には

「中高年齢者等の雇用の促進に関する特別措置法」において雇用率制度の対象者を45歳以上とする職種別雇用率制度が整備された。また1976年改正により、対象者が55歳以上へと変更された。さらに、1986年に、上記「中高年齢者等の雇用の促進に関する特別措置法」が高年齢者雇用安定法（以下、高年法とする）へと改正され、60歳定年の努力義務が定められた。その後、公的年金の支給開始年齢引上げに対する要請を背景として、1990年改正により65歳までの再雇用に関する努力義務が設けられ、1994年改正では60歳定年が義務化された。一方、身体障がい者については、1960年に制定された身体障害者雇用促進法に基づく雇用率の努力義務が定められていたが、1976年改正において、雇用率に基づく雇用義務が努力義務から法的義務へと変更されるとともに、雇用納付金制度が導入された。さらに1987年改正では、障がい者雇用促進法へと名称が変更され、身体障がい者だけではなく、精神障がい者を含む全ての障がい者が雇用対策の対象になること、雇用の促進だけではなく雇用の安定も法の目的とすることが明記された。

　中高年齢者と身体障がい者の雇用促進措置は、1966年雇対法以前からなされてきたものであったが、1966年雇対法は、上記のような一連の積極的な雇用政策を基礎付けるものであったということができよう。またここで指摘されるべき重要な点は、1966年の雇対法によって進められた積極的雇用政策には、労働力を創出確保して統制しようとする側面があったことである[11]。大企業における過剰な中高年労働者の流動化を促進して、中小企業の労働力不足を解消するという狙いがあったのである。

2　積極的雇用政策の拡大

　1966年雇対法に基づいて作成された第1次雇用対策基本計画では、①技能労働力不足の解決のためには、若者の職業相談や指導の体制を充実させる必要があること、②家庭責任を有する女性が、単なる代替的なあるいは補充的な観点から雇用されることのないよう、その能力開発向上と、家庭責任を負うものとしての特質を考慮した雇用対策を行う必要があること、も指摘されていた。若者や女性に対する雇用対策の必要性も示されていたのである。1970年には勤労青少年福祉法が制定され、勤労青少年に対する職業指導の充

実、職業訓練の奨励などが図られるようになった。また、1972年には「勤労婦人について、職業指導の充実、職業訓練の奨励、職業生活と育児、家事その他の家庭生活との調和の促進、福祉施設の設置等の措置」の推進を目的とした勤労婦人福祉法が制定され、育児休業の実施に関する努力義務などが設けられた。1975年には失業保険法に代えて雇用保険法が制定され、失業者に対する再就職の促進だけではなく、雇用改善を目的とした事業主に対する助成や援助などを通じて失業を予防する取り組みが強化されたことにも留意する必要がある。

1979年に作成された第4次雇用対策基本計画では、これまでの雇用対策をさらに発展させてより確実なものとして定着化させる点が指摘されたうえで、㋐家事、育児負担の軽減、㋑高学歴化等に伴う社会参加意識の高まり、㋒家計補充のための追加所得の必要性、㋓技術進歩による軽作業化の進展、㋔第3次産業等で女性に適した雇用需要の増加などにより女性就業者が増加しており、女性の雇用機会と待遇の平等化、育児休業制度の普及などの対応が求められるとされた。また労働時間の短縮については、労働者の福祉の向上だけではなく、長期的にみれば雇用機会の確保にもつながるとされ、遅くとも1985年度には週休2日制を含め企業の労働時間の水準が欧米先進諸国並みに近づくよう努めるとされた。さらに、産業構造の転換や高齢化に対応するためには生涯職業訓練体制の充実が必要であることにも言及された。このうち、女性就業者への対応については、努力義務という形ではあったが、1985年に男女雇用機会均等法が制定された。労働時間の短縮や職業訓練体制の充実についても、1987年労基法改正や1985年職業訓練法改正により成立した職業能力開発促進法において、週48時間から週40時間に改正されるとともに、技能系労働者に焦点を当てていた職業訓練から、生涯を通じた幅広い職業能力開発を促進する体制へと転換された。

さらに1988年の第6次雇用対策基本計画では、女性労働者の増大等への対応として、育児休業制度の普及促進、パートタイム労働者の適正な雇用管理に関する法整備を含めた総合的検討が必要であるとされた。これを受けて1991年には育児休業法が、1993年にはパートタイム労働法が制定された。

また1992年の第7次計画では、高齢化や女性の社会進出などの労働力供給

構造の変化に対応しつつ、多様かつ柔軟な雇用システムの確立を図り、職場、家庭、地域社会における生活のそれぞれが充実した勤労者生活を実現するなどとされ、「働く人々は職業人であると同時に家庭人であ」って、職業生活と家庭生活の両立支援が重要視されるようになってきた。一方、1973年第3次計画において、「雇用政策の究極の目標は、完全雇用の達成とその水準を維持することにある」とされ、第6次計画でも「質量両面にわたる完全雇用の達成」が雇用政策の目的に位置付けられてきたが、第7次計画では、「労働者一人一人の個性が尊重され、その意欲と能力が十分に発揮できる質の高い雇用構造」という視点が強調されるようになった。如何に失業を予防するか、という視点だけではなく、少子化に伴う労働力供給制約の問題にも関心が向けられるようになってきた。

　1995年の第8次計画では、こうした視点がいっそう強調され、「性、年齢にかかわらず意欲と能力に応じた参加が可能となる社会、職場・学校、家庭、地域の時間的バランスがとれた多様な活動を可能とする社会の実現」や「一人一人の労働者が個人として尊重され、自らの可能性が主体的に追求できる社会、またその職業生涯を通じて安心して働ける社会の実現」を志向するとされた。そして同計画では、具体的な施策として、労働条件の明確化、労働条件をめぐる個別的な苦情・紛争への迅速な対応、自律的・創造的かつ効率的な働き方に応じた労働時間管理の促進、男女の均等な取扱いと女性労働者の能力の積極的活用の推進、労基法の女子保護規定の解消、労働者の個人主導による職業開発支援などが挙げられた。その後、1997年に男女雇用機会均等法の努力義務規定が禁止規定へと改正され、労基法の女子保護規制も撤廃された。さらに1998年労基法改正では、企画業務型裁量労働制が導入され、契約締結の際の書面による労働条件明示事項の拡充が行われた。加えて、1997年職業能力開発促進法改正により、労働者の主体的な職業能力開発の取組みに関する環境整備に努めるべきことが規定され、また1998年雇用保険法改正では、労働者が負担した教育訓練費用の8割相当額が支給されるという教育訓練給付金が創設され、労働者の主体的な職業能力開発に対する手当が施された。

　1999年第9次計画では、労働者の職業能力開発支援により労働者のエンプ

ロイヤビリティを向上させる必要があることに加えて、①雇用の創出・安定、②失業なき労働移動の実現、③雇用であるかどうかを問わず安心して働くことができる条件整備、④多様な働き方を可能とする環境整備、⑤仕事と育児・介護と両立支援対策、⑥年齢にかかわりなく働き続けることができる社会の実現、⑦個別紛争処理制度の在り方についての検討などが指摘されていた。①の具体的な取組みとしては、新規開業支援による雇用機会創出や起業家支援だけではなくワークシェアリングを含めた雇用・労務管理の創意工夫による雇用創出などが挙げられた。また④については、通常の労働者との均衡を考慮したパートタイム労働者の適正な労働条件確保が示されていた。このうち、⑦については、個別労働関係紛争解決促進法が2001年に制定されることになった。また、パートタイム労働者と通常労働者の均衡処遇は、2007年パートタイム労働法改正により義務化されることとなった。

2001年には、上記②の失業なき労働移動の実現のための環境整備として、雇対法が改正され、転職に当たっての円滑な再就職の促進その他の措置が効果的に実施されることにより、労働者は、職業生活の全期間を通じて、その職業の安定が図られるように配慮されるという基本理念が定められ、相当数の労働者が離職を余儀なくされることが見込まれる事業規模縮小の際の再就職援助計画の作成義務なども規定された。また、募集・採用の際の年齢差別禁止に関する事業主の努力義務が設けられた。さらに同年、職業能力開発促進法が改正され、労働者の自発的な職業能力の開発及び向上を促進するための措置を講じる措置として、事業主に、情報の提供、相談等の援助及び労働者の配置等の雇用管理に係る配慮が定められることになった。加えて、上記⑤については、2004年に育児介護休業法（育介法）が改正され、労働者を配転させる場合における育児や介護の状況への配慮、3歳未満の子を養育する労働者や介護を行う労働者に対する短時間勤務措置等の実施が義務付けられるなどの手当がなされた。

3 内部・外部労働市場規制による全員参加型社会
（1） 2007年雇対法改正
厚生労働省職業安定局が設置する雇用政策研究会は、2005年に「人口減少

下における雇用・労働政策の課題」と題する報告書を公表した。これは①少子化が進展して総人口が2007年には減少に転じるとともに、②団塊世代が2007年には60歳代に到達し2022年以降には後期高齢者に入っていくという将来の人口構造の見通しと、③フリーターやニートの増加等若年層の就業機会をめぐる厳しい状況、④女性の能力発揮機会が限定されている実態、⑤仕事以外の活動に従事できるよう柔軟な働き方を希望する労働者が増えているが、仕事と生活の両立が困難なこと、などを前提とした労働政策の在り方を示すものであった。「すべての人々が高い意欲と能力をもって、雇用その他様々な就業機会に挑戦できるようにする」こと、完全失業率だけではなく国民一人一人の現実の労働への参加を表す指標である「就業率」を重視することなどに基本的な考え方を置きつつ、㋐若者、女性、高齢者への就業支援、㋑職業能力開発、㋒福祉から就労、㋓地域における雇用創出、㋔外国人労働者の受け入れ促進、㋕公正な労働条件整備、㋖ワーク・ライフ・バランスの推進、㋗労働力需給調整、といった多岐にわたる項目に関して政策提言を行ったのである。

　2007年雇対法改正では、以上の政策提言を受けて、「少子高齢化による人口構造の変化等の経済社会の変化に対応」した施策により「労働市場の機能が適切に発揮され」ることが同法の目的に追加されるとともに、高年齢者の職業の安定、不安定雇用の是正、就職困難者の就業促進、離職を余儀なくされる労働者の再就職促進に加えて、女性の職業の安定、障がい者の職業の安定、若者の職業の安定、高度な専門的知識・技術を提供する外国人の就業促進、地域的な雇用構造の改善が、国の講ずべき施策として規定された。さらに、募集・採用の際の均等な機会付与が努力義務から法的義務へと変更された。

（２）2016年第2次雇用政策基本方針

　以上の2007年雇対法改正では、改正前の同法8条の雇用対策基本計画に関する規定が削除された一方、雇対法施行規則が改正され同法1条において雇用政策基本方針の作成に関する根拠規定が設けられていたが、かかる規定に基づいて作成された第1次雇用政策基本方針では、公正の確保、安定の確

保、多様性の尊重を基本的な考えとして雇用政策が推進されるべきことが指摘されていた。

　2016年の第2次雇用政策基本方針では、こうした基本的な考えを前提としながら、年齢、性別、心身の状況や生活環境などにかかわりなく誰もが働く意欲と能力の発揮を通じて、経済的自立、生活水準の向上、社会参加、生きがいを追求できるという「全員参加の社会」の実現が最優先で取り組まなければならない課題であるとされた。労働者の希望を生かした多様な働き方の実現、恒常的な長時間労働の解消、シニアの社会参加モデルの構築、女性の活躍推進、若者に対するキャリア形成機会の提供、能力と適性に応じて障がい者等が活躍できる社会の実現などにより、公正・安定の確保・多様性の尊重を満たす雇用機会を保障し、さらには、それにより人的資本の量的拡大と質的向上を図り経済成長を推進すべきことが示された。ここでは、以上の第2次方針では、労働供給サイドである人的資本に働きかけることを通じた経済成長が志向された点に注目する必要があろう。これまでの雇対法の目的としては、失業を予防して量的及び質的な完全雇用を目指すことが重視され、人的資本の量的・質的拡大を通じた経済成長や企業競争力強化という視点は希薄であった。

　以上の全員参加型社会に加えて2016年第2次雇用政策基本方針で明らかにされたもう一つの重要な点は、外部労働市場と内部労働市場の補完的な関係が強調された点である。「企業と労働者を結びつける『外部労働市場』と、企業内で労働者と仕事を結びつける『内部労働市場』は、相互に影響しあいながら補完的に機能」するものであり、全員参加型社会を実現するには、職業能力の「見える化」やマッチング機能の強化等による外部労働市場の強化だけではなく、参加のボトルネックとなっている内部労働市場の障壁を取り除かなければならないとされたことである。多様な正社員の普及、恒常的な長時間労働の解消、非正規雇用の職務内容や責任に応じた公正な処遇などによって全員参加の社会を推進すると同時に、労働者の主体性や内発性を引き出して人的資本の質的向上を図るためには、公正で納得できる処遇、キャリア形成に配慮した人事配置、ワーク・ライフ・バランスの尊重、雇用管理の個別化・多様化と個人間の処遇の均衡の両立、労働者の発言機会の確保を重

視した雇用管理が必要であるとされたのである。

4 雇対法、雇用保障法と労契法

　以上のように2007年改正雇対法の下で2016年に作成された第2次雇用政策基本方針では、内部労働市場と外部労働市場が相互に補完し合う関係にあるという視点が示された。2007年改正において同法の目的に加えられた「労働市場の機能が適切に発揮され」ることの中には、内部労働市場の機能も含まれるということであろう。また、こうした視点に基づいて、高齢者、女性、若者の就労促進、職業訓練や労働力需給調整の強化だけではなく、就労促進のボトルネックになっている内部労働市場の障壁除去や人的資源の質的向上を推進するための内部労働市場の在り方に言及された。これらによる経済成長や企業競争力向上の実現が目指されたのである。

　もとより、1966年に制定された雇対法の下で作成された第1次雇用対策基本計画でも、内部労働市場に関する指摘がないわけではなかった。たとえば、公共訓練に比べて事業内訓練が著しく遅れているため、事業内訓練の実施に対して、その内容、方法等に関して援助するほか、税制上の援助措置を強化すること、技能労働者と事務系労働者の処遇格差問題を解消することなどである。しかし、事業内訓練の実施については、税制上の援助という形の間接的規制であり、技能労働者と事務系労働者の処遇格差解消についても、能力や職種に応じた求人や求職がなされるような外部労働市場の環境整備を図る、というアプローチであった。初期の雇対法は、内部労働市場への規制を意図していなかったのである。

　前記のとおり、そもそも伝統的労働法学説では、雇対法は雇用保障法に位置付けられ、「雇用保障法にあっては、雇用労働者を含む労働力全体ないし労働市場に向けられる国の計画的・総合的な施策との関連のもとに、個別労使間における雇用の成立・維持の保障が行われるのに対して、労働者保護法のもとでは、個別的労働関係の規整とそれを通じての労働者保護が、労働力市場との関係を抜きにして問題とされる」[12]といわれてきた。内部労働市場に対する規制は、労働者保護法の任務であると位置付けられてきたのである。労働者保護法では、労働契約関係の成立を前提とした、個別的労働関係

における労働条件保護が対象となるのに対して、雇用保障法においては、労働関係の成立における法的保障が第一義的に対象となり、これと必然的に結合せざるを得ないその維持、存続の法的保障が対象になる[13]、とされ、さらには、契約関係を規律する労働者保護法では、使用者が一次的な責任主体となる一方、雇用保障法では、国家が一次的な責任主体として登場するといった点も指摘され[14]、両者の差異が強調されてきた。雇用保障法は、①施設保障（職業紹介、職業訓練など）、②所得保障（失業給付）、③就労保障（障害者、高齢者などの雇用率の義務付けなど）、④整理解雇制限、⑤雇用創出（国による雇用創出事業）とによって構成されると考えられ[15]、労働関係の成立や維持と必然的に結び付くもの以外は、内部労働市場に対する規制は、雇用保障法の領域に含められないと考えられてきたといえよう。このように、伝統的労働法学説では、内部労働市場に対する規制は、労働保護法の役割であるとされ、初期の雇用対策基本計画でも、同様な見方が色濃くみられたのである。

　しかし、その後の雇用対策基本計画では、雇用創出の観点から、労働時間短縮の必要性に言及され、1995年の第8次計画では、自律的・創造的かつ効率的な働き方に応じた労働時間管理の推進が盛り込まれた。1987年労基法改正では週40時間制が実現され、1998年労基法改正において企画業務型裁量労働制が設けられるなどして、雇対法は、次第に内部労働市場に対する規制を含むようになってきた。また上記のとおり、2004年育介法改正では、配転の際の配慮や短時間勤務措置等の実施が義務付けられ、2007年パートタイム労働法改正では、通常労働者との均衡処遇原則が導入された。2007年に制定された労契法では、労働契約の原則として、仕事と家庭の調和と均衡の考慮が規定された。ここにおいて明確に雇対法と労契法とが結び付けられたといえよう。2016年の第2次雇用政策基本方針で示された外部労働市場と内部労働市場とが補完的関係にあるという視点は、こうした傾向の到達点であるとみることができる。ただし、上記のとおり、2016年第2次方針では、人的資本の質的向上や量的拡大を経済成長のエンジンと位置付ける見方が示されており、このような見方が、外部労働市場だけではなく、内部労働市場をいっそう規制することを要請した評価することもできよう。

三　労施法と労契法

1　労施法の目的、契約自治
（1）ボトルネックの解消と適正な選択機会の保障

　雇対法の改正という形で制定された2018年労施法は、上記のとおり、第一に、労施法は、労働者の多様性を尊重した雇用安定とともに、労働生産性の向上を同法の目的として明確に位置付けるとともに、第二に、能力等に対する公正評価や事業主のワーク・ライフ・バランスに対する配慮を明確に規定し、さらには、労働時間の短縮、均等な処遇の確保を国の講ずべき施策として定めるなど、内部労働市場に対する規制を明定した。これらはいずれも、以上の第2次雇用政策基本方針で示された見方を引き継いでいるとみることができるが、労施法は、労働者のそれぞれの事情に応じた多様な働き方を推進するという視点から、内部労働市場に対する規制の必要性を明確に示すとともに、それを労働生産性の向上につなげていくべきことを明らかにしたものということができる。

　労働者の個別事情に応じた多様な働き方については、内閣が標榜する「新しい資本主義」でも、「日本の大企業は、ともすれば、中高年の男性が中心となって経営されてきたが、これからは組織の中でより多様性を確保しなければならな」ず、「同一労働同一賃金制度の徹底とともに、短時間正社員制度、勤務地限定正社員制度、職種・職務限定正社員制度といった多様な正社員制度の導入拡大を、産業界に働きかけていく」として、その推進が強調されている[16]。また、2021年に改訂されたコーポレート・ガバナンス・コードでは、「社内に異なる経験・技能・属性を反映した多様な視点や価値観が存在することは、会社の持続的な成長を確保する上での強みとなり得る、との認識に立ち、社内における女性の活躍促進を含む多様性の確保を推進すべきである」とされた。

　以上のような多様な働き方の選択が可能な内部労働市場の整備が要請されるのは、労働者の能力発揮のボトルネックとなっている制度的あるいは構造的な障壁を除去する必要があるためであろう。たとえば、子育てや介護に時

間を費やす必要がある労働者は、長時間労働が恒常化しているような会社で働くことは難しい。柔軟な配転命令に応じることが求められるような職場で働くことも困難である。「労働者の多様な事情に応じた雇用の安定」とそれを通じた能力発揮を実現するには、内部労働市場において、適正な労働条件を伴った多様な選択肢が制度的に確保される必要がある。適正な労働条件と豊富な教育訓練機会が保障される正規社員とそのような労働条件や教育機会が保障されていない非正規社員とに分断化された二重の労働市場が存在し、相互の流動性も高くない労働市場構造が構築されている場合に、後者の非正規社員に対する教育機会と適正な労働条件を保障するための法規制が整備されていなければ、後者の選択を余儀なくされた労働者の能力発揮の機会や雇用の安定が損なわれることになろう。日本の内部労働市場は、女性が育児や家事の責任を担う一方で男性の正社員が定年まで雇用されるという男性稼ぎ主モデルが画一的に想定されて制度化されてきたところがあるが、女性の職場進出、生涯現役社会や障がい者のノーマライゼーションの要請などから、労働力の供給構造が多様化してきており、従来の画一的な想定に基づいた内部労働市場が多様な労働者の労働参加や能力発揮のボトルネックになる状況が顕在化してきているのである。労施法は、国の施策として講ずべき措置として、①労働時間短縮、均衡処遇に関する施策、②職業指導や職業紹介に関する施策、③職業訓練、職業能力検定に関する施策、④就職困難者に対する施策、⑤事業規模縮小の際の失業等の予防等に関する施策、⑥女性、育児・介護を行う者に対する施策、⑦若者に対する施策、⑧高年齢者に対する施策、⑨疾病者、負傷者ために治療を受ける者に対する施策、⑩障がい者に対する施策、⑪不安定雇用の改善に関する施策、⑫外国人に対する施策、⑬地域的な雇用構造改善のための施策にわたる多様な政策メニューを用意し（労施法4条1項）、外部労働市場に対する働き掛けだけではなく、内部労働市場に対する法規制を通じて制度的なボトルネックを解消し、多様な労働者の能力発揮や労働参加のための適正な選択機会を保障することを意図したものと解することができる。「労働者の多様な事情に応じた雇用の安定」とそれを通じた労働者の能力発揮という労施法の目的は、このような観点から理解する必要がある。

（2） 契約自治と選択機会格差の是正

　問題は、労契法の合意原則と以上の労施法による「労働者の多様な事情に応じた雇用の安定」とがどのような関係に立っているのか、という点である。労施法が、「労働者の多様な事情に応じた雇用の安定」を実現するために、労働契約関係に介入する立法規制を要請するものであるとすれば、それは労契法1条に規定されている「合意の原則」を制約する側面を持ちうるからである。

　まず、労働者の納得に基づいた、真の自由意思を探求した合意原則を実現することによって、「労働者の多様な事情に応じた雇用の安定」が達成されるという見方があろう。契約当事者の交渉を促進し、使用者と労働者との間の自由意思に基づく合意原則を実現することこそが、労働者の多様な事情に応じた雇用の安定につながると考えることができる。

　しかし、このような見方には、次のような問題がある。

　第一に、労契法が合意原則と衝突関係にある規定を置いていることとの整合性である。たとえば、労契法18条の無期転換権は、有期労働契約者の雇用の安定を目的とした規定であって[17]、使用者の承諾を「みなす」ことが定められており、労働者と使用者が真の自由意思に基づいて合意したとしても、無期転換権の適用を排除することはできないとされているのであり[18]、こうした規定は「雇用の安定」の観点から、労使の合意を制約するものと位置付けることが自然であろう。

　また第二に、個々の労働者の自由意思には、その置かれた多様な環境が投影されるという点である。いわゆる適応的選好形成の問題である。たとえば、子育てや介護の責任を果たしている女性労働者が、その責任のために不平不満をこぼさない諦めを持って、自らの状況を受け入れているならば、自らの欲求を控えめで現実的な大きさへと縮小させるように努めるであろう[19]。一人親世帯や障がいを有する労働者などについても同様のことが当てはまる。労働者の納得に基づく使用者との合意の実現、それ自体を志向することは妥当性に欠ける結果を生み出してしまうことがあるのである。

　さらに第三に、労働者が置かれた環境、自身の特性、前提となっている社会構造や社会関係などにより、労働者間に雇用に関する選択機会の著しい格

差が生じていたとしても、上記の見方によれば、こうした格差が合意原則の結果として正当化されてしまう可能性がある点である。両親がどのような人であるか、採用時の経済環境はどのようなものか、身体的特徴がどのようなものであるか、子育てや介護に時間を割く必要があるか、その他様々な事情により労働者間には選択機会の幅に格差が生じ、さらに、個々の相互行為や国家による政策の結果として構造化された社会構造や社会関係（たとえば、正社員の長時間労働、年功賃金、正社員と非正社員の二重市場構造、男性と女性の役割分担意識、年功序列意識、外国人に対する偏見、障がい者については、たとえば健常者を前提とした様々な社会構造、福祉から就労という政策傾向や生活保護支給の抑制といった制度的・構造的問題など）によりそうした選択機会の格差が増幅されてしまう可能性があるが、合意原則によれば、こうした格差の結果として生じた合意の帰結が正当化されてしまう[20]。「労使間」の合意原則では、「労働者間」の分配問題には応えることができないのである。応えることができたとしても、是正されるべき分配の基準を示すことはできないであろう。労施法は、内部・外部労働市場の両面にわたる手当を施し、見過ごすことのできない労働者間の選択機会格差を是正することを意図するものであると位置付けることができる。もちろん、以上のような見方は労働関係における私的自治を否定するものであるという批判もあろう。しかし、労働権（憲法27条1項）は、教育権と並んで保障されている基本的人権であり、私的自治に対する制限を通じて保障されるべき重要な権利であることを看過することはできない。

（3）自省的法、契約自治と集団的労使自治——労働の尊厳に向けて

そこで、「多様な事情に応じた雇用の安定」とそれを通じた能力の発揮を達成すべき目的として把握しつつ、合意原則をそのための手段として位置付けるという視点が浮上する。労契法にそくしていえば、同法3条2項、3項の均衡の考慮とワーク・ライフ・バランス及び、それらを反映した合理的な労働条件の決定・変更こそが労契法の目的であり、合意原則はそれを達成するための手段であるということになる。合意原則は、契約当事者の情報を収集するための規範（自省的法）として把握されなければならないのである。労働者の多様な事情に応じて労働権を分配するには、契約当事者の多様な事

情に敏感でなければならず、そのために合意原則に基づく契約制度、さらには集団的な交渉が必要であるからである。合意原則や集団的労使自治を重視するという視点は、労施法2条の「自主性の尊重」を受けたものであるということもできよう。国家が詳細な基準を設定し、あるいは裁判所が一方的な基準を押し付けるような形では、労働者の多様な事情に応じた雇用の安定は実現されないし、労働生産性も損なわれてしまう。

　たとえば、パートタイム有期雇用労働法（以下、パート有期法）8条の通常労働者とパート・有期労働者との間の不合理格差規制は、労契法3条3項の均衡配慮と接点を有するとともに、労施法4条1号に基づく立法規制であるとみることができるが、こうした規制は合意原則と衝突する関係にあるのではなく、むしろ、労施法4条1号の「各人が生活との調和を保ちつつその意欲及び能力に応じ」た就業、さらには、同1条の労働者の多様な事情に応じた雇用の安定と労働生産性の向上及びそれによる労働者の能力発揮という目的[21]を実現するための手段として、合意原則を位置付けることができるということになる。パート有期法8条の「不合理な相違」であるかどうかについて、裁判所が一方的な基準を設定してしまうと、労働者の多様な事情を踏まえたものとはならないうえに労働生産性の向上にもつながらない帰結が生まれてしまう可能性が高い。裁判所は、労働者の多様な事情や企業の内部労働市場に関する情報を知ることができる立場にないため、待遇格差が不合理か否かの判断については、問題となっている待遇格差に関してどのような説明がされたか、労働組合等との交渉はなされたか、といった点が重視される必要がある。

　もっとも他方では、労施法に基づく法規制は労使合意を制限するものであるため、明確な労使合意がある場合には、労施法に基づく法規制は規制の必要性と手段の比例性の観点から限定的に適用されるべきであるという見方も可能であって、こうした見方によれば、合意を直接制限するのではなく、他の間接的な規制（税制や雇用保険など）によって労働者間の雇用格差是正が可能である場合には、間接的な規制によるべきであるということになろう。たとえば、上記のパート有期法8条の規制については、明確な労使合意がなされた結果として待遇格差が生じており、かつ公的な職業訓練、税制などに

よって不合理な待遇格差の是正が可能であるとすれば、労働契約関係に直接介入するような立法規制の適用は回避されるべきことになる。

　しかし、いわば労働法の役割を労使の対等合意に限定し、労働者間の格差是正については社会保障法や税法に委ねるという上記のような見方は、労働が民主的な市民社会における協調的生産システムに貢献する活動であるという点を看過するものであるといえよう。どのような生産も特定の個々人の功績のみに還元できるわけではなく、そこには多くの人の労働が関わっているのであり、すべての労働は、協調的生産システムに貢献する活動として、尊重に値する内容（最低賃金などの公正な条件、発言の機会など）を備えていなければならないのである[22]。労働条件や労働機会の保障に対する直接的な法規制により、尊厳を伴った労働を保障する必要がある。労施法の規定さらには労契法3条の均衡の考慮やワーク・ライフ・バランスの配慮は、こうした意味で理解されるべきである。明確な対等合意によっても規制の適用を排除することができない労基法の規定も同様の趣旨から把握されるべきであろう。

2　ワーク・ライフ・バランス

　以上のように、労施法の内部労市場規制は、「労使間」の対等合意を実質的に保障するだけのものではなく、㋐適応的選好形成や労働市場の前提として存在する社会構造や社会関係（労使の従属関係以外の多様な従属関係）などにより生じる「労働者間」の分配問題を規制すること、㋑さらには、民主的国家での労働はすべて尊重の対象であって、すべての労働者に適正な労働条件や発言の機会を保障すること、㋒これらにより、労働者の多様な事情に応じた雇用の安定と労働者の能力発揮を促進するもの、と位置付けることが可能であり、一方、労契法の合意原則は、労働者の多様な事情に応じた規制目的を実現するための自省的法として理解することができる。

　それでは上記のような観点から、労契法3条に規定されているワーク・ライフ・バランスと均衡処遇の要請を理解した場合、労契法の解釈について、どのような帰結が生じるのか[23]。労契法3条4項、5項の信義則、権利濫用や同7条の「合理的な労働条件」などの一般条項を通じて、ワーク・ライフ・バランスや均衡処遇の要請を反映していく必要がある。

(1) 転勤命令

　ワーク・ライフ・バランスの要請を労契法の解釈に投影する必要があるのは、適応的選好形成問題や構造的・制度的な要因（とりわけ、ジェンダー意識や子育て・介護負担）から生じる選択機会格差を是正するためであるといえるが、その観点から労契法の解釈について問題となる重要な論点の一つとして、使用者による配転命令の効力、とりわけ転居を伴う転勤命令の効力の在り方がある、といえよう。

　周知のとおり、就業規則に基づく、転居を伴う転勤命令については、①業務上の必要性が存しない場合、②不当な動機・目的をもってなされた場合、③労働者に対して通常甘受すべき程度を著しく超える不利益を負わせるものであるとき等、特段の事情の存する場合でない限りは、当該転勤命令は権利の濫用になるものではなく、①の業務上の必要性についても、当該転勤先への異動が余人をもって容易に替えがたいといった高度の必要性に限定するというのは相当ではないとされており[24]、その効力が広く認められてきた（権利濫用法理）が、男性が一家の大黒柱として有償労働の役割を担う一方、女性は家庭内における無償のケア労働に従事するという役割分担がなされていた時代から、男女がともに有償労働に従事する時代へと変化するにともない、上記権利濫用法理が仕事と生活の両立を妨げるボトルネックとして作用する契機が拡大しているのである。夫婦の一方が転居を伴う転勤命令を受けることにより、夫婦の同居が困難となり、ひいては夫婦の他方が子育ての役割を中心的に担うこととなり、その他方にとっては仕事と生活を両立することができなくなってしまうからである。

　もちろん、契約当事者の間で勤務地を限定する合意がなされていれば、労働者は当該限定合意を超えた転勤命令に応じる必要はないが、勤務地限定の合意については、明確な合意がある場合にのみ認められるものであり、長期間同一勤務地で勤務してきたというだけでは、そうした限定合意が認められない傾向にある[25]。この点につき、厚生労働省労働基準局が設置した「多様化する労働契約のルールに関する検討会」は、労基法上15条1項の労働条件明示事項として、就業の場所・従事すべき業務の変更の範囲を追加すべきことを提案した[26]が、これは勤務や職種に関する契約関係の明確化を通じて、

ワーク・ライフ・バランスのボトルネックを取り除くことを意図したものであると考えられる[27]。

しかし、契約関係の明確化により、幅広い転勤命令に服する職種とそうでない職種とを区分するだけでは、幅広い転勤命令に服さなければならないという、ワーク・ライフ・バランスのボトルネックを取り除くことはできないであろう。第一に、労基法15条の1項の労働条件明示に関する上記のような措置をとったとしても、勤務地限定契約という選択肢を使用者が用意することが求められているわけではないからであり、第二に、勤務地や職種が限定された契約の労働条件が、無限定な契約のものとの比較において適正で妥当なものでなければ、多くの労働者が無限定や契約を選択するか、あるいは、どちらも選択しない（働かない）ということになってしまうからである。適正な労働条件を伴った勤務地限定契約の制度化を促す労契法解釈が必要になるといえよう。

そこで、たとえば、労契法3条3項（ワーク・ライフ・バランス）の趣旨を同7条の合理性要件に投影するという視点から、適正な労働条件を伴った限定契約が制度化されていない就業規則上の転勤制度は同7条の合理性を欠くものとすることに加え、3条5項の権利濫用の成否について、労働契約締結時だけではなく契約の展開過程において、当該限定契約を選択できる機会が与えられてきたかどうかを考慮することが、一つの方策として考えられる[28]。無期の労働契約関係は長期的に展開される契約であり、契約締結時とは異なる環境や事情に労働者が置かれていることも多い。労施法の目的である多様な事情に応じた雇用の安定を実現するためには、多様な働き方が可能な選択肢が整備された内部労働市場を用意し、労働者自身が事情に併せて当該選択肢を選択できる手当が必要であり、使用者がそうした措置を講じることを促す労契法の解釈が必要になるのである。

（2）働き方の柔軟化

ワーク・ライフ・バランスの実現という点では、労働者の申出によるリモートワークや労働時間変更要求など、労働者の希望に応じた働き方の柔軟化要求に応じる信義則上の義務が使用者に認められるか、という点も論点と

なりうる。労働者が自身の私的な生活の都合に応じて、労働時間変更やテレワークなどを求めた場合、使用者はこれに応える義務があるか。少子高齢化社会と夫婦の共働きを前提とした場合、子育てや介護などの無償労働に従事する時間を確保することが労働市場の持続的な展開と発展に不可欠であるとすれば、労働者の要求に基づいた働き方の柔軟化要求に使用者は応えていく必要があろう。

この点につき、労基法では、フレックスタイム制や裁量労働制など週40時間・1日8時間の柔軟な運用措置が定められているが、いずれも使用者側によってとられる措置であって、労働者の申出により実現されるものではない。これに対して育介法23条では、3歳未満の子を養育する労働者や要介護状態にある者を介護する労働者の申出に基づく所定労働時間の短縮措置あるいはフレックスタイム制の適用など事業主に義務付けられており、これにより、同条の要件を充足する労働者にとっては、自身の都合に併せた労働時間の柔軟化が可能となっている。もっとも、同条における所定労働時間の短縮措置等は、同条の要件を充足する労働者に限定されているうえに、たとえば3歳未満の子を養育する労働者については、1日の所定労働時間を6時間とする措置、フレックスタイム制、始業・終業時刻の繰り上げ又は繰り下げ、のいずれかの措置であればよく、労働者はそれ以上の柔軟化を要求することはできない。たとえば、育児休業終了後に労働者が無期労働契約の地位を維持したまま、週3日、4時間勤務を求めることはできない[29]。そこで問題は、労契法3条3項の信義則に基づいて、使用者が育介法の要求を超えた措置をとる義務を負うか、という点である。

筆者は、労契法制定当初から、㋐労契法3条3項のワーク・ライフ・バランスの要請は、労働が市場取引でありながら社会生活に埋め込まれていることを受けた規定であり、このことは労働契約に私生活を反映させることを要求していると理解すべきであることを指摘し、労働者からの労働時間変更請求に対して使用者が真摯に対応すべき信義則上の義務があると主張してきた[30]。使用者は、育介法などの法律上の要求を超えて、労働者の申出に応じた合理的な措置をとるべき配慮義務（実体的義務）を負うものではないが、労働者の申出に対して真摯に検討し、労働者の申出に応えられない場合は経営

上の理由を十分に説明する義務（手続的義務）があるということになる[31]。さらに、筆者は、㋑立法論として、育児、介護や一人親を理由とする差別的取扱いを規制する立法規制を制定すべきであり、その中において、障害差別禁止と同様に使用者による合理的配慮措置を義務付けるべきことを主張してきた[32]。

これに対して学説では、㋐の解釈論の文脈において、育介法の趣旨と労契法3条の規定から、労働契約上の付随義務として、子を養育する労働者が仕事と家庭生活とを支障なく遂行できるよう合理的に配慮する義務（合理的配慮義務）を負うとして、育介法などの法律上の要求を超えた配慮義務が使用者にあるとする主張する見解[33]もある。しかし、障がい者雇用促進法36条の3における合理的配慮措置等の法律上の規定がないにもかかわらず、育介法の規定を超えた義務を使用者に課すという解釈を労契法から引き出すことは困難である。障がい者雇用法の合理的配慮措置でさえ、過重な負担となる場合は免除されていることも考慮する必要がある。

さらに学説の中には、合理的理由がある場合に労働時間の調整権や免脱権を保障すべきことを主張する見解[34]もある。そこでいう合理的理由の内容は必ずしも明らかではないが、労働者側に柔軟な働き方を要求する合理的理由がある場合に、柔軟な働き方を実現する権利を付与するという趣旨であれば、企業組織の円滑な運営に対する大きな支障をもたらすことになろう[35]。

3　就業形態間の相互転換と均衡処遇、公正評価の要請

働き方の柔軟化についてはむしろ、就業形態間の相互転換の促進により、内部労働市場における多様な選択肢を確保するという視点が重要であるということもできる[36]。たとえば、フルタイム労働との均衡処遇が保障されたパートタイム労働が適切に制度化され、かつ相互の就業形態の転換が容易であれば、フルタイム労働者が一時的にパートタイム労働を選択することが可能となるからである。

就業形態の転換については、パート・有期法において、パートタイム労働者・有期労働契約者のフルタイム労働者・無期労働契約者への転換措置が定められ（同法3条、13条）、最高裁判決でも、旧労契法20条（現パート・有期法8

条）の待遇格差の不合理性が争われた事案において、転換制度が設けられていることが不合理性を否定する事情として考慮されている[37]が、そこでは、パートタイム労働者・有期労働契約者からフルタイム労働者・無期契約労働者への転換のみが念頭に置かれており、相互の転換が意図されているわけではない。しかし、内部労働市場における就業形態間の流動性が確保されることによって均衡処遇が実現され、これにより労働者の多様な事情に応じた雇用の安定とそれによる労働者の能力発揮が可能になると考えられるため、立法論としては、以上のような相互転換を保障する規制がさらに必要であることはもちろん、パート有期法8条における不合理性の判断要素としても、就業形態間の相互の流動性の度合いを考慮すべきであるといえよう。

　もとより、内部労働市場における就業形態間の相互の流動性を高めるためには、労契法18条の無期転換後のフルタイム労働など、パート有期法8条の適用が直接問題とならない就業形態についても、労契法3条2項の均衡処遇を考慮した取扱いが求められる。たとえば裁判例では、労契法18条に基づく無期転換後の労働条件を定めた契約社員就業規則の効力が問題とされた事案につき、「無期転換後の原告らと正社員との労働条件の相違も、両者の職務の内容及び配置の変更の範囲等の就業の実態に応じた均衡が保たれている限り、労契法7条の合理性の要件を満たしているということができる」とし、パート有期法8条と労契法3条2項の趣旨を労契法7条の合理性に投影した例がある[38]。勤務地が限定されたフルタイムの無期労働契約者などの労働条件についても、労契法7条や労契法3条2項を通じて、パート有期法8条の趣旨を及ぼしていく必要がある。

　就業形態間の流動性を高めるもう一つの重要な視点は、雇用形態や就業形態にかかわらない公正な処遇制度の確立であろう。労施法3条では、基本的理念として、労働者に対する公正な評価による職業の安定が規定されていることからすれば、労働者に対する公正評価の要請が、労契法3条4項の信義則に基づいて使用者の義務として、あるいは同5項の権利濫用判断における考慮要素として、求められていると解すべきである。もちろん、公正な評価の内容は一義的ではない。年功主義や能力主義に基づく評価であっても、成果主義による評価であっても、適切な運用がなされていれば公正な評価であ

る。逆に、人事考課の基準を年齢、成果、能力のどの点に置くとしても、適切な運用がなされていなければ、公正な評価とはいえない。

　しかし、ここでは、均衡処遇と公正な評価との関係に注目する視点がありえる。パート有期法8条における不合理性の評価基準が、労契法3条2項の均衡処遇にも投影されるとすれば、パート・有期法8条はそれが適用されない雇用形態についても参照されるべき一般的原則を定めたものということができる。そして、労施法3条のいう公正な評価についても同様に解されるべきことになる。つまり、①業務の内容及び当該業務に伴う責任の程度、②その内容の変更や配置の変更の範囲、③その他の事情のうち、④待遇それぞれの性質や当該待遇を行う目的に照らして適切と認められるものを考慮して、不合理と評価されるものであってはならない、という点に公正評価の内容を求めることができる。

4　労施法の政策メニューと労契法——高年齢者雇用を素材として

　上述したように、労施法は、適応的選好形成問題や構造的・制度的要因から生じる選択機会格差の是正を図るため、多様な政策メニューを定めている。ワーク・ライフ・バランスや均衡処遇だけではなく、①職業指導や職業紹介に関する施策、②職業訓練、職業能力検定に関する施策、③就職困難者に対する施策、④事業規模縮小の際の失業等の予防、⑤女性、育児・介護を行う者に対する施策、⑥若者に対する施策、⑦高年齢者に対する施策、⑧疾病者、負傷者ために治療を受ける者に対する施策、⑨障がい者に対する施策、⑩不安定雇用の改善に関する施策、⑪外国人に対する施策、⑫地域的な雇用構造改善のための施策、など幅広く定めているのであり、いずれも適応的選好形成問題や構造的・制度的要因から生じる選択機会の格差是正を図る意図を有するものと位置付けることが可能である。たとえば、労働需要には地域ごとに格差があるため、雇用機会に格差が生じうる（⑫）。また、高度専門的技術を有する外国人であっても、社会的偏見による不利益が生じうる（⑪）。1990年以降の経済不況の影響から不安定雇用の選択を余儀なくされた者への対応も必要であろう（⑩）。労働者の選択機会を増大させるためには、職業紹介や職業訓練に関する施策（①、②）も重要となる。もとより、上記

①から⑫に関して定められた立法規制と労契法の関係も重要な論点ではある[39]が、紙幅の関係から、ここでは、高年齢者に対する施策（⑦）について若干の検討を行いたい。

中高年齢者に対する就労支援政策としては、1963年以降、積極的な職業訓練や職業指導、中高年齢者に対する雇用率制度が設けられるなど、中高年齢者に対する就労支援政策が採られてきた[40]。また次第に、中高年者が45歳以上の中高年齢者と55歳以上の高年齢者とに区分され、後者については、再就職促進から、高年齢者の離職を防ぐための定年延長へと政策が転換されはじめた[41]。さらに、公的年金の支給開始年齢が60歳から65歳に引き上げられることに伴い、60歳以降の雇用機会の確保が強く意識されるようになった。1994年高年法改正により60歳定年が義務化されるとともに、2012年高年法改正では、希望する労働者について65歳までの雇用を確保すべき義務が事業主に課されることになった。加えて近時では労働力人口減少を受けて、意欲ある高年齢者の活躍の場を確保するという視点も強調されるようになり、2021年高年法改正により、65歳から70歳までの就業確保措置に関する努力義務が事業主に課された。

以上のような政策が展開されてきたのは、高年齢労働者が、わが国において普及してきた年功賃金制度、長期雇用制度、さらには雇用の流動性が低いわが国の労働市場構造において、失業が長期に継続しやすいところがあるためである。そうした脆弱性は、年齢による能力低下だけが原因ではない。年齢に対する無意識の見方から作り出された構造や制度、公的年金制度などによって、そうした脆弱性が生み出されている面がある。高年法の目的は、そうした脆弱性を踏まえて、高年齢労働者に対して適正な選択機会を保障し、もって経済・社会の発展に繋げていくことにあると解され、労契法にも、このような目的にそうような解釈を施す必要があろう。そして高年齢労働者が有する制度的・構造的な脆弱性を解消するためには、公私協働による働きかけが求められ、公法である高年法の趣旨を労契法に的確に反映していくことが要請される。構造的・制度的な脆弱性は、国家による制度だけではなく、人々の無意識の言動から生まれる構造に起因しており、そうした構造に公私両面からアプローチする必要があるからである。このことは、高年法の規定

を強行的な私法的効力を有するものとはせずに、その達成目標を公法的規定により漸進的に実現していくという手法に依拠すべきという視点に通じる。

たとえば、高年法9条では60歳から65歳までの雇用確保措置が事業主に義務付けられているが、当初（1990年高年法改正）は、努力義務として導入され、次第に法的義務として発展させられてきたという経緯がある。年齢に対する無意識の言動や年功主義的な賃金制度の変化を促し、労働生産性を損なうことなく65歳までの雇用確保を実現していくためには、こうした漸進的な手法が適切であろう。さらに、こうした漸進的な手法は、高年法の規定をあくまで公法的な義務として位置付けることを要請し、その趣旨を民法の不法行為や労契法の規定により柔軟に実現していくべきことを求める[42]。

裁判例では、51歳以上の従業員に対して、①子会社に転籍して賃金水準が2割から3割減額され、当該子会社に定年まで勤務し、その後当該子会社で65歳まで再雇用されるか、②転籍せずに会社にとどまり60歳定年で退職するかの選択が求められた事案につき、「高年法9条は、その趣旨に反しない限り、各事業主がその実情に応じて多様かつ柔軟な……措置を講ずることを許容していると解するのが相当であ」るとし、また、「高年法の改正経緯によれば、60歳を超える者の雇用確保については、一貫して、多様な形態による雇用・就業機会の確保が図られることが重要であり、そのために同一企業内又は同一企業グループ内において定年延長、勤務延長、再雇用等の継続雇用を計画的かつ段階的に進めていくことなどが重要であるされていた」とし、上記措置が高年法に反するとはいえないとした例[43]がある。もちろん、現在では、65歳までの雇用確保は公法上の義務とはいえ、法的な義務となっているため、高年齢労働者の希望・期待に著しく反し、到底受け入れがたいような労働条件提示は、高年法の趣旨に反して違法性を帯び、私法上の会社の不法行為責任につながるといえよう[44]。労働条件については、老齢厚生年金の受給開始年齢までの収入を確保とするという高年法の趣旨に照らし[45]、均衡処遇や生活保障の要請も考慮されなければならない[46]。また、高年法の雇用確保措置の要請を受けて制度化された就業規則については、企業内における協議と公法規定の要請を止揚するような解釈が、たとえば労契法7条などに施されるべきであろう。このように60歳以降の雇用については、国家的な要

請を受けた雇用創出と、それを労使間で実現していくという公私の複合体としての性質がとりわけ顕著に表れているとみることができる。

四　結語——構造的・制度的脆弱性の解消に向けて

　以上において本稿では、労施法と労契法の関係を明らかにするという観点から、労施法の前身である雇対法の歴史的な経緯を確認するとともに、雇対法が次第に外部労働市場と内部労働市場との補完的な関係に着目するようになってきたことを明らかにしたうえで、労施法と労契法の密接な関係に焦点を当てた議論を展開した。労施法の目的である「多様な事情に応じた雇用の安定」は、労使間の従属的関係だけではなく、男女間、障がい者と健常者、正社員と非正社員、日本人と外国人、高齢者と若年者など多様な社会関係、あるいは社会保障制度や税制、賃金制度や長期雇用制度などの制度的要因から生まれる制度的・構造的脆弱性を解消し、多様な事情に応じた選択機会を労働者に保障することよって、能力発揮のボトルネックを取り除くことにあり、このような労施法の目的[47]が労契法の解釈にも反映されるべきであることを強調してきた。

　もちろん、こうした制度的・構造的脆弱性を生み出しているのは使用者ではないため、労働法規制の適用により使用者に負担を課すことには異論もありうる。税制や社会保障制度による手当が望ましいという見方もできよう。しかし、すべての労働は、協調的生産システムに貢献する活動として、尊重に値する内容（最低賃金などの公正な条件、発言の機会など）を備えていなければならない。労働条件や労働機会の保障に対する直接的な法規制により、尊厳を伴った労働を保障する必要があり、労働権保障の観点から、国家が使用者に特別な責任を課すことも許されるというべきである。

　本章では、上記のような観点から労契法の解釈にアプローチし、いくつかの論点について、ありうべき解釈論を示した。

　第一に、一般的な視点として、構造的・制度的脆弱性を解消して、労働者の多様な事情に応じた雇用の安定を実現するためには、それを実現する手段として、労使の対話が重視されるべきであることを指摘した。労使の対話、

それ自体が目的というわけではないが、無意識の言動から構造化されている脆弱性は、対話を通じた働きかけによらなければ克服されないといえよう。また、労働者の多様な事情に応じた措置をとるためにも、対話が重要である。

　さらに第二に、労働者の多様な事情に応じた雇用安定を実現するためには、内部労働市場において、㋐価値ある多様な選択肢を制度化することが求められることや㋑労働者の労働時間変更請求に対して真摯に対応すべき信義則上の義務が使用者に課されるべきことを指摘した[48]。㋐については、その具体例として、転勤命令条項の合理性（労契法7条）や権利濫用（同3条5項）を審査する際に、適正な労働条件を伴った勤務地限定契約が制度化されているか、当該制度の選択可能性が確保されているかを重要な考慮要素とすべきことを提案した。

　そして最後に、労施法が規定する数多くの政策メニューのうち、高年齢労働者に対する施策と労契法の関係について検討を加え、年齢に対する無意識の言動を前提として構造化された制度の変化を促すには、公法規定により漸進的に企業内制度の変化を促すことが望ましいという公私協働の視点を示した。労契法の解釈としても、公法規定の要請と企業内における協議とを止揚するような観点が必要になるが、この結果、労働契約は、政策的な要請と私的な取引の両面を反映した混合体としての性質を色濃く持つことになる。

　［付記］本稿は、令和3年度専修大学研究助成（研究課題：「価値ある労働」の機会保障と労働契約規制の研究）による助成を受けた研究成果の一部である。

1　片岡曻「『雇用保障法』の概念について」沼田稲次郎編『労働法の解釈理論——有泉亨先生古稀記念』（有斐閣、1976年）484頁、清正寛『雇用保障法の研究』（法律文化社、1987年）138頁。
2　片岡・前掲注（1）書496頁、清正・前掲注（1）書18頁、22頁。
3　2019年改正により、職場における労働者の就業環境を害する言動に起因する問題の解決を促進するために必要な施策（法4条15号）、が加えられた。
4　2019年改正では、さらに、事業主の講ずべき措置として、パワーハラスメントに関する雇用管理上の措置義務が定められた（法30条の2）。
5　片岡・前掲注（1）書496頁、清正・前掲注（1）書18頁、22頁。

6 雇対法の経緯を詳細に紹介した近時の文献として、濱口桂一郎『日本の労働法政策』（労働政策研究・研修機構、2018年）がある。
7 労施法と労契法の関係について検討した先行研究として、唐津博『労働法論の探求』（旬報社、2023年）43頁以下。
8 戦後の経緯については、清正寛＝林弘子「戦後の雇用保障法の展開」林迪廣ほか『雇用保障法研究序説』（法律文化社、1975年）59頁以下参照。
9 有馬元治『雇対法の解説』（日刊労働通信社、1966年）11頁以下。
10 有馬・前掲注(9)書43頁以下参照。
11 青木宗也「雇対法——その統制的機能」法律時報38巻10号（1966年）78頁、内山尚三「職業紹介・労働者募集」日本労働法学会編『新労働法講座』（有斐閣、1967年）358頁、石松亮二「職業安定法」林ほか・前掲注(8)書92頁。
12 片岡曻「労働権の保障と雇用保障法の理論体系」日本労働法学会編『現代労働法講座』（総合労働研究所、1984年）23頁。
13 林迪廣「雇用保障法の研究序説」林迪廣ほか『雇用保障法研究序説』（法律文化社、1975年）12頁。
14 松林和夫『労働権の雇用保障法』（日本評論社、1990年）36頁以下。
15 松林・前掲注(14)書41頁。
16 「新しい資本主義のグランドデザイン及び実行計画」9頁以下。
17 厚生労働省「労働契約法の施行について」（平24・8・10基発0810第2号）。
18 唐津博「労働契約論」労働法律旬報1798号（2013年）28頁は、規範モデルと位置付けている。
19 ローレンス・ハミルトン（神島裕子訳）『アマルティア・センの思想』（みすず書房、2021年）103頁参照。
20 イギリス労働法学では、労働者の要保護性が、労使の交渉力格差や従属性だけからだけではなく、社会的な構造的・制度的要因からも生じるという視点が生まれつつある。拙稿「クラウドワーカーの労働者性」季刊労働法274号（2021年）192頁以下 ; see also Virginia Mantouvalou, *Structural Injustice and Workers' Rights* (OUP, 2023); Lisa Rodgers, *Labour Law, Vulnerability and the Regulation of Precarious Work* (Edward Elgar Publishing 2016); Nicole Busby and Grace James, *A History of Regulating Working Families* (Hart Publishing 2020); Mark Freedland and Nicola Kountouris, *The Legal Construction of Personal Work Relations* (Oxford University Press 2011). 周知のとおり、こうした構造的不正義は、ヤングが説いたものであった。ヤングは、構造的不正義が生じるプロセスを次の四つの観点から説明している。第一に、法的・社会的ルール、あるいは現実の世界により、人々の生活が制約され、第二に、職業の社会

的地位やジェンダーなどによる社会的立場が存在し、第三に、個々人の行動により、そうした社会的立場・階層が再帰的に産出され、第四に、それが個々人の意図せざる結果である、ということである。アイリス・マリオン・ヤング（岡野八代＝池田直子訳）『正義の責任』（岩波書店、2022年）113頁以下。構造的不正義に関する近時の見取り図として、Maeve McKeown, 'Structural Injustice' (2021) 16 Philosophy Compass 12757.

21　パート有期法1条では、同法の目的が「通常の労働者との均衡のとれた待遇の確保等を図ることを通じて短時間・有期雇用労働者がその有する能力を有効に発揮することができるようにし、もってその福祉の増進を図り、あわせて経済及び社会の発展に寄与する」点にあることが規定さているが、こうした同法の目的は、労施法1条の目的や同法4条1号と整合的に解釈されるべきであろう。

22　拙稿「労働契約規制の規範的基礎と構造」日本労働研究雑誌628号（2012年）81頁。たとえば、サンデルは、キング牧師の次のような言葉を引用して、共同体における労働の尊厳保障の重要性を説いている。「私たちの社会がもし存続できるなら、いずれ、清掃作業員に敬意を払うようになるでしょう。考えてみれば、私たちが出すごみを集める人は、医者と同じくらい大切です。なぜなら、彼が仕事をしなければ、病気が蔓延するからです。どんな労働にも尊厳があります」、と。マイケル・サンデル（鬼澤忍訳）『実力も運のうち　能力主義は正義か？』（早川書房、2021年）301頁。See also Axel Honneth, 'Work and Recognition: A Redefinition' in Hans-Christoph Schmidt am Busch and Christopher F Zurn, The Philosophy of Recognition (Lexington Books 2010).

23　ワーク・ライフ・バランス及び均衡処遇原則と労契法解釈に関する基本的視点については、拙稿「労働契約法の『合意原則』と合意制限規定との衝突関係」日本労働法学会誌115号（2010年）41頁参照。

24　東亜ペイント事件（最二小判昭61・7・14労判477号6頁）。

25　日産自動車村山工場事件（最一小判平元・12・7労判554号6頁）。

26　多様化する労働契約のルールに関する検討会『多様化する労働契約のルールに関する検討会報告書』（2022年）。

27　もっとも、労基法15条1項の労働条件明示は、契約締結時点においてなされれば足りると解されており、求人募集の段階では必要とされていない。契約当事者の合意の明確化という観点からは、職業安定法5条の3における開示事項にも「就業の場所・従事すべき業務の変更の範囲」が追加されるべきであろう。拙稿「多様な正社員と無期転換の雇用ルール」労働法律旬報2023・24号（2023年）62頁。

28　篠原信貴「転勤の法的論点」日本労働研究雑誌746号（2022年）39頁参照。この点につき、両角道代「『仕事と家庭の分離』と『仕事と家庭の調和』」菅野和夫先生古稀記念論集『労働法学の展望』（有斐閣、2013年）441頁は、勤務限定の黙示の合意を柔軟に認定すべきこと、家庭生活配慮義務が果たされない転勤命令は労働契約上の根拠を欠くものとして無効とされるべきことを主張する。また長谷川聡「配転」沼田雅之ほか編『労働法における最高裁判決の検討』（旬報社、2022年）260頁は、転勤命令権の設定に関する合意が認められるためには、転勤命令権が行使されるときの条件、内容、頻度等が可能な範囲で明確化されていることが必要であり、さらに転勤を用いた雇用管理が間接性差別性を帯びることにも目を向ければ、当該転勤条項には比例原則による審査が必要であると説く。これらの論考と本稿の問題意識は共通している面があると思われるが、本稿では、適正な労働条件を伴った勤務地限定契約制度が内部労働市場において整備されているかどうかが重要であると解する。労働者が自身の事情に応じて当該制度の適用を選択することが可能である場合に、広い地域にわたる転勤命令に服する雇用形態を選択した労働者については、使用者の転勤命令権行使が尊重されるべきであろう。

29　ジャパンビジネスラボ事件（東京高判令元・11・28労判1215号5頁）参照。

30　拙稿「労働契約法の『合意原則』と合意制限規定との衝突関係」日本労働法学会誌115号（2010年）53頁。

31　実体的権利（substantive rights）としての合理的措置と手続的権利（procedural rights）としての要求権の対比については、Mark Bell, 'Adapting Work to the Worker: The Evolving EU Legal Framework on Accommodating Worker Diversity' (2018) 18 *International Journal of Discrimination and the Law* 124.

32　拙稿「就労支援立法の展開とその正当性」日本労働研究雑誌671号（2016年）14頁。立法論としては、間接差別規制によるという方法もありうる。

33　山田省三「判批」労働法律旬報1942号（2019年）35頁。

34　毛塚勝利「労働時間規制の基軸を生活時間の確保に」労働法律旬報1843号（2015年）4頁。

35　2019年のワーク・ライフ・バランスEU指令（Directive (EU) 2019/1158）において、ケアを理由とした柔軟な働き方の要求権が定められたが、それが要求権にとどめられた理由として、事業運営に対する支障が指摘されていたことにも目を向ける必要がある。Commission Staff Working Document, 'Impact Assessment Accompanying the document Proposal for a Directive of the European Parliament and of the Council on work-life balance for parents and

carers and repealing Council Directive 2010/18/EU' SWD (2017) 202, 68.
36　拙稿「就業規則による労働条件決定」日本労働法学会誌126号（2015年）41頁では、就業形態や雇用形態の類型的多様性、制度間均衡、相互の流動性の重要性を指摘した。
37　大阪医科薬科大学事件（最三小判令2・10・13労判1229号77頁）、メトロコマース事件（最三小判令2・10・13労判1229号90頁）。
38　ハマキョウレックス事件（大阪高判令3・7・9労判1274号82頁）。
39　たとえば、障がい者雇用促進法36条の2に規定されている合理的配慮措置と労契法の関係が問題となろう。また、外国人労働者との労働契約関係も検討が必要な論点であると思われる。この点については、たとえば、土田道夫「外国人労働者の就労と労働法の課題」立命館法学357・358号（2014年）77頁参照。その他、本書において検討されている論考を参照。
40　中高年齢者に対する就労支援政策については、拙稿・前掲注(32) 6頁以下、濱口桂一郎『日本の雇用と中高年』（筑摩書房、2014年）、清水傳雄『高年齢者雇用対策の展開』（労働法令協会、1991年）など参照。
41　清水・前掲注(40)117頁参照。
42　学説では、高年法9条が私法的効力を有するかどうかについて争われてきた。公法上の義務を説く見解として、櫻庭涼子「高年齢者の雇用確保措置――2004年法改正後の課題」労働法律旬報1641号（2007年）46頁、私法的効力を説く見解として、西谷敏「労働法規の私法的効力」法律時報80巻8号（2008年）80頁、根本到「高年齢者雇用安定法9条の意義と同条違反の私法的効果」労働法律旬報1674号（2008年）。
43　NTT西日本事件（大阪地判平30・11・14判例秘書L07350926）。
44　九州惣菜事件（福岡高判平29・9・7労判1167号49頁）、トヨタ自動車ほか事件（名古屋高判平28・9・28労判1146号22頁）。
45　ヤマサン食品工業事件（富山地判令4・7・20労判1273号5頁）。
46　名古屋自動車学校（再雇用）事件（名古屋地判令2・10・28労判1233号5頁）。
47　こうした労施法の目的は、労働者に対する適正な選択機会の確保という、潜在能力アプローチの観点から正当化されうるものである。潜在能力アプローチについては、拙稿「労働契約規制の規範的基礎と構造」日本労働研究雑誌628号（2012年）73頁。
48　もっとも、こうした点については、旧稿・前掲注(30)において既に主張してきた点である。

労契法と高年法
―― 継続雇用制度と労働契約 ――

山　下　　　昇

一　高年法と継続雇用労働契約
二　継続雇用労働契約の成立と更新
三　継続雇用労働契約の内容
四　労働条件規制における高年法9条の解釈
五　おわりに

一　高年法と継続雇用労働契約

1　高年齢者雇用安定法の制定・改正

　高年齢者雇用安定法（以下「高年法」という）は、中高年雇用促進特別措置法を抜本的に改正して昭和61（1986）年に制定され、定年年齢を引上げるため、60歳定年制を事業主の努力義務として規定した（4条）。その後、平成6（1994）年の年金法改正により、平成13（2001）年から年金の支給開始年齢が段階的に65歳まで引上げられることとなり、年金支給開始年齢と引退年齢を接合させるため、平成6（1994）年改正（平成10年（1998）年施行）の高年法は、60歳未満の定年制を禁止するとともに（4条）、事業主に対して、定年到達後から65歳に達するまで間の継続雇用の努力義務を定めた（4条の2）。

　そして、平成12（2000）年改正の高年法は、65歳までの安定した雇用の確保を図るために、定年の引上げと継続雇用制度の導入などの高年齢者雇用確保措置を講ずることを、事業主の努力義務（4条の2）として規定した。また、平成16（2004）改正（平成18（2006）年施行）の高年法は、高年齢者雇用確保措置について、定年の定めの廃止も含めた上で、努力義務規定から義務規定とし、希望する定年到達者全員（ただし、労使協定で「高年齢者に係る基準」を

定めて、対象者を限定する措置を認めていた）を対象として、65歳までの雇用の確保を事業主に義務付けた（9条1項、ただし、「65歳」の年齢は、当初62歳として、段階的に引き上げることとした）。

さらに、平成24（2012）年改正の高年法は、高年齢者に係る基準を廃止して希望者全員の雇用確保を原則とする一方（ただし、改正法附則3項で、高年齢者に係る基準を引き続き利用できる経過措置が設けられていた）、特殊関係事業主による継続雇用を導入することにより、雇用先の拡大・確保を図りつつ、希望者全員の65歳までの雇用継続を制度的に実現することとなった。これらに加え、令和2（2020）年の高年法改正により、65歳以上70歳までの高年齢者就業確保措置の努力義務が定められた[1]。

2　高年法（高年齢雇用確保措置）の趣旨・目的

高年法は、その目的について、「この法律は、定年の引上げ、継続雇用制度の導入等による高年齢者の安定した雇用の確保の促進……等の措置を総合的に講じ、もつて高年齢者等の職業の安定その他福祉の増進を図る」こととし（1条）、基本理念として、「高年齢者等は、……その意欲及び能力に応じ、雇用の機会その他の多様な就業の機会が確保され、職業生活の充実が図られるように配慮されるものとする」（3条1項）と定めている。また、同法にいう「高年齢者」とは、55歳とされている（高年法2条1項、高年則1条）。

特に、高年法9条1項所定の高年齢者雇用確保措置に関しては、「定年の引上げ、継続雇用制度の導入等による高年齢者の安定した雇用の確保の促進」を目的としており、「高年齢者の安定した雇用の確保の促進」をどのように理解するかが重要となる。前述の法改正の経緯を見ると、高年齢者雇用確保措置の義務化と段階的な年齢の引上げ（2004年改正）、高年齢者に係る基準の廃止による原則希望者全員を対象とすること（ただし、同条3項及び平24・11・9厚労省告示560号「高年齢者雇用確保措置の実施及び運用に関する指針」（以下「指針」という）第2の2により対象から除外することも認められた）及び特殊関係事業主への拡大（2012年改正）を行うなど、継続雇用制度を中心とした60歳以降（65歳まで）の雇用の確保・拡大の方策を推し進めていった。そして、2004年・2012年改正は、基本的に、年金支給開始年齢と引退年齢（雇用）の接合

を政策的に誘導する役割を担ってきたといえ[2]、年金支給開始年齢までの雇用の確保を目的としていたと解される。

　一方で、継続雇用制度における労働条件に対する法的な関与としては、指針において、「継続雇用後の賃金については、……高年齢者の就業の実態・生活の安定等を考慮し、適切なものとなるよう努めるもの」（第2の4（2））とされ、また、高年齢者雇用継続給付や在職老齢年金の制度設計を通じた誘導が見られるものの、高年法上は、特別の定めを置いているわけではない。つまり、就労形態（無期・有期、フルタイム・パートタイムなど）、賃金・労働時間等に関する具体的な労働条件等の決定は、労使協定や労働協約によらなければならないわけではなく、使用者は、就業規則を通じて決定することができる。特に就業規則による場合には、使用者による決定となり、少なくとも、その内容の合理性が求められるものの（労契法7条）、個々の継続雇用希望者の要求を満たす必要はなく、労働条件が定年（60歳）までに比べて大幅に低下する場合が多い[3]。

　このように、高年法は、雇用の終了の場面において、60歳未満定年制を禁止するとともに、原則として、65歳までの高年齢者雇用確保措置を使用者（事業主）に義務付ける（9条1項）という点で、契約自由の原則に対する法的介入を行う一方で、労働条件の設定については、使用者の経営判断や団体交渉等の労使自治に委ねている。つまり、高年法における「安定した雇用」には、雇用の「質」を含みうるものの、その質（高年齢者の労働契約の内容）に対して同法の直接的な規制が乏しい一方で、高年法（高年齢者雇用確保措置）は、「雇用の確保の促進」の目的実現の具体的な施策として、高年齢者の雇用の量的拡大等を主として推し進めてきたといえる。

3　高年齢者雇用確保措置の現状

　厚労省職業安定局高齢者雇用対策課が令和5（2023）年12月22日に公表した令和5年「高年齢者雇用状況等報告」（6月1日現在）[4]によれば、高年齢者雇用確保措置の実施企業は、99.9％に達する。そして、高年齢者雇用確保措置として、継続雇用制度の導入をしている企業の割合は、69.2％であり（定年制廃止3.9％、定年引上げ26.9％）、継続雇用制度導入企業のうち、希望者全員を

対象とする企業は、84.6％である一方、経過措置としての「高年齢者に係る基準」（高年法附則（平24・9・5法律78号）3項、改正前法9条2項）により対象者を限定している企業（経過措置適用企業）は、15.4％である。

また、60歳定年制企業における定年到達者のうち、継続雇用者が87.4％、継続雇用を希望しない定年退職者が12.5％、希望したが継続雇用されなかった者が0.1％である。そして、経過措置適用企業における基準に該当しない者の割合は1.0％である。なお、65歳定年制の企業は23.5％に達している。

4　定年制の現代的意義

定年制について、秋北バス事件（最大判昭43・12・25民集22巻13号3459頁）は、「およそ停年制は、……人事の刷新・経営の改善等、企業の組織および運営の適正化のために行なわれるものであつて、一般的にいつて、不合理な制度ということはでき」ないと判示していた。それから50年が経過した長澤運輸事件（最2小判平30・6・1労判1179号34頁）においても、「定年制は、使用者が、その雇用する労働者の長期雇用や年功的処遇を前提としながら、人事の刷新等により組織運営の適正化を図るとともに、賃金コストを一定限度に抑制するための制度ということができる」として、前掲秋北バス事件の判示と比べてみても、定年制の意義自体が大きく変化しているわけではない。

そして、本来、定年制は、「定年後の第二の人生を設計する重要な契機となるという意味では引退過程の接点を包摂するとともに、……定年までの雇用維持という高年齢者雇用保障の機能を果たしてきた」[5]とされる。また、「定年は、当該企業における長期的な雇用関係が終了する年齢を意味し、労働者の引退行動の基軸となる」[6]ものであって、もともとの定年制の主たる機能は、雇用を終了させることにあったといえる。

しかし、前述の通り、定年後再雇用（継続雇用）制度の定着・拡大を通じて、60歳定年制の企業では、定年後の継続雇用者が87.4％に達しており、定年退職する労働者にとって、定年制は、雇用の終了を意味するものではなくなっている。また、雇用が終了する場合でも、継続雇用を希望しない者（12.5％）は、消極的な意思（辞職とはいえないものの、希望しないこと）により雇用が終了し、また、希望しつつ継続されなかった者（0.1％）は、高年齢者に

係る基準に該当しない場合のほか、高年法9条3項に基づく指針により、「心身の故障のため業務に堪えられないと認められること、勤務状況が著しく不良で引き続き従業員としての職責を果たし得ないこと等就業規則に定める解雇事由」等に該当する場合であって、実質的には解雇に準じた形で、雇用が終了している[7]。

つまり、現在の60歳定年制は、定年による自動的な退職ではなく、労働者の消極的な（辞職に準じた）意思や使用者による解雇に準じた意思に基づいて雇用が終了することがあることを除けば、定年後の大部分は、雇用の終了ではなく、雇用の継続における労働条件の再決定の契機になっているということができる[8]。なお、65歳定年制の企業も23.5％に達しており、そこでの定年制は、従来の定年制と同様の意義を有しているといえ、また、定年の廃止も徐々にではあるが、増加している。

5 継続雇用労働契約と本稿の目的

高年齢者雇用確保措置は、65歳未満の定年の定めをしている事業主に対して、その雇用する高年齢者の雇用確保措置を求めるものであり、その対象は、定年まで雇用された者（定年制が適用される者）であって、高年齢者（55歳以上）の雇用のうち、その一部を対象としているものに過ぎない。そこで、本稿においては、検討の対象とする労働契約を限定するため、「高年齢者雇用確保措置のうち継続雇用制度により雇用された労働者の労働契約」に絞って論じることとする。すなわち、本稿の検討対象は、あくまでも、定年退職して高年法9条に基づき継続雇用された者の労働契約であって、高年齢者の労働契約のうち、かなり限定されたものであることを予めお断りしておきたい。本稿では、「高年齢者雇用確保措置のうち継続雇用制度により雇用された労働者の労働契約」を「継続雇用労働契約」という。

そして、前述の通り、高年法は、継続雇用労働契約の内容（労働条件）に対して、特別の具体的な規制を定めているわけではなく、労基法や労契法等の一般的な法規制やパート・有期法などの契約の特性（有期労働契約・短時間労働契約）に応じた法規制に委ねられている。こうした労契法等の解釈において、高年法の趣旨・目的や継続雇用労働契約の特質をどのように考慮すべ

きかが問題となる。そこで、本稿では、継続雇用労働契約の特質を明らかにしたうえで、継続雇用労働契約の内容（労働条件）の法規制について論じることとする。

二　継続雇用労働契約の成立と更新

1　継続雇用労働契約の成立（労契法6条）

　使用者には、契約締結の自由があり、労働契約を締結するか否か、誰と締結するか、どのような契約内容（労働条件）で締結するか、法令に反しない限り、自由に決定しうるのが原則である[9]。しかし、高年法9条1項により、使用者には、高年齢者雇用確保措置を講じることが義務付けられ、そのうち、継続雇用制度においては、希望者全員を雇用する制度の導入が求められる。高年法9条は、公法上の義務を定めるものに過ぎないが[10]、事業主（使用者）による高年齢者確保措置の実施状況は、前述の通り、ほぼ100％であり、このうち継続雇用制度においては、就業規則等を通じて制度を定めることにより、使用者には、事実上、私法上の義務が課せられているのとあまり変わらない法状況が生じているといえる。

　そして、定年年齢の引上げや廃止をしない場合、使用者には、継続雇用制度の実施を通じて、定年退職後に継続雇用を希望する労働者と労働契約を締結することが義務付けられているのである。したがって、継続雇用労働契約において、使用者の労働契約締結の自由のうち、契約を締結するか否か、また、誰と締結するかについて、高年法により強く制限されているのである。ここで、使用者に残された自由は、契約内容（労働条件）の自由ということになろう。

　もちろん、私法上、労働契約の締結が厳格に強制されるわけではなく、再雇用（継続雇用）制度によって雇用する場合には、再雇用「契約」が成立しなければ、再雇用は実現されない。そのため、再雇用後の労働条件が確定できないなどの理由から、再雇用の成立（労働契約上の地位の確認請求）は否定されることがあるが、その場合でも、不法行為に基づく救済（損害賠償請求）を認めたものがある[11]。さらに、再雇用の条件が低かったため、労働者がその

条件での再雇用を拒否して（申込みをせず）再雇用契約が成立しなかった場合でも、損害賠償請求が認められることがある[12]。

しかし、継続雇用制度の労働条件（継続雇用労働契約の内容）が制度的に明確である場合に[13]、使用者が設定した高年齢者に係る基準を満たすにもかかわらず、違法に継続雇用を拒否したときには、裁判において、基準に適合することが認められれば、地位確認請求が認容されることもある。例えば、日本郵便事件・東京高判平27・11・5労経速2266号18頁では、「この場合は、高年法の趣旨等に鑑み、原被告間において、原告の定年後も被告の高齢再雇用制度に基づき再雇用されたのと同様の雇用関係が存続しているとみるのが相当であり、その期限や賃金等の労働条件については、被告の高齢再雇用制度の定めに従うことになるものと解される」（東芝柳町工場事件・最1小判昭49・7・22民集28巻5号927頁、日立メディコ事件・最1小判昭61・12・4集民149号209頁、津田電気計器事件・最1小判平24・11・29集民242号51頁参照）として、地位確認請求を認めている[14]。

また、東京大学出版会事件・東京地判平22・8・26労判1013号15頁でも、「法の趣旨、再雇用就業規則制定の経過及びその運用状況等にかんがみれば、……所定の要件を満たす定年退職者は、被告との間で、同規則所定の取扱い及び条件に応じた再雇用契約を締結することができる雇用契約上の権利を有するものと解するのが相当であり、……要件を満たす定年退職者が再雇用を希望したにもかかわらず、同定年退職者に対して再雇用拒否の意思表示をするのは、解雇権濫用法理の類推適用によって無効になるというべきであるから、当該定年退職者と被告との間においては、同定年退職者の再雇用契約の申込みに基づき、再雇用契約が成立したものとして取り扱われることになるというべきである」として、就業規則の規定等を踏まえて、労働契約上の地位の確認請求を認めている。

このように、高年法9条1項による高年齢者雇用確保措置（継続雇用制度を含む）の実施は、公法上の義務ではあるものの、継続雇用制度が就業規則等の私法的な規範により制度設計されれば、労働契約の内容となる（労契法7条）。そのため、継続雇用の拒否が違法と評価された場合にも、私法上、継続雇用労働契約が成立し、労働契約上の地位の確認請求が認められることが

ある。

2 継続雇用労働契約と無期転換ルール（労契法18条）

専門的知識等を有する有期雇用労働者等に関する特別措置法（平26・11・28法律137号）により、有期の継続雇用労働契約においては、事業主及び特殊関係事業主との間でその定年後に引き続いて雇用される場合（継続雇用制度等による雇用）、「特定有期雇用労働者」（2条3項2号）として、「定年後に有期契約で継続雇用される高齢者」が「定年後引き続き雇用されている期間」において（8条2項）、特例として無期転換ルール（労契法18条1項）が適用されない（同項に規定する通算契約期間に算入しない）。要するに、継続雇用労働契約には労契法18条の規制が適用されない[15]。

労契法18条は、2012年の高年法改正後に制定されたものであり、65歳まで有期雇用を更新した場合、無期転換となる可能性があるため、上記特措法により無期転換を排除したことになる。高年法では、当面、65歳までの雇用確保を求め、65歳以降に無期転換して雇用を継続することまではその目的としていない[16]。つまり、上記特措法の趣旨は、無期転換ルールの適用（有期労働契約の更新上限の規制）を排除することによって、高年齢者の継続雇用を促進・拡大するためのものと解される。

3 継続雇用労働契約の更新（労契法19条）

継続雇用労働契約は、65歳までの雇用確保措置として締結されることになるが、労契法19条2号の「当該有期労働契約が更新されるものと期待することについて合理的な理由があるものであると認められること」の評価に当たって、「本件継続雇用制度に基づき継続雇用されていた被告の従業員は、更新することができない何らかの事情がない限り、契約期間の満了時に、満65歳に至るまでは更新されると期待し、そのことについて合理的理由があると認めるのが相当であ」るとされる（近時のものとして、テヅカ事件・福岡地判令2・3・19労判1230号87頁）。

高年法の目的が「高年齢者の安定した雇用の確保の促進」であることに鑑みると、継続雇用労働契約の維持・存続という観点から、65歳までの更新の

期待に合理的な理由を認めるという労契法19条2号の解釈は妥当であろう。また、労契法19条2号の解釈に当たって、高年法9条1項の65歳までの高年齢者雇用確保措置の趣旨が考慮され、例えば、2回目の継続雇用労働契約の締結であっても（1回目の更新であって、反復更新した事実がなくとも）、更新に対する期待に合理的な理由が認められるべきである[17]。したがって、継続雇用労働契約の更新に対して、高年法の趣旨を踏まえた特別な「期待」が生じ、更新（存続）に対する期待は、合理的な理由が認められるものとして、法的に保護されることになる。

4 継続雇用労働契約の成立と更新への規制

以上の通り、継続雇用労働契約は、通常の労働契約と異なり、労働契約の締結の自由が部分的に事実上制約されており、契約の成立と更新（存続）について、高年法による強い規制を受けているのであって、その解釈に当たっては、高年法の趣旨が相当程度影響を与えているといえる。そして、違法な継続雇用拒否や更新拒否に対しては、継続雇用制度が労働契約の内容となることにより、または、労契法19条の定めにより、労働者には、労働契約上の地位の確認請求という法的救済が認められる場合もある。したがって、継続雇用労働契約の解釈に当たっては、こうした特別な規制等が付着した特殊な労働契約であることを十分に考慮しなければならない。

三　継続雇用労働契約の内容

1 継続雇用労働契約の内容の合理性（労契法7条）

既に述べた通り、継続雇用労働契約において、使用者の契約締結の自由は、事実上、契約内容（労働条件）の決定の自由に限られている。そして、「各事業主がその実情に応じて多様かつ柔軟な措置を講ずることを許容していると解するのが相当であ」るとする裁判例があり[18]、高年法上は、継続雇用における労働条件に関する規制は基本的に見られない。

そこで、継続雇用労働契約の労働条件を就業規則で定める場合、労契法7条が定める契約締結時における就業規則の規定の合理性が問題となるが、同

法10条が定める就業規則変更の場合の合理性と比較すると、従前の労働条件と比較した不利益が観念されないため、一般には広く認められることになる[19]。学説でもかなり緩やかに解されており、「企業の人事管理上の必要性があり、労働者の権利・利益を不相当に制限してなければ肯定されるべきものといえよう」との見解がある[20]。つまり、労契法7条の合理性の要件は、かなり緩やかに解されており、契約内容（労働条件）規制としては抽象的であり、厳格なものではない。

例えば、再雇用に関して、協和出版販売事件（東京高判平19・10・30労判963号54頁）では、平成10（1998）年の60歳未満定年制の禁止に合わせて、定年を55歳から60歳に引き上げるとともに、55歳に達した従業員を嘱託社員として雇用し、就業規則で嘱託社員の賃金を55歳時点から大幅に引き下げた賃金を定めた（平成11年以降に原告らに適用された）事案において、「当該使用者と労働者の置かれた具体的な状況の中で、労働契約を規律する雇用関係についての私法秩序に適合している労働条件を定めていることをいうものと解するのが相当である」[21]とし、高年法では、「定年延長後の雇用条件について、延長前の定年直前の待遇と同一とすることは定められておらず、賃金等の労働条件については、基本的に当事者の自治に委ねる趣旨であったと認められるが、就業規則に定められた……賃金等の労働条件が、具体的状況に照らして極めて過酷なもので、労働者に同法の定める定年まで勤務する意思を削がせ、現実には多数の者が退職する等高年齢者の雇用の確保と促進という同法の目的に反するものであってはならないことも、前記雇用関係についての私法秩序に含まれるというべきである」と判断されている。ただし、結論としては、定年前の賃金から最大で約42％低い労働条件となる者がいたケースで、合理性を認めている。

また、愛知ミタカ運輸事件（大阪高判平22・9・14労判1144号74頁）では、平成16（2004）改正（平成18（2006）年施行）の高年法における高年齢者雇用確保措置の義務化（高年齢者に係る基準の策定を認めつつ、希望者全員の継続雇用を義務付けるもの）に対応した60歳定年退職後のシニア社員制度の労働条件（時間給1000円、賞与なし）が、定年前の54.6％の水準となるケースで、「なお高年齢者雇用安定法の予定する制度枠組みの範囲内であり、その範囲内では、同法の

趣旨として期待される定年後の雇用の一定の安定性が確保される道が開かれたとの評価も可能なのであって、公序良俗に違反していると認めることは困難である」と判断されている。

このように、平成24（2012）年改正前においては、継続雇用労働契約の労働条件について、高年法の趣旨を勘案しつつ、雇用関係における私法秩序や公序良俗（民法90条）からの制約の可能性を認めるものもある。しかし、結論として、違法とは評価されておらず、労契法7条の合理性を緩やかに解しており[22]、継続雇用労働契約の内容に対する審査は厳格ではなく、使用者の経営判断を尊重した司法審査がなされていたと解される。

2 不合理な労働条件の禁止（労契法旧20条）

継続雇用制度では、有期労働契約による再雇用が一般的であるところ、継続雇用労働契約については、平成25（2013）年4月1日施行の労契法旧20条（現在は、パート・有期法8条）等が適用されることになる。労契法旧20条の解釈において、高年法や定年後の継続雇用制度の趣旨をどのように考慮するかが問題となる[23]。

そして、前掲長澤運輸事件では、「使用者は、雇用及び人事に関する経営判断の観点から、労働者の職務内容及び変更範囲にとどまらない様々な事情を考慮して、労働者の賃金に関する労働条件を検討するものということができ」、「労働者の賃金に関する労働条件の在り方については、基本的には、団体交渉等による労使自治に委ねられるべき部分が大きいということもできる」としつつ、有期労働契約による定年後再雇用は長期雇用を通常予定していないこと、定年退職するまでの間、無期契約労働者として賃金の支給を受けてきたこと、老齢厚生年金の支給を受けることも予定されていることなどの事情（継続雇用労働契約に係る諸事情といえる）は、定年後再雇用の「有期契約労働者の賃金体系の在り方を検討するに当たって、その基礎になる」としたうえで、結論として、異なる賃金体系による賃金額の相違（年収ベースで2割前後の減収）について不合理とは認めなかった。

また、日本ビューホテル事件・東京地判平30・11・21労判1197号55頁では、定年時の年俸の月額の約54％となる事案において、嘱託社員の職務内容

等は軽減されていること、嘱託職員等の賃金制度は「長期雇用を前提とせず年功的性格を含まず、役職に就くことも予定されず、かつ高年齢者雇用継続基本給付金が支給されることを組み込んでいるものであることなどからすれば、……基本給及び時間給とでその額に差があることをもって直ちに不合理と認めることはできない」として、労契法旧20条違反を否定した。この他、北日本放送事件・富山地判平30・12・19労経速2374号18頁でも、十分な労使協議を経たものであって、「再雇用社員時の月収は給付金及び企業年金を加えると正社員時の基本給を上回ること」などの事情に照らして、基本給に約27％の差が生じていることを不合理とはいえないとしている[24]。

　こうしてみると、一般論として、高年法や高年齢者雇用確保措置の趣旨を直接考慮するというよりも、公的給付の受給を含め、個々の継続雇用制度の事情を「その他の事情」として考慮し、不合理性の判断を行っているとみることができる。とはいえ、定年後の継続雇用の労働条件であって、年功的な処遇と異なるものであり、また、賃金以外にも、公的給付が支給されるという事情を「その他の事情」として考慮することを認めており、結論としても、不合理との評価にはかなり慎重である。そのため、前掲長澤運輸事件に対しては、定年後再雇用の労働条件について「労契法20条にもとづく法理に対して消極的な方針を示したと解される」との指摘がある[25]。

3　事業主が講ずる措置の内容等の説明（パート・有期法14条）

　パート・有期法14条は、事業主が講ずる措置の内容等の説明を義務付けている。同条の趣旨については、平31・1・30基発0130第1号「短時間労働者及び有期雇用労働者の雇用管理の改善等に関する法律の施行について」によれば、「短時間・有期雇用労働者が通常の労働者との間の待遇の相違について納得できない場合に、まずは労使間での対話を行い、不合理な待遇差の是正につなげていく」ものであって、「短時間・有期雇用労働者から求めがあったときは、通常の労働者との間の待遇の相違の内容及び理由並びに待遇の決定に当たって考慮した事項について説明しなければならない」（第3の10（1））とされる。

　また、比較対象者も、「職務の内容及び配置の変更の範囲等が、短時間・

有期雇用労働者の職務の内容、職務の内容及び配置の変更の範囲等に最も近い……通常の労働者」（第3の10(6)）である。そして、同条2項に基づく「待遇の相違の内容及びその理由に関する説明については労使交渉の前提となりうるものであり、……『その他の事情』に労使交渉の経緯が含まれると解されることを考えると、このように待遇の相違の内容等について十分な説明をしなかったと認められる場合には、その事実も『その他の事情』に含まれ、不合理性を基礎付ける事情として考慮されうると考えられる」（第3の3(5)）とされている。

ここで、同条1項は、「雇い入れたときは」速やかに、また、同条2項は、雇用後に求めがあったときに、説明しなければならないことを定めているが、定年後も引き続き雇用する継続雇用制度における労働条件については、継続雇用を希望する時点においても、使用者（事業主）による説明が求められると解される。ただし、継続雇用労働契約をめぐっては、現時点で、パート・有期法14条を考慮した裁判例はみられない。改正前は、対象が短時間労働者に限られていたため、有期労働契約としての継続雇用労働契約の事案（有期の短時間労働者の場合もあったが）では、あまり参照されることがなかったと思われる。

4 高年法の趣旨と労働条件の合理性・不合理性

継続雇用労働契約の労働条件については、それ以外の有期労働契約のそれと比べて、高年法の趣旨を勘案するとすれば、むしろ労働条件の相違の合理性（7条）を肯定または不合理性（労契法旧20条）を否定する事情として作用する。そして、継続雇用労働契約の内容の司法審査については、これを過度に厳格に行うような解釈は、「高年齢者の雇用の促進という高年法の基本趣旨に反するとともに、希望者全員の継続雇用という2012年改正法のもとでは、企業に不可能を強いる結果となりかねない」[26]とも評価される。

本稿において指摘した継続雇用労働契約の特質を踏まえると、契約の成立と更新（存続）への強い法的な期待や要請が働くことになり、使用者の労働契約締結の自由のうち、締結するか否か、誰と締結するかについて、高年法により強く制限されている。そのため、使用者に残された契約内容の決定の

自由について、使用者の経営判断等を広く承認する解釈をとっていると理解することができる。

四　労働条件規制における高年法9条の解釈

1　高年法9条の趣旨に反する労働条件

　高年法9条を解釈基準とする法理の構築の必要性については、既に主張されており[27]、極めて重要な指摘である[28]。そして、労働条件の提示をめぐる紛争として、2つの裁判例が注目される。

　まず、トヨタ自動車ほか事件（名古屋高判平28・9・28労判1146号22頁）では、もっぱら事務職に従事していた労働者に対して、1日4時間、時給1000円の清掃業務等のパートタイマーの条件提示を労働者が拒否した事案で、「労使協定で定めた基準を満たさないため61歳以降の継続雇用が認められない従業員についても、60歳から61歳までの1年間は、その全員に対して継続雇用の機会を適正に与えるべきであって、定年後の継続雇用としてどのような労働条件を提示するかについては一定の裁量があるとしても、提示した労働条件が、無年金・無収入の期間の発生を防ぐという趣旨に照らして到底容認できないような低額の給与水準であったり、社会通念に照らし当該労働者にとって到底受け入れ難いような職務内容を提示するなど実質的に継続雇用の機会を与えたとは認められない場合においては、当該事業者の対応は改正高年法の趣旨に明らかに反するものであるといわざるを得ない」として、不法行為に基づく慰謝料請求を認容した。

　さらに、前掲九州惣菜事件では、有期のパートタイム（時間給）での再雇用について、賃金額が相当程度に低くなる提案（労働条件の提示）を拒否し、再雇用契約が成立しなかった事案において、高年齢者雇用確保措置を講じる義務「の趣旨・内容に鑑みれば、労働契約法制に係る公序の一内容を為しているというべきであるから、同法（同措置）の趣旨に反する事業主の行為、例えば、再雇用について、極めて不合理であって、労働者である高年齢者の希望・期待に著しく反し、到底受入れ難いような労働条件を提示する行為は、継続雇用制度の導入の趣旨に違反した違法性を有するものであり、……

法的保護に値する利益を侵害する不法行為となり得ると解するべきである」とし、「労働契約法20条の趣旨に照らしても、再雇用を機に有期労働契約に転換した場合に、有期労働契約に転換したことも事実上影響して再雇用後の労働条件と定年退職前の労働条件との間に不合理な相違が生じることは許されないものと解される」から、「例外的に、定年退職前のものとの継続性・連続性に欠ける（あるいはそれが乏しい）労働条件の提示が継続雇用制度の下で許容されるためには、同提示を正当化する合理的な理由が存することが必要であると解する」しつつ、不法行為の成立を認め、100万円の慰謝料の請求を認容した。

　これらの事案は、再雇用契約の成立をめぐる紛争であるため、「実質的に継続雇用の機会を与えたとは認められない場合」や「高年齢者の希望・期待に著しく反し、到底受入れ難いような労働条件を提示する」場合などに違法性を認めるものであり、前掲協和出版販売事件も同様である。そして、紛争の特性（労働契約の成否）から、労働者の契約締結の意思形成に着目し、そうした労働者の意思形成を阻害するような労働条件は、高年法の趣旨等に反するものとして、内容規制の基準に用いる判断枠組みとなっている。そのうえで、賃金水準につき「無年金・無収入の期間の発生を防ぐという趣旨に照らして到底容認できないような低額の給与水準」（前掲トヨタほか事件）、「定年退職前のものとの継続性・連続性に欠ける（あるいはそれが乏しい）労働条件」（前掲九州惣菜事件）、「賃金等の労働条件が、具体的状況に照らして極めて過酷なもの」（前掲協和出版販売事件）、また、職務内容につき「社会通念に照らし当該労働者にとって到底受け入れ難いような職務内容」（前掲トヨタほか事件）[29]といった労働条件の内容を規制する基準を見出そうとするものである。

　本稿において、「高年齢者の安定した雇用の確保の促進」という高年法の趣旨やこれまでの改正の経緯などから、継続雇用労働契約には、その成立に対する強い期待や要請が働くことを指摘した。そうした継続雇用労働契約の成立に対する高年法の趣旨等からみても、契約内容の司法審査に当たって、労働者の意思形成を阻害するような契約内容を不合理と解することは妥当な解釈であると評価できる[30]。そして、規範的にみても高年法1条や9条等を根拠とする解釈であり、内容規制の基準として正当性を有すると解される。

2 高年齢労働者の生活保障

名古屋自動車学校(再雇用)事件(名古屋高判令4・3・25労判1292号23頁)では、労契法旧20条に関して、①基本給(定年後の継続雇用(嘱託職金)の基本給が定年退職時と比べて50%以下となる)、②精励手当、③家族手当、④賞与の相違が争われ、①②④の相違を違法とし、③の相違は不合理とはいえないとした。特に①について、「労働者の生活保障の観点からも看過し難い水準に達している」としたうえで、「正職員定年退職時と嘱託職員時の各基本給に係る金額という労働条件の相違は、労働者の生活保障という観点も踏まえ、嘱託職員時の基本給が正職員定年退職時の基本給の60%を下回る限度で」、不合理であるとした。他方で、若手社員よりも低い水準であっても、直ちに不合理ではないことも許容している(実際の救済は、若手社員の基本給より低い水準にとどまる)。

ここで、高年齢「労働者の生活保障の観点」は、労契法旧20条からは直接導くことができないため、高年法9条1項の趣旨等(生活の安定)を介して、労契法旧20条の「その他の事情」として組み込まれると解釈せざるを得ない[31]。しかし、「生活保障」が持つ意味合いが曖昧であり、1で述べたような継続雇用労働契約の成立の意思形成を阻害するという趣旨とは異なるものである。

そして、同事件上告審(最1小判令5・7・20労判1292号5頁)では、基本給の相違について、その性質と支給目的を十分に踏まえることなく、また、労使交渉に関する事情を適切に考慮しないまま(結果のみならず、具体的な経緯をも勘案すべき)、不合理と認められるものに当たるとした原審の判断を労契法旧20条の解釈適用を誤った違法があるとして(賞与についても同様の判断)、原審に差戻した。最高裁は、考慮すべき事情を十分に検討していないことを理由として原判決を破棄・差戻しとしているため、「労働者の生活保障の観点」を直接否定したわけではなく、また、「正職員定年退職時の基本給の60%を下回る限度で」不合理と判断したことの当否についても判断していない。

しかし、高年法9条の趣旨として、労働者の生活保障の観点を導くことは必ずしも説得的とはいえず、継続雇用労働契約の労働条件に対する内容規制の基準としては、その内容の曖昧さや規範的根拠の不十分さから妥当とはい

えない。

五　おわりに

　労契法旧20条の不合理性の解釈において、高年法 9 条の趣旨を「その他の事情」として読み込む場合、継続雇用労働契約には、契約の成立（存続）に対する強い期待・要請が生じ、そのことから、契約成立に対する労働者の意思形成を阻害するような契約内容は、不合理なものと解される。前述の通り、高年法 9 条の趣旨を不合理な労働条件（待遇）の禁止の解釈基準とする試みは、既に詳細に検討されているところであり[32]、筆者も、継続雇用労働契約の成立に対する高年法の趣旨等や同法 9 条からみて、妥当な解釈と考える。

　そして、パート・有期法 8 条の不合理性評価において、「到底容認できないような低額の給与水準」や「賃金等の労働条件が、……極めて過酷なもの」であってはならず、そのような場合は、不合理性を肯定する事情として評価すべきである。また、契約内容（労働条件）の設定は、使用者の経営判断を尊重すべきであると解される一方で、待遇の性質やその目的に加え、説明義務をより重視した不合理性評価を行うべきであり、使用者には、十分な説明を行うことが強く要請されると解される。

　他方で、今後、65歳までの雇用確保措置に対応した高年齢雇用継続基本給付金について、2025年から縮小することとされている[33]ことからすると、給付の縮減（廃止）は、継続雇用労働契約の賃金決定にも影響を与えると考えられる。例えば、現在、高年齢雇用継続基本給付金は、賃金の低下率が61％以下になる場合に、支給率が15％と最大になるため、継続雇用労働契約の賃金の制度設計に当たって考慮される。2025年 4 月以降は、支給率が最大10％に引き下げられ、支給率が逓減する賃金の低下率は64％となり[34]、継続雇用労働契約の賃金決定で考慮される賃金の低下率は、今後変動することになる。

　また、高年齢者雇用確保措置の実施状況をみると、定年の引上げや廃止の割合は徐々に高まっており、65歳以上の定年年齢を定める企業も増加している。継続雇用以外で65歳までの雇用確保を図る企業が増加し、継続雇用制度

による60歳以降の労働条件の大幅な低下が、社会的にみても、許容されない状況になれば、労働条件の不合理性の司法審査において、労働条件の継続性・連続性の基準が、説得的な基準となりうるものと考えられる。

1 山下昇「高年齢者の就業機会の確保と高年法等の改正」労旬1979号（2021年）35頁参照。また、山川和義「高年齢者雇用政策と年金政策の課題」和田肇＝緒方桂子編『労働法・社会保障法の持続可能性』（旬報社、2020年）298頁以下、山川和義「70歳就業確保措置実施努力義務の問題点と高年齢者雇用の未来」季労270号（2020年）30頁も参照。
2 詳しくは、岩村正彦「変貌する引退過程」『岩波講座現代の法12巻』（岩波書店、1998年）301頁参照。
3 山下昇「高年法上の継続雇用制度の導入・実施とその手続き」山田晋ほか編著『社会法の基本理念と法政策』（法律文化社、2011年）205頁。
4 厚労省ウェブサイト（https://www.mhlw.go.jp/stf/newpage_36506.html）参照（2024年2月22日最終確認）。
5 清正寛「定年制の機能変化と雇用システム」河野正輝・菊池高志編『高齢者の法』（1997年、有斐閣）59頁参照。
6 菅野和夫『雇用社会の法』（有斐閣、1996年）314頁参照。
7 この点が争われ、継続雇用拒否が有効と判断されたものとして、NHKサービスセンター事件・東京高判令4・11・22LEX/DB25594175参照。
8 島村暁代「定年制の再定義」法時95巻2号（2023年）38頁では、定年制には、正社員としての無期契約終了機能が認められ、その後も有期契約として存続するため、「契約関係をリセットする機能がある」と指摘する（43頁）。柳澤武「年功型賃金と定年の合理性」法時95巻4号（2023年）127頁では、60歳定年制度は、「継続雇用への通過点に過ぎない」とする（132頁）。
9 三菱樹脂事件・最大判昭48・12・12民集27巻11号1536頁、民法521条参照。
10 同条の私法的効力を否定するものとして、NTT西日本（高齢者雇用・第1）事件・大阪高判平21・11・27労判1004号112頁などがある。
11 日本ニューホランド事件・札幌高判平22・9・30労判1013号160頁では、「再雇用契約における賃金の額について何らの意思表示もしていない」から「再雇用拒否が無効であるとして……再雇用契約における賃金の額が不明である以上、……再雇用契約が成立したと認めることはできない」とする一方で、「不利益を与えることを目的としてなされた……再雇用拒否が権利の濫用に該当し、かつ、……不法行為に該当する」として、500万円の損害を認めた。

12 詳細は後述するが、九州惣菜事件・福岡高判平29・9・7労判1167号49頁（最１小決平30・3・1労経速2347号12頁）では、不法行為の成立を認め、100万円の慰謝料の請求を認容した。

13 ただし、職務内容や賃金等が、個々の労働者の意向や知識・技能・組織のニーズ等に応じて設定されるような場合には、合意が成立しない限り、定年後の雇用契約は締結されず、定年によって退職となる。アルパイン事件・東京地判令元・5・21労判1235号88頁では、「高年法は、継続雇用を希望する労働者を定年後も引き続き雇用する旨求めるにとどまり、……継続雇用後の労働条件は、飽くまで、労使間の合意により定まるべきものであ」るとする。

14 エボニック・ジャパン事件・東京地判平30・6・12労判1205号65頁も参照。

15 なお、それ以外の高年齢者の有期労働契約一般には、労契法18条は適用される。

16 65歳で無期転換するのではないかとの危惧の高まりを受けて、定められたとされている。濱口桂一郎『日本の労働法政策』（労働政策研究・研修機構、2018年）307頁参照。もちろん、現行法は、70歳までの努力義務を課しており、65歳以降の雇用（就業）確保を求めているが、事業主への義務付けは65歳までである。

17 Y社事件・広島高判令2・12・25労経速2462号3頁では、暫定的な労働条件で継続雇用を行い、その後、団交で条件を協議することとしていたところ、更新するための条件が団交で整わず、1年の再雇用後に雇止めにした事案で、更新に対する期待を認め、更新を拒絶する理由が認められないことから、労契法19条所定の「従前と同一の労働条件で締結されたものとみなされる」として、労働契約上の地位の確認と暫定額である月額19万円及び家族手当5000円の支払いを認容した。

18 前掲NTT西日本（高齢者雇用・第1）事件参照。

19 荒木尚志＝菅野和夫＝山川隆一『詳説・労働契約法（第2版）』（弘文堂、2014年）112頁参照。

20 菅野和夫『労働法（第12版）』（弘文堂、2019年）207頁参照。また、同様の見解を示す裁判例も見られる。日本郵便事件・東京高判平28・10・5労判1153号25頁参照。

21 私法秩序適合性について、唐津博『労働契約と就業規則の法理論』（日本評論社、2010年）356頁では、「各種の労働関係法規の目的に反しない内容の労働条件であること、と解することができよう」とされる。

22 土田道夫「定年後再雇用社員の労働条件をめぐる法的考察」同志社法学73巻6号（2021年）663頁（特に716頁）参照。

23 前掲長澤運輸事件の前に出された学究社（定年後再雇用）事件・東京地立川支判平30・1・29労判1176号5頁も「定年退職前より引き下げることは、一般的に不合理であるとはいえない」として、労契法旧20条違反を否定している。
24 五島育成会事件・東京地判平30・4・11労経速2355号3頁も不合理性を否定しているが、この事案は、65歳定年制の下での定年後の再雇用の労働条件が、定年時の約6割に減じられるものであった。
25 野田進「高年法九条を規範とする定年後再雇用の労働条件規制法理」労旬1915号（2018年）36頁参照。
26 土田・前掲「定年後再雇用社員の労働条件をめぐる法的考察」717頁参照。
27 野田・前掲「高年法九条を規範とする定年後再雇用の労働条件規制法理」43頁参照。
28 既に、高年法9条1項2号による労働条件の規律はどうあるべきかについて、精緻な検討を行った先行研究がある。土田・前掲「定年後再雇用社員の労働条件をめぐる法的考察」713頁参照。
29 前掲トヨタほか事件では、「到底容認できないような低額の給与水準であるということはできない」とする一方で、「提示した業務内容は、社会通念に照らし労働者にとって到底受け入れ難い」としたが、職務内容の変更への制約について、疑問があるとする見解がある。井川志郎「定年後継続雇用条件の適法性」法時90巻2号（2018年）137頁参照。
30 継続性・連続性の基準は、高年齢者雇用確保措置の他の2つの措置（定年の引上げ・廃止）に準じる程度の労働条件の確保が前提・原則となるとして導かれた基準であり、理論的には疑問が残るものの、基準自体は、高年法9条の趣旨を踏まえた異なる論拠で、規範としての説得力を持つとする指摘がある。野田・前掲「高年法九条を規範とする定年後再雇用の労働条件規制法理」40頁参照。
31 労働者の生活保障の観点については、1審（名古屋地判令2・10・28労判1233号5頁）の判示を控訴審が引用したものであるが、1審の判断について、高年法9条1項における「安定した雇用」の確保や指針がいう「生活の安定等を考慮し、適切なものとなるよう努めること」から、「高年法9条1項2号の継続雇用制度における『生活の安定』を介して労契法旧20条の『その他の事情』に読み込まれた不合理性判断の一つの観点である」として、積極的に評価する見解もあった。石田眞「定年後再雇用者の処遇格差是正と『労働者の生活保障』の観点」労旬1980号（2021年）11頁参照。他方で、考慮要素に含まれることは否定されないが、考慮することに慎重な姿勢を示すものとして、原昌登「継続雇用制度における定年前後の労働条件の相違に関する不合理性判断のあり方」

成蹊法学94号（2021年）189頁（特に203頁）参照。
32　野田・前掲「高年法九条を規範とする定年後再雇用の労働条件規制法理」、土田・前掲「定年後再雇用社員の労働条件をめぐる法的考察」参照。
33　雇用保険法61条5項、雇用保険法等の一部を改正する法律（令2・3・31法律14号）附則1条6号参照。
34　労務行政研究所編『70歳就業を見据えた高年齢者雇用の実務』（労務行政、2022年）111頁（渡辺葉子執筆）参照。

労働契約法と障害者雇用促進法
――労働契約と障害者雇用――

小 西 啓 文

一　はじめに
二　労契法と障害者雇用（採用の自由の制約）との関係
三　障害者に対する合理的配慮論の展開
四　福祉的就労（政策）と労働契約法理

一　はじめに

　編者からの執筆依頼は「労働契約法（以下、労契法）と政策立法としての障害者雇用促進（以下、促進法）との関係」あるいは「労契法（契約法 + α）と障害者の就労支援・雇用促進との関係」を問うというものである。個別論点として、「労契法と障害者雇用（採用の自由の制約）との関係」、「障害者に対する合理的配慮論」および「福祉的就労（政策）と労働契約法理」について執筆することが求められている。それにしても難問である[1]。

二　労契法と障害者雇用（採用の自由の制約）との関係

　使用者の採用の自由は、三菱樹脂最高裁判決により、「法律その他による特別の制限」がない限り、広く認められるとされている[2]。もっとも、今日、複数の法令によって採用時の差別が禁止されようとしている。一例として、促進法34条において、募集・採用における障害者に対する均等な機会の付与が定められていること、また、事業主は、障害者が求めた場合には、過重な負担にならない限り、募集・採用における均等な機会の保障に必要な措置（合理的配慮）を提供しなければならないこと（合理的配慮の提供義務。促進法36条

の2）がある。合理的配慮については後述するとして、さらに、促進法における雇用率制度も、使用者の「採用の自由」に対して一定の制約を課すこと（決められた割合の障害者を採用すること）を促しているといえるだろう。これらは「採用の自由」の制約例である[3]。

雇用率制度について、中央省庁での「水増し」が問題になったことは記憶に新しいことと思われる。国・地方公共団体及び特殊法人は雇用率が民間よりも高く設定されているが（2018年9月当時2.5％）、納付金制度はなく、国のガイドラインに反して雇用者数を実際のそれよりも多く厚労省に報告していた[4]。一般に、これに対する論調は、民間が障害者雇用の増進に努力しているにもかかわらず、それを率先すべき中央省庁が「水増し」していたというのは監督する側としての自覚が問われるべきである、というものではないだろうか[5]。この論調には筆者にも「なるほど」と思わされる部分があるが、筆者は、これこそ雇用率制度のもつ本質的限界を露呈したものと考えるものである。

雇用率制度あるいは雇用義務制度については「……身体障害者又は知的障害者数の割合を規制するものであり、いわば、身体障害者又は知的障害者の人数（量）に関する義務であって、特定の身体障害者又は知的障害者（個人）の雇用に関する義務ではない」[6]と説明されている。極論すれば「量」あるいは「率」という、非人格的な視点でこの問題を捉えているということにもなろう。裁判例を見ると、障害者枠制度が問題となった日本曹達（退職勧奨）事件（東京地判平18・4・25労判924号112頁）では、障害者枠で採用された障害者に嘱託契約期間を設けることには合理性があり、また、障害者枠制度で採用された障害者と一般の採用枠で採用されたいわゆる正社員との間で支給される給与額につき差異が生じたとしても、障害者を差別的に取り扱うものではない、とされた[7]。雇用率を中心とした雇用政策は障害のある人の働きたいという思いに寄り添う仕組みとはなってこなかったのではないか。

この点、イギリスでは雇用義務制度を廃止し合理的配慮のみとしたというが[8]、少なくともわが国でも、採用に際して雇用率に加えて合理的配慮も導入した以上、これらの関係性を問い直す必要はあるのではないだろうか。

三　障害者に対する合理的配慮論の展開

1　労契法における安全配慮義務と促進法における合理的配慮提供義務

「労働契約の展開」に際して、労働者は各種の配慮を受けうる。例えば労契法はその3条3項で「労働契約は、労働者及び使用者が仕事と生活の調和にも配慮しつつ締結し、又は変更すべきものとする」、5条で「使用者は、労働契約に伴い、労働者がその生命、身体等の安全を確保しつつ労働することができるよう、必要な配慮をするものとする」と規定する。そして促進法は36条の3で「事業主は、障害者である労働者について、障害者でない労働者との均等な待遇の確保又は障害者である労働者の有する能力の有効な発揮の支障となつている事情を改善するため、その雇用する障害者である労働者の障害の特性に配慮した職務の円滑な遂行に必要な施設の整備、援助を行う者の配置その他の必要な措置を講じなければならない。ただし、事業主に対して過重な負担を及ぼすこととなるときは、この限りでない」と規定する。このように労働者が「配慮」を求めうる規整が、障害もある場合、およそ、2つの系統（労契法と促進法）で登場している。これらの規整のロジックを探求することが（おそらく）本稿で求められていることではないだろうか[9]。

2　労契法と安全配慮義務
（1）安全配慮義務の議論とその特徴
（a）安全配慮義務の概念化

「……安全配慮義務は、ある法律関係に基づいて特別な社会的接触の関係に入つた当事者間において、当該法律関係の付随義務として当事者の一方又は双方が相手方に対して信義則上負う義務として一般的に認められる」（陸上自衛隊八戸車両整備工場事件・最判昭50・2・25民集29巻2号143頁）。もともと、(1960年代までに多くなされていた) 不法行為責任の追及という方法には、不法行為による損害賠償請求権が3年で時効消滅すること（民724）や、原告たる労働者またはその遺族に使用者の過失の立証責任があること等、いくつかの制約があり、1970年代より、契約関係における債務不履行責任の追及という方

法が試みられるようになった[10]。この法理はその後民間の事案にも転用され、川義事件 (最判昭59・4・10労判429号12頁) で「……労働者が労務提供のため設置する場所、設備もしくは器具等を使用し又は使用者の指示のもとに労務を提供する過程において、労働者の生命及び身体等を危険から保護するよう配慮すべき義務 (以下、安全配慮義務という。)」と定式化された。

この構成は「社会的接触」があれば契約関係がなくともよく、下請けにも射程が及ぶ。例えば三菱重工業事件 (最判平3・4・11労判590号14頁) では、①下請企業の労働者が元請企業の管理する設備、工具等を使用し、②事実上元請企業の指揮・監督を受けて稼働し、③作業内容も元請企業の労働者とほとんど同じであったことを指摘して、安全配慮義務の成立を認めた。

(b) 内容の個別性

安全配慮義務の内容はどのようなものか。「……安全配慮義務の具体的内容は、公務員の職種、地位及び安全配慮義務が問題となる当該具体的状況等によつて異なるべきもの」(前出・陸上自衛隊事件) である。いうならば、安全配慮義務はたい焼きの型 (釜) のようなものであり、それ自体アプリオリに決められた内容があるものではなく、個々具体的なケースごとにどのような配慮内容となるかが判断されることになろう[11]。

(c) 本人からの申告の要否

東芝 (うつ病) 最高裁判決 (最判平26・3・24労判1094号22頁) は「……XがYに申告しなかった自らの精神的健康 (いわゆるメンタルヘルス) に関する情報は、神経科の医院への通院、その診断に係る病名、神経症に適応のある薬剤の処方等を内容とするもので、労働者にとって、自己のプライバシーに属する情報であり、人事考課等に影響し得る事柄として通常は職場において知られることなく就労を継続しようとすることが想定される性質の情報であったといえる。使用者は、必ずしも労働者からの申告がなくても、その健康に関わる労働環境等に十分な注意を払うべき安全配慮義務を負っているところ、上記のように労働者にとって過重な業務が続く中でその体調の悪化が看取される場合には、上記のような情報については労働者本人からの積極的な申告が期待し難いことを前提とした上で、必要に応じてその業務を軽減するなど労働者の心身の健康への配慮に努める必要がある」と述べて、二審判決を破

棄・差戻とした。

　この判例から、使用者は、必ずしも労働者からの申告がなくても、その健康に関わる労働環境等に十分な注意を払うべき安全配慮義務を負っているが、とりわけ労働者のプライバシーにかかわる事案の場合には、労働者からの積極的な申告は期待し難いと最高裁が認識していることがわかる[12]。

(d) 手段債務か結果債務か

　安全配慮義務はいわゆる結果債務ではないとされるものの、じん肺による死亡のケースにつき石綿粉じんの吸入を防ぐための万全の措置を講ずべき注意義務（教育の徹底、防塵マスクの徹底、安全教育等）を認めた事例（関西保温工業事件・東京高判平17・4・27労判897号19頁）など、判例上、安全配慮義務は労働者の安全・健康を守るために使用者が事業遂行に用いる物的設備および人的組織の管理を十全に行う義務と解されてきた（傍点、筆者）[13]。

(e) 履行請求は可能か

　使用者の安全配慮義務については、労働者はその違反に対して損害賠償を請求することになる。いわゆる履行請求の可否が議論されてもいるが、一般には否定されている[14]。この点、「するものとする」と規定する5条が要件・効果を具体的に定めていないのは、損害賠償を超えて安全配慮義務の履行請求が可能かについて裁判例の立場が確立していないから、という説明もある[15]。

(f) 不法行為構成と債務不履行構成の違い

①遺族の慰謝料と遅延損害金

　大石塗装・鹿島建設事件（最判昭55年12月18日労判359号58頁）は、亡労働者とY₁社らとの雇用契約ないしこれに準ずる法律関係の当事者でない遺族Xらが雇用契約ないしこれに準ずる法律関係上の債務不履行により固有の慰謝料請求権を取得するものとは解しがたいから、遺族Xらは慰謝料請求権を取得しない、とする。

　ここから、不法行為とは異なり、労働者が死亡した場合の遺族固有の慰謝料が認められないほか、遅延損害金の起算点が債務不履行構成では債権者による請求後となる等、原告側に不利な面もある、という指摘がある[16]。

②上司への責任追及のあり方

電通事件（最判平12年3月24日労判779号13頁）は過労自殺の事案として著名であるが、「……使用者は、その雇用する労働者に従事させる業務を定めてこれを管理するに際し、業務の遂行に伴う疲労や心理的負荷等が過度に蓄積して労働者の心身の健康を損なうことがないよう注意する義務を負うと解するのが相当であり、使用者に代わって労働者に対し業務上の指揮監督を行う権限を有する者は、使用者の右注意義務の内容に従って、その権限を行使すべきである。」とし、上司の注意義務違反を認めた。この下級審判決において契約上の安全配慮義務があるとしながら不法行為上の注意義務があるとした構成について「不明である」とする指摘もある[17]。上司本人の責任を明らかにしようとしたい場合には、履行補助者の帰責事由の問題に埋没しかねない債務不履行構成よりも不法行為構成の方にメリットがありそうである。

③不法行為構成と債務不履行構成の交錯

②でも触れたように、債務不履行構成と不法行為構成は今日、交錯状況にありそうである。すなわち、たとえばセクシュアルハラスメントの事案をみても、もともと不法行為構成が発端であるが（「福岡セクシュアルハラスメント」事件・福岡地判平4年4月16日労判607号6頁参照）、「セクシュアルハラスメント」という概念を獲得・共有化するなかで、そのような事案が増加・顕在化し、セクシュアルハラスメントが生じないような職場環境を提供する会社側の義務というものが論じられるようになった[18]。安全配慮義務の債務不履行構成に親和的な議論であろう。だが、そのような議論には、上司本人の責任を追及するのが困難であったり、あるいは、その履行を請求するのが困難である、という、別様な問題が生じることにもなる。かくして、人格権侵害に基づく差止請求が可能である、不法行為構成のリバイバルへと至るのであろうか。実務上は一般的には、両方の構成を主張することになろうが、もしかすると、両者には理論的にはなお解明しなければならない課題があるのかもしれない[19]。

（2）安全配慮義務の成文化

さて、労契法はそれまでの判例法理を確認したまでであり、それに何も

「足したり引いたりしていない」ことが強調されている[20]。労契法5条は先のとおり「使用者は、労働契約に伴い、労働者がその生命、身体等の安全を確保しつつ労働することができるよう、必要な配慮をするものとする」という条文であるが[21]、陸上自衛隊の最判と比較してみても、安全配慮義務にかかる判例法理をそのまま引き写したものとはなっていない[22]。

5条については、当初の法案では「労働契約により」という文言だったのが「労働契約に伴い」へ変更された。これは、立法時に契約上の根拠規定がなければ安全配慮義務は発生しないのかという懸念が示され、衆議院において「労働契約に伴い」という規定ぶりに修正されたものという[23]。安全配慮義務は、合意がなくても信義則上当然に生じる使用者の義務であるからであり、この点からもできる限り判例法理へ近づけようとする立法者意思が伝わってこよう[24]。例えば「必要な配慮」の内容について、安全配慮義務の内容は、個々の事案に応じて定まるものであり、労契法も特定の措置を講ずることを予め求めるものではない、という[25]。

もっとも、判例上、労働契約関係がなくとも「特別な社会的接触の関係」にあると認められる下請企業の労働者との間に安全配慮義務は認められてきたのであり、5条の文言は判例法理より狭くなっているとの指摘もある。この差を埋める手法として、同条の類推適用によるべきという見解と、できれば第2文としてその旨を付加することが望ましい、という指摘がある[26]。

3　促進法への合理的配慮の導入
（1）促進法における合理的配慮

ところで、ここで国連障害者権利条約（以下、権利条約）への批准に対応するための促進法の改正点を確認すると、①権利条約の批准に向けた対応にかかる部分（障害者差別禁止、合理的配慮提供義務、および苦情処理・紛争解決援助）、②精神障害者の雇用義務化にかかる部分、および③障害者の定義にかかる部分に分けられる。

①については権利条約に署名した翌年（2008年）の4月に厚生労働省内に「労働・雇用分野における障害者権利条約への対応の在り方に関する研究会」が設置され、2009年7月に「労働・雇用分野における障害者権利条約への対

応について（中間整理）（案）」が取りまとめられた。これを受け、労働政策審議会障害者雇用分科会（以下「障害者雇用分科会」）が検討を行い、2010年4月に「中間的な取りまとめ」を作成した。

その後、2011年7月の障害者基本法の改正、2012年6月の障害者自立支援法の改正による「障害者総合支援法」への名称変更、および2013年6月の「障害を理由とする差別の解消の推進に関する法律」（障害者差別解消法。以下、解消法）の制定が行われたが[27]、民主党政権下における障害者関連の法の制定・改正は障害者総合支援法までであり、それ以降は2012年末に発足した自公政権下で行われた。この政権（再）交代により、本格的な障害者差別禁止法の制定に向けた気運が下がったという見方もある[28]。そして、2013年の第183回国会において、障害者差別に関して、厚生労働省から「障害者の雇用の促進等に関する法律の一部を改正する法律案」が提出された。

（2）「合理的配慮」の法的定義[29]

促進法に新たに定められた条文によると、事業主は、労働者の募集・採用について、障害者と非障害者との均等な機会の確保の支障となっている事情を改善するため、労働者の募集・採用にあたり障害者からの「申出」により当該障害者の障害の特性に配慮した必要な措置を講じなければならない（促進法36条の2）。また、採用後は、障害者である労働者について、障害者でない労働者との均等な待遇の確保または障害者である労働者の有する能力の有効な発揮の支障となっている事情を改善するため、その雇用する障害者である労働者の障害の特性に配慮した職務の円滑な施設の整備、援助を行う者の配置を講じなければならない（同36条の3）。この際、「申出」は不要である。なお、行政機関等及び事業者が事業主としての立場で労働者に対して行う障害を理由とする差別を解消するための措置については、促進法の定めるところによるとされ（13条）、雇用の場面では促進法の規定が適用されることになる[30]。

条文には明示されていないものの、その構造と諸外国の規定を踏まえて、これらの定めは「合理的配慮」提供義務を定めたものと表現される[31]。具体的には、合理的配慮の事例として、例えば、視覚障害者の募集及び採用時

に、募集内容について音声などで提供することや、肢体不自由者の採用後、机の高さを調節することなど作業を可能にする工夫を行うこと、知的障害者に対し、本人の習熟度に応じて業務量を徐々に増やしていくことなどがあげられる[32]。このような取扱いをすることは、一見すると障害者を優遇するようにみえるが、何故に許容されうるのか。それは非障害者を基準に構築された取り決めや社会制度等から障害者が構造的に不利益をこうむっている実態が存在し、障害者のみを対象とする措置を講じることではじめてこの事態を改善し、障害者・非障害者間の平等を実現することができるからであると説明される[33]。

この促進法の定めを受けて指針や促進法Q&Aが作成され、合理的配慮提供義務については、さらに事業主が合理的配慮を提供する際に参考になると考えられる事例を広く収集した「合理的配慮指針事例集」が厚生労働省によって作成されている。この事例集は、合理的配慮措置の例を示すにすぎず、法的効力はもたないが、事業主が合理的配慮提供義務を果たしたか否か裁判所によって最終的に判断されるにあたり、参考とされることは想定されよう[34]。

(3) 安全配慮義務と合理的配慮の比較

次に、長谷川珠子「健康上の問題を抱える労働者への配慮―健康配慮義務と合理的配慮の比較」論文（日本労働研究雑誌601号（2010年））を参考に「安全配慮義務」（「健康配慮義務」）と「合理的配慮」を比較したい。

長谷川論文は、1 配慮の対象者、2 求められる配慮の内容・程度、3 問題の表れ方、という3点で両者を比較している。まず、いうまでもないかもしれないが、「1」は、合理的配慮の場合、「障害」あるいは「障害者」の定義に該当する者が対象となることから、「障害あるいは障害の定義次第で、法の適用対象が大きく変化する」。他方で健康配慮義務の場合は「その時々で労働者の健康状態に応じて配慮すべきかどうかが決まり、どのような健康状態であれば配慮しなければならないというような範囲が定められている訳ではない」(51頁)。

つぎに「2」であるが、合理的配慮の場合、これを実施すると過度の負担

(均衡を失した負担）となることを使用者が証明できる場合には使用者はその義務を免れることになる。他方、健康配慮義務の場合は「一般論としては、労働者側に債務内容の特定と違反事実の証明が求められることとされてきた」とし、「債務内容の特定とは、当該事案の状況において使用者がどのような具体的な措置をとるべきであったか」の特定であり、「労働者が債務内容を特定し、かつその不履行を主張立証した場合、使用者は事故や疾病の発生について予見可能性がなかったことや、使用者が労働者が健康を損なうことがないよう相当程度の措置を講じていたこと等を立証できれば、使用者は義務違反を免れる」(52頁)。

また「求められる配慮の程度」であるが、(特にアメリカのADAにおける)合理的配慮の場合、職務の本質的機能の遂行を可能とするための措置であることから、「多くの場合、その人がその障害をもち続ける限り継続して配慮が必要となる」のに対し、健康配慮義務の場合は「いずれは健康状態を回復し従来通りの職務遂行ができるようになることを前提とした措置であり、あくまでその間の一時的な措置」ということになる(52頁)。

最後に、「3」について、(やはり特にアメリカのADAにおける)合理的配慮の場合、合理的配慮を提供しないことが差別にあたるため、そのことを理由に使用者を訴え、合理的配慮を提供するよう求めることが可能であるのに対し、健康配慮義務の場合は「事前に何らかの措置をとっていないと後々に義務違反としての責任を問われるもの(事後的な規範としてのみ機能するもの)であり、労働者が積極的に何らかの対応を使用者に求める時の根拠とはならない(労働者が健康に配慮するように請求できる権利ではない)と考える」と指摘している(53頁)。

以上、長谷川は3点にわたり「合理的配慮」と「健康配慮義務」を比較している。これらはアメリカ法を前提とした比較であって、おもに両者の「差異」に焦点をあてようとしたものといえそうだが、それでも、というべきか、両者は「重複」する部分も多分にあるように思われる。例えば、障害者でなければ合理的配慮を求められないというのは実定法に根拠をもつ以上、事理であると思われるが、障害のある労働者が健康配慮義務違反を主張するケースもあるだろうし、健康配慮義務ももしかすると合理的配慮同様、事前

の作用を求められるものとも考えられる余地はないだろうか。

しかし実は、わが国の合理的配慮の問題は、長谷川によるアメリカ法の説明とは異なり、事前の対応を求められない、事後的な救済面でしか使えない、と解されている点にこそ求められるのではないか、というのが、筆者の(年来の)問題関心である。

(4) 裁判例からみる障害者雇用における安全配慮義務の「合理的配慮」との類似性

(a) 小西縫製工業事件と A サプライ事件との対比

知的障害者に対する安全配慮義務が争われた裁判例として、小西縫製工業事件（大阪高判昭58・10・14労判419号28頁）があるが、同判決では、精神薄弱者は正常者に比較して判断力、注意力、行動力が劣るものであることを理由に、その精神薄弱の程度に応じた適切な方法手段によって安全な場所に避難させ、危難を回避することができるようにする安全配慮義務があるとして、障害者に対する特別な安全配慮義務の存在を認めた。

他方、軽度の知的障害のある労働者がクリーニングの機械に巻き込まれて死亡した A サプライ（知的障害者死亡事故）事件（東京地八王子支部判平15・12・10労判870号50頁）では、緊急時に適切な指導・監督を受けられるような人員配置や人的なサポート態勢の整備等を図るなどの安全配慮義務が使用者に課されることを説示したものの、かような安全配慮義務が何ゆえに使用者に対して義務づけられるのか、その理由について同判決は明らかにしていない。この点、労働者「一般」を対象にして、特段の理由なく緊急時の安全配慮義務をも使用者に課したものと理解することは難しく、むしろ、同判決は当該労働者の個性としての「知的障害」に応対する安全配慮義務の内容を個別に吟味した結果、（「一般」安全配慮義務と「特別」安全配慮義務ということではなく）当該労働者に対する「一個の」安全配慮義務の存在を認めたものとみるべきではないか、と筆者は指摘した（小西啓文「判例解説」労判881号（2005年）5頁）。

(b) 横浜市学校保健会（歯科衛生士解雇）事件

横浜市学校保健会（歯科衛生士解雇）事件（東京高判平17・1・19労判890号58頁）では「職種特定時の配転可能性」について争われたが、裁判所は「Xは、小

中学校の児童に対する歯科巡回指導を行う歯科衛生士として、あらかじめ職種及び業務内容を特定してYに雇用されたのであるから、特定されたこの職種及び業務内容との関係でその職務遂行に支障があり又はこれに堪えないかどうかが、専ら検討対象となるものである」と判示の上、「歯科衛生士が行う歯科巡回指導の中心的かつ不可欠の要素となっているものは歯口清掃検査であり、業務量からいっても、歯口清掃検査が歯科巡回指導の業務の大部分を占めていることは上記……判示のとおりであることからすると、Xはこのように Y の業務中最も重要な意味を有することが明らかな歯口清掃検査そのものを行うことができないのであるから、本件解雇当時、X が勤務条件規程 3 条 3 項 2 号『心身の故障のため、職務の遂行に支障があり、又はこれに堪えない場合』に該当していたものといわざるを得ない」とした。この点、筆者は「介助者付きの身体障害者雇用は行っていない」という Y からの X に対する回答を問題視し、7 名の歯科衛生士数（実働）で平成 7 年度に歯科巡回指導を実施した小学校数が323校、対象児童数が18万2964名（延べ人数33万9571名）にも上り、一校あたり児童数が多ければ800人以上を検査しなければならないという過密労働について、障害の有無という次元をも超え、過酷な労働環境の改善という視点をも踏まえた、障害を有する労働者の「適職配置請求権」が論じられるべきである、と論じた（小西啓文「判例解説」労働法学研究会報2375号（2006年）20頁）。

(c) 阪神バス（勤務配慮）事件

促進法改正前に裁判で直接「合理的配慮」について争われた事案は当然のことながら存在しないが、それを彷彿させる「グッドプラクティス」として取り上げるにふさわしい判決として、「阪神バス（勤務配慮）事件」がある。

同事件は、腰椎椎間板ヘルニアのあるバス運転士 X（バス運転士に多い、一種の「職業病」ともいえる）が、手術の後遺症による末梢神経障害、神経因性膀胱直腸障害（排尿・排便異常）の身体的障害のため勤務シフト等において必要な配慮（勤務配慮）をバス会社 Y から受けていたが、会社分割に伴いその配慮がされなくなってしまったという事案である。

裁判所（神戸地尼崎支決平成24・4・9労判1054号38頁）は、「X には、緊急の場合に休憩をとることが比較的容易な路線を担当し、かつ毎日の勤務時間帯に

比較的変動が少ないような勤務形態とする必要性が一応認められ」ること、および「排便のコントロールが困難であるXの症状と、その職務がバスの運転であり、乗客はもとより他の車両に乗車した者や歩行者等も含めた生命・身体等の安全の確保が強く求められることに鑑みれば、上記配慮をすべき必要性は強いものといえる」との判断を示している。そしてその上で、「Xに対する勤務配慮は、その必要性及び相当性が認められ、とりわけ必要性については相当強い程度で認められる反面、配慮を行うことによるYへの負担は過度のものとまでは認められないことから」、Xに対する勤務配慮を行なわないことは「公序良俗ないし信義則に反する」とした[35]。

(d) 岩手県（職員・化学物質過敏症等）事件

　ある公務員が公用車に乗ったところ、タバコ臭が充満しており、それが原因で化学物質過敏症を発症したと訴えたいわゆる岩手県（職員・化学物質過敏症等）事件では、裁判所は公務災害にあたるとはせず（盛岡地判平26・10・17労判1112号61頁）、安全配慮義務違反も認めなかった（盛岡地判24・10・5労働判例1066号72頁）。筆者は、前者の「本件公用車を使用するという公務に内在する危険が現実化して化学物質過敏症を発症したと認めることはでき」ないとする裁判所の判断について、裁判所は明言しないものの、「社会通念」（このワードは判決文に少なくとも2回登場する）からみて、量的に把握できない「たばこ臭」だけで化学物質過敏症になるわけがなく、仮にそれでなったとしたら、その人が特異な体質なのだから、という認識が判断の前提にあったのではないか、しかるに、「公務に内在した危険が現実化」したかどうかは、その公（業）務にどのような危険が内在しているかを考察すれば足り、「社会通念」を持ち出す必要はないのではないか、と（いわゆる「本人基準説」の立場から）指摘した（小西啓文「判例解説」労働法学研究会報2625号（2016年）23頁）。また後者について、原告は庁舎におけるワックス床剤を掛けて清掃することの差止めをも求めていたが、仮に受動喫煙を契機に化学物質過敏症という病気を患うことになったXがワックス掛けすべてを拒否するのではなく、例えばワックスの材質にこだわった主張を展開していれば、その差止請求または安全配慮義務の履行請求につき、Yも最大限に尊重しなければならなかったのではないか、と指摘した（小西啓文「判例解説」労働法学研究会報2559号（2013年）27頁）。

以上、裁判例をアトランダムにチョイスし紹介・検討したが、労働者（あるいは公務員）が障害者とは限らなくとも、今日いうところの「合理的配慮」的な安全配慮を求めた事案が多くみられる。しかも当事者となった労働者が求めているのは、Ａサプライ事件のように「遺族」として（事後的に）金銭賠償を求める場合を除けば、個々具体的な配慮であり、いうならば履行請求である。安全配慮義務と合理的配慮提供義務の「異同」よりも、その「近似」性を検討すべきと考える所以である。

4　促進法の合理的配慮「提供義務」への疑問
（1）解消法との対比から

権利条約は「合理的配慮」を「障害者が他の者との平等を基礎として全ての人権及び基本的自由を享有し、又は行使することを確保するための必要かつ適当な変更及び調整であって、特定の場合において必要とされるものであり、かつ、均衡を失した又は過度の負担を課さないもの」（2条）と定義している。そして同条約は同条で、その否定・不提供を「差別」と構成している。この点、解消法は7条2項で、行政機関に対し、障害者からの「意思の表明」を契機として、その実施に伴う負担が過重でないときは、社会的障壁の除去の実施について必要かつ合理的な配慮を義務づける一方で、促進法は「募集および採用」時のみ「障害者からの申出」を必要としつつ、事業主に対し障害の特性に配慮した必要な措置を講じることを、当該事業主の過重な負担にならない限りで「義務」づける。

導入当初から促進法が民間の事業主に対し（努力義務にとどまらない）法的な義務を課したというのは、障害者団体を交えた政労使のコラボレーションの成果ともいえるかもしれないが、解消法がそのような配慮をしないことを「差別」と位置づけるのに対して、促進法はあくまで「必要な措置」を「義務」づけるという構成（申出は「募集及び採用」時のみ必要とされる）であり、その違反について私法的効果はないとも説明される[36]。

例えば障害のある労働者が事業主に車いすのためのスロープをつけることを求める（「履行請求」）という行為を法的にどのように評価すべきか問われれば、促進法上、合理的配慮提供義務規定の違反の私法上の効果を「無効」

とする、と規定することにあまり意味はないかもしれない。もっとも、そのような履行請求をしたにもかかわらず（かつ、過重な負担でないにもかかわらず）、事業主が「応じない」ことのないよう、「応じない」ことを「差別」と位置づけつつ、必要な場合には行政機関の援助も受けながら要求の実現を図ることが、障害者の新しい社会運動としても正しい方向性なのではないか。そのための理論構成としては、民法90条（公序法理）や、1条3項（権利濫用法理）等の一般条項を通じて、私法上の効果を認めるという解釈よりもさらに進んで、促進法において私法上の効果を認める方が簡明かつ実効的ではないか。それが法改正に際し実現しなかったのは、同法がもついわば福祉法としての性格に、差別禁止法としての側面を加味したことの限界ともいえるかもしれない[37]。

（2）ガイドラインという手法について

すなわち日本法では、障害者雇用における合理的配慮を促進法という保護法ないし福祉法に挿入しようとしたため、極論すれば「合理的配慮」によって雇用が「促進」さえすればそれが「差別」の一類型であるかはさして重要ではない、と判断されたのではないか。もっとも、「合理的配慮の提供」を企業に義務づけるという手法は、どのような配慮をすればよいのか、企業に自問させることに繋がる。そこで、先述のとおり国がその例を示すべく、合理的配慮についての指針や事例集が発出されることになった。そこでは国として最大公約数的な合理的配慮の姿を示そうとしたのだが、結局、それも企業規模などによって異なり得て、一義的には決められない、ということにならざるを得ない[38]。

たしかに、合理的配慮概念がすでに定着し、グッドプラクティスが積み重ねされた成果を国が例示することには一定の意味があろうと思われるが、日本法のように施行前から合理的配慮の姿を国が示すやり方（「例示」と断ってはいるが）は、合理的配慮のもつ展開可能性に国が枠をはめることにはならなかっただろうか。これは、合理的配慮の「提供義務」を企業に課し、障害のある労働者からの「権利主張」を前提としないことの結果でもあるが、これでは、国が示した配慮の内容を企業の側のマネジメント（その違反に私法的

効果は「ない」)の範囲内で用意すれば「合理的配慮はとるに足りない」という、ある種の誤ったメッセージを社会へ発することにならないだろうか[39]。

（3）再度私法上の効果をめぐって

ところで私法上の効果について、山川隆一「職場におけるハラスメントに関する措置義務の意義と機能」（新田秀樹・米津孝司・川田知子・長谷川聡・河合塁編『山田省三先生古稀記念　現代雇用社会における自由と平等　24のアンソロジー』（信山社、2019年）31頁）は以下のように論じる。

「措置義務規定については、以上の公法上の効果の他に、私法上いかなる効果をもつかが問題となる。『私法上の効果』という表現は必ずしも一義的なものではないが、最も直接的に問題となるのは、私法上の請求権の根拠規定となるか否かである。この問題は個々の法令の解釈により解決されるものであるが、一般に、措置義務規定を含む労働法令は、全体として行政上の実効性確保を予定されている場合が多いため、私法上の請求権をも認めているとは言いにくいといえる。また、措置義務規定により講ずべき措置の内容も、制度の創設のように、私法上の給付請求にはなじみにくい場合がある。さらに、講ずべき措置の内容が法律の条文だけでは特定せず、下位規範による具体化に委ねられている場合は、給付内容の特定性という点で、私法上の請求権を認めるのは困難となる場合が生ずる」。もっとも、それに付け加えて措置義務を定めた規定自体から請求権が発生するかという問題とは別に、「事業主が、措置義務の履行として法所定の制度を創設した場合には、当該制度が就業規則等により定められているのであれば、当該就業規則が労働契約の内容を規律することを通じて、労働者に、当該制度の定める内容の実現を求める契約上の権利が認められる場合がありうる。たとえば、高年齢者雇用安定法上の高年齢者雇用確保措置義務の履行として、雇用主が就業規則において再雇用制度を設けた場合には、当該制度に基づく権利が認められることがありうる」（41～42頁）。

この指摘は促進法上の合理的配慮措置について私法上の請求権を認める道筋を示した点で参考になろうし、私法上の効果の「ありやなしや」という大上段な議論に対して現実的な解決策を与えうる説明にもなろうが、果たして

それでよいのであろうか。

（4）職場におけるあるべき「合理的配慮」をめぐって[40]
（a）「統合」か「包摂」か

筆者は、「合理的配慮」の理念の大きな意義は、何よりも保護の客体として位置付けられてきた「障害者」が、能動的に社会参加ができる「権利の主体」として位置付けられた点にあると考える。これは、障害者政策における「パラダイム転換」とでもいうべきものである。

日本の障害者政策の領域ではこれまで、国などの行政機関が認定した障害者に対して各種の社会的給付をする、というように、障害者を「保護の客体」とみる政策が主流であった。そこに含まれるのは、例えば障害児の特別教育や認定された障害者に対する労働者保護（日本では雇用義務制度）である。またアクターは概ね「国」であり、企業などに象徴される「社会」が登場する機会は少なかったといえよう。

他方で、そのような給付が十分ではない国、例えば、アメリカでは、障害者に対する「差別」を禁止するなかで社会に対して各種の配慮を課そうとしてきた。そのような姿勢の象徴的存在が、障害のある人の「機会の平等、完全な参加、自立した生活、そしてその個人にとっての経済的な自給自足」を目指す ADA（障害をもつアメリカ人法）である。

それでは、「合理的配慮」という考え方はどのように登場してきたのだろうか。合理的配慮は、そのルーツからすると、社会で生活するうえでは、障害がある人もない人もいるだろうが、障害があるからといって社会から排除[41]するのではなく、その違いを尊重し、その違いによって生じる配慮のコストを社会の構成員の相互間で負担しあおうということかと思われる。すなわち、「合理的配慮」とは障害者を一度社会から「分離」したのちに社会に「統合」するためのツールではなく、社会の側の負担で必要な配慮をし合うことによりさまざまな個性のある人を社会に「包摂」していくためのツールなのではないだろうか。その意味で、認定された障害者に対しての各種の取扱い、例えば、雇用義務制度などの「積極的差別是正措置」に就労促進効果があるのは認めつつ、障害者を非障害者と区別して取り扱っている時点で理

論上は合理的配慮とは別物とみるべきであろう。

　もちろん、その負担が過重な場合には、そのような配慮をする必要はなくなるため、常に配慮を求めうるわけではないが、少なくとも負担が過重でなければ、その不提供は差別的意図にかかわらず「差別」なのであって、公序違反として、行政上の救済のみならず、私法的な救済も図られるべきである、というのが、ルーツからみた合理的配慮の正しい理解の仕方だったのではないだろうか。これこそが合理的配慮が「保護の客体から権利の主体へ」というパラダイム転換のキーたるゆえんなのであって、合理的配慮を障害者をまず「分離」し、そのうえで、「統合」を図る際のツールとして理解するのはふさわしくないのではないか。そうすると、とりわけ日本の促進法の改正時の議論のように「合理的配慮の不提供の禁止と合理的配慮の提供の義務づけは効果は同じ」といって、企業が提供すべき合理的配慮の内容を予めガイドラインで例示するというのは、障害者による「権利主張」を通じた「主体化」を企図するパラダイム転換の意義を否定するようなものではないだろうか。

(b) 提供義務とガイドライン方式の限界

　このように考えると、「合理的配慮」というのは社会的包摂の1つの手段であり、配慮の内容は、各個人の要求次第ということになる。にもかかわらず、わが国の促進法では先述のように合理的配慮を「提供義務」と構成してしまったがゆえに、企業にとって「どんな配慮を提供すべきか？」が心配ごとになり、それでは国がガイドラインを示しましょう、ということになって、順次、「そのガイドラインの内容を実現すれば事は足りるのか、実現できなかったら違法なのか？」、「違反に際しての私法的効果は？」というように、「出だし」のボタンを掛け違えた（合理的配慮の不提供を禁止せず、合理的配慮を義務付けた）ために話がますます複雑になっていってしまったのではないだろうか（但し、促進法2条1号で合理的配慮の対象を認定を受けた障害者に限らなかった点は「社会的包摂」の観点から評価してよいだろう）。

　ここでもう一度、「私たち抜きに私たちのことを決めないで」という権利条約のスローガンを思い出してみたい。このスローガンはなにも立法に際しての障害当事者の参画だけでなく、社会での種々の活動に際して声をあげよ

うとしている障害のある人に向けられたものでもあろう。すなわち、そのような「声」があがれば、過重な負担でない限り、それに応えていくのが社会の義務なのであって、そうしないことは差別に当たるのだ、という考えである。現実問題としても、例えば、車椅子のために職場にスロープが必要という場合に、スロープを付けるか・付けないかは二者択一的な関係にあり、たしかに本人からの申出はさほど重要視されない可能性はあるが、どれくらいの角度のスロープを付けるべきか、という問いになると、実際に車椅子を利用している当事者の声がぜひとも必要になってこよう。このような障害のある人の権利主張、ここでは「申出」あるいは「意思の表明」を前提として、社会に変革を求めていくという新しい運動のスタイルが、障害を理由とする「差別のない社会」を目指すためには必要なことと考える。

(c) なおも論じるべき諸課題

このような表明を求めるとなると、いわゆるプライバシー侵害の問題も発生しかねない。日本では2005年の促進法改正により、現に雇用する精神障害者を実雇用率に算入することが可能になった際、本人の意に反した雇用率の適用(「掘り起し」)が行われることはないかが懸念された。この点で先の東芝・最高裁の判示部分は示唆的であると考えられる。すなわち、合理的配慮の権利主張による自己決定をメインとしつつ、プライバシーに関しては権利主張(申告)なく合理的配慮を認める余地があろうと思われるのである。

また、このような構成は、障害者の側のある種の「貢献」が求められるかもしれない。藍澤證券事件(東京高判平22・5・27労判1011号20頁)で、裁判所は、促進法4条に基づき、事業者が労働者の自立した業務遂行ができるよう相応の支援および指導を行った場合には、当該労働者も業務遂行の向上に努力する義務を負うとし、障害者の側の努力不足を指摘している。今後、障害者政策のパラダイム転換を積極的に図っていこうとする場合、同時にこのような障害者の側の「貢献」が求められてくることにも注意しながら議論していかなければならないだろう。

四　福祉的就労（政策）と労働契約法理

　上記のような構成は、くりかえすが、障害のある本人からの申出あるいは意思の表明を求めるものである。このような構成は、そのような表明ができ、表明によって配慮の内容を特定できる、しいていえば障害が重度でないケースにこそ効果を発揮するように思われ、そのような表明が難しい人にとって酷ではないか、という疑問も生じよう。この点については、「だから提供義務を課すべきである」と（安易に）考えることなく、そのような権利主張を援護する機関を構想すればよいのではないだろうか。筆者はかつて、ドイツの重度障害者代表制度について若干わが国に紹介したことがあるが、わが国でもこれに類した制度（職場で「代表」として選出される者ではないが、わが国にも障害者雇用推進者という制度などがある）を活用して、障害のある労働者が声を上げやすい職場環境を作っていくことが今後求められてもこよう。

　だが、それでも対応できないような重度の障害者の就労支援はどうするべきか。法政策としては、就労継続支援A型・B型などの事業が関係する。

　就労継続支援のA型は労働法制が適用になる類型である。本稿で論じなかった解雇（整理解雇）が問題になったケースとして、最後にネオユニットほか事件（札幌高判令3・4・28労判1254号28頁）を簡単に紹介したい[42]。

　同事件では事業所閉鎖にあたり障害者へ整理解雇法理が適用されるかが争われた。もちろん、かような施設と一般企業とは区別されるべきであり、整理解雇法理も一般企業とは異なって適用されるべきであるという意見もあろうが、筆者は、「分け隔てなく」接するという姿勢からは、整理解雇法理であっても、一般企業と同様に適用した本判決を支持したいと考えている。それが（唐津教授がいう「排除」のない）「分け隔てない」法政策と考えるからである。

1　障害者雇用促進法について概観する長谷川聡「障害者雇用促進法概説」西谷敏・野田進・和田肇・奥田香子編『新基本法コンメンタール　労働基準法・労働契約法［第2版］』（日本評論社、2020年）558頁を参照。なお、本稿では解

雇については触れないが、別稿で若干触れた（小西啓文「ドイツおよびEU法における非社員業務執行役員の労働者性の議論状況からみた障害者雇用の課題—ハーゼ論文を導きの糸として」法学新報129巻8・9号（2023年）323頁）。

2　小西康之「第5章　労働契約の成立と展開」青野覚編『就活生のための労働法入門』（中央経済社、2024年）91頁参照。また、大木正俊「契約締結の自由と採用の自由—締約強制を中心に」日本労働研究雑誌700号（2018年）99頁も参照。

3　なお、ドイツにおける雇用義務制度については小西啓文「ドイツ重度障害者法における雇用政策の展開—就労支援・職業能力形成・配慮義務の観点から」三重法経125号（2005年）35頁、同「法定雇用率制度の比較法的考察—ドイツ法を参考として」日本労働研究雑誌685号（2017年）33頁参照。また、上記拙稿を踏まえて雇用率制度について再論した同「障害者雇用促進の手法としての雇用率制度の限界—『学界展望　労働法理論の現在　2020〜22年の業績を通じて』を読んでのメモランダム」日本労働研究雑誌761号（2023年）43頁も参照。

4　日経新聞2018年8月28日夕刊1頁。

5　日経新聞2018年8月29日朝刊3頁参照。

6　厚生労働省職業安定局高齢・障害者雇用対策部編『障害者雇用促進法の逐条解説』（日刊労働通信社、2003年）161頁。

7　小西啓文「第2章　障害者雇用にかかる裁判例の検討」永野仁美・長谷川珠子・富永晃一編『詳説障害者雇用促進法――新たな平等社会の実現に向けて［増補補正版］』（弘文堂、2018年）29頁。

8　長谷川珠子『障害者雇用と合理的配慮－日米の比較法研究』（日本評論社、2018年）17頁注23は、雇用率制度を廃止したイギリス法について、長谷川聡の各論考を引用して説明している。

9　なお、筆者の従来からの主張がドイツ語に翻訳されたものとして、Hirofumi Konishi, Diskussionsstand zu angemessenen Vorkehrungen für Menschen mit Behinderungen in Japan, in: Nora Düwell, Inken Gallner, Karsten Haase, Martin Wolmerath (Hrsg.), Auf dem Weg zu einem sozialen und inklusiven Rechtsstaat -Covid-19 als Herausforderung, Nomos, 2021 がある。

10　小畑史子「第5条（労働者の安全への配慮）」・前掲注1・365頁。なお、河上正二『消費者法特別講義　医事法』（信山社、2022年）が、医療過誤についての民事責任について、契約責任構成と不法行為責任構成の違いを踏まえて論じているのが参考になる（26頁以下）。

11　中嶋士元也「第8章　災害補償〔Ⅵ〕安全配慮義務」東京大学労働法研究会編『注釈労働基準法下巻』（有斐閣、2003年）944頁以下。

12 2014年の労安法の改正で、労働者の心理的負担の程度を把握するために、事業者に対し医師、保健師等によるストレスチェックの実施が義務づけられたが、改正法の下において、検査の結果を知りながらこれを申告しない労働者についてどのように処遇するかという問題もこれに関わろう（この点、過失相殺を否定することは改正労安法の趣旨にも反する結果となりかない、という加茂善仁弁護士の指摘もある（労働法学研究会報2587号（2014年）19頁））。
13 小畑・前掲注1・367頁。なお診療債務の特殊性を論じるに際しても、手段債務・結果債務の観点が問題とされる（河上・前掲注10・23頁）。
14 和田肇「労働契約法総論」・前掲注1・343頁。肯定説の立場からこの問題を論じる文献として、鎌田耕一「安全配慮義務の履行請求」水野古稀359頁以下があげられている。
15 小畑・前掲注1・368頁。
16 小畑・前掲注1・365頁。
17 藤本茂「過労自殺と使用者の損害賠償責任――電通事件」『労働判例百選［第7版］』（2002年）143頁。
18 例えば、滝原啓允「『働きやすい職場環境』の模索―職場環境配慮義務における『変革』的要素に関する試論」新田秀樹・米津孝司・川田知子・長谷川聡・河合塁編『現代雇用社会における自由と平等―24のアンソロジー』（山田省三先生古稀記念）（信山社、2019年）127頁参照。
19 小畑・前掲注1・366頁は安全配慮義務の内容を特定し、義務違反の事実を立証する責任は原告にあるとされるため（航空自衛隊芦屋分遣隊事件・最2小判昭56・2・16民集35巻1号56頁）、過失の立証が不要であっても、立証の困難さはそれほど変わらないともいえて、実際は、債務不履行責任の追及と不法行為責任の追及の両方が用いられている、という。
20 和田・前掲注1・341頁。
21 小畑・前掲注1・365頁は「これは、判例により確立された安全配慮義務法理を明文化したものである」とする。
22 なお、道幸哲也「第3条（労働契約の原則）」・前掲注1・361頁は「労働者の私生活の確保は、労働法のあらゆる領域で問題になるが、生活との調和は、生活上の諸事情（出産・育児・介護等）によって継続就労が困難になることとして問題になっている。同時に、私生活を犠牲にするような働き方も問われている。具体的には、特定の事由に基づく休暇の確保、長時間労働の禁止、転勤命令権の制約という形で争われている」と指摘するが、3条3項の規定する仕事と生活の調和への配慮も重要な配慮事項と考えられるものの、本稿では取り上げない。

23　小畑・前掲注1・366頁。
24　小畑・前掲注1・366頁は「本条は、判例法理で確立している安全配慮義務を各則部分で具体的に規定しておくという趣旨を維持しつつ、安全配慮義務の内容のさらなる発展をも阻害しない形で総則部分において労働契約の基本的ルールとして規定したものと解されている」と指摘している。
25　小畑・前掲注1・367頁。
26　和田・前掲注1・341頁。
27　障害者差別解消法については障害者差別解消法解説編集委員会編『概説障害者差別解消法』（法律文化社、2014年）参照。
28　長谷川珠子「第1章　障害者雇用政策のあゆみ」永野・長谷川・富永編・前掲注7書・16頁注3参照。
29　長谷川聡「第3章第3節　差別禁止と合理的配慮（34条〜36条の6）」永野・長谷川・富永編・前掲注7書・86頁以下参照。
30　長谷川聡・長谷川珠子「障害と差別禁止法」菊池馨実・中川純・川島聡編『障害法［第2版］』（成文堂、2021年）130頁、137頁。なお、あわせて同書145頁以下の小西啓文・中川純「障害と労働法」も参照。
31　長谷川珠子「第4章第4節　合理的配慮提供義務」永野・長谷川・富永編・前掲注7書・213頁。
32　『平成30年版厚生労働白書』27頁。
33　長谷川・長谷川・前掲注30・131頁以下。たしかに、このような配慮があっても、それを活かす能力が当事者になければほとんど意味をなさないところに合理的配慮の「実質的機会平等」との親和性がある。なお、社会保障法の領域における実質的機会平等の議論については、菊池馨実「社会保障法制の将来構想」同『社会保障法制の将来構想』（有斐閣、2010年）21頁以下参照。
34　長谷川・前掲注29・87頁。
35　小西啓文「障害法雇用における合理的配慮」月刊福祉2016年12月号32頁で若干検討した。
36　例えば、（解消法を生み出した）差別禁止部会が障害者権利条約の規定を援用し、「合理的配慮の不提供」を「差別であると位置付ける必要がある」と提言したのに対して、2013年3月に公表された労働政策審議会障害者雇用分科会の意見書（「今後の障害者雇用施策の充実強化について」）では、「合理的配慮……の不提供を差別として禁止することと合理的配慮の提供を義務付けることはその効果は同じ」と説明されている（同2頁）。また、私法上の効果についても、「障害を理由とする差別の禁止については、雇用に係る全ての事項を対象としており、禁止規定に反する個々の行為の効果は、その内容や状況に応じ

様々であり、個々に判断せざるを得」ない（同2頁）と説明されている。
37　小西啓文「障害法雇用と就労支援の今日的課題―『合理的配慮』のとらえ方をめぐって」月刊福祉2016年1月号52頁、小西啓文「合理的配慮の未来」永野・長谷川・富永編・前掲注7書・277頁以下参照。
38　小西・前掲注35・34頁参照。
39　小西・前掲注35・34頁参照。
40　以下の記述につき、小西・前掲注7書・279頁以下、小西・前掲注35・36頁以下、小西・前掲注37・53頁の議論を基にしていることをお断りする。なお、国連による日本への勧告については「賃金と社会保障」1817・18号（2023年）58頁以下の特集（「障害者権利条約　日本への国連勧告を受けて」）を参照されたい。
41　唐津教授は、「排除」は許されるものではない、と言明している。唐津博「遊筆　両刃の剣としての強制・排除の論理」労働判例1272号（2022年）2頁参照。
42　評釈として、奥貫妃文「判例解説」労働法学研究会報2776号（2022年）22頁。

労契法と労組法
――労働契約と集団的労働条件規制――

榊 原 嘉 明

一　はじめに
二　集団的労使関係法システムのこれまでと労働契約法制
三　集団的労使関係法システムの今日的鏡像
四　集団的労使関係法システムのこれからと労働組合法制
五　おわりに

一　はじめに

　2007年制定の労働契約法（以下「労契法」）は、集団的労使関係法システムにどのような影響を与えたのか。また、労契法が存在するという今日的法状況の中、どのような法的手立てをとりわけ集団的労使関係法システムに加えるべきなのか。近年の裁判例である山形県・県労委（国立大学法人山形大学）事件を素材の１つとしながら、かかる影響を検証し、その上で今後を展望することが、本項の検討課題である。

二　集団的労使関係法システムのこれまでと労働契約法制

1　就業規則の法的性質論・再訪
（1）問題の所在
　労契法に含まれる各条項の中で、集団的労使関係法システムに最も影響を与えうる条項の一つとして、就業規則による労働条件の不利益変更について定める労契法10条が挙げられよう。なぜなら、労契法10条は、これを労働基準法（以下「労基法」）93条の予定するところを超え、より柔軟な労働条件設

定機能を就業規則に与えるものであると理解した場合、日本国憲法（以下「憲法」）28条による労働基本権保障との相克が少なくとも論点として浮上することになると考える[1]からである。

そこで、以下では、労契法10条に焦点を絞り、それが集団的労使関係法システムにどのような影響を与えたのかについて検証することとし、その予備的考察として、やや迂遠ながら、どのような文脈において労契法10条が生まれたのか[2]を簡単に確認することから、本項における検討を開始することにしたい。

（2）戦　前

現在の日本における法制度としての就業規則制度のルーツは、周知のとおり、大正15（1926）年改正の工場法施行令にある。そして、当時の就業規則法制は、「労働者の契約意識はなお未成熟、未発達にとどまり、国家による契約指導、契約内容への直接的な関与・介入なしには、労働者はその利益を守りえない」[3]という認識のもとに、労働条件の客観化・明確化と行政官庁による関与を通じて、労働者保護を図ろうとするものであったとされる。

そのような戦前の法制下にあって、すでに就業規則の法的性質をめぐり契約説と法規説の対立が見られたが、その当時における議論の特徴として再確認すべきは、以下の点であろう。すなわち、「戦前の学説においては、契約自由が謳歌されていた時代には契約説が、契約自由の弊害が意識されだした時代になると法規説が、それぞれ優勢であった。……このような時代背景の下での法規説の眼目は、就業規則を法規範だとすること自体にではなく、契約自由の名の下、使用者のいいなりにならざるをえなかった労働者をいかに保護するのかという点にあった」[4]という点である。

（3）戦後から秋北バス事件最判より前

その後、諸外国においては、使用者がこれを一方的に作成・変更するというその「前近代的性格」ゆえに法制度としての就業規則制度が姿を消していくところも少なくない中で、日本においては、第二次世界大戦後も、依然として、法制度としての就業規則制度が昭和22（1947）年制定の労基法に引き

継がれていく。なお、昭和20（1945）年12月制定の労働組合法（以下「労組法」）に基づく労働協約法制を前提とした規定（労基法92条）や、就業規則に違反する労働契約の私法的効力を否定する規定（同法93条）は、その際に追加されたものである[5]。

そのような戦後の法制下にあって、「学説が、就業規則の不利益変更問題を実践的課題として議論し始めたのは、昭和24（1949）年改正労組法に依拠して協約を破棄したうえでなされた使用者による就業規則の不利益変更が訴訟として争われて以降であった」[6]。そして、その当時の裁判例である1950年の理研発条工業事件・東京地決[7]について注目すべきは、一方において、その当時から、後述の秋北バス事件最判も言及する「労働条件の画一的決定」という表現が裁判所においてなされていたという点であり、他方において、しかしまだその当時には、使用者側における「事実上の必要」に基づき「事実上行われている」ものにすぎない労働条件の画一的決定は、あくまで「近代法の原則との調和」を必要とするものであるということを正面から認識していたという点である。

いずれにせよ、同決定を経て、契約説の系譜に属する事実たる慣習説[8]や法規説の系譜に属する保護法授権説[9]の各提示を中心として、「真の意味での論争」[10]が開始され、昭和30年代前半（1950年代後半）の「百花繚乱」[11]期を経て、およそ昭和30年代末（1960年代中頃）には、今日でもその表現が多く引用される「四派」（上記二派のほか、集団的契約説[12]、根拠二分説[13]の二派）の各説が出そろい、一度は、就業規則の法的性質をめぐる論争が「一応の終結」[14]を見たと言われるまでの状況になる。

（4）秋北バス事件最判から労契法制定より前

だが、1968年の秋北バス事件・最大判[15]が「これまでの学説の苦心をよそに……新説を打ち出し」[16]、同判決の「理論的な矛盾に対して多くの学説から厳しい批判が加えられ」[17]、その後、「同判決の就業規則の法的性質論に関する部分は、……後続の最高裁判決では引用され〔ない―引用者注〕」[18]という状況に至って、学説における理論状況は、およそ昭和末期（1970年代末から1980年代）にかけて新たな段階に入る。

その新たな理論状況とは、「法規説と契約説との接近」[19]である。すなわち、一方の法規説においては、「就業規則は現行法（労基法93条）の規定する限りにおいて、換言すれば最低基準規範として、法規的効力を有するにすぎない」[20]としてきた自身の説を従来の保護法授権説とは異なる「効力賦与説」[21]として位置づけされ直すなどされた。また、他方の契約説においても、労基法93条について「就業規則に対して労働者利益の擁護という政策的観点から、法が限定的に特別の効力、最低条件保障的効力を付与した」[22]などと説明されるなどされた。これらにより、労基法93条の法的効力と就業規則の法的拘束力とを区別して論じることが可能となり、もって、労基法93条の限度で就業規則の法規範性を承認したうえで、労基法・就業規則法制全体を踏まえた就業規則の法的性質論が展開されるべきことが、学説に共通の認識として広がるに至った[23]、というのである。労働条件集成明示説[24]や法的効力賦与説[25]は、このような「準法規説」という共通した土台の上に展開された法解釈のバリエーションであった[26]ということができよう。

（5）労契法の制定と労契法10条

他方、前掲・秋北バス事件最判の就業規則による労働条件の不利益変更論[27]については、その後の最高裁判例[28]においても繰り返し引用され、当該合理性の判断基準や考慮要素が精緻化されていった。そして、そのような最高裁判例の展開を通じて、実務上、「労働契約の一方当事者にすぎない使用者に、多数の労働者の共通する労働条件に関する労働契約内容の変更権を、裁判所による変更内容の合理性評価を中心とした司法審査を伴って、法創造的に承認する」[29]法理が定着することとなった。しかし、そのような法理を維持しつづけることは、同時に、「原則として許されない変更が、合理的であれば、なにゆえに法的拘束力をもつことになるの（か―引用者注）についての説得的な論拠は示されていない」[30]という判例法理の決定的な理論的欠陥が残存しつづける[31]、ということでもあった。結局、最高裁は、「労働条件の画一的決定」はあくまで「事実上の必要」に基づき「事実上行われている」ものにすぎず、それのみでは法的根拠たりえないという、前掲・理研発条工業事件東京地決によって指摘されていた問題点について、およそ解決策

を示すことができなかったのである。

そして、そのような脆弱性をそもそも有していた最高裁の法理は、2007年の労契法制定前夜、自ら論理的整合性の取れない方向に発展することによって、さらなる理論的欠陥を露呈させることになる。すなわち、最高裁は、1997年の第四銀行事件・最二小判[32]及び2000年のみちのく銀行事件・最一小判[33]を通じて、学説上の相対的効力説[34]と同様の論理を採用するに至り、「統一的・画一的労働条件規制の必要性を就業規則の法的拘束力の主たる論拠としていた判例法理の前提論理との理論的整合性を損なう」[35]ことになったのである。

これら2つの理論的欠陥に照らせば、その後の労契法制定論議においては、本来、「制度としての就業規則の実態的機能がそのまま法制度およびそれを支える法理論になると解す」のではなく、「就業規則の法制度化の媒介をなした労働法原理と労基法2条1項で宣明された契約原理との整合的な解釈がめざされなければならな（かった―引用者注）」であろうし、そのためには、「就業規則の法的性質論への遡行が不可欠であ（った―引用者注）」であろう[36]。しかしながら、実際に生まれたのは、「判例法理を足しも引きもせずに立法化する」[37]ことにより、「理論的根拠は棚上げにされたまま、就業規則の不利益変更の拘束力は明文上の根拠を得るに至（る―引用者注）」[38]という現実であった。これが、今日の労契法10条である。

（6）小　括

以上のような経緯に鑑みれば、労契法10条は、前掲・秋北バス事件最判以降、最高裁が展開してきた「労働条件の画一的決定」を極めて重要な論拠とする判例法理にますます広がる理論上の欠陥におよそ修復を施すことができないまま、立法という手法により、ごく単純な目隠しをするという機能を果たすものであったいうべきであろう。それと同時に、労契法10条は、戦前から続く学説上の営為を経て、ようやく準法規説という共通の理論的基盤が打ち固められ、その上に様々な解釈可能性が展開されつつあった中で、それら解釈可能性の進路を大きく塞ぐ機能を有するものであったというべきであろう。

しかし、労契法10条は、これと足し引きがないとされる判例法理と同様、大きな欠点を有していると言わざるをえない。それは、1つに、最高裁は戦後の比較的当初から指摘されていた問題点を最後まで解決できなかっただけでなく、その後における相対的効力説の採用により自ら論理的整合性を失っていったという意味で、すでに労契法制定より前に決定的に瓦解していたというべき判例法理を、労契法10条はいまだ前提をするものであるという内在的理由に基づく[39]。そして、もう1つに、使用者に一方的な労働条件変更の権能を与えたに等しいというべき労契法10条は、戦前来の「労働者保護」という文脈から大きく逸脱するものであるとともに、戦後当初から問題となっていた「近代法の原則」との対峙という問題に背を向けるものでもあるという外在的理由に基づく[40]。加えて、労基法93条の予定するところを超えた労働条件設定機能を有する労契法10条をこれからも維持しつづけようとすることは、労働者における契約意識の未成熟・未発達性を固定化し、それどころか（とりわけ現行労基法下において就業規則の担う役割が工場法下におけるそれよりも大きく拡大しているという意味で）場合によっては拡大させることにもなりかねないという点でも、その欠点を見出すことができるであろう。

結局、以上のような重大な機能を果たしうるにもかかわらず、本質的ともいうべき欠点を放置したまま、労契法10条をこれからも維持しつづけることは、法的議論として、あまりにもお粗末であるというほかない。これから必要なことは、判例法理は「労働条件や規律の集合的処理の要請と、労働者の利益保護の要請とを調和させることを模索し……実務的な苦心の結果の巧妙な説」[41]であるといった評価を前提として、これを立法によりオーソライズしつづけることではない。むしろ、そのような立法によらずとも、例えば就業規則論としては同「法制は決して労働条件の集合的処理、なかんずく統一的決定や画一的決定を目的としているわけではな（く—引用者注）……権利義務の総体＝労働条件を明示し労働者の保護を図ることを目的としているにすぎない」[42]といった評価を前提としつつ、労働契約論としては使用者側だけでなく労働者側にも生じる「労働条件の流動的形成の要請」[43]を満たすための活路を模索しつづけることであるはずである[44]。「経済的社会的状況あるいは労働者の能力や生活環境の変化に応じて契約内容をあらたに形成してい

く必要性は使用者、労働者のいずれの側にも発生する」[45]にもかかわらず、使用者という個別的労働関係の一方当事者にのみ、自らが持つ事実上の必要性を一方的に実現しうる権能が労契法10条により与えられているという法的状況は、あまりにも背理である。

2　ロックアウト論と労契法10条
（1）問題の所在
　ところで、かりに労契法10条が以上のような出自をもって生まれたものであり、個別的労働関係法において一定の問題性を有するものであるとしても、本項における問題は、あくまで、労契法が集団的労使関係法システムにどのような影響を与えたのかである。そこで、そのような問題を検討するための事前作業として、ここでは、使用者の争議対抗行為の一つとされるロックアウトをめぐる議論と労契法10条との関係について、ごく簡単に検討しておくことにしたい。

　ロックアウトそのものをめぐる法的議論に関する一般的理解は、おおむね、以下の通りとなろう[46]。すなわち、ロックアウトとは、法令上にその該当物を探せば、「作業所閉鎖」（労働関係調整法7条参照）がこれに該当し、理論的には、使用者による集団的な労務受領拒否を中心に、その概念把握がなされてきた。実務上は、とりわけロックアウトの際の賃金支払義務の有無が重要な論点となる。そして、このような論点をめぐって、学説上は、「市民法的考察方法」と呼ばれる少数説と「労働法的考察方法」と呼ばれる多数説との間で対立を見てきた。他方、判例上、最も重要な判決としてよく取り上げられるのは、丸島水門事件・最三小判[47]である。これは、ロックアウトを含む使用者の争議行為が法認される根拠を「衡平の原則」に求めるものであり、そこでは「対抗防衛手段」性が正当性の要件となる、と。

　筆者も、労働法的考察方法に立ち、使用者による争議行為の法的根拠を「衡平の原則」に求めるという、以上のような今日の通説とも呼ぶべき考え方に対する異論は基本的にない。ここで問題としたいのは、そのようなロックアウト法理と労契法10条との関係である。

（2）検　討

　この点、厚生労働省「今後の労働契約法制の在り方に関する研究会」[48]において座長を務めた菅野和夫は、ロックアウト法理にも言及しつつ、次のとおり、あたかも就業規則を「使用者が自己の要求を貫徹するための手段」の一つとして位置づけ、しかも積極的に評価しているかのような記述を残している。それは1つに、秋北バス事件における最高裁の判断枠組みは、「ロックアウト権が防禦的にしか認められていない法的状況を前提としたうえで、労働条件や規律の集合的処理の要請と、労働者の利益保護の要請とを調和させることを模索した（ものであり―引用者注）、……使用者による恣意的な変更の押しつけを裁判所が後見的にチェックできるとともに、労働条件や規律の集合的処理も可能となり、しかも具体的な事案に即した柔軟な処理も期待できる」[49]という記述であり、もう1つに、「使用者が自己の要求を貫徹するための手段としての本来的なロックアウト権（争議権）は、右判例（前掲・丸島水門事件最三小判―引用者注）では『力関係において優位に立つ使用者に対して……認めるべき理由はな〔い〕』とされている。これは、使用者は就業規則の合理的変更の手段によってその限度で労働条件の新設・変更をなしうることを考慮しての一貫した解釈であるといえよう」[50]という記述である。

　しかしながら、前掲・丸島水門事件において最高裁が「力関係において優位に立つ使用者」と言及したのは、個別的契約関係における構造的な力の優劣を念頭においてであり、また、「衡平の原則」と言及したのも、労働者側の団結とその活動を通じた集団的な圧力との関係においてであったように思われる。はたして同最判の判示内容は就業規則による一方的な労働条件変更権能も含めた使用者の「力」の「優位性」を予定するものであり、当該権能の行使は使用者側が「衡平の原則」のもとに労働者側による集団的な圧力に対して「労使間の勢力の均衡を回復する」ための一手段として予定するものであったのであろうか。そして、ロックアウトをめぐる最高裁の法理それ自体をそのように理解するにせよしないにせよ、仮に「衡平の原則」の中に使用者側の就業規則による一方的な労働条件変更権能も含めるとすれば、そのような権能は、とりわけ争議行為法の文脈において、実質上、使用者にとって「『ロックアウト権』以上の武器」[51]になるといえるのではないだろうか。

三　集団的労使関係法システムの今日的鏡像

1　問題の所在

　以上のように考えれば、労契法10条の立法化は、集団的労使関係法システムに少なくない影響を及ぼしうるものであり、場合によっては同システムの存在を決定的に脅かし、結果として、憲法28条による労働基本権保障を著しく形骸化させる存在にもなりかねないようにも思われる。はたして、そのような疑念は、まったく的を外した指摘であり、あるいは現実的に考えて少なくとも看過しうるものであるといえるであろうか。

　この点、菅野は、すでに労契法制定前夜、とりわけ前掲・第四銀行事件を契機として学説において就業規則による労働条件の不利益変更論における事案類型の精査が進む中[52]で、「組合との交渉が決裂し、使用者が自己の提案を就業規則に盛り込んでこれを強行するケース」[53]を想定していた。もっとも、菅野自身は、2000年に最高裁で立て続けに出された前掲・みちのく銀行事件最判、羽後銀行事件・最三小判[54]及び函館信用組合事件・最二小判[55]より前に発表された同論稿においては、そのようなケース自体、「労使関係の現実においては無理があり、裁判例上もあまり見受けられない」[56]という認識に立っていた。

　しかし、労契法制定から約15年を経て、上記のような疑念は、単に観念的に想定されるに過ぎない問題としてではなく、現実的な議論を要する問題として私たちの眼前に現れることになる。それが、集団的労使関係システムに対する裁判官らの現状認識を如実に表すこととなったという意味で「集団的労使関係法システムの今日的鏡像」ともいうべき山形県・県労委（国立大学法人山形大学）事件（以下、本節に限り「本件」という）である。

　本件は、1つに、「最高裁が誠実交渉義務を正面から認めた……初めての事例」[57]であった点、もう1つに、本件・仙台高判が「将来に向けた不当労働行為救済制度の基盤を揺るがしかねない」[58]とも評された「独自の見解」[59]を採用するものであった一方、本件・最高裁判決においては、不当労働行為救済制度の趣旨・目的並びに同制度における労働委員会の裁量権及びその限

界に関する第二鳩タクシー事件・最大判[60]の判断枠組みを採用すべきことが再確認され、さらに、団体交渉の目的を「(有意な)合意の成立」に限定すべきでないと判示された点で、注目を集めた事件であった。

以下では、労契法と労組法という本項の問題関心に沿って、本件を検討することとしたい。

2　山形県・県労委（国立大学法人山形大学）事件
（1）事案の概要

国立大学である山形大学を設置する被上告人（被控訴人・原告・被申立人）X法人は、平成25年頃及び平成26年頃の2度にわたり、その雇用する教職員等によって組織された労働組合である補助参加人（申立人）Z組合に対し、平成24年度及び26年度の各人事院勧告にならって、教職員のうち55歳を超える者の昇給抑制（以下「本件昇給抑制」）及び教職員の給与制度の見直し（以下「本件賃金引下げ」）につき団体交渉を申し入れた。そして、X法人は、平成25年11月以降、Z組合との間で、本件昇給抑制及び本件賃金引下げの各事項（以下「本件各交渉事項」）につき複数回の団体交渉を行った。しかし、X法人は、Z組合の同意を得られないまま、就業規則である職員給与規程の改正を通じて、同27年1月1日から本件昇給抑制を実施し、同年4月1日から本件賃金引下げを実施した。

そこで、Z組合は、平成27年6月22日、処分行政庁に対し、本件各交渉事項に係る団体交渉におけるX法人の対応が不誠実で労働組合法7条2号（団体交渉拒否）の不当労働行為に該当するとして、X法人に対し、誠実団交命令とポスト・ノーティス命令を救済内容とする本件救済申立てを行った。処分行政庁は、平成31年1月15日付けで、本件各交渉事項に係る団体交渉におけるX法人の対応につき、昇給の抑制や賃金の引下げを人事院勧告と同程度にすべき根拠についての説明や資料の提示を十分にせず、法律に関する誤った理解を前提とする主張を繰り返すなどかたくななものであったとして、労働組合法7条2号の不当労働行為に該当するとした上、X法人に対し、本件各交渉事項につき、適切な財務情報等を提示するなどして自らの主張に固執することなく誠実に団体交渉に応ずべき旨を命じ（以下「本件認容部

分」)、その余の申立てを棄却する旨の本件命令を発した。

これに対し、X法人は、Y県に対し、本件命令のうち本件認容部分の取消しを求め、訴えを提起した。同不当労働行為救済命令取消請求事件において中心的な争点となったのは、本件救済命令の内容の適法性である。

(2) 一審判決の概要と特徴

本件・一審判決[61]は、「本件各交渉事項について団体交渉に応ずるようXに命ずることは、原告に不可能を強いるものというほかない」と評価し、「本件救済命令は、その命令の内容において、処分行政庁の裁量権の範囲を超えるものといえる」と結論づけた。その根拠として、一審判決は、「団体交渉とは、労働者の待遇又は労使関係上のルールについて合意を達成することを主たる目的として交渉を行うことである」という自身の法的理解、そして、「本件各交渉事項に係る団体交渉は終了し……規定(ママ)の改正は、いずれも施行されている」という認定事実[62]を踏まえると、「規定(ママ)の改正」により「既に施行されて」いる「本件各交渉事項」について「改めて合意を達成するなどということはあり得ない」という自身の事実認識を挙げていた。

本項の問題関心からする一審判決の最大の特徴は、仮に使用者側に不当労働行為に該当するというべき態度が団体交渉の過程に存したとしても、より下位の規範であり、使用者の一方的作成にかかる「就業規則」が改定され、そして労働条件の変更が少なくとも実態において施行されるに至ると、より上位の規範である労働協約の締結主体でもある集団的労使当事者間における「団体交渉」における「合意」の達成は「不可能」なものと化す、としたその判示(以下「『不可能を強いる』論」)にある。

(3) 二審判決の概要と特徴

本件・二審判決[63]は、確かに、就業規則の改正により労働条件の変更が「実施済みである」からといって、「法律上、本件各交渉事項について改めて団体交渉をして一定の合意を成立させることが不可能になるものではない」と判示し、一般論としては、一審判決の中心的判示というべき上記「不可能を強いる」論を否定した[64]。しかしながら、本件救済命令発出時点において

「Z組合にとって有意な合意を成立させることは事実上不可能であったと推認することができ」ると評価し、発出時点において、「Xに対し、本件各交渉事項について、Z組合とのさらなる団体交渉をするように命じた」本件救済命令は、「裁量権の範囲を逸脱したものといわざるを得ない」とし、結論としては、一審のそれを維持した。その根拠として、二審判決は、本件救済命令発出時点において「本件各交渉事項に係る昇給抑制又は賃金引下げの実行から4年前後を経過」し、「関係職員全員について上記昇給抑制及び賃金引下げを踏まえた法律関係が積み重ねられてきた」という自身の事実認識、そして、やや付加的にではあるが、申立て却下事由を列挙する「労働委員会規則33条1項6号」、さらに、やや傍論的にではあるが、「団体交渉」の「最終的」な「目的」は「労使間の一定の合意の成立」にあるという自身の法的理解を挙げていた。

本項の問題関心からする二審判決の最大の特徴は、「仮に、XとZ組合との本件各交渉事項を巡る団体交渉においてXに本件救済命令が指摘するような不当労働行為があったとしても」、より下位の規範であり、使用者の一方的作成にかかる「就業規則」が改定され、それに基づき、一定の「法律関係が積み重ね」られるに至ると、より上位の規範である労働協約の締結主体でもある集団的労使関係の一方当事者である「X組合にとって有意な合意」を成立させることは「事実上不可能」なものと化す、としたその判示（以下「『事実上不可能』論」）にある[65]。

（4）最高裁判決の概要

本件・最高裁判決[66]は、「使用者が誠実交渉義務に違反する不当労働行為をした場合には、当該団体交渉に係る事項に関して合意の成立する見込みがないときであっても、労働委員会は、誠実交渉命令を発することができると解するのが相当である」と判示し、本件を原判決である二審判決を破棄し、原審である仙台高裁に差し戻した。その根拠として、最高裁判決は、労働委員会に救済命令の内容決定について広い裁量権を認めた前掲・第二鳩タクシー事件最大判を引用した上で、誠実な団交応諾が図られれば、単に「使用者から十分な説明や資料の提示を受けることができるようになる」だけでな

く、「組合活動一般についても労働組合の交渉力の回復や労使間のコミュニケーションの正常化が図られる」という点にも触れつつ、「合意の成立する見込みがないことをもって、誠実交渉命令を発することが直ちに救済命令制度の本来の趣旨、目的に由来する限界を逸脱するということはできない」点などを挙げていた。

本項の問題関心からする最高裁判決の意義は、下級審における「不可能を強いる」論及び「事実上不可能」論並びにそれらを前提とした各裁量権逸脱判断を否定した点にある。

3　小　括
（1）最高裁判決により解決された問題点

以上に見てきた2020年代初頭における山形県・県労委（国立大学法人山形大学）事件をめぐる各裁判所の判示を前提として、ここで考えたいのは、「労働条件は、誰が決める（べき）ものなのか」という問いである。

確かに、上記の問いを、「労働条件は、誰が決めるものなのか」という事実認識の問題として設定すれば、集団的労使当事者間における労働条件をめぐる対話は、実態上、そもそも労働条件変更をめぐる労使協議としての実質しか有しておらず、仮にかかる対話が実際に労働協約という形式において結実したとしても、そこで結実した労働協約は、現実には就業規則の添え物でしかない、との帰結も導出可能なのかもしれない。そして、一審判決の「不可能を強いる」論や二審判決の「事実上不可能」論の背景にはそのような事実認識を裁判官が有していたという事情があった、という可能性も否定できない。

しかしながら、上記の問いを、「労働条件は、誰が決めるべきものなのか」という法的理解の問題として設定すれば、そこで見える風景は大きく異なったものとならざるをえない。なぜなら、憲法28条や労基法92条及び労契法13条に鑑みる限り、いわば理念としての就業規則に対する労働協約の優位というべき基本的理解がまずは導出されるように思われるからである。

この点、一審判決は、裁判官が上記のような事実認識をおよそアプリオリなものとして有しおり、そもそも上記のような基本的理解を大きく欠いてい

たことの結果であった可能性が比較的高かったように思われる[67]。他方、二審判決は、確かに、そのような基本的理解は裁判官の念頭にある程度あったものの、上記のような事実認識を裁判官がむしろより自覚的に法論理の中に組み込もうとしたことの結果であったようにも思われる。そのように考えると、一審判決と二審判決は、かりに二審判決自身も指摘するような、「合意」達成の「不可能」性の判断が法律上のものか事実上のものか、一般論によるものか個別論によるものかという相違が存在していたとしても、集団的労使当事者間における団体交渉が決裂し、又は使用者側の団体交渉拒否や不誠実団体交渉等によって円滑に進まなかった場合に、使用者の一方的な作成にかかる就業規則による労働条件変更の余地を認めるという点では共通していたといえる[68]。

これに対し、最高裁判決は、確かに、前述の通り、不当労働行為救済制度における労働委員会の裁量権と団体交渉の目的を比較的広範に認めた点で、一審判決及び二審判決の問題点を一定程度において解決しえているといえよう。

（2）いまだ残されている問題点

しかし、おそらく最高裁判決をしてもなお解決できていない、だが本件全体を通して改めて明らかとされたというべき問題点がある。それは、労契法10条に基づく就業規則の変更による労働条件の変更は、少なくとも集団的労使関係法システムの文脈においては、やはり結局のところ、「ロックアウト権が防禦的にしか認められていない法的状況」の中にあって「使用者による恣意的な変更の押しつけ」[69]を可能にするものに他ならないという点である。

この点、確かに、労契法10条に基づき就業規則の変更による労働条件の変更が行われる場合にも、裁判所による後見的なチェック、すなわち同条の定める基準による「合理」性審査は行われることになる[70]、との反論もあり得よう。しかし、そのことは同時に、裁判所によっておよそ「合理」的と判断されるであろう範囲内であれば、集団的労使関係の一方当事者である労働組合がいくら合意を拒み、場合によっては自らの経済的損失を伴うストライキ権の行使により相手方に圧力をかけようとしたとしても、もう一方の当事者

である使用者は、労働争議という枠組みの中で認められたロックアウトという手段を自ら行使せずとも、その枠外にあるはずの労契法10条に基づく一方的な労働条件変更権能をもって、およそ自ら経済的損失を払うこともなく、集団的労使関係の相手方に圧力をかけることができるということでもあるように思われる。つまり、労契法10条に基づく使用者の一方的な労働条件変更権能は、たとえそれが「合理」性審査という法的制約を含むものであったとしても、とりわけ争議行為法の文脈においては、「先制的ロックアウト」が法認されていない中で使用者が手にした「自己の主張の貫徹の圧力手段」[71]にほかならないといわざるをえない。

しかも、使用者は、不当労働行為にわたらないと判断される限り、集団的労使関係法システムの中で予定された争議（対抗）行為の応酬を経ずとも、そして第三者による調整[72]という事前のコストを自ら払わずとも[73]、労契法10条に基づく権能を行使することによって、現実に「自己の要求を貫徹」[74]することが可能なのである。そのように考えると、労契法10条に基づく使用者の一方的な労働条件変更権能から生じる相手方への「圧力」は、たとえその主張の「貫徹」が現実には労契法10条を通じてなされなくとも、その権能が存在するということ自体からして、集団的労使関係における「勢力の均衡」を著しく害するほど強大なものであるといわざるをえない[75]。そして、その使用者側の主張の「貫徹」が現実に労契法10条を通じてなされた場合に、そこで払われることとなるのは、労契法10条によって使用者側が手にした著しく強大な圧力のもと一方的に行った労働条件変更に対する事後的な司法審査という労働者側のコストである。

さらに、実態に目を移すと、現実的にも、「就業規則……が労使間の『集団的労働条件設定システム』を支配し……、日本の法制のもとでは、労働条件設定に対して、労働組合システムが十分に機能できない構造になっている」[76]と指摘されるにまで至っている。このことも併せ鑑みれば、日本の集団的労使関係法システムは今日、かりに形式上、それが労働組合に法的権限としての団体交渉権や協約締結権を予定するものであったとしても、少なくとも実質上、当該システムの中で展開される団体交渉の過程や成果はもはや、およそ「労働組合等との交渉の状況」という労契法10条の合理性審査に

おける単なる一要素としてしか意味をなさなくなるということにもなりかねない、という現実的な脅威にさらされているというべきであろう。その意味で、現行の労契法10条は、とりわけ憲法28条との関係において、たとえ直ちに違憲であるとまでは軽々に言えずとも、少なくとも反憲法的な価値を有するものであると言わざるを得ない。

四　集団的労使関係法システムのこれからと労働組合法制

1　問題の所在

それでは、仮に現行の労契法10条がそのような反憲法的な価値を有しているとして、これを立法論として廃止すれば、それで事が足りるのであろうか。

当然のことながら、直ちにこれを廃止するという手段を採用することは、確かに妥当でないように思われる。その理由は、単にそのような手段の採用が実務に多大な影響を及ぼすことが予想されるからという点にあるというよりかはむしろ、仮に現行の労契法10条がその廃止又は改正を余儀なくされたとしても、契約関係の維持を前提とした労働条件の流動的形成[77]という法的要請は引き続きそこに残るからという点にこそある。

しかし、これまで検討してきたように、就業規則という法制度そのものが、そもそも「近代法の原則」が基本的に妥当する法秩序の中で、「労働者保護」のためのおよそ「過渡的」な存在として戦前に現れ、戦後に引き継がれたものであったという歴史的文脈を考えれば、その後の就業規則による労働条件の不利益変更論を通じて、いつの間にか、あたかも主として使用者の事実上の必要性を満たすためのもののようになってしまった今日の就業規則をそのままの形で維持することは、近代国家の1つとして位置づけを日本社会が自ら放棄しない限り、妥当というべきではない。就業規則の役割をそもそも労基法が期待していたような姿に戻させる可能性はありこそすれ、現行の労契法10条は、それこそ「過渡的」な存在として、その役割を終わらせるべきである。

そのために、主として必要となってくるのは、もちろん、上記に触れたよ

うな労働契約論からする法解釈論的・法政策論的な努力であろう[78]。だが、これと並行して、もう一つの契約関係の維持を前提とした労働条件の流動的形成の手段というべき集団的労使関係法論からする努力も必要となろう。そしてそこには、労契法制定の前後を通じて現在も継続的に議論されつづけている従業員代表制論も含まれようが、紙幅の制限もすでに超過しているため、以下では、労働組合制度に関してとくに検討すべき課題をいくつか提示し、もって今後の展望としたい。

2 不当労働行為制度の趣旨・目的論と勢力の均衡・争議手段選択の自由

まず、不当労働行為制度の趣旨・目的論に関連して、上記の前掲・山形県・県労委（学校法人山形大学）事件を再度振り返ると、同事件では、控訴審段階において、山形県・県労委から、「Xに更なる団体交渉を命ずることが不可能になると解することは、……強行的な就業規則の不利益変更のようないわば『やったもん勝ち』を推奨することにもなりかねない」[79]との主張がなされていた。この主張は、もちろん、不当労働行為制度との関連においてなされたものであった。だが、労契法10条との関連においては、いまだ重要な意義を有しているといえよう。なぜなら、上記のとおり、労契法10条が存在する限り、使用者は、不当労働行為にわたらないと判断される範囲内において、同条に基づく一方的な労働条件変更権能を背景とした圧力を相手方に行使することによって、労働者側に何らかの譲歩や合意を引き出したり、仮に引き出せなくても、「合理」的な範囲内であれば就業規則の変更を通じて実際に労働条件を変更したりすることができるからである。すなわち、労契法10条は、仮に不当労働行為法の文脈においては、同事件の最判により一定の解決が　図られていたとしても、とりわけ争議行為法の文脈においては、「強行的な就業規則の不利益変更のようないわば『やったもん勝ち』」という状況を「推奨」するものではないにせよ、しかし「助長」するものであることに変わりはないと思われるからである。

この点に関連して興味深いのは、ドイツ法における議論である。それは1つに、労働組合の交渉請求権に関する議論であり、そこでは、「労働組合に交渉請求権を認めたとしても、当該請求権はドイツにおける入口審査（社会

的実力）に代替するものとはなりえない」[80]とされる。そして、そのもう1つは、争議行為手段選択の自由に関する議論であり、そこでは、「対向的な関係における対等性を保持するためにこそ、……争議手段選択の自由の射程（は——引用者注）……『どの争議手段を講じるか』という実施方法の問題に関してだけでなく、『誰に対してこれを行うか』という実施対象者の問題に関しても及ぶ」[81]とされる。

これらドイツ法における議論から導かれるのは、日本においても、不当労働行為制度は争議行為法の文脈における「労使間の勢力の均衡」までをも担保するものではなく、それを担保しようとするならば、むしろ不当労働行為制度に縛られない争議行為法理が必要となるのではないか、という仮説である。

3 一般的拘束力制度の趣旨・目的論と秩序形成機能・法政策的支援

そして、一般的拘束力制度の趣旨・目的論に関連して、そもそも日本において、労働条件に関する秩序形成機能[82]を強固に発揮してきたのは、労働協約よりもむしろ就業規則であったといえよう。なぜなら、1つには、日本における労働組合の主要な組織形態がいわゆる正規労働者による企業別の労働組合であったため、未組織の企業やいわゆる非正規労働者については就業規則がその主たる役割を果たさざるを得なかったからであり、またもう1つには、仮に労働組合がユニオン・ショップ協定を背景にかなり高い組織率を企業内で有し、使用者側の集団的労使当事者との間で労働条件をめぐる何らかの対話をしていたとしても、そのような集団的な労使対話が労働協約に結実する可能性は必ずしも高くないのが実態であった[83]ように思われるからである。そうであるとした場合、本項のように、就業規則に労働協約の機能代替物としての性格を認め、これを問題視しようとする[84]ならば、そのような労働条件に関する秩序形成機能をどのように担保するかを議論することが必要となる。

この点においても、興味深いのはドイツ法における議論である。それは1つに、就業規則という法制度を有しないドイツにおいても、団結の秩序形成機能は、労働組合の高い組織率や頻繁な一般的拘束力宣言によって発揮され

てきたわけではなく、使用者団体に加盟し、あるいは自ら労働協約を締結する個別使用者が協約締結組合の組合員であるかにかかわらず労働契約上の引照条項（Bezugnahmeklausel）を通じて当該労働協約と同じ労働条件を提供することによって発揮されてきた[85]という点である。そしてもう1つに、協約自治や団結自由を重視するドイツにあっても、例えば、これまで労働協約が発揮してきた秩序形成機能や所得分配機能に対する支援や代替という名目で、一般的拘束力宣言制度における要件緩和や法定最低賃金制度の導入などの法政策的議論が盛んになってきている[86]という点である。

これらドイツ法における議論から導かれるのは、日本においても、一般的拘束力制度（や法定最低賃金制度）のあり方に関する法政策的議論は労契法10条を用いない労働条件に関する秩序形成機能の担保に向けた議論に資する可能性がある、という実践的可能性であり、憲法28条の法的構造論と労組法の趣旨・目的論とを分けて論じることができる、という理論的可能性である。

4 小 括

以上のような仮説や理論的可能性をより具体的に日本法の文脈において検証するためには、不当労働行為法論を一つの出発点としつつ、労働組合法それ自体の趣旨・目的や多様な団結機能の法的位置づけをとりわけ憲法28条との関係で明らかにすることが何よりも重要となろう。なぜなら、1つに、憲法28条に含まれる「団結する権利及び団体交渉その他の団体行動をする権利」を「相対的独自性」を有するものとして見る見解であれ、「団体交渉を中心」とするものとして見る見解であれ、そのような労働基本権観をそのまま不当労働行為制度の理解に落とし込む考え方が、主流であるといえる[87]からであり、2つに、そのような論者においては、とりわけ近年、労働組合を、労働条件に関する社会的秩序を形成する担い手としてよりも、労働者個人がその契約相手方との交渉力の格差を是正する担い手として強く見る傾向にあるといえるからであり、3つに、その結果として、多様な団結機能を前提に展開されるべき（法領域としての）労働組合法が、もはや「不当労働行為法」と呼べるほどに、その役割を低下させているように思われるからである。

今日、求められているのは、団結・団体交渉・労働協約が持つ機能の多様性を直視し、それら機能の保障や回復・促進（、場合によっては補填）に向けた法システムとして、集団的労使関係法システムを再構築することである。そして、このような議論は、労働条件に関する秩序形成に関する機能をどのような担保するかに関する議論に対しても、一定の役割を果たすものであるように思われる。なお、そのような再構築において、立法としての労組法を、憲法28条の保障内容そのものとは一応別個の、団結や団体交渉、労働協約に対する政策的支援立法として大きく生まれ変わらせるという方向性も一案であろう。だが、そのような方向性の妥当性如何も含めた、より具体的な検証は、今後の課題としたい。

五　おわりに

以上の検討を終えて、再び想起されるのは、連合総合生活開発研究所「労働契約法制研究会」[88]の主査であった毛塚勝利の、労契法成立直後における同法に対する次のような批判である。すなわち、「時代と社会が労働契約法を求めた。だが生まれたのは、『就業規則法』にすぎなかった。……『戦後労働法学』への批判から出発し、判例法理の日本社会での『存在合理性』を追求することにその存在意義を見出した『ポスト戦後労働法学』の学問的営為は、判例法理の立法化を通して、皮肉にも市民法理をも突き抜けて、契約法理及び団体法理におけるアシンメントリー（ママ）を定式化した。……もともと論理的整合性を欠落させた就業規則に関する『判例法理を引きも足しもしない』法的な整理が、労働契約法として編まれることで妖怪となる。それが筆者の杞憂、妄想に終わることを祈るばかりである」[89]という批判である。

もちろん、その批判の中心は、個別的労働関係法分野におけるそれにあった。すなわち、「労働契約の……対等性の欠落を認識しながら、いかに対等な立場で……の契約調整を行うのか、具体的手立てを考えることが労働契約法の基本的任務なはずである。ところが、……このような任務を引き受けることなく、就業規則を用いた使用者の一方的な契約内容変更を認め、契約当

事者の対等性を否定する形で解決を図ってしまった。……なぜ、個別的な契約変更法理について検討と合意形成の努力を尽くすこともなく、保護法における労働者保護の手段であった就業規則を用い、判例法理のほころびを繕うのか」[90]という批判である。

だが、毛塚は同時に、集団的労働関係法分野における批判もそこで加えていた。すなわち、「就業規則によって労働条件を変更する権利を法的に承認したことは、……集団的労使関係法の文脈では、使用者に『ロックアウト権』以上の武器を付与したことを意味し、労使の対等性の喪失に基づく交渉システムの形骸化を加速する可能性が高くなった」[91]という批判である。

残念ながら、毛塚の「杞憂」は「妄想」に終わらず、わずか15年ほどのうちに現実のものになった[92]。しかし、そのような労契法制定当時における毛塚の問題提起は、その後、どれほど労働法学において共有されたであろうか。今日の労働法学に課されている課題は、労働契約法を「就業規則法」から脱却させ、労働組合法を「不当労働行為法」から解放することである。

1 このことは、憲法レベルにおいて労働基本権が保障され（基本法9条3項）、法律レベルにおいて規範的効力制度・一般的拘束力制度が整備される（労働協約法4条・5条）など、集団的労使関係法システム（とりわけ労働協約制度）について日本と相当類似した法的基盤を有しているドイツの法制を見ることで、より明瞭となろう。すなわち、ドイツにおいては、労働基本権保障に基づく協約自治の尊重の結果として、法定従業員代表を一方当事者とする事業所協定（Betriebsvereinbarung）との間では条文上（事業所組織法77条3項：日本語訳については、山本陽大編『現代ドイツ労働法令集』（労働政策研究・研修機構、2022年）254頁（担当：植村新）を参照のこと）、今日なお就業規則（Arbeitsordnung）と呼ばれるものとの間でも少なくとも実態上（労働政策研究報告書 No. 177『企業・事業所レベルにおける集団的労使関係システム（ドイツ編）』（労働政策研究・研修機構、2015年）4頁以下（担当：山本陽大）参照）、規制対象事項について、労働協約との明確な機能分担が行われている。これに対して、日本の就業規則制度は、法律により、労働協約との規制対象事項上の機能的重複が予定され（労基法89条参照）、このような機能的重複は、労契法10条の文脈においても否定されていない。
2 労契法の労働条件変更ルールという観点からする労契法10条の検討について

は、本書・神吉知郁子「労働契約と労働条件の変更」135頁以下を参照のこと。本項は、あくまで、労契法が集団的労使関係法システムに与えた影響という文脈における予備的考察という限りにおいて、労契法10条の検討を行っている。
3 浜田冨士郎『就業規則法の研究』（有斐閣、1994年〔初出：1989年〕）13頁以下参照。
4 諏訪康雄「就業規則」労働法文献研究会編『文献研究　労働法学』（総合労働研究所、1978年〔初出：1973年〕）84頁。
5 唐津博「就業規則の法的性質」角田邦重・毛塚勝利・浅倉むつ子編『旧・労働法の争点〔第3版〕』（有斐閣、2004年）参照。
6 青野覚「就業規則の不利益変更」前掲『旧・労働法の争点〔第3版〕』（有斐閣、2004年）176頁。
7 昭和25年7月31日（労民集1巻追録1314頁）。同決定は、「近代法のたてまえからすれば、……労働条件……は、対等当事者の合意によつて決定せらるべきものであるから、……労働条件の画一的決定ということは、事実上の必要に基き、右に述べた近代法の原則にもかかわらす、事実上行われているものにすぎないということができる。しかしながら、労働法は、労働条件の画一的決定という実際上の必要と現実とを無視することができないので、この事実と近代法の原則との調和をはかり、当事者対等の原則ないし私的自治の原理に反しない限度において、就業規則を一の法的規範として承認した」などと判示していた。
8 例えば、石井照久「就業規則論」私法8号（1952年）17頁以下。
9 例えば、沼田稲次郎「就業規則の法的性質」日本労働法学会誌4号（1954年4月）1頁。
10 前掲・諏訪（1978年）85頁。
11 前掲・諏訪（1978年）88頁。
12 例えば、浅井清信「就業規則の再検討」日本労働法学会誌6号（1955年）34頁以下。
13 例えば、有泉亨『労働基準法』（1963年）174頁以下。
14 前掲・諏訪（1978年）93頁。
15 昭和43年12月25日（民集22巻13号3459頁）。同判決は、「元来、『労働条件は、労働者と使用者が、対等の立場において決定すべきものである』（労基法2条1項）が、多数の労働者を使用する近代企業においては、労働条件は、経営上の要請に基づき、統一的かつ画一的に決定され、労働者は、経営主体が定める契約内容の定型に従つて、附従的に契約を締結せざるを得ない立場に立たされるのが実情であり、この労働条件を定型的に定めた就業規則は、一種の社会的規範としての性質を有するだけでなく、それが合理的な労働条件を定めている

ものであるかぎり、経営主体と労働者との間の労働条件は、その就業規則によるという事実たる慣習が成立しているものとして、その法的規範性が認められるに至つている(民法92条参照)ものということができる」から、「当該事業場の労働者は、就業規則の存在および内容を現実に知つていると否とにかかわらず、また、これに対して個別的に同意を与えたかどうかを問わず、当然に、その適用を受けるものというべきである」と判示するなどしていた。

16 菅野和夫「就業規則の不利益変更」蓼沼謙一・横井芳弘編『旧・労働法の争点』(有斐閣、1979年)290頁。
17 毛塚勝利「就業規則の法的性質」蓼沼謙一・横井芳弘編『旧・労働法の争点〔新版〕』(有斐閣、1990年)285頁。
18 前掲・青野(2004年)176頁。
19 前掲・毛塚(1990年)285頁。
20 荒木誠之「就業規則の効力」石井照久・有泉亨『労働法大系(5) 労働契約・就業規則』(有斐閣、1963年)72頁。
21 荒木誠之「就業規則」恒藤武二編『論争労働法』(世界思想社、1978年)264頁。
22 前掲・浜田(1994年〔初出:1986年〕)400頁。
23 前掲・唐津(2004年)17頁参照。
24 毛塚勝利「就業規則理論再構成へのひとつの試み(一)(二・完)」労働判例428号(1984年)4頁以下、同430号(1984年)4頁以下。同「労働契約法における労働条件変更法理の規範構造」法学新報119巻5・6号(2012年)489頁以下も参照のこと。
25 西谷敏「就業規則」片岡昇ほか『新労働基準法論』(法律文化社、1982年)454頁以下。
26 なお、このような「準法規説」あるいは「新契約説」に分類される諸学説の相互関係について綿密な検討を加えるものとして、唐津博『労働契約と就業規則の法理論』(日本評論社、2010年〔初出:1991年〕)113頁以下。
27 同判決は、「新たな就業規則の作成又は変更によって、既得の権利を奪い、労働者に不利益な労働条件を一方的に課することは、原則として、許されないと解すべきであるが、労働条件の集合的処理、特にその統一的かつ画一的な決定を建前とする就業規則の性質からいつて、当該規則条項が合理的なものであるかぎり、個々の労働者において、これに同意しないことを理由として、その適用を拒否することは許されないと解すべきであ(る―引用者注)」などと判示していた。
28 タケダシステム事件・最判昭和58年11月25日(労判418号21頁)、電電公社帯

広局事件・最判昭和61年3月13日（労判470号6頁）、大曲市農協事件・最判昭和63年2月16日（労判512号7頁）など。
29　前掲・青野（2004年）177頁参照。
30　同前。
31　就業規則による労働条件の不利益変更に関する判例法理に一定の理解を示す論者においても、その論拠については、「新設された不利益規定が合理的なものであるかぎり、それに反対の意思を表明する労働者もその適用を受けるとしている点において契約説のわくを明確にはみだしている」という理論的欠陥が指摘されている（菅野和夫『労働法〔初版〕』（弘文堂、1985年）96頁）。
32　平成9年2月28日（労判710号12頁）。
33　平成12年9月7日（労判787号6頁）。
34　青野覚「判例における合理性判断法理の到達点と課題」日本労働法学会誌92号（1998年）125頁以下。
35　前掲・青野（2004年）178頁。
36　前掲・青野（2004年）178頁参照。
37　平成20年1月23日基発0123004号。
38　矢野昌浩「就業規則の不利益変更の拘束力」前掲『労働判例百選〔第10版〕』（有斐閣、2022年）47頁。
39　前掲・青野（2004年）176頁以下参照。
40　前掲・毛塚「（一）」（1984年）7頁参照。
41　前掲・菅野（1979年）290頁。もっとも、同論者も、そのような判例法理について、「新設された不利益規定が合理的なものであるかぎり、それに反対の意思を表明する労働者もその適用を受けるとしている点において契約説のわくを明確にはみだしている」という理論的矛盾を指摘している（前掲・菅野（1985年）96頁）ことは周知のとおりである。
42　前掲・毛塚「（二・完）」（1984年）5頁。
43　前掲・毛塚「（二・完）」（1984年）6頁。
44　これを比喩的にいえば、これからの労働法学、とりわけ労働法研究者の法的議論に必要なことは、脆弱な骨組みをもって組み立てられ、その発展の中で自らの重みに耐えきれず瓦解した判例法理を労契法10条により固着させるのではなく、そこに残った瓦礫を取り払うにはどうすればよいのか、そして、そこに開けた準法規説という共通の礎の上に、どのような法理や法制度を構築すべきかを議論し、一般社会に提示し続けることである、といえよう。
45　前掲・毛塚「（二・完）」（1984年）5頁。
46　岸井貞男「ロックアウト」前掲『旧・労働法の争点〔新版〕』（有斐閣、1990

年）130頁以下、蓼沼謙一「ロックアウト」前掲『旧・労働法の争点』（有斐閣、1979年）156頁以下、中島士元也「ロックアウトの法理論」前掲『文研研究 労働法学』（総合労働研究所、1978年〔初出：1977年〕）255頁以下参照。
47　昭和50年4月25日（民集29巻4号481頁）。同判決は、使用者の争議行為の法的取り扱いについて、「力関係において優位に立つ使用者に対して、一般的に労働者に対すると同様な意味において争議権を認めるべき理由はなく、また、その必要もないけれども」、「個々の具体的な労働争議の場において、労働者側の争議行為によりかえって労使間の勢力の均衡が破れ、使用者側が著しく不利な圧力を受けることになるような場合には、衡平の原則に照らし、使用者側においてこのような圧力を阻止し、労使間の勢力の均衡を回復するための対抗防衛手段として相当性を認められるかぎりにおいては、使用者の争議行為も正当なものとして是認されると解すべきである」などと判示していた。
48　同研究会の報告書は、平成17（2005）年9月15日に公表され、現在でも厚生労働省HP（https://www.mhlw.go.jp/shingi/2005/09/s0915-4.html：最終閲覧2023年1月15日）において簡単に閲覧することができる。
49　前掲・菅野（1979年）290頁。
50　前掲・菅野（1985年）524頁。この記述は、同書最新版においても引き継がれている（菅野和夫『労働法〔第12版〕』（弘文堂、2019年）997頁）。
51　前掲・毛塚（2008年）37頁。
52　例えば、毛塚勝利「集団的労使関係秩序と就業規則・労働協約の変更法理」労働判例150号（1989年）144頁以下。
53　菅野和夫「就業規則変更と労使交渉」労働判例718号（1997年）8頁。
54　平成12年9月12日（労働判例788号23頁）。
55　平成12年9月22日（労働判例788号17頁）。
56　同前。
57　丸谷浩介「判批」法律時報94巻11号（2022年）149頁。
58　水町勇一郎「判批」ジュリスト1561号（2021年）5頁。
59　桑村裕美子「判批」法学86巻1・2号（2022年）181頁。
60　昭和52年2月23日（労働判例269号14頁）。
61　山形地判令和2年5月26日（労働判例1241号11頁）。
62　もっとも、これら本件・一審判決の事実認定のうち、「本件各交渉事項に係る団体交渉は終了し」という点に関する事実認定については、本件・二審判決において、「Z組合が、……Xとの間で、本件各交渉事項に関する団体交渉を終了させる旨合意した事実を認めるべき証拠もない」と否定されるに至っている。

63　仙台高判令和3年3月23日（労働判例1241号5頁）。

64　加えて、二審判決は「本件各交渉事項に関する団体交渉を終了させる旨合意した事実を認めるべき証拠もない」と判示し、一審判決が法的評価の前提としていた「本件各交渉事項に係る団体交渉は終了し」という事実認定も明示的に否定した。

65　なお、高裁判決による「事実上不可能」論が持つ問題点については、山川和義「判批」中央労働時報1282号（2021年）11頁以下が、それ以上に付け足すことができる点はおよそ見当たらないほど正鵠を射た指摘をしている。

66　最二小判令和4年3月18日（労働判例1264号20頁）。

67　その論拠の一つは、二審判決によって修正された一審判決の「規定」という文言につき、同文言の指すものが就業規則であるのか、労働協約であるのか、それ以外なのかが詳らかにされていない点にある。仮に労働条件変更の法源に関する深い理解があったとすれば、その別を明記すべきかどうかについても大きな注意が払われてしかるべきであったといえよう。

68　同旨、奥田香子「判批」法学教室504号（2022年）59頁以下、河合塁「判批」労働判例1265号（2022年）99頁。

69　菅野和夫「就業規則の不利益変更」蓼沼謙一・横井芳弘編『労働法の争点』（有斐閣、1979年）290頁。

70　この点に関連して、「当該事業場の過半数の労働者の支持を得ていることを合理性判定の第1次的指標とする」ことの妥当性を肯定的に捉える論者は、その論拠として、それにより判例法理に欠ける予測可能性や法的安定性が担保されうることを挙げる（荒木尚志「就業規則の不利益変更と労働条件」菅野和夫・西谷敏・荒木尚志編『労働判例百選〔第7版〕』（有斐閣、2002年）61頁）。しかし、そのことによる恩恵を受けるのは、基本的に、すでに判例法理及び労契法10条によって一方的な労働条件変更権能を手にしている使用者であるように思われる。上記のような議論は、予測可能性や法的安定性という使用者側の利益を労働条件の不利益変更という労働者側の不利益で担保しようとするものと言え、同意できない。

71　前掲・菅野（1985年）524頁（前掲・同（2019年）997頁）。

72　この争議調整には、理論的には、労働関係調整法という日本における現行の立法に基づく各種争議調整だけでなく、ワイマール期ドイツに見られた国家的強制仲裁も含まれうる。もっとも、国家的強制仲裁制度が持つ問題性については、榊原嘉明「ドイツにおける国家的強制仲裁とフーゴ・ジンツハイマー」季刊労働法241号229頁以下を参照のこと。

73　前掲・毛塚（2012年）505頁参照。

74　前掲・菅野（1985年）524頁（前掲・同（2019年）997頁）。
75　たとえば、労働者側における「事実上の必要」（例えば物価の高騰による生活費の不足や労働組合の団結力向上）に基づく一方的な労働条件変更権能が、法制上、労働者側にのみ認められ、使用者側がこれを争う場合には、事後的に司法審査を経なければならないとした場合を考えてみてほしい。そのような法制度が例えば集団的労使関係法システムに与える影響は、決して小さいものではないように思われる。
76　野田進「『労働組合システム』の停滞にどう向き合うのか」労働法律旬報1999・2000号（2022年）107頁。
77　前掲・毛塚（2012年）489頁以下参照。なお、荒木尚志『雇用システムと労働条件法理』（有斐閣、2001年）は、「いったん合意した労働条件は相手方の合意がない以上一方的変更はできない、という立場に固執しても、……解雇の自由がもはや存しなくなった雇用システムが形成されている場合には、妥当性のある解決は導きえないこととなる」（314頁）などと指摘するが、そのような考察は、たとえ「雇用システムが社会経済情勢の変化に対応するため……同意しない労働条件変更に拘束されることはないという伝統的契約法理の帰結に修正を施す」（323頁）という法的要請一般について何らかの基礎づけを与える一事情とはなりえたとしても、そのことが直ちに、従来の就業規則による労働条件の不利益変更法理を法制化した労契法10条の正当性を決定的に基礎づけるものであるとまでは言えないであろう。
78　この点に関連して、菅野は、自身のこれまでの「学者遍歴」を回顧するにあたって、本項「おわりに」で紹介する毛塚の議論に触れ、「裁判所の形成判決がなければ企業における労働条件変更がそもそも発効しないというのは、実際上無理がある」（菅野和夫『労働法の基軸』（有斐閣、2020年）177頁（菅野発言））と述べた。確かに、労契法全体としてみれば、「成立した労働契約法は、……労使がしからしめた結果であり、研究会報告自体は、とても野心的にやった」（同書174頁）といえる部分もあったかもしれない。そして、「労使双方が反対し……審議中断」となるなどかなり困難な状況の中で、公益委員という立場から「労使各側と調整」を行い、実際に労契法制定にまでこぎつけた（同書178頁参照）ことは、菅野の多大な功績であったであるといえる。しかし、少なくとも今後、そして労契法10条に関していえば、研究者の多くがなすべきは、さらなる理論的検討や制度整備（紛争解決手続き制度の整備を含む）に向けた試みのはずであり、「実際上無理がある」とそのような試みを軽々に放棄することではないはずである。
79　労働判例1241号9頁。

80 　植村新「労働協約の法的規律に関する一考察（3・完）」季労267号（2019年）194頁。
81 　榊原嘉明「団体行動は『誰が』『誰に』行うものなのか？」1276号（2023年）16頁。
82 　秩序形成という術語の意義については、榊原嘉明「ドイツは協約自治を放棄したのか？」毛塚勝利先生古稀記念『労働法理論変革への模索』（信山社、2015年）731頁を参照のこと。
83 　小嶌典明「労働協約の一般的拘束力」日本労働法学会編『講座労働法の再生（5）労使関係法の理論課題』（2017年）124頁参照。
84 　結論において同旨のものとして、前掲・野田（2022年）107頁。
85 　水町勇一郎「『労働契約』か『社会関係』か？」菅野和夫先生古稀記念論集『労働法学の展望』（有斐閣、2013年）533頁以下参照。
86 　前掲・榊原（2015年）719頁以下参照。
87 　前者に属する見解として、例えば西谷敏『労働組合法』42頁、143頁、150頁を、後者に属する見解として、例えば前掲・菅野（2019年）33頁、1002頁、1004頁をそれぞれ参照のこと。
88 　同研究会の成果は、連合総合生活開発研究所『労働契約法試案』（2005年）として、公刊されている。
89 　毛塚勝利「労働契約法の成立が与える労使関係法への影響と今後の課題」季刊労働法221号（2008年）36頁以下。
90 　前掲・毛塚（2008年）30頁以下。
91 　前掲・毛塚（2008年）37頁。
92 　前者の個別的労働関係法分野のそれについては、すでに毛塚自身（毛塚勝利「『就業規則』を用いない労働契約法を」日本労働研究雑誌616号（2011年）1頁）によって、いわゆる労契法9条の反対解釈論を通じて現実化した旨が指摘されている。

＊脱稿（2023年2月）後、山形県・県労委（国立大学法人山形大学）事件・最判等を法的に検討する以下の各論稿に触れた（執筆者・50音順）。編者からは修正の機会をいただいたが、校了までに、それら各論稿の内容を本項の叙述に反映することはできなかった。お詫びの上、その旨をここに記すことにしたい。

・大内伸哉「判批」ジュリスト臨時増刊1583号『令和4年度重要判例解説』（2023年）207頁以下
・緒方桂子「誠実交渉義務に関する理論的一考察」季刊労働法280号（2023年）74頁以下

・神吉知郁子「セーフティネットとしての集団」玄田有史・連合総合開発研究所編『セーフティーネットと集団』（日経BP、2023年）177頁以下
・小山敬晴「批判」判例時報2567号／判例評論776号（2023年）131頁以下
・同「日本におけるストライキの停滞状況に関する法的分析」季刊労働法283号（2023年）2頁以下
・土田道夫・武内匡「団体交渉拒否・誠実交渉義務違反事件の救済方法に関する労働委員会の裁量権」季刊労働法281号（2023年）138頁以下
・野川忍「批判」月刊労委労協797号（2023年）2頁以下
・松井良和「判批」日本労働法学会誌136号（2023年）245頁以下

労働契約法と労働関係調整法
―― 労働契約の法と集団紛争解決制度の法の意義と交錯 ――

唐 津 博

一 はじめに――課題の設定――
二 労働法の意義・目的と機能
三 労契法の目的と意義
四 労調法の目的と意義
五 労契法と労調法の相互関係と交錯

一 はじめに――課題の設定――

　労契法と労調法は、労働立法上、どのような関係にあるのか。両法は、労働立法上、どのように意義づけられ（位置づけと機能）、その相互関係（交錯）は、どのように解されるのか。これが、本論の課題である。そうすると、労契法と労調法は、それぞれ、どのような趣旨・目的または立法政策のもとに、どのような経緯を経て制定されたのか、また、その具体的内容はどのようなものであるのか、これらの点を確認することが、その前提となるべき課題であろう。しかし、ここでは、労契法と労調法の労働立法上の意義および機能に着目した検討を試みることにしたいので、立法史、また法解釈論的課題については、この検討に必要な範囲内でふれることにしたい。

　そこで、以下では、そもそも労働立法とは何か、どのように理解できるのか、すなわち、労働法をどのように構想し、体系化できるのか（労働法の体系的把握）、まずは、この点について確認しておきたい。

二　労働法の意義・目的と機能

1　労働法の意義・目的と体系

　労働法は、ⅰ）憲法の法理念（個人の自由と平等）を労働関係において実現、具体化するための労使間の適正な権利バランスによる雇用・労働社会の安定と機能的・効率的な雇用システムを維持、確保することを目的として、ⅱ）労働関係（労使の個別的関係と集団的関係）および労働関係を規律する立法・行政施策が、自律的にあるいは相互補完的に形成する労働市場を、ⅲ）社会的公正さの観点から統御する規範的枠組（憲法を頂点とする労使間の権利カタログ）である[1]。

　すなわち、労働法の規制対象（上記ⅱ）は、労働関係（個別的・集団的労働関係）の成立・展開・終了の各プロセスと、その舞台となる労働市場（物・サービスの生産・提供のために必要な労働（力）を調達する市場）である。労働関係は、法理念上、私的自治・労使自治のもとに成立・展開・終了するものである。しかし、国は、立法政策（法政策）の具体化としての労働立法と労働行政施策（社会政策・経済政策）によって、労働市場を規律するので、労働関係は、労働立法・労働行政施策による制約を受けることになる。他方、労働立法・労働行政施策は、労働関係の自律的性質とその具体的展開の実情、すなわち雇用・労働社会の現実に即したものでなければ実効性を確保できない。換言すれば、一方で、自律的関係である労働関係は、立法・行政による外在的制約を受け、他方で、立法機関（国会）・行政組織（政府）の主体的・裁量的活動としての労働立法・労働行政施策は、雇用・労働社会の現実に適合的な対応を必要とされている。この意味で、両者はいわば相互抑制的もしくは補完的な関係にある。労働関係と労働市場、および労働立法・労働行政施策は、このような相互関係のもとに、形成・展開されている。

　この労働関係と労働市場を統御する規範的枠組みは、社会的公正さによって、正当化される（上記ⅲ）。この社会的公正さは、労使相互の諸利益の多元的、対話的な調整システム（自主性と民主性を備えた法的制度・仕組み）が適正に作動することによって確保されるものであり、憲法上の政治体制（統治機構）

としての民主主義、権力分立・多元主義からの法的要請と解すべきものである。

それでは、労働法はどのように体系化できるのか。これは、労働法の法領域をどのように類別し系統化するのかという問題でもある。労働法の法領域については、憲法上の社会権条項（いわゆる生存権的基本権条項）に対応させて、以下の３分野に分類、体系化されるのが一般的である。すなわち、憲法25条（生存権保障）を基底として[2]、①憲法27条２項（労働条件基準の法定）に基礎づけられる労基法を軸とする雇用関係法（個別的労働関係法）、②憲法28条（労働基本権保障）に基礎づけられる労組法を軸とする労使関係法（集団的労働関係法）、そして③憲法27条１項（労働権保障）に基礎づけられる職安法を軸とする雇用政策法（雇用保障法または労働市場法）の３領域である[3]。なお、法領域としては、①、②、③との関係で、独自の位置づけをなすべき公共部門労働法がある。

近年、①については、憲法27条２項に基づく労働条件規制法と、憲法の多様な人権条項に根拠を置く労働人権法に分けて把握すべきである[4]と主張されている。もっとも、雇用関係法の基本法である労基法の憲法上の基礎は憲法27条１項であるが、労基法の内容は、憲法の市民的基本権を労働関係において具体化するものにほかならない（例えば、労基法３条（均等待遇）、４条（男女同一賃金）は憲法14条の具体化である）。したがって、労基法は、労働者の憲法上の人権保障を基礎とした労働条件規制法ということになろう。

また、現行の労働立法については、上記の①を労働基準法制、②を労使関係法制、そして③を職業安定（雇用政策）法制に対応させ、それぞれの法執行のために、労働基準行政、労働委員会、そして公共職業安定行政という専門的な労働行政の装置を有しているとしたうえで、労働法制としては、さらに、憲法14条（法の下の平等）の原理を労働関係において具体化する雇用平等法制、上記①～③のいずれにも基づかない立法（育児介護休業法、会社分割に伴う労働契約承継法、公益通報者保護法等）、また、労働基準法制、職業安定法制、雇用平等法制にまたがる立法（パート労働法）が加わり、併せて個別労働関係紛争解決促進法、労働審判法等の労使紛争解決法制という分野に類別する見解[5]も示されている。

このように、労働法制は、各労働立法の趣旨、目的や規制手法、法の実効性確保措置等をどのように理解するかに応じて、さまざまな形に類別、体系化することができるが、この問題については、これ以上立ち入らない。

2　労働法の機能と政策

労働法はどのような機能を果たすのか。まず、労働法には、憲法秩序（憲法を根本法とする人権保障体制）に則した法規範としての機能（規範的機能）がある。この規範的機能とは、労働法上の価値（労働法的価値）の内容を具体的に析出、明確化し、これを整序する、すなわち、労使の権利・義務内容を体系的に整理、体系化することによって、雇用・労働社会の規範的秩序を形成、維持する機能のことである。したがって、労働法は、労働法的価値の内容、その存否をめぐる法的紛争を解決する規範（裁判規範、紛争解決規範）として機能する。

なお、ここでいう労働法的価値とは、雇用・労働社会において尊重、保障されるべき労働社会的価値、すなわち、憲法上のいわゆる社会権保障にもとづく社会権の価値（狭義の労働法的価値）だけでなく、労働者が、憲法秩序のもとに市民として享有し、保障さるべき価値、すなわち法理念としての自由と平等を体現する市民権の価値（市民的自由・市民的権利）を包摂する価値概念（広義の労働法的価値）である。したがって、雇用・労働社会において、個人としての尊厳（憲法13条）にもとづくいわゆる人格権やプライバシー権が尊重され、保障さるべきは当然の事理である。

このように、労働法は、労使間の適正な権利バランス（権利保障と権利内容の調整）による雇用・労働社会の安定という労働法の目的を達成するための法規範（裁判規範）であるが、この法規範は、裁判（紛争解決）規範として機能するだけでなく、雇用・労働社会（労使関係・企業実務）における行為規範としても機能する。すなわち、労働法は、経済秩序（自由主義市場経済体制）に即して、労使相互の自由かつ公正な経済活動としての契約交渉（労働条件に関する個別的交渉または集団的交渉）を法的に保障し、これを促進するための行為規範を形成・設定したものということができる。すなわち、労働法は、雇用・労働社会における行為規範を形成・設定することによって、機能的・

効率的な労働市場・雇用システムの形成を図り、これを通じて経済社会の安定を維持・確保するという社会経済的機能を有するのである。労働法には、市場経済体制の下における公共政策としての社会政策および経済政策（産業政策、労働政策等）としての立法、すなわち政策立法としての性質があるが、労働法の社会経済的機能は、政策立法としての労働法の機能にほかならない。

なお、労働立法に対応して展開される種々の行政施策（労働政策）は、規範論的には、労働立法の基本的指針（法政策指針）である、「雇用の安定」と「公正な処遇」に則したものでなければならない。労働政策は、前掲の法領域分類に対応させれば、①雇用関係法（個別的労働関係法）については、労働条件政策、労働者福祉政策、②労使関係法（集団的労働関係法）については、労使関係政策、③雇用政策法（雇用保障法または労働市場法）については、労働市場政策、能力開発政策として展開されることになるが、それぞれの行政施策には、この法政策指針との適合性、整合性が求められるのである[6]。

したがって、労働立法としての労契法と労調法のいずれについても、以上論じてきた規範的観点及び政策的観点からの評価と位置づけがなされる必要がある。そこで、以下では、労契法と労調法が、それぞれ、どのような目的のもとに制定され、どのような内容の労働立法であるのかを踏まえて、労契法と労調法には、どのような法理論的意義があり、どのような法政策的意義（社会経済的機能）があるのか、検討を加えることにする。

三　労契法の目的と意義

1　労契法の目的と内容

労契法は、労使の「自主的な交渉の下で、労働契約が合意により成立し、又は変更されるという合意原則」と「その他労働契約に関する基本的事項」を定めることにより、「合理的な労働条件の決定又は変更が円滑に行われるようにすること」を通じて、「労働者の保護を図りつつ」、「個別の労働関係の安定に資すること」を目的として掲げている（法1条）。労契法の目的は、「労働者保護」を伴う「個別の労働関係の安定」であり、その目的を達成す

る手段として、「合意原則」と「労働関係に関する基本的事項」を法定する、ということであるが、この法定によって、「合理的な労働条件」の円滑な決定又は変更が行われることが期待されている。労契法は、第1章総則、第2章労働契約の成立および変更、第3章労働契約の継続及び終了、第4章期間の定めのある労働契約、及び第5章雑則から構成されているが、条文数は僅か21条の、いわゆる「小ぶりの」労働立法である。

では、労契法は、何を対象（名宛人、規制事項）として、どのような性質の法規定（法規定の法的効力）によって、その法目的を達成しようとしているのか、すなわちどのような規制手法を講じているのか（規制態様）。

まず、労契法は、労働契約関係にある「労働者」（2条1項）と「使用者」（2条2項）を名宛人として、労働契約の成立と展開、終了の各段階における法ルールを明文化している。労契法の名宛人である「労働者」は、民法上の労務供給に関する典型契約（雇用契約、請負契約並びに委任契約）のいずれかに必ずしも該当しない、「労働契約」と法的に評価される無名契約[7]の一方当事者である。これは、労基法上の「労働者」（同9条）の適用対象と重なるが、黙示的労働契約論や法人格否認の法理の適用場面を想定すれば明らかなように、労契法上の「労働者」の法概念は、労基法上のそれとは異なる。また、労契法上の「使用者」は、法的に「労働契約」の他方当事者と評価される者であり、法違反に対する刑罰と行政監督によって実効性を担保する労基法上の「使用者」（同10条）には契約当事者以外の者が含まれるので、これと同一の法概念ではない。

労契法の規制対象は、労働契約のイ）成立、ロ）展開、そしてハ）終了の各プロセスであるが、イ）成立については、合意原則（労使の合意による成立（6条）と契約内容の変更（8条））と17条2項（期間設定に対する配慮義務）の規定があり、ロ）展開については、出向（14条）と懲戒（15条）について権利濫用法理（判例法理）が明文化され、ハ）終了については、解雇（16条）について明文化された解雇権濫用法理（法形式的には、旧労基法18条の2の移設）、「契約期間中の解雇等」（17条）、「有期労働契約の期間の定めのない労働契約への転換」（18条）、および「有期労働契約の更新等」（19条）の定めを置いている。

なお、第1章総則には、「労働契約の原則」（3条）、「労働契約の内容の理

解の促進」（4条）、および「労働者の安全への配慮」（5条）の規定が置かれている。これらの条項は、労契法の総則規定であるから、労働契約の成立、展開そして終了の各プロセスの基底となるべき原則的法ルールということができる。

では、労契法は、どのような性質の法規定（法規定の法的効力）によって、法目的を達成しようとしているのか。労働法規は、労使の社会的、経済的力関係の格差により対等性を欠く労働関係を規制対象として、一定の法目的を達成すべく一定の法ルールを設定するものであるから、基本的に、労使当事者の自由意思により排除できない強行規定である。労契法では、一般に判例の就業規則法理を明文化したといわれる法7条、9条、10条、そして権利濫用法理としての14条（出向）、15条（懲戒）、16条（解雇）、有期契約法理としての17条（契約期間中の解雇等）、18条（無期転換ルール）、19条（判例の雇止め法理）が、この強行規定にあたる。

これに対して、法4条1項は、使用者に、「労働条件および労働契約の内容について、労働者の理解を深めるようにするものとする[8]」とし、同2項は、労使を名宛人として、労働契約の内容について「できる限り書面により確認するものとする」と規定した。では、この規定は、前者では使用者に対して、後者では労使双方に対して、どのような義務を課しているのか。この点については、前者では義務内容を具体的に特定することが困難であり、後者では「できる限り」の文言があるので、いずれも契約上の権利義務関係を発生させるものではなく、その義務の性格は努力義務にとどまるのであり、この規定は訓示規定である[9]、と説かれている。

そもそも努力義務とは何かについては、それ自体議論を要する[10]が、強行規定、任意規定とは異なる訓示規定という表現を用いて、具体的な権利義務とは異なる努力義務という概念を論じることには、積極的な意味を見出すことができる。すなわち、労働関係は、法原則としては、労使の自治的、自律的な契約関係として形成され、展開し、終了するので、この契約関係の形成・解消プロセスに対する強行的な法ルールの設定は抑制的であることが望ましいことになろう。しかし、労働契約関係の特性（契約交渉における労使の交渉力の不均衡、対等性の欠如等）に鑑みれば、この契約関係の形成・解消プロセ

スを労使当事者の完全な自由に委ねるのは適切ではなく、これに対して一定の法的枠組を設定することが必要である。この観点からすれば、裁判規範として機能する具体的な権利義務ではなく、労使双方に、自主的かつ自治的な関係の形成を展望し、これを促す行為規範として機能する努力義務を論じることは、労働関係の特性に対応する法規制の選択肢を広げる意味を有することになろう。

　なお、法3条（労働契約の原則）4項は民法1条2項の信義則を、同5項は民法1条3項の権利濫用の禁止を労働関係において確認する[11]裁判規範であるが、同第1項（合意原則）、同2項（均衡考慮）、および同3項（仕事と生活の調和への配慮）は、直接に労使に権利義務を発生させる法的効果を持たないいわゆる理念規定である[12]、と説かれる。これに対して、法3条2項と同3項のいずれも訓示規定にとどまる[13]、と述べる論者もある。前者では、この理念規定は、就業規則の限定解釈の理念的根拠になりうるし、権利濫用や信義則などの一般条項の解釈適用に影響を与えるとされ、後者では、いずれも労働契約法上の諸問題の解釈や立法政策に際して考慮されるべき規定であるとされる。論者によって用語にズレがあること珍しくはないが、いずれにおいても、各規定は、「訓示規定」（努力義務規定）とは異なる機能を果たすものと理解されている。前述したように、法3条、4条は、労働契約の成立、展開そして終了の各プロセスを規律する原則的法ルールと解される。したがって、法3条を「訓示規定」ではなく「理念規定」という用語で把握、解釈することは不自然ではなかろう。

　このように、労契法は、労働条件交渉の形成・解消プロセス（労働契約の成立・展開・終了）を、判例法理を基礎に置く強行規定と併せて、訓示規定あるいは理念規定によって規律する法ルールを設定した[14]。その特徴は、国による直接的な法的規制、すなわち、労使の作為義務又は不作為義務を設定（強行規定）するだけでなく、労使の自主的・自治的な労働関係形成を支援、促進する規定を置いている点にある。この規制手法は、労契法が掲げている法目的（法1条）、すなわち労使の「自主的な交渉」の下での合理的な労働条件の円滑な決定・変更による個別の労働関係の安定を達成することに資するものといえよう。

ただし、法1条には、「労働者の保護を図りつつ」という文言が入っている。このことは、従来の労働立法に特徴的な、法規制の実効性を確保するための後見的な行政的監視、関与という規制手法を、労契法は否定していないということを意味している。例えば、「労働契約法の施行について」と題する厚労省労基局長からの都道府県労働局宛の行政通達（平成20年1月23日付基発013004号、平成24年8月10日基発0810第2号、平成24年10月26日一部改正）が、それである。この点に着目すれば、労契法は、必ずしも「法の履行確保のための罰則や行政装置を伴わない純然たる民事法である」[15]とは言えない、ということになろう[16]。

2　労契法の法理論的意義

労契法は、労基法と同様、個々の労使の労働関係を規律する雇用関係立法であるが、両者の守備範囲は異なる。労基法は、いわゆる労働者保護法として、最低労働条件基準を法定し、法違反に対する刑事罰と行政監督によってその実効性の確保を図るとともに、私法的には、この基準に法的効力（法13条の個別合意に対する強行的直律的効力）を与えた。すなわち、労使の自由な経済活動に法的制約（契約自由の制限）を加えている。これに対して、労契法は、労基法の設定する法的枠組、すなわち労使の契約自治が法的に許容される範囲内における法ルールを設定したものである。

したがって、労契法は、労働契約関係の実態、例えば、契約の締結慣行（個別交渉ではなく使用者が作成した就業規則に依拠した契約内容・労働条件による採用）等を、当然その視野に入れておく必要がある。この意味では、労基法上の「就業規則」制度に基づく雇用・人事管理の一般化に対応すべく、労契法において、就業規則に係る判例法ルールの整理・統合が試みられたのは、不自然なことではない[17]。

しかし、労働契約法理[18]から見た評価（法理論的評価）としては、労契法制定の眼目とされた労働条件変更の判例法理（合理性基準論）の条文化（「判例法理に沿った」明文化）は、それ自体、適切さを欠いて紛争のもととなった（例えば、法9条の文言は判例法理の射程を超えた反対解釈を導いた）が、よりいっそう重大な問題を抱えている。就業規則に依拠した労働契約締結が慣行化した一因

は、労基法が戦前の工場法の就業規則法制を受け継ぎ、国（労働行政）がこの就業規則を利用する企業実務（雇用人事管理）を促進したことにある[19]が、労契法は、労基法上の就業規則制度と労働契約（労使の合意）とを法的に接合するルールを明文化した。すなわち、就業規則の運用（作成・変更）に基づいた企業の人事・雇用管理とこれを前提とした労働契約紛争における法実務としての就業規則解釈による労働契約解釈の法ルールが、労契法の制定（立法）によって法的に根拠づけられた。すなわち、労働契約と労基法上の制度である就業規則の法的混交が、契約解釈論のレベルだけでなく、制定法レベルで承認され、従来の就業規則に依拠した契約解釈論が法的に正当化されたのである。

就業規則に依拠した労働契約論（権利・義務論）は、「就業規則とは区別された固有の意味での労働契約がその本来有すべき自己規律性、自己完結性を失」わせ、「その内容決定をもっぱら就業規則に依存した、労働契約の抽象化、空洞化とも称すべき今日の一般的な事態」をもたらしたと評されており[20]、労契法は、労働契約と就業規則それぞれの法制度固有の意義とその社会経済的機能の差異を一層、不明瞭にする方向に作用するであろう。

他方、労契法には、契約解釈論的観点からは肯定的に評価できる点もある。契約自治の範囲を最低労働条件水準の枠内に制約する労基法の労働条件は、最低水準という性質上、「労働条件概念を物的・経済的な利益に力点を置いて」いるため、労基法には「法的主体、人格者としての労働者の無形的、非経済的な利益」への配慮の欠如[21]、という難点があるが、労契法が、労働契約の原則（法3条）として、均衡考慮（同2項）と仕事と生活の調和への配慮（3項）を掲げたことは、この難点を克服する解釈論の可能性をうかがわせるからである。すなわち、均衡考慮、仕事と生活の調和への配慮という新たな労働契約原則は、経済的利益から生じる精神的不利益や不利益がもたらす差別的効果への着目、労働者の人格的利益の重視等、新たな解釈論を展開する契機をもたらすものである。労働契約の人格的性質、すなわち労働が「生身の人間」である労働者の物理的・精神的拘束（自由の拘束）を必然とすることから生じる契約的特性[22]は、労働関係における労働者の人格的利益の重視と尊重を要請するものである。この意味で、労契法の制定によって、

労使の権利義務論に広がりと厚みが加えられることになろう。

　また、有期労働契約の法定更新ルール（法19条）、無期転換ルール（法18条）については、その解釈をめぐる議論が活況を呈し、有期労働契約法理の新たな展開がみられている[23]ことも、積極的に評価できる点であろう。前者は、判例の雇止め法理を明文化したものと説明されているが、後者は全く新たな法制度であり、契約締結の自由に対する法的制約の是非が争点となっている。また、新たな法ルールは、労働契約論の基本概念である労働契約の法モデルをどのように理解するかを問うているのではないか。このように考えて、法モデルとして、意思モデルの労働契約と異なる規範モデルの労働契約を構想する試論を提示した[24]が、この点については割愛する。

3　労契法の法政策的意義

　では、労契法は、法政策的観点からは、どのように評価できるのか。憲法秩序（憲法13条以下の市民的自由権と同25条以下の社会的基本権による、市民の「自由」と「平等」の保障）から導かれる労働立法・法政策の基本的指針は、「雇用の安定」と「公正な処遇」である[25]。労契法は、労使の自主的な交渉の下での、合理的な労働条件の円滑な決定・変更を謳い（同1条）、前掲の行政通達（「労働契約法の施行について」）では、労働契約に関する民事的なルールを明らかにした労契法によって、労使が「法によって示された民事的なルールに沿った合理的な行動をとることが促される」と述べられている。したがって、労契法は、法政策的には、労使の個別的な労働条件交渉（契約内容の決定・変更）における労使の自主的かつ合理的な行動を要請する法ルールを設定したものと解されよう。その法ルールは、私見によれば、「雇用の安定」と「公正な処遇」という法政策指針に則したものでなければならない。

　労契法は、第1章の総則規定において、対等の立場における合意原則（3条1項）、就業の実態に応じた均衡考慮（同2項）、仕事と生活の調和への配慮（同3項）を、労働契約の原則として掲げ、また、労働条件内容の理解促進（4条1項）、その書面確認（同2項）を奨励している。前述したように、これらは、法的効力という点ではいずれも訓示規定であり、労使の労働条件交渉（契約内容の決定・変更）、労働関係のあり方を規律する行為規範を設定したも

のである。これらの行為規範は、労使の労働条件交渉、労働関係が自主的かつ合理的なものとなるための法ルールなのである。このようにして確保される労使の自主的かつ合理的な労働条件交渉、労働関係の形成は、労働者の「公正な処遇」への道を開くことになろう。この意味で、労契法の総則におかれた新たな法ルールは、労働立法・法政策指針としての「公正な処遇」の実現に資するものということができる。

　また、有期労働契約の新たな法ルール（法18条、19条）を設定した2012年の改正労契法[26]は、法政策的にも重要な意義を有する。自主的かつ合理的な労働条件交渉（契約内容の決定・変更）の促進という労契法の法政策が、新たなステージに進んだのである。例えば、次のように指摘されている。すなわち、「2007年労契法は、労働契約の基本理念と判例の基本的法理とを条文化した労働契約基本法」であり、「企業の人事労務管理に対し新しい対応を強く迫る性質の立法ではなかった」が、2012年改正は「正規・非正規従業員を分断管理する企業に対して、さしたる猶予を与えずに本格的見直しを迫る政策立法である」[27]、と。使用者は、一般に、採用時の契約期間の定めの有無により非正規雇用型と正規雇用型の雇用区分に基づく人事管理を行っているので、労契法の有期法ルールは、その人事裁量権に対する重大な法的介入と受け止めるであろう。しかし、この法的介入は、法政策的には法政策指針としての「雇用の安定」を図るための法ルールとして適正なものである。すなわち、有期雇用の法定更新制度は、短期の有期雇用が反復更新される場合の労働者の雇用の不安定さに対応するために確立した判例法ルール（雇止め法理）を基礎とするものであり、無期転換制度は、一定期間の継続雇用の下にある有期雇用労働者に無期雇用への転換選択権を付与することによって、雇用の安定を確保しようとするものなのである[28]。

　労働法ルールには、労使の契約紛争（権利義務紛争）を解決する裁判規範としての規範的機能だけでなく、労使が拠るべき行為規範の設定によって公正かつ効率的な雇用システムの形成、経済社会の安定を図るという社会経済的な機能がある。個別的な契約関係を規律する労契法の法ルールは、「公正な処遇」と「雇用の安定」という政策指針に沿ったものと評しうるものであり、この意味で、労契法は、公正な雇用システムの形成、経済社会の安定を

図るという社会経済的機能を果たす労働条件政策立法ということができよう。

四　労調法の目的と意義

1　労調法の制定と内容
（1）1946年労調法と1926年労働争議調停法

　1945年8月14日のポツダム宣言受諾（無条件降伏）から僅か数か月後、占領軍・連合国総司令部GHQの占領政策の一環として、旧労組法（1945年12月22日法律第51号）が制定されたが、労調法が制定されたのは翌1946年である。この間の経緯については、以下のように説明されている[29]。すなわち、政府が労組法の制定に着手したときに、原案の審議立案にあたった労務法制審議会においても、同時に労働争議を予防乃至解決するための法律を作る必要があるとの意見が相当有力に唱えられたが、時間的余裕がないために、結局労組法だけを切り離して立案を急ぐことになった。しかし、労組法案が議会に上程審議された際にも、このことが相当問題になったので、政府は、次の議会までに、当時の現行法である労働争議調停法（大正15年法律第57号）に代わるべき法律案を提出する旨言明し、これに基づいて労調法の制定作業が進められ、法制定に至った、と。労調法は、労働争議調停法にとって代わる労働立法なのである。

　労働争議調停法は、労働運動を事実上禁圧する治安警察法が廃止され、争議行為が放任される[30]社会情況に対応して制定された、争議調停のための手続法であった。本法は、公益事業における労働争議を調停委員会（労・使・第三者各3名、計9名で構成）による強制調停に付し、それ以外の事業については任意調停できる制度を創設したものである。しかし、現実には全く機能しなかった[31]。

　そこで、1931（昭和6）年、労働組合法の制定と併せて本法の改正が企図され、この改正案[32]は、労働組合法案とともに衆議院を通過した。しかし、貴族院では、審議未了、廃案となってしまった。なお、この1931年改正案の論点は、労調法の制定過程における論点と重なっていることが指摘されてい

る[33]。このように、労調法の制定については、労働争議調停法との関係で、興味深い多くの論点があるが、ここでは立ち入らない。

（2）労調法の制定

労調法の制定については、ここでは、2点ふれておきたい。第一点は、労調法の制定には強い反対があったという点である。すなわち、労調法の原案作成にあたった労務法制審議会において、最終原案に対してすべての労働者代表委員が全面的に反対し、法案が衆議院に提出され、貴族院を通過するまで、与野党の間で激しい論戦がくり広げられた[34]。とくに、公益事業における争議行為制限や官公吏の争議行為禁止が問題視され、労調法は「争議権抑圧の立法」、「弾圧法規」である、と厳しく批判されたのである[35]。この批判は、団結権を重視する立場からなされたものである。しかし、この批判については、争議調整制度の規定の意義を看過している[36]、また、労調法は、戦後の労働基本権思想に対して深いつめ跡を残したものではなく、争議調整の制度化は早晩おこなわれるべきものでもあった[37]、ともいわれた。

第2点は、労調法は、労組法、労基法と異なり、GHQ労働課による英文原案の作成と手交によって制定された[38]、と指摘されている点である。労務法制審議会で重要な役割を果たした末弘厳太郎は、委員会総会に提出した小委員会原案が、GHQ労働顧問団からの「有益な示唆を与えられ」て、「かなり大きな変更を加えられた」[39]と記しているが、このことを指しているようである。それによれば、最も大きな変更点は、第一に、小委員会案では自主的な労働関係調整の機関として調整委員会（経営協議会）に関し相当具体的な規定を設けようとしていたのをやめて、その代わりに法第2条が置かれたこと、第二に、小委員会案では行政官庁による調停を認めようとしていたのをやめたこと、第三に、新たに斡旋の1章が加えられたこと、第四に、斡旋、調停、仲裁各章の末尾に、当事者双方が希望すれば、法律の定めと違った別の方法により得る旨の規定が設けられたことであった[40]。この変更には、紛争当事者の自主性を強調し、労働争議への国・行政による関与を抑制的に捉える姿勢が窺われるが、この点については、以下のように指摘されていることも確認しておきたい。すなわち、GHQは、1945年労組法による労働組合

の保護は論理必然的に争議調整制度を必要とする、すなわち労働組合の保護は団体交渉制度を保護するためのものであって、これは同時に争議発生の可能性を予想し、これを調整する制度もまた当然に必要であると認識し、1945年労組法と労調法を一体のものとして考えていた[41]、と。

(3) 労調法の目的と内容

　労調法は、6章（43条）で構成されており、第1章総則で、労働関係の公正な調整、労働争議の予防又は解決による産業平和の維持、経済興隆への寄与を目的（1条）として掲げ、第2章から第4章では、労組法が創設した労働委員会による、斡旋（第2章）、調停（第3章）、仲裁（第4章）の争議調整手続きを定め、第4章の2で、公益事業における争議行為について緊急調整の手続きを設け、第5章には、争議行為の制限禁止規定を置いている。すなわち、労調法は、労組法が保障する労組の結成、活動、自由な団体交渉等の団体行動の結果、労働争議、争議行為が発生することを想定した争議調整の手法を制度化した部分と、労組法が保障する争議行為の自由を制限・禁止する部分から成る労働立法である。

　では、労調法は、何を対象（名宛人、規制事項）として、どのような性質の法規定（法規定の法的効力）によって、その法目的を達成しようとしているのか、すなわちどのような規制手法を講じているのか（規制態様）。

　まず、立法の名宛人は、「労働関係の当事者」（2条）すなわち労使であるが、この場合の労使とは、規制の対象事項が、集団的労働関係における労働紛争としての労働争議、すなわち集団的紛争であるから、労組等の労働者団体と使用者・使用者団体となる。ただし、政府が労使による労働紛争の自主的調整を援助するよう努めるべき（3条）とし、行政組織である労働委員会による調整手続き（10条以下第2章斡旋、17条以下第3章調停、29条以下第4章仲裁）公益事業等の争議行為に対する緊急調整手続き（第4章の2）の規定をおいているので、国（政府・行政当局）も、また、労調法の名宛人となる。規制対象事項である集団紛争は、特定の権利義務関係に関する紛争に限られるわけではなく、いわゆる利益紛争もこれに含まれる[42]。

　それでは、労調法の定めた法規定の性質（法規定の法的効力）はどのような

ものか。第1章総則では、労使に対して、労働関係の適正化のために労働協約において労働関係調整の機関を設置し、その運営事項を定め、かつ発生した労働争議の誠意ある自主的解決の努力義務を課し（2条、4条）、政府に対して、労使による労働関係の自主的調整に助力を与えるべき努力義務を課し（3条、5条）ている[43]。いずれも努力義務であるので、義務の不履行に対して一定の民事的、または刑事的効果が発生する裁判規範ではないが、労使および政府の取るべき行為規範ということができる。争議行為が発生した場合、当事者（労使）には労働委員会又は都道府県知事宛の届出義務（9条）が課せられているが、義務違反に対して制裁はおかれていない。しかし、この規定により、当事者は誠実にこの義務を履行するよう努めなければならない[44]、と解すると、この規定は努力義務規定ということになる。また、この規定は、争議行為に関する行政当局による的確な情報把握を確保するためのものである[45]と解すると、その義務不履行は、行政当局の当該争議行為への対応が適切でない（例えば、公共職業安定所による争議事業場への職業紹介は労働争議に対する不介入（職業安定法20条）違反になる）場合の違法性の有無、法的責任の内容の判断に際して考慮事項となろう。

　第2章（斡旋）、第3章（調停）、第4章（仲裁）は、労働争議・争議行為の調整、解決手続きを定めたものである。各章では、それぞれの手続の具体的内容が規定されているが、各章の最後の条文（第2章斡旋の16条、第3章調停の28条、第4章仲裁の35条）のとおり、労使当事者の合意又は労働協約の定めにより法規定とは別の方法で紛争の解決を図ることができるので、これらの規定は紛争・争議行為の当事者が、紛争解決のために利用できる方法を例示したものであり、裁判規範でも、行為規範でもないと解される[46]。

　これに対して、第4章の2（緊急調整）は、1952（昭和27）年の法改正によって新設された、公益事業等における争議行為についての調整手続を定めたもので[47]、この緊急調整手続の決定・公表があったときは、関係当事者は公表の日から50日間は争議行為を禁止され（38条）、その違反に対しては刑罰（罰金）が科せられる（40条）[48]。したがって、第4章の2（緊急調整）は、第2章乃至第4章と同様に、争議行為の解決手続を規定したものであるが、これらの規定とは異なり、罰則によって実効性を確保する強行規定であり、裁判規

範としての性質を有している。

　第5章（争議行為の制限禁止等）では、前記の38条（緊急調整の場合の争議行為の禁止）、40条（38条違反の罪）のほか、安全保持施設の争議行為の禁止（36条）、公益事業における争議行為の予告（10日前までの労働委員会及び厚生労働大臣又は都道府県知事への通知義務）（37条）と通知義務違反に対する刑罰（罰金）の賦科（39条）等が規定されている。37条と38条は、それぞれ違反に対して刑罰が科せられる強行規定であるが、36条は、その違反によって、当該争議行為の正当性は否定され、民事責任が発生する強行規定である。

　以上のように、労調法には、裁判規範、行為規範と解すべきもののほか、いずれにも当たらない性質の規定と解すべき法規定がおかれている。それでは、労調法は、どのような法規制（規制手法・態様）を講じているのか。この点については、労調法は、労働争議・争議行為について労使の自主的解決を基本としている、と説かれている。いわゆる自主的調整の原則[49]である。労使の合意文書である労働協約によって労働関係の調整機関[50]を設置、運営すること、すなわち労使による自主的な紛争解決の努力義務を定め（2条）、そのうえで、この自主的調整が困難、容易でない場合について、①斡旋、②調停、③仲裁、④緊急調整の紛争解決手続を制度化している。国は、労使の自主的調整をサポートする役割を負う（3条）のであり、労働委員会の斡旋、調停、仲裁による争議の解決は、あくまでも例外的、補充的なもので、自主的調整が争議解決の本旨である[51]、と解されているのである。

　労調法の定める①斡旋とは、関係当事者の申請等に基づいて、労働委員会の会長が指名した斡旋員が、当事者双方の主張の要点を確認して、紛争の解決に努める手続きであり（12〜13条）、②調停とは、関係当事者の申請等に基づいて、労働委員会の会長が指名した公労使の三者（労使の調停委員は同数）で構成する調停委員会が調停案を作成し、関係当事者がこれを受諾することを勧告する手続きであり（18〜21条、26条）、③仲裁とは、関係当事者双方のからの申請、労働協約の定めに基づいて、労働委員会の公益代表等のなかから関係当事者が合意により選定したものにつき会長が指名した3人以上の仲裁委員で構成する仲裁委員会による仲裁裁定（効力発生の期日を記した書面）により紛争を解決する手続きである（30〜31条の2、33〜34条）。斡旋は、「自主

的な交渉による解決の支援という色彩が強い」が、調停は、これと異なり、「ややフォーマルな色彩を帯びている」と評されている[52]が、いずれも、関係当事者の合意を引き出す手続きである。これに対して、仲裁は、関係当事者の合意に基づく手続きではあるが、仲裁裁定が下された場合には、当事者はこれに拘束される点が特徴的である。そして、緊急調整は、公益事業等における争議行為を対象として国（政府）が直接関与する紛争解決手続である点で、前3者とは全く異なる性格を認められる。

　それでは、労使の自主的解決を原則としたうえで、場合に応じて国が第三者の立場から労使の紛争解決をサポートする手続きの選択肢を提示するという規制手法は、労働紛争・争議行為の調整、解決による産業平和の維持と経済の興隆という労調法の目的に則したものといえるのか。紛争解決の手法については、個別的紛争と集団的紛争のいずれについても、労働関係の継続的性質に照らして、労働者については労働生活の自由（権利）と安定の確保、使用者については事業経営・生産活動の安定的な維持、確保という点を重視しなければならない。また、労使双方の利益状況に応じて、利便性の高い簡易かつ迅速な解決手続きであることが要請される。労働関係の内実は、雇用情勢を含む社会経済状況にも大きく左右されるが、基本的には契約自治の下に形成される企業内の慣行や雇用・人事管理に応じて多様である。したがって、労働紛争の解決についても、自治の法原則に照らせば、当事者間の自主的解決を原則とすることは適切である。しかし、自治・自律的関係の形成・維持が容易ではない社会関係の一つが労働関係であることからすれば、労使の自主的解決をサポートするための第三者が関与する解決手続きの制度的枠組みを立法化することは、必要不可欠ともいえよう[53]。また、集団的労使紛争が、企業内紛争の枠を越えて社会経済的あるいは政治的状況に影響を及ぼす社会的紛争の性質を帯びる場合があることからすれば、公益事業等に関する緊急調整手続きの導入は、その制度内容と運用については議論すべき点があるが、立法政策の選択肢の一つということはできる。このように考えてみれば、司法機関（裁判所）の利用とは別に、行政機関（労働委員会）の活用による紛争解決方法の選択肢を法定した労調法には、その選択肢の利便性と迅速性が確保できれば、集団的労使紛争の予防・解決のための規制手法とし

て、法目的との整合性を認めることができよう[54]。

2　労調法の法理論的意義

労調法は、従来、労基法、労組法と並んで、大戦後の労働立法を代表するいわゆる労働三法の一つと呼ばれてきた。しかし、前述した労働法の理論体系に即していえば、労調法は労組法と同様に、労働組合と使用者間の集団的労使関係を規律する労使関係法として位置づけられる。憲法28条の労働基本権保障のもとで、団結権の行使（労働組合の結成、運営、組合活動等）、団体交渉権の行使（団体交渉等）、団体行動権の行使（争議行為、組合活動等）を保障するルール（刑事免責、民事免責）を定める労組法は、労働委員会を設置し、この行政機関に労働組合の資格審査等（法5条、11条、18条）、不当労働行為事件の審査等と併せて、労働争議のあっせん、調停及び仲裁をする権限を付与した（法20条）[55]。労調法は、これを受けて、労働委員会による労働紛争の調整、労働争議の予防・解決の手法を定めたものである。そして、労調法は、労働紛争・労働争議の発生に対応する手続きと併せて、一定事由における争議行為の制限・禁止を定めており、団体行動としての争議行為の権利を保障する労組法と対をなす労使関係立法法と位置付けることができる[56]。

このことは、労調法の目的規定（1条）に「労働組合法と相俟って」との文言が挿入されていることからも確認できる。この文言の意味するところは、こうである、すなわち、労組法を貫く根本精神は労調法の運用にもすべてそのまま当てはまるのであり、労働委員会が調停にあたるときに、「産業の平和を維持」することにのみ専念するあまり、団結権の保障を忘れて、労働関係の調整を濫りに組合の御用組合化に求めたり、団体交渉が両者対等の立場に立って公正に行わなければならないことを忘れて、むやみに唯いわゆる労使協調を求めてはならない。「相俟つ」というのは、その運用が機構的に互いに密接に結びついていることを意味するのであって、一方の足らざるところは互いに他方の助けを借りて動くべきものなることを明らかにしているのである[57]、と。

なお、労調法の第5章（争議行為の制限禁止等）は、労組法における刑事免責、民事免責に対する重大な例外的措置として、本来労組法中に規定さるべ

き事項としても性格を持つ[58]、といわれるが、これは、労組法と労調法の相互関係をどのように理解するかの問題であろう。

したがって、労調法は、労働基本権を保障する労組法とともに、労働条件の内容の形成、労働関係の展開プロセスにおける労使の自治的活動を想定した労使関係モデルに対応して当然発生する集団的労使紛争を規律する労使関係法として意義づけられるのである。

3 労調法の法政策的意義

憲法28条は、団体交渉による労働条件の対等な決定と団体交渉の助成を基本目的とする、換言すれば、団体交渉を中心とした労使の自治に法的基礎を与えることを本質とする規定である（団体交渉中心主義）[59]との立場から、団体交渉権保障による政策義務の効果として、労組法上の不当労働行為救済制度等と併せて、労調法上の争議調整手続きも団体交渉権を援助する立法措置と位置付ける見解[60]がある。しかし、団交中心主義的立論の当否については措くとして、政策立法としての労調法の法政策的意義を、団体交渉の助成、援助という点に求めるのは、狭きに失するであろう。

労調法は、労働関係の公正な調整を図り、労働争議を予防し、または解決することによって「産業の平和を維持」することを目的に掲げている（1条）。「産業の平和」とは、労使関係の安定した状態を指す言葉であり、「労働平和」と呼ばれることもある[61]。労組法のもとで展開される自治的な集団的労働関係（自主的かつ民主的な労働者組織である労働組合と使用者との対抗関係）においては、労使の利害が対立し紛争が生じることは、争議権保障の法体制の下では想定内の事象であるが、この労働紛争は、労使の安定的関係を回復するためのコストだけでなく、場合によっては円滑な経済社会を維持・運営するための社会経済的コストを生じさせる。労調法は、この社会経済的コストに対応すべく制定された、換言すれば、自由でかつ安定的な労使関係の実現を図るための政策立法ということができる。確かに、団体交渉の助成、援助は、自由でかつ安定的な労資関係の実現を図るための有用な手段である。しかし、集団的労使紛争の状況によっては、その解決を労使の任意的な団体交渉に委ねることが困難であるからこそ、第三者（行政機関たる労働委員会）の関

与による紛争調整手続を法定したのが労調法なのである。この点からすれば、労調法の目的は団体交渉の助成、援助に尽きるわけではないといえよう。

前述したように労働立法の政策指針は、「雇用の安定」と「公正な処遇」である。労調法が規制対象とする集団的労使紛争は、まさに労働組合等が「公正な処遇」を求めて提起した集団的行動であり[62]、労調法の目的とする産業平和の維持、すなわち労使関係の安定は、「雇用の安定」の実現に資するものである。このように、労調法には、労働立法の法政策との整合性を認めることができよう。労働立法は、法政策的には、雇用・労働社会における労使の拠るべき行為規範を形成・設定することによって、労働市場における機能的・効率的な雇用システムの形成を図り、これを通じて経済社会の安定を維持確保するという社会経済的機能を果たすものである。労調法は、法政策的には、労使関係における紛争の予防・解決のための行為規範を設定し、産業平和の維持すなわち労使関係の安定を図る労使関係政策を具体化する労働立法と意義づけられよう。

五　労契法と労調法の相互関係と交錯

以上、労契法と労調法が、それぞれ、労働法理論体系上どのように位置づけられ、どのような法政策的機能を有するのか、整理、確認してきたが、最後に、労働立法上、両法はどのような位置関係にあるのか、その相互関係、交錯について考えてみたい。

まず、両法は、それぞれ独自の法理論的意義と法政策的機能を有するが、いずれも、労働条件の形成・解消プロセス（労働契約の成立・展開・終了プロセス）に関与する法ルールということができる。このプロセスは、現行法上、原則として、労使の自由な交渉（契約の自由）に委ねられているが、労契法は、労使の個別的レベルでの労使の自由な交渉を規律する法ルールを立法化したものであり、労調法は、労使の集団的レベルにおける労使の自由な交渉の過程で当然に生じる対立関係の調整・解決のために制定された法ルールである。したがって、労契法と労調法は、同じく労働条件の形成・解消プロセ

スに関与する労働立法であるが、その関与の局面が異なっている。労契法が、労働条件に係る個別的契約交渉自体を対象として、それを法的に枠づける契約ルールであるのに対して、労調法は、集団的な労働条件交渉において発生する利益衝突・紛争の予防・解決ルールなのである。したがって、両法は、まったく異なる性質を有する労働立法ということができる。

　しかし、労契法と労調法は、労働立法として類似した位置関係にある。というのは、こうである。労働条件の形成・解消プロセスの個別レベルでは、憲法27条2項に基づき、労基法が、労働条件の形成・解消プロセスにおける契約の自由を制限して最低労働条件水準を法定して、個別レベルの労働条件交渉・契約内容の法的枠組みを設定している。この意味で、労基法は個別レベルの労働条件を規律する雇用関係法の基本法であるが、労契法は、この労基法を前提とした法ルールを設定したものである。その典型例は、労基法の就業規則規制を前提とした、労契法上の就業規則の法的効力規定である。すなわち、労契法は、労基法の設定した法的枠組みの下での個別レベルの労働条件交渉（労基法の下での契約の自由）を規律する法ルールなのである。他方、労働条件の形成・解消プロセスの集団レベルでは、憲法28条により、労組法が、労働組合と使用者・使用者団体との間の自主的な労働条件交渉の法的枠組みを設定している。この意味では、労組法は集団レベルの労働条件交渉を規律する労使関係法の基本法であるが、労調法は、前述したように、労組法と「相俟って」（労組法1条）、労組法をいわば補完する役割を担っている労働立法である。すなわち、労調法は、労組法が設定した集団的レベルの労働条件交渉（集団的な契約の自由）において当然に発生する労働条件交渉の不全、労働紛争・争議行為の発生を想定し、それに対応（予防・解決）するための法ルールである。したがって、労契法と労調法はそれぞれ、労働条件の形成・解消プロセスにおける雇用関係法の基本法である労基法と労使関係法の基本法である労組法との関係で、両法領域における核心的な位置を占めているということができよう。すなわち、労契法と労調法は、それぞれの法領域における基幹的な立法である点に類似点がある。

　それでは、労契法と労調法の間には、どのような接点があるのか。両法が、それぞれ独自の法理論的意義、法政策的意義を有し、独自の労働立法上

の位置を占めていることからすれば、直接の接点を見出すことは困難である。しかし、あえて接点を探るとすれば、少なくとも、以下の２点を指摘することはできよう。一つは、労調法の規制対象（集団的労使紛争・労働争議）が前提とする集団的レベルの労使の自由な契約交渉は、個別レベルの労使の自由な契約交渉を規律する労契法の法ルールに則したものでなければならない、という点である。例えば、労契法３条の均衡考慮（２項）、仕事と生活の調和への配慮（３項）は、集団的レベルの自由な契約交渉においても、当然に踏まえるべき法原則なのである。集団的レベルの労使交渉の結果は、最終的には個々の労使の労働契約の内容となる、もしくは規律する（例えば、労働協約条項の契約内容的効力もしくは外部規律的効力）からである。この意味で、労調法が関与する集団的労使交渉は、労契法の法ルールによる内在的な法的拘束の下にある。

　今一つは、労調法が規定する集団的労使紛争の調整・解決手続としての「あっせん」と「調停」は、労契法が規律する個別的労働条件の形成・解消プロセスにおいて当然に発生する対立・紛争（個別的労働紛争）の解決手続においても、活用されるようになったという点である。すなわち、個別的な労働条件紛争（契約紛争）については、裁判による解決（裁判所による判定的解決）が用意されているが、近年、この契約紛争について調整的解決[63]を図る立法が整備されてきた。例えば、2001年「個別労働紛争の解決の促進に関する法律」に基づく厚労省都道府県労働局における「あっせん」制度、都道府県労働委員会による「あっせん」制度、2004年「労働審判法」における「調停」による解決等[64]がそれである。これらは、労調法が制度化した紛争解決手続が、集団的紛争、個別的紛争を問わず、労働関係の継続性の維持・確保と利便性の高い簡易迅速な解決手続として肯定的に評価されていることを示すものであろう。したがって、労調法は、労契法が規律する労働条件の形成・解消プロセスにおいて発生する契約紛争の調整的解決方法について、いわば法モデル的な役割を果たしているといえよう。

1　拙稿「労働法の立法政策（労働法政策）と労働政策―労働立法と労使関係政策」労働法律旬報1999＋2000号、13頁。

2　なお、西谷敏『労働法（第3版）』（日本評論社、2020年）22頁以下は、「すべての基本的人権の基底にあるのが憲法13条であ」り、生存権（25条1項）は、「13条を具体化する規定と位置づけられる」と理解して、いわゆる自己決定パラダイム論を説く。

3　なお、荒木尚志「労働市場と労働法」日本労働法学会誌97号（2001年）70頁は、「労働市場」（内部労働市場と外部労働市場を包摂する概念）との関係から見た場合、労働法は、①外部労働市場から内部労働市場への参入を規律する法（雇用関係の成立に関する法）と、②内部労働市場を規律する法（雇用関係の展開に関する法）、そして③内部労働市場から外部労働市場への退出を規律する法（雇用関係の解消に関する法）に分類し、①には、労働力需給結合の規制（職業紹介、派遣、労働者供給等）と労働力需給結合の支援の規制（職業能力開発、失業給付制度等）が、②には、労働契約関係の形成・展開を規律する個別的労働関係法・集団的労働関係法の規制が、そして③には、解雇法制、有期契約法制等が包摂される、とする。労働法を「労働市場」を統御する規範的枠組みと解する場合には、この体系化は明快かつ適切であろう。

4　荒木尚志「労働法の現代的体系」日本労働法学会編『講座労働法の再生第1巻労働法の基礎理論』（日本評論社、2017年）3頁以下。

5　荒木尚志・菅野和夫・山川隆一『詳説労働契約法［第2版］』（弘文堂、2014年）18頁。

6　詳しくは、拙稿・前掲注1）14頁以下。

7　外尾健一『労働契約法の形成と展開』（信山社、2012年）98頁によれば、「労働契約は、民法の典型契約にはとらわれず、社会経済関係における事実上の不平等と労働者の企業への従属性を生み出した契約関係に着目して構成された概念であり、この意味では無名契約の類型に属する」。

8　この言い回しは、年次有給休暇を取得した労働者に対して「不利益取扱いをしないようにしなければならない」と規定する労基法附則136条に類似しているが、最高裁（釧路交通事件・最二小判平成5・6・25民集47巻6号4585頁）は、本条を訓示規定と解している。

9　荒木・菅野・山川・前掲注5）89～92頁。

10　努力義務規定をどのように評価、意義づけるかについては、荒木尚志「労働立法における努力義務規定の機能—日本型ソフトロー・アプローチ？」COEソフトロー・ディスカッション・ペーパー・シリーズ COESOFTLAW2004-11（「21世紀COEプログラム国家と市場の相互関係におけるソフトロー—ビジネスローの戦略的研究教育拠点形成」）（2004年）1～21頁が有益である。なお、同「努力義務規定にはいかなる意義があるか」日本労働研究雑誌525号（2004

年）70頁、同「雇用社会の変化と法の役割」『岩波講座現代法の動態3 社会変化と法』（岩波書店、2014年）12頁以下も参照。
11　ただし、労働関係は、市民法の法的前提としての自由で対等な社会関係ではないから、私法原則としての信義則、権利濫用法理は、労働関係においては、独自の意義と射程範囲を有すると解される。
12　荒木・菅野・山川・前掲注5）82〜86頁。
13　土田道夫『労働契約法（第2版）』（有斐閣、2016年）51頁。
14　なお、労契法には、「配慮」の文言がみられる規定（法5条「…配慮をするものとする」と法17条2項「…配慮しなければならない」）があるが、前者は判例法上確立した安全配慮義務の法理を明文化したものであるので強行規定と解され、後者は契約期間の設定についての訓示規定（使用者に対して短い契約期間で反復更新することを禁止するのではなく、そうしないように配慮することを求めている）と解される。
15　荒木・菅野・山川前掲注5）16頁。
16　例えば、労契法の立案・制定に至る過程で重要な役割を果たした厚労省の研究会報告書（2005年「今後の労働契約法制の在り方に関する研究会報告書」）について、以下のように指摘されている。すなわち、労契法が民事ルールとはいいながら、一定の範囲での行政の関与を認め、法律の規定とは別に「指針」や「通達」等による補充を予定していることは、労働契約法の民事ルールとしての性質を不透明なものとしている感が否めない（中田裕康『継続的契約の規範』（有斐閣、2022年）241頁）、と。
17　浜田冨士郎「労働契約」（日本労働研究雑誌408号〈1994年〉95頁）は、日本では、このような締結慣行が強度に定着しているので、制定法としての労契法ではなく、法ルールとして「労働契約法」は、「まず就業規則をその視野に取り込み、これを包摂するものとして構成される必要がある」と指摘されている。ただし、「就業規則が労働契約と合し、前者が後者の内容となることが一般的に肯定される」が、この「擬制的な労働契約論」に対しては、「労働契約締結の際の労働者は、雇用獲得の切実な必要に駆られて、やむなく使用者の用意した就業規則を受容したというのが通常であり、労働者の"自由な選択"の水準は決して高くない」ので「労働契約と就業規則との単純な組み合わせ理論にはいくつかの補正の施される必要がある」として、就業規則条項の合理的限定解釈等を説かれている。
18　労働契約法理をいかなるものとして理解するかについては、拙著『労働法論の探究』（旬報社、2023年）87頁以下、132頁以下で論じている。
19　浜田冨士郎『就業規則法の研究』（有斐閣、1994年）121頁は、「就業規則の

作成を強制する法政策は、就業規則に依存した形の労働契約の締結慣行の一般化をもたらすとともに、これを通じてさらに就業規則の法的性質論、労働契約の法理論にまで影響を及ぼすことになる」と指摘する。

20　浜田・前掲。
21　浜田・前掲注17)論文95頁。
22　労働契約の契約的特性については、拙著・前掲注18)88頁以下参照。
23　この新たな法ルールについては労働契約論・労働契約法理の観点から労働法学会で研究報告を行い学会誌で論じたが、その内容は拙著・前掲注18)131頁以下参照。
24　拙著・前掲注18)87頁以下。
25　拙著・前掲注18)40頁、49頁。
26　なお、2012年改正では、有期契約と無期契約の労働条件の相違が「不合理なものであってはならない」(法旧20条)とする規定も新設されたが、この条文は2018年短時間・有期雇用労働者法の制定(法8条)に伴い削除されたので、現行労契法は、有期労働契約の展開過程(労働者の処遇)に係る法ルールを欠くことになった。この対応が法政策的に適切か否か、議論を要する。
27　荒木・菅野・山川・前掲注5)第2版はしがき。
28　なお、労契法旧20条(有期契約であることによる不合理な労働条件の禁止)は、法政策指針としての「公正な処遇」を実現するための法ルールとして位置づけられる。
29　末弘厳太郎『労働関係調整法解説』(日本評論社、1947年)1～2頁。
30　末弘厳太郎『労働法研究』(改造社、1926年)は、治安警察法17条の廃止は、実質上、罷業を違法視する原則が撤廃されて、新たに争議自由の原則が確立されたことを意味するのであって、日本の労働法発達史上一新紀元を画すべき重要事件であり(453～454頁)、これによって、労働者の「罷業の自由」ないし「罷業権」が法律的に確認された(460頁)と論じた。また、矢野達雄『近代日本の労働法と国家』(成文堂、1993年)は、「労働争議調停法の成立と治警法の改正によって、形式のうえではストライキの自由が確立され、刑罰による争議の弾圧の時代から放任の時代に移行した」(208頁)、と述べている。
31　労働争議調停法については、「実際には警察官等の官吏が、その権力を背景とするいわゆる行政調停が広く行われ、正式に、この法律に基づいて調停がなされたのは、その制定以来、昭和21年労働関係調整法施行とともに廃止されるまでに、僅か6回に過ぎなかった」(吉武恵一(厚生省労政局長)『労働関係調整法解説』時事通信社、1946年、12頁)、という。正規の調停委員会がほとんど利用されず、調停官その他警察官吏による調停が一般的であった点について

は、末弘厳太郎『日本労働組合運動史』（共同通信社、1953年）69頁、渡辺章「戦前期最後の労働組合法案の審議を検証する」専修ロージャーナル17号（2021年）98頁も参照。なお、同法の内容については、矢野・前掲注28）205頁以下が検討を加えている。また、労働争議調停法の成立前史については、秋田成就「戦前における我国労働争議調整制度の機能と展開」社会労働研究（法政大学）11巻（1959年）58頁以下で詳細に検討されている。

32　この1931年改正法案については、渡辺・前掲注31）99頁以下、参照。

33　遠藤公嗣『日本占領と労使関係政策の成立』（東大出版会、1989年）77頁以下。

34　末弘・前掲注29）2〜3頁。なお、衆議院では激しい論戦の後に法案を可決通過させるにあたって、「1．政府は速やかに労働者の生活を深く考慮せる労働基準法案を次期議会に提出すべし、2．官吏の待遇改善に関し内閣に民主的なる対策委員会を設け万全の措置を講ずべし、3．政府は本法施行の時日につき官公吏並びに一般公益事業従業員の人格を尊重し宜しく深甚なる政治的考慮を為すべし」の三条項を掲げる附帯決議を行った（末弘・同4頁）。

35　遠藤・前掲注33）72頁。

36　遠藤・前掲。

37　沼田稲次郎『団結権思想の研究』（勁草書房、1972年）12頁。

38　遠藤・前掲注33）84〜85頁。

39　末弘・前掲注29）2頁。

40　末弘・前掲。

41　遠藤・前掲注33）75〜76頁。

42　山川隆一『労働紛争処理法（第2版）』（弘文堂、2023年）122頁。なお、毛塚勝利「労使紛争」日本労働研究雑誌408号（1994年）によれば、「利益紛争」は規範定立をめぐる紛争、「権利紛争」はすでに定立された規範の解釈をめぐる紛争として区別できるが、「集団的な利益紛争の処理は基本的に団体交渉を主体にした当事者間の自主的解決にゆだねられ、その過程では紛争解決を目的とする紛争行為である争議行為が認められるとともに、合意形成ができないときは第三者機関の調整（斡旋、調停、仲裁）によって解決が図られる。協約規範の解釈をめぐる権利紛争の解決には争議行為が予定されず、当事者が自主的に定立した仲裁制度又は裁判所その他の公的紛争処理機関を通して解決される」（93頁）。

43　なお、第1章総則には、「労働争議」（6条）並びに「争議行為」（7条）の定義規定が置かれている。周知のように、後者は、争議行為の概念論争で重要な意義を有する（拙稿「争議行為の概念・正当性」労働法の争点（2014年）

199頁以下参照）が、この点には立ち入らない。また、特別の調整手続き（緊急調整）の対象となる「公益事業」が具体的に列挙（①運輸事業、②郵便、信書便又は電気通信事業、③水道、電気又はガス供給事業、④医療又は公衆衛生事業）されている（8条）。

44　末弘・前掲注29）42頁。
45　厚生労働省労政担当参事官室編『労働組合法・労働関係調整法（5訂新版）』（労務行政、2006年）1027頁。
46　末弘厳太郎『労働法のはなし』（一羊社、1947年）126頁は、当事者双方直接の話合いの方法を加え、4つの方法を自由自在に使い分けて巧みに調整の目的を達するようにすべきである、と説いている。ただし、仲裁については、33条の定める方式（書面作成と効力発生期日の記載）でなければ、労調法上は、当該仲裁裁定に労働協約と同一の効力（34条）は認められないことになろう。
47　日本は、1952（昭和27）年の講和条約発効によって、連合国による占領状態を脱して主権を回復したが、この間、争議行為による国民経済、国民生活への重大な危機に際しては、占領軍GHQのいわば超法規的な命令・勧告等がこれに対処してきた。労調法第4章の2は、これに代わる役割を果たすべく講じられた立法措置であった。この法改正については、労調法35条の2に規定する「いわば異常な規模、異常な性質の争議行為に対処して……あくまで自主的かつ合理的な範囲における調整方法と一定の鎮静的期間を設けることによって、憲法の保障する労働基本権と公共の福祉との調和を図ろうとするもの」（厚労省労政担当参事官室編・前掲注45）1106頁）と説明されている。
48　なお、緊急調整は、「争議行為による国民経済や国民生活への影響が特に大きい場合の」緊急の手続」で、「厳格な要件が定められた例外的な措置」なので、「これまで1度利用された」だけである（山川・前掲注42）125〜126頁）。
49　末弘・前掲注29）17頁以下。なお、中山和久ほか『コンメンタール労働組合法〈付〉労働関係調整法』（有斐閣、1985年）331頁（深山喜一郎）は、労調法2条、3条、4条、16条、28条、35条を挙げて、労調法は「自主的調整の原則をくどいほど強調している」という。
50　末弘・前掲注29）19頁以下では、この機関を「経営協議会」として解説しているが、これには、当時、民主的な企業運営を進めるための経営協議会に関心が集まり、中央労働委員会が厚生省（当時）の求めに応じて「経営協議会の指針」を作成発表していたという時代背景がある。
51　吾妻光俊『条解労働関係調整法』（弘文堂新社、1955年）13頁。
52　山川・前掲注42）123頁。なお、末弘・前掲注46）は、「労働争議そのものが、性質上、裁判による解決に適しない」（118頁）、「労働争議の解決には裁判など

より調停その他の方法が適している」（119頁）として、調停は「労働争議解決に最も適した、しかも労調法の規定する最も重要な労働争議の解決方法である」（129頁）と述べている。

53　野田進「労働紛争解決システムの法政策」労働法の争点（2014年）225頁によれば、「諸外国の例を見ると、ADR を含む私的紛争の解決は、一般に①最初は任意的な自主的解決から始まり、そこで解決に至らないときに、②第三者の関与による調整的な解決に進み、さらにそこで解決にいたらないときに、③裁判所等による公的な判定的解決に進む、というシステムのもとで実効的解決が図られる」。

54　末弘・前掲注46)によれば、労調法の「第2条から第5条の規定は、労働関係の自主的調整主義を明示した上、この欠点を補うために、他働的調整主義を加味し、両者の調和を図ることによって、労働争議その他を合理的に解決せんとする労調法の妙味を宣言している規定である」（125頁）。

55　なお、旧労組法（1945年労組法）では、労働委員会の権限（旧法27条）として、労組の資格の審査（同6条）、労組の規約変更決議（同8条）、労組の解散申立（同15条）等と併せて、労働争議に関する統計作成等（同27条1号）、団体交渉の斡旋その他労争議の予防（同2号）、労働争議の調停及び仲裁（同3号）を定めていた。現行法20条との相違が興味深い。

56　なお、吉武・前掲注31)は、労組法は労働組合の健全なる発達を助成して経済の興隆に寄与しようとするものであるのに対して、労調法は労使の間に主張の不一致がある場合、民主的に公正な解決を図ろうとする技術的措置に関する法律であり、この両法は労働法の体系上いわゆる団体法として表裏姉妹の関係にある（49-50頁）、という。

57　末弘・前掲注29)13頁。また、末弘・前掲注46)は、「労働者の団結権従って争議権を認めた労働組合法の大精神は、この労調法の運用についても十分に留意されなければならない」（119頁）として、「この二つ法律の立法精神の有機的一体性」から「この二つの法律は、実質的には一つの法律として取り扱うべきものである」（119-120頁）と説く。なお、厚生省労政担当参事官室編・前掲注45)は、「相俟って」というのは、「本法と労組法とが相互に相補うという関係にあることを表現している」（973頁）、とする。

58　吾妻・前掲注51) 4頁、10頁。

59　菅野和夫『労働法（12版）』（弘文堂、2019年）32頁。

60　菅野・前掲37頁。また、遠藤・前掲注31)は、労調法の通説的理解が「争議権抑圧の立法」と労調法を特徴づけることは不正確であり、「労調法の特質は、自由な団体交渉の広範な労資関係への促進」である（135頁）と論じている。

61 吾妻・前掲注51) 11頁。
62 なお、毛塚・前掲注42) 92頁によれば、紛争行為は紛争を顕在化する行為であると同時に、顕在化させるのは紛争の「解決」を意図するものということができるから、紛争行為は紛争解決行為でもある、したがって、労働争議とは、集団的労使関係における紛争解決的紛争行為としての労使紛争ということできる、という。
63 野田・前掲注53) 224頁によれば、労働紛争の解決方法には判定的解決と調整的解決があり、前者は、紛争当事者の主張した事実を証拠に基づき認定したうえで、その事実に法令を適用して権利義務関係を確定する方法であるのに対して、後者は、第三者が介入して当事者に互恵を目的とした譲歩を促し、当事者がそれに応じて合意を取り結ぶ方法である。
64 例えば、野田・前掲参照。

執筆者一覧（50音順）

阿部 未央	（あべ みお）	東北学院大学法学部教授
有田 謙司	（ありた けんじ）	西南学院大学法学部教授
井川 志郎	（いかわ しろう）	中央大学法学部准教授
石田 信平	（いしだ しんぺい）	専修大学法科大学院教授
緒方 桂子	（おがた けいこ）	南山大学法学部教授
小畑 史子	（おばた ふみこ）	京都大学大学院人間・環境学研究科教授
唐津 博	（からつ ひろし）	元中央大学法学部教授
神吉 知郁子	（かんき ちかこ）	東京大学大学院法学政治学研究科教授
國武 英生	（くにたけ ひでお）	小樽商科大学商学部教授
小西 啓文	（こにし ひろふみ）	明治大学法学部教授
榊原 嘉明	（さかきばら よしあき）	獨協大学法学部教授
志水深雪(龔敏)	（しみず みゆき（きょうびん））	久留米大学法学部教授
新屋敷恵美子	（しんやしき えみこ）	九州大学大学院法学研究院准教授
滝原 啓允	（たきはら ひろみつ）	大東文化大学法学部准教授
長谷川 聡	（はせがわ さとし）	専修大学法学部教授
藤木 貴史	（ふじき たかし）	法政大学法学部准教授
水島 郁子	（みずしま いくこ）	大阪大学理事・副学長、教授
山下 昇	（やました のぼる）	九州大学大学院法学研究院教授
米津 孝司	（よねづ たかし）	中央大学法科大学院教授

労働契約法論

2024年10月20日　初版第1刷発行

編著者　有田　謙司
　　　　石田　信平
　　　　長谷川　聡

発行者　阿部　成一

〒169-0051　東京都新宿区西早稲田1-9-38
発行所　株式会社　成文堂
電話03(3203)9201(代)　FAX03(3203)9206

製版・印刷　藤原印刷　　　製本　弘伸製本
©2024　有田、石田、長谷川　　Printed in Japan
ISBN978-4-7923-3446-8 C3032　　検印省略

定価（本体12000円＋税）